LA FRANCE EN TRAIN

40 ESCAPADES BAS CARBONE POUR VOYAGER DE GARE EN GARE

SOMMAIRE

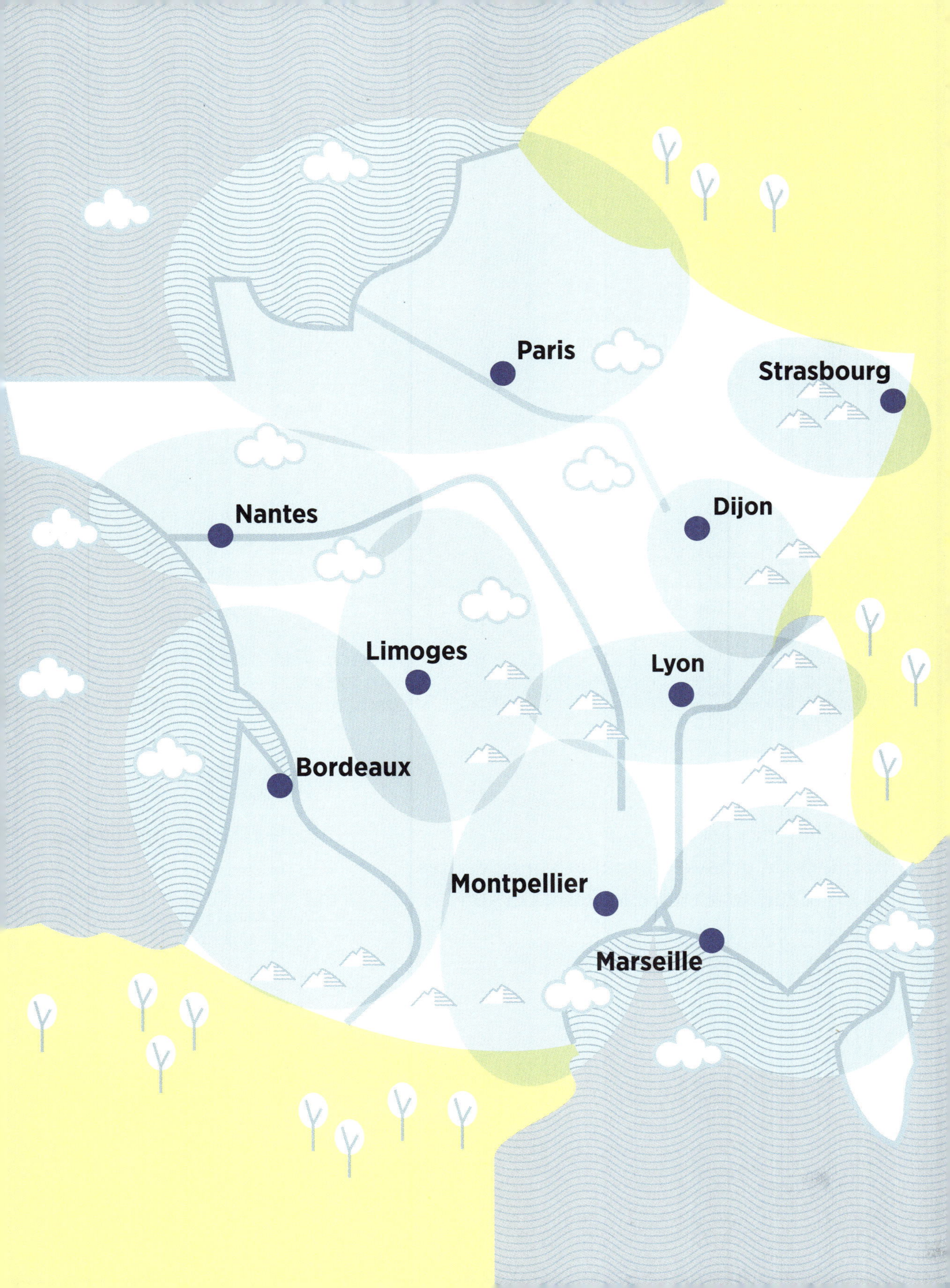
Paris
Strasbourg
Nantes
Dijon
Limoges
Lyon
Bordeaux
Montpellier
Marseille

10 BONNES RAISONS DE VOYAGER EN TRAIN

Train en retard, en panne, en grève, trop cher, pas assez rapide… Oubliez vos préjugés du monde d'avant et venez goûter au bonheur de prendre le train. On vous explique pourquoi.

01 J'ÉVITE LES BOUCHONS

On a tous en tête des départs ou des retours de vacances à l'arrêt sur l'autoroute, avec le sentiment d'avoir perdu beaucoup de temps au lieu d'en gagner. Partir en train, c'est maîtriser la durée de son parcours et voyager zen ! Et fini l'époque où l'on restait coincé dans sa voiture derrière un tracteur, un camion ou un camping-car !

02

JE MINIMISE MON EMPREINTE CARBONE

Saviez-vous que prendre le train en France permet de réduire de 90 % en moyenne le CO_2 émis pour un trajet équivalent par la route ou par les airs ? Se déplacer sans nuire à la planète est devenu une priorité !

03

JE RÉAPPRENDS À PRENDRE LE TEMPS

Sur les lignes de TER, certes, on ne roule pas à grande vitesse. Qu'importe ! Le temps passé dans le train fait partie du voyage, permettant de s'abandonner à la rêverie. Lâchez prise, laissez-vous transporter !

04

J'ARRIVE FRAIS ET DISPO À DESTINATION

Dans le train, pas de stress et nulle fatigue. Je peux me reposer, méditer, lire, jouer aux cartes, ou simplement ne rien faire..., le portable rangé du départ à l'arrivée !

05

JE PEUX REGARDER LE PAYSAGE

Le gros avantage des lignes de TER proposées dans ce guide, c'est qu'elles traversent toutes de chouettes paysages. Il n'y a pas que les vaches qui regardent passer les trains ; nous aussi, on regarde les vaches paître dans les champs!

06

JE PEUX EMBARQUER MA FAMILLE

Vos enfants sont impatients en voiture ? Prenez la train : ce sera pour eux une véritable aventure! N'oubliez pas l'attrait qu'exerce ce moyen de transport sur les petits... Pensez à emporter crayons et papier pour les jeunes pousses qui pourraient se révéler être des artistes en herbe face aux paysages !

07

JE VOYAGE À PETIT PRIX

Moins cher que le TGV, les TER ont l'avantage de vous emmener loin sans dépenser trop. Sans compter que les enfants voyagent à tarif réduit !

08

JE PARS QUAND JE VEUX

En TER, pas de réservation ! Je peux donc partir au jour et à l'heure qui me plaisent. Excepté sur les lignes très fréquentées en période estivale, je trouverai toujours une place à bord.

09

JE PEUX BOUGER

Dans le train, pas besoin de rester coincé sur son siège. Si j'ai des fourmis dans les jambes, je peux me lever, faire quelques pas. Ça tangue parfois un peu, mais on prend vite le coup pour garder l'équilibre !

10

JE PEUX EMBARQUER MON VÉLO

Dans les TER, il existe des emplacements réservés aux vélos. Je peux donc monter avec. Dans certains trains, il faudra réserver, et dans d'autres, si ce n'est pas la pleine saison, je trouverai certainement une place pour suspendre mon vélo ou le garer dans la zone dédiée.

PARTIR EN VACANCES EN TRAIN

On vous explique comment nous avons imaginé ce guide, pour des vacances sereines et dépaysantes en train. Il s'adresse aux jeunes, moins jeunes, aux familles, à tous ceux qui veulent découvrir la France sans voiture.

CHOISIR SA DESTINATION

En fonction de votre ville de départ

Nous avons choisi 9 grandes villes de départ pour vos vacances en TER. Toutes sont accessibles en TGV ou en train Intercités depuis d'autres grandes agglomérations en France.
Pour chaque voyage, nous indiquons comment rallier la gare de départ depuis cette grande ville, à l'aller comme au retour.

En fonction du temps que vous avez

Nos voyages en train durent entre 4 et 14 jours, en comptant une journée pour chaque étape (une étape étant un arrêt dans une des gares de la ligne). Bien entendu, vous pouvez rester plus longtemps dans une ville où il y a beaucoup à faire et à voir. À vous d'établir votre programme !

En fonction de vos envies

En parlant de programme, nous avons conçu nos voyages de la manière suivante : pour chaque gare-étape, nous vous proposons une petite balade en ville, un monument ou un musée emblématique à visiter. En plus de ces visites culturelles, nous avons cherché une activité de plein air sympa, une rando à pied et/ou à vélo facile. Et pour allier l'utile à l'agréable, vous trouverez également pour chaque étape un hébergement à moins de 20mn à pied de la gare, un restaurant, une boutique où vous approvisionner pour un pique-nique ou pour acheter des produits locaux, des endroits cosy pour faire une pause l'après-midi et aussi pour prendre l'apéro en fin de journée. On oublie quelque chose ?

SE PRÉPARER

Voyagez léger

Vous allez vous déplacer en train, donc monter et descendre au moins une fois par jour. Oubliez la grosse valise encombrante et optez pour le sac à dos « de voyage ». Il en existe de nombreux modèles, pratiques et esthétiques (mais oui !). Emportez le strict nécessaire, mais n'oubliez pas, selon votre destination, le maillot de bain et des chaussures confortables pour marcher.

Embarquez votre vélo ou louez-le

Nous proposons des balades à vélo sur nos étapes et parfois, avoir son vélo sous la main peut être utile pour rejoindre son hôtel. Si votre vélo part avec vous dans le train, pas de souci (voir ci-contre à droite). Si vous n'en avez pas, nous vous indiquons des loueurs, si possible à proximité de la gare. Attention, il est très fréquent que les loueurs demandent une caution. Prévoyez un chéquier.

SUR PLACE

Vous voici à la gare de départ de la ligne. Prenez le billet pour votre première étape (il vous faudra acheter un billet à chaque étape) : guichet ou distributeur, c'est selon l'équipement de la gare. La carte bancaire reste donc de mise. À l'arrivée, délestez-vous en premier lieu de vos bagages : il n'y a plus de consignes dans les gares, aussi, rejoignez votre hôtel pour y laisser votre sac. Vous voici fin prêt pour vous balader les mains libres ! Bon séjour !

LE TER EN PRATIQUE

Toute l'équipe TER SNCF va vous accompagner durant votre voyage. Montez dans l'un des TER quotidiens pour parcourir la France ! En gare, dans les trains, sur Internet ou par téléphone, TER SNCF est toujours là pour vous informer.

CONNECTEZ-VOUS !

Sites internet

Vous souhaitez connaître l'état du trafic, l'horaire d'un train, acheter un billet, suivre ou annuler une commande ? Rendez-vous sur le site TER de chaque région :
ter.sncf.com/hauts-de-france
ter.sncf.com/grand-est
ter.sncf.com/bourgogne-franche-comte
ter.sncf.com/auvergne-rhone-alpes
ter.sncf.com/sud-provence-alpes-cote-d-azur
ter.sncf.com/nouvelle-aquitaine
ter.sncf.com/centre-val-de-loire
ter.sncf.com/occitanie
ter.sncf.com/pays-de-la-loire
ter.sncf.com/bretagne
ter.sncf.com/normandie

Téléphone

Si vous avez besoin d'assistance ou d'informations, composez le **3635** (7j/7 et 8h-20h, prix d'un appel).

La carte touristique interactive TER

sncf-ter-tourisme.latitude-cartagene.com
En collaboration avec les Comités régionaux du tourisme, la carte touristique interactive TER référence plus de 3 000 sites touristiques à travers la France. Cette carte permet de découvrir les lieux et sites à portée de train avec la possibilité de réserver directement son trajet en train en quelques clics.

Instagram

Besoin de nouvelles inspirations à portée de train ? Découvrez le compte **@terdefrance**.

LES OFFRES TARIFAIRES

Voyager en famille

Gratuité pour les enfants de moins de 4 ans (assis sur vos genoux), tarif réduit pour les 4-12 ans. Pour découvrir les offres régionales, rendez-vous sur les sites TER.

Les offres touristiques

Billets journée, 2 jours, 3 jours, billets combinés avec visite, etc. Retrouvez toutes les informations concernant ces offres sur les sites TER régionaux.

VÉLO ET TER : COMMENT FAIRE ?

Vous pouvez voyager en TER avec votre vélo suspendu ou placé dans la zone dédiée. Ces espaces sont accessibles dans la limite des places disponibles. Certaines régions mettent en place un système de réservation pour garantir une place à bord. Vérifiez les conditions d'accès sur les sites TER. Vous avez besoin d'un vélo à l'arrivée ? Vous trouverez sur la carte touristique interactive TER plus de 600 loueurs de vélos partenaires de France Vélo Tourisme. Une bonne solution pour voyager léger !

ACCESSIBILITÉ

« Assist'en gare », la plateforme unique de réservation des prestations d'assistance et solutions de substitution est mise à disposition des personnes en situation de handicap (PSH) ou à mobilité réduite (PMR). Le service est accessible tous les jours entre 8h et 20h par téléphone au **3212** et sur www.garesetconnexions.sncf.

Chemin de fer de la Baie de Somme.

AU DÉPART DE PARIS
Vous pourrez rejoindre Paris en TGV direct au départ de la quasi-totalité des grandes villes de France.

PARIS - GRANVILLE

Sur cette ligne qui traverse l'ouest de Paris, après un bref arrêt à Versailles, l'horizon se dégage à Dreux, aux confins du pays d'Ouche. Sans crier gare, entre paysages de bocage et massifs forestiers, la ligne s'échappe en Normandie. Entre Flers et Vire, elle s'offre un détour par la Suisse normande et ses vallées encaissées. Le train quitte l'Orne et file vers la Manche. Du vert au bleu, il vous dépose à Granville, à 500 m de la mer.

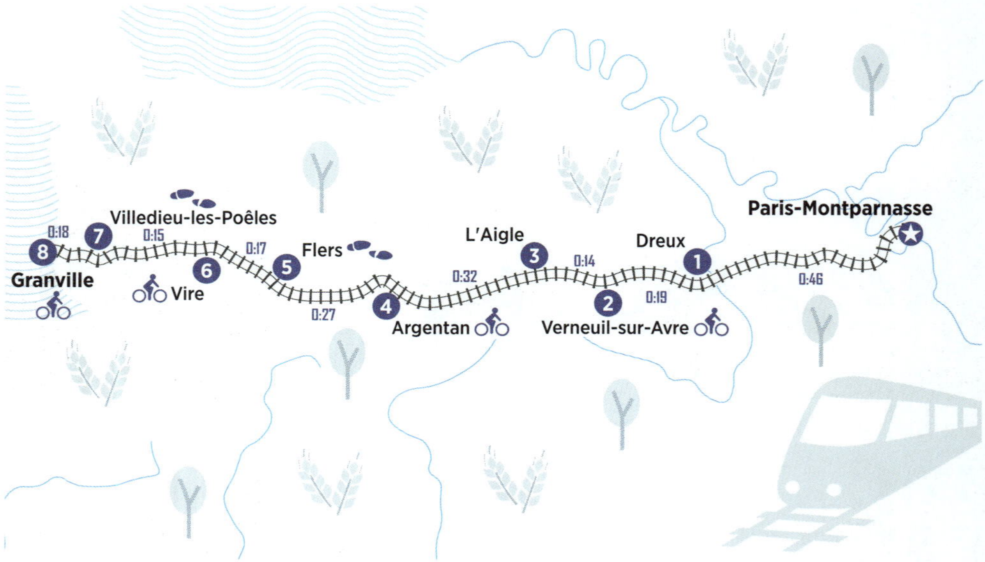

DE PARIS À GRANVILLE - 8 JOURS

- La gare de départ à Paris est celle de Montparnasse
- Trajet sans escale : 3h08
- Fréquence : 8 TER/j, dont 3 TER s'arrêtent dans ttes les gares de notre itinéraire
- Horaires : www.ter.sncf.com/normandie
- Tarif sans escale : 23 €
- Services à bord : transport de vélo autorisé
- Bon à savoir : prévoyez bien vos nuitées, car il n'y a qu'un seul train dans l'après-midi le week-end et 2 en semaine

Où se placer pour admirer le paysage ? Côté droit dans le sens de la marche.

La chapelle royale de Dreux.

1 DREUX

Aux confins de l'Île-de-France et de la Normandie. Dreux est bien séduisante avec son centre-ville piétonnier, surplombé par la majestueuse chapelle royale (19e s.). Celle-ci renferme de superbes gisants et de magnifiques vitraux. La vallée de l'Eure, toute proche, recèle aussi de nombreux charmes cachés.

Chapelle royale de Dreux - www.chapelle-royale-dreux.com - avr.-juin et sept. : 9h30-12h30, 13h30-17h30 ; juil.-août : 10h-12h30, 13h30-18h - fermé oct.-mars et mar. - 9,50 €.

Pour la nuit. À 6mn à pied de la gare, pour visiter le beffroi et l'église St-Pierre, vous êtes ici aux premières loges. L'aménagement des chambres est simple mais fonctionnel. Préférez dormir côté rivière où les nuits sont plus calmes.

Hôtel Le Beffroi - 12 pl. Métezeau - ☎ 02 37 50 02 03 - www.hotelbeffroi.fr - 15 ch. 97 € - ☕ 11,50 €.

À table ! À deux pas du marché, cet établissement propose, dans un décor moderne, une cuisine novatrice à base de très bons produits. Sa terrasse au 2e étage dévoile une vue insolite sur les toits de la vieille ville.

Market Pub - 19 r. Mérigot - ☎ 02 37 46 18 44 - www.restaurant-marketpub.fr - menu 36,90 €.

Pour le pique-nique. Au marché couvert, vous trouverez – entre autres spécialités – la feuille de Dreux, un fromage à la forme de petite galette couvert d'une feuille de châtaignier.

Marché couvert - pl. de la Bonde - lun., merc., vend., sam. et dim. matin.

Pause sucrée ou salée. Posez-vous dans cet agréable salon de thé tenu par deux sœurs, qui proposent une petite restauration à midi et un super brunch le dimanche. Terrasse aux beaux jours.

Chez les Sisters' - 2 r. du Gén.-de-Gaulle - ☎ 02 18 48 33 73 - Facebook - fermé le w.-end.

Le château de Flers.

❷ VERNEUIL-SUR-AVRE

Louer un vélo. À 22 mn à pied de la gare. Location de vélos de ville et VTT, dont certains électriques.
Adhérence - 44 r. Louis-de-Broglie - ☏ 02 32 40 43 44 - www.adherence.fr - fermé dim.-lun. - 30 €/j.

Pittoresque. Aux confins du pays d'Ouche et du Perche, Verneuil-sur-Avre a su préserver un centre ancien très séduisant avec sa ribambelle de maisons à colombages et ses maisons de briques patinées par le temps. L'ancienne cité au riche passé se découvre à pied, en vagabondant à travers ses ruelles ou sous les tilleuls, suivant le tracé des anciens remparts.

Pour la nuit. À 6mn à pied de la gare, dans le bâtiment principal d'un ex-relais de poste (18e s.), cet hôtel-restaurant connaît un nouveau souffle depuis sa reprise par un jeune couple suite au départ à la retraite des anciens propriétaires. Déco modernisée et cuisine normande mêlée de saveurs exotiques.
***Hôtel du Saumon** - 89 pl. de la Madeleine - ☏ 02 32 32 02 36 - www.hoteldusaumon.com - 28 ch. 68/78 € - 11 € - (fermé vend. soir, sam. et lun. midi) - carte 20/25 €.*

À table ! Une adresse où l'on dîne au milieu d'objets de collection, surtout des jouets anciens, ou en terrasse aux beaux jours. Cuisine traditionnelle et gastronomique. Réservation conseillée.
***Le Collectionneur Gourmand** - 63 r. Gustave-Roger - ruelle de l'Abreuvoir - ☏ 02 32 60 11 11 - www.lecollectionneurgourmand.com - fermé dim. soir et lun. - déj. sem. 19 € - plats 18/26 €.*

Pour le pique-nique. Courez au marché, le samedi, place de la Madeleine et jusqu'à l'entrée du centre-ville. Ou au marché du terroir, tous les dimanches matin d'avril à septembre.

Pause sucrée. Passage obligé dans cette pâtisserie-boulangerie pour découvrir la spécialité locale : le grison, un bonbon à base de chocolat, de caramel, de praline et de noix, dont le nom rappelle la pierre rousse typique de la région.
***Aux Délices de la Tour** - 140 pl. de la Madeleine - ☏ 02 32 32 01 53 - fermé dim. apr.-midi et lun.*

Voie verte des Bois-Francs. Un ruban bitumé entre plaine et bois de 8,5 km (40mn - facile) aménagé pour les vélos relie Verneuil aux Barils (Center Parcs).

❸ L'AIGLE

Arrêt historique. Vous stopperez ici pour le musée dédié à la Seconde Guerre mondiale, à 10mn à pied de la gare. Installé dans les communs du château, ce musée de cire aborde toute la période de la guerre par le biais de personnages célèbres (De Gaulle, Leclerc, Churchill, Roosevelt, Staline...) dont on peut écouter les voix enregistrées. Reconstitution de scènes de guerre. Carte en relief et dioramas retracent les principales phases de la bataille de Normandie.

Musée « Juin 44 » - pl. Fulbert-de-Beina - 02 33 84 44 44 - www.normandie-tourisme.fr/sites-lieux-de-visites/musee-juin-44 - visite guidée (30mn) mai-sept. : mar.-merc. et w.-end 14h-18h - 3,60 €.

À table et au lit ! Pour se reposer avant de reprendre le train le lendemain, du vrai confort à 10mn de la gare, avec brasserie et restaurant gastronomique.

Brit Hôtel du Dauphin - pl. de la Halle - 02 33 84 18 00 - aigle.brithotel.fr - 47 ch. 79 € - 12 € - menus 15,50/50 €.

❹ ARGENTAN

Louer un vélo. L'office de tourisme, à 11 mn à pied de la gare, propose des vélos à assistance électrique.

Office de tourisme - Chapelle St-Nicolas - pl. du Marché - 02 33 67 12 48 - 7 €/2h, 17 €/j.

De la dentelle. Blottie dans un pays de haras et d'élégants châteaux, Argentan multiplie les atouts pour les amoureux de nature, d'équitation ou d'architecture. Ville natale de Fernand Léger, petite cité témoignant d'un passé aristocratique et prospère, elle met en valeur son patrimoine et perpétue la tradition du point de dentelle qui a porté sa renommée bien au-delà des frontières normandes.

Pour la nuit. Un hôtel posté à l'entrée d'Argentan, à 20mn à pied de la gare, devant un rond-point. Chambres fonctionnelles distribuées sur trois étages et bien insonorisées. Restaurant de type « brasserie alsacienne ».

Hôtel Le Refuge du P'tit Fischer - 1 pl. des Trois-Croix - 02 33 67 05 43 - 17 ch. 65 € - 8 € - 13/18 €.

À table ! Près du musée Fernand Léger, ce restaurant rend hommage au peintre par sa décoration moderne et le dressage des assiettes. Une cuisine dans l'air du temps et de bons produits normands en circuit court font le succès de cette adresse. Réservation conseillée.

La Table de Fernand - 7 r. Aristide-Briand - 09 81 78 51 51 - www.latabledefernand.fr - fermé mar.-merc., dim. soir - déj. sem. 17,50/21 € - menu 35 €.

Pour le pique-nique. Le mardi matin, la place St-Germain se couvre d'une cinquantaine de stands alimentaires et la place du Marché d'environ 150 commerçants. Idéal pour faire le plein de fromages et de charcuterie.

Sortir en canoë ou en kayak. En juillet-août, balades sur l'Orne (1h30-2h) sur réservation.

Argentan Canoë Kayak - rue Roger-Launay - 06 87 48 55 36 - www.plargentanck.fr.

Boucler la boucle. À partir de la rue Eugène-Denis, à côté de l'office de tourisme, la « boucle des Bords de l'Orne » (15 km) vous mènera le long du fleuve avec un retour par la commune de Sarceaux.

❺ FLERS

Au vert. Importante cité commerçante, Flers se situe entre la forêt d'Andaines et la Suisse normande. De superbes promenades conduisent jusqu'au mont de Cerisy où dorment les ruines d'un château dans une forêt de rhododendrons. Loin de s'assoupir, la cité a su adapter sa production artisanale de textile aux exigences de la modernisation et s'ouvrir à de nouvelles industries.

Pour la nuit. À 5mn de la gare, un hôtel-restaurant aux chambres simples et fonctionnelles.

Beverl'Inn - 9 r. De La Chaussée - 02 33 96 79 79 - 19 ch. 71/101 € - 9 € - .

À table ! Cette brasserie fait l'unanimité au centre de Flers. Clientèle locale comme de passage et carte pour tous les appétits et toutes les bourses. Plats à l'ardoise renouvelés chaque semaine.

Les 5 Becs - 22 pl. du Gén.-de-Gaulle - 02 33 65 10 68 - les-5-becs-flers.eatbu.com - fermé merc. soir, mar. soir, dim. - formule ardoise 18,90 € - plats 15,90/29,90 €.

Pour le pique-nique. Rendez-vous place St-Germain et sous le marché couvert le mercredi matin pour faire le plein de produits locaux. Puis allez étendre votre nappe dans le parc du château !

Sortie royale. Édifié primitivement par les barons d'Aunou (10e-12e s.), le château de Flers se trouve au cœur d'un parc arboré (25 ha), enserré de douves sur trois côtés. Cette réserve ornithologique urbaine est un beau lieu de promenade qui fait aussi la joie des pêcheurs.
Château de Flers - av. du Château - ✆ 02 33 64 66 49 - gratuit.

Marcher jusqu'au mont Cerisy. Au pied du château, un sentier pédagogique (2 km) propose un parcours en 9 étapes à la découverte de la faune et de la flore du site.

6 VIRE

Pas de loueur, mais une possibilité de livraison et reprise, à partir de 4 vélos.
Ouibike - www.ouibike.net - réserv. en ligne.

Quelle andouille ! Gastronomique, Vire l'est, mais la fameuse andouille fumée au bois de hêtre n'est pas son seul titre de gloire. Sa situation sur un éperon rocheux, au pied duquel coule le fleuve côtier qui lui a donné son nom, les ruines de son château et son agréable patrimoine lui confèrent un charme certain, à découvrir sans tarder.

Pour la nuit. À 7mn à pied de la gare, en plein centre, un hôtel moderne avec des chambres simplement impeccables.
Hôtel St-Pierre - ✆ 02 31 68 05 82 - www.hotelsaintpierrevire.fr - 29 ch. 70/95 € - ☕ 9 €.

À table ! Tout près des curiosités de la ville, ce petit restaurant dresse quelques tables en terrasse pour les inconditionnels du déjeuner dehors. Quant à sa cuisine, sans beurre ni crème à outrance, elle séduira ceux qui surveillent leur ligne, et les autres !
Au Vrai Normand - 14 r. Armand-Gasté - ✆ 02 31 67 90 99 - www.auvrainormand.com - fermé dim. soir, mar. soir et merc. - déj. sem. 20,50/22,50 € - menus 34/43 €.

Pour le pique-nique. Quoi de meilleur – et de plus simple – que quelques rondelles de charcuterie entre deux tranches de bon pain ? Depuis plus d'un siècle, la maison Danjou perpétue la tradition de l'andouille de Vire.
Danjou - 5 r. André-Halbout - ✆ 02 31 68 04 00 - fermé dim. et lun. mat.

La Vélomaritime. Elle passe par Vire pour finir dans la baie du Mont-St-Michel. L'étape jusqu'à Sourdeval à travers la campagne normande suit le tracé de l'ancienne voie ferrée (24 km - 1h40 - facile).
Infos : www.paysdevire-normandie-tourisme.fr.

7 VILLEDIEU-LES-POÊLES

Authentique. Aucun doute sur la qualité des objets fabriqués, Villedieu-les-Poêles est connue pour sa production artisanale, et ce depuis le Moyen Âge. Poêles à bouillie, cloches d'église, chaudrons, batteries de cuisine, coqs de clocher : on trouve tout à Villedieu la bien nommée. La petite cité à l'artisanat multiséculaire a miraculeusement échappé aux ravages de la dernière guerre, préservant son aspect ancien et ses ateliers.

Pour la nuit. À 9mn à pied de la gare, un sympathique hôtel fonctionnel et bien tenu, proche de l'office de tourisme. Chambres et duplex. Décoration égayée d'un clin d'œil aux fonderies de cloches de Villedieu. Côté restaurant, tradition et saveurs iodées dans l'assiette.
Le Fruitier - pl. Costils - ✆ 02 33 90 51 00 - www.le-fruitier.com - 48 ch. 73,80/96,30 € - ☕ 13/16 € - ✕ 21,50/41 €.

À table ! Cette ancienne ferme de l'ordre de Malte abrite une chaleureuse salle à manger en partie ouverte sur le jardin. Cuisine régionale. Et une poignée de chambres si besoin.
La Ferme de Malte - 11 r. Jules-Tétrel - ✆ 02 33 91 35 91 - www.lafermedemalte.fr - fermé dim. soir, merc. soir et lun. - menus 35/75 € - 4 ch. 80/100 € - ☕ 12 €.

Pour le pique-nique. Cette épicerie propose un large assortiment de produits du terroir issus de l'agriculture raisonnée, avec des fromages à la coupe et charcuteries fabriquées localement.
L'Angélus - 4 pl. des Chevaliers-de-Malte - ✆ 02 33 90 02 71 - www.langelus-villedieu.fr - fermé jeu. et dim. apr.-midi.

Pause sucrée ou salée. Ce bistrot resto salon de thé au décor rustico british agrémenté d'un poêle et d'un coin lecture mise sur le local et le bio. On y consomme le menu du jour, un plat cuisiné maison, une tartine pomme-andouille ou simplement un crumble pomme-poire.
Le Jardin Samovar - 97 r. du Dr-Havard - ✆ 09 81 87 47 65 - fermé dim.-lun et le soir.

Production de Villedieu-les-Poêles.

La Manche attend les baigneurs à Granville.

La ceinture verte. Cette boucle de 11 km (3h - facile), au départ de l'office de tourisme, offre un aperçu du bocage normand.

8 GRANVILLE

Louer un vélo. À 12mn à pied de la gare, un vaste choix de vélos traditionnels et de VAE.
Entrez Libre - 4 r. Clément Desmaisons - 06 51 92 69 51 - 8h-20h - vélo classique à partir de 10 € la demi-journée, VAE 20 € - sur réserv.

À pic ! Monte-Carlo n'est pas le seul à avoir son rocher. En Normandie, Granville a ce privilège, qui lui vaut son surnom flatteur de « Monaco du Nord ». Ici, la vie s'organise autour des ports : de plaisance, de commerce et de pêche. Centre de thalassothérapie et station balnéaire, Granville a le sens de la fête, comme en témoigne chaque année son carnaval très réputé.

Pour la nuit. À 3mn de la gare, mais loin du triste cliché de « l'hôtel de la gare », cet établissement occupe une ancienne maison bourgeoise de la famille de Christian Dior, totalement remise à neuf. Les chambres ne sont pas très grandes, mais agréables et confortables, bénéficiant d'une décoration sobre et colorée. Une adresse au calme et un accueil très chaleureux.
Au Bout du Quai - 5 pl. Pierre-Sémard - 02 33 50 02 05 - 15 ch. 69/108 € - 13 €.

À table ! Nichée dans l'une des ruelles de la Haute-Ville, cette crêperie est une adresse bien connue des Granvillais, qui y apprécient les produits régionaux. Grillades saisies dans la cheminée...
Crêperie Grill l'Échauguette - 22-24 r. St-Jean - 02 33 50 51 87 - Facebook - fermé lun.-jeu. sf vac. scol. - galettes 8,30/11,80 €.

À l'eau ! Pour piquer une tête dans la Manche, allez à la plage du Plat Gousset, située en centre-ville. Nichée dans une anse, au pied de falaises de schiste et de la villa Dior, l'étroite plage est dominée par la digue-promenade du Plat-Gousset. Mais Granville est aussi célèbre pour ses vieux gréements et vous pourrez partir en croisière sur un de ces voiliers traditionnels restaurés par des passionnés.
La Granvillaise - 43 bd des Amiraux - ✆ 02 33 90 07 51 - www.lagranvillaise.org - croisière (3h) 35/45 € - réserv. en ligne.

Pause sucrée. Difficile de résister aux magnifiques pâtisseries de Jean-Luc Yver ! Chaque pièce marie subtilement des saveurs acidulées ou sucrées au chocolat (goûtez à l'association mousse criollo et crémeux aux deux citrons sur biscuit brownie...). La maison produit aussi des macarons, des tartelettes et, bien sûr, un chocolat chaud bien dosé.
La Marquise de Presles - 26 r. Lecampion - ✆ 02 33 50 02 34 - yver-chocolatier.fr - tlj.

L'heure de l'apéro. Dans la Haute-Ville, ce bar atypique réunit les habitués du quartier, les amateurs de bonne musique et les autres. Livres et jeux de société à disposition, cave à bières au sous-sol avec plus de 90 références (10h-19h30), concerts certains soirs, bœufs tous les premiers jeudis du mois... et spécialité de rhums ambrés.
Le Rafale - 6 pl. Cambernon - ✆ 02 33 50 10 01 - www.la-rafale.com - fermé lun., mar. et sam. en sept.-mai.

Embarquer pour les Îles Chausey. Cap sur ces îles normandes... qui sont officiellement un quartier de Granville. Avec près de 2 km de longueur sur 700 m dans sa plus grande largeur, « Grande Île » est la plus importante de l'archipel et la seule accessible aux touristes.
Compagnie Jolie France - ✆ 02 33 50 31 81 - www.vedettesjoliefrance.com - avr.-sept. : tlj; reste de l'année : se rens. - traversée (45mn) - 33,50 € AR Granville-Chausey.

À table et au lit sur l'île ! Un restaurant pour manger face à la mer, lors de votre excursion aux Îles Chausey. Palourdes farcies, homard de Chausey, bulots et bouquets, vous allez vous régaler. Si vous décidez de passer la nuit sur l'île, c'est votre adresse ! (c'est le seul hôtel de l'île...) Au bout du corridor, étroit comme dans un bateau, la chambre 4, profitant du soleil, est parfaite pour les amoureux.
Hôtel du Fort et des Îles - ✆ 02 33 50 25 02 - www.hotel-chausey.com - réserv. en ligne - fermé oct.-mars - séjour de 2 nuits mini en juil.-août - 8 ch. 115/135 € - 1/2 P obligatoire 46 €/pers - ✕ formule 15 € - menus 36/89 €.

PARIS - CHERBOURG

Après avoir enjambé l'Orne et quitté les faubourgs de Caen, la ligne s'étire dans le bocage normand. Le damier agricole alterne cultures céréalières (blé tendre, orge, maïs) et industrielles (colza, betteraves à sucre, lin textile). Après Carentan, le train prend un virage iodé dans la péninsule du Cotentin. Jusqu'à Cherbourg, vous ne roulez jamais à plus de 10 km de la Manche.

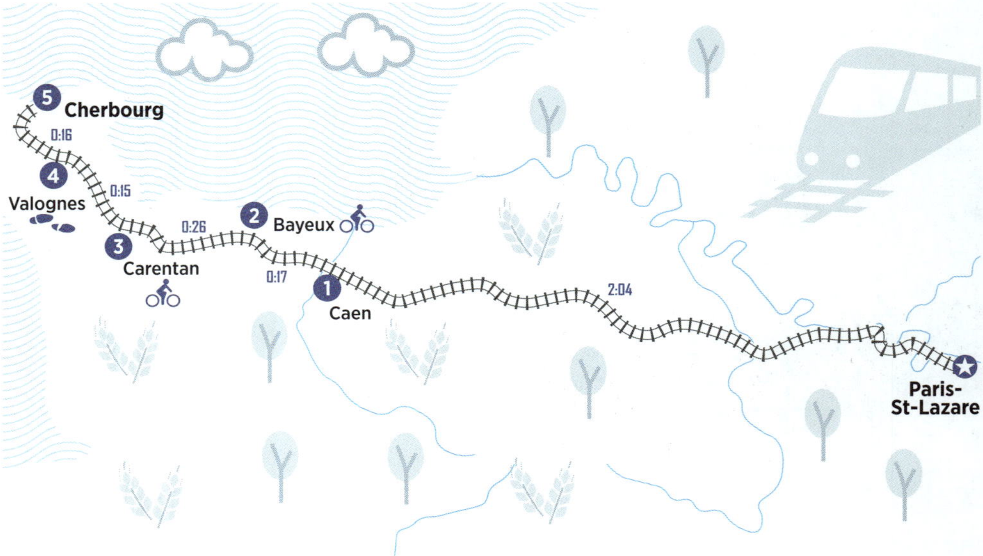

DE PARIS À CHERBOURG - 5 JOURS

- La gare de départ à Paris est celle de St-Lazare
- Trajet sans escale : 3h18
- Fréquence : 9 TER/j Paris-Cherbourg et 15 TER/j Caen-Cherbourg
- Horaires : www.ter.sncf.com/normandie
- Tarif sans escale : 27 €
- Services à bord : transport de vélo autorisé

Où se placer pour admirer le paysage ? Côté droit dans le sens de la marche.

Les remparts du château de Caen.

1 CAEN

Moderne et intensément culturelle. La ville aux deux abbayes assume pleinement son statut de capitale régionale, à la la fois technologique, administrative et touristique. Sans oublier sa prestigieuse histoire, celle d'une cité choisie comme résidence par Guillaume le Conquérant et son épouse Mathilde. Établie sur une butte, sa vaste citadelle créée en 1060, puis agrandie, fascine les visiteurs. Terriblement éprouvée par les bombardements de la Seconde Guerre mondiale, Caen a aussi montré sa force de résistance et sa vitalité pour offrir aujourd'hui un visage rayonnant et un urbanisme dynamique et contemporain.

Pour la nuit. À 14mn de marche de la gare, non loin de la « prairie » et de l'hippodrome, vous trouverez dans cet immeuble de l'après-guerre des chambres modernes, colorées et insonorisées à des prix attractifs.

Hôtel de Caen - 11 r. du Havre - ✆ 02 31 86 19 80 - www.caen-hotel.fr - 18 ch. 70/80 € - ☕ 9 €.

Marcher sur les remparts du château. De l'office de tourisme, montez à la citadelle. Derrière la salle de l'Échiquier, le rempart nord offre un panorama imprenable sur la ville. Adossé au rempart, devant le musée de Normandie, remarquez le ravissant « jardin de simples » (plantes médicinales et condimentaires), reconstitué selon la tradition médiévale. Descendez par la porte des Champs et terminez par une promenade dans les fossés des remparts, isolés des bruits de la ville.

Château - ✆ 02 31 30 47 60 - musee-de-normandie.caen.fr/le-chateau-de-caen - enceinte du château en accès libre tte l'année.

Guerre et paix. Cette « cité de l'histoire pour la paix » se dresse à l'emplacement du poste de commandement allemand du général W. Richter lors du Débarquement. Le long d'une rampe inclinée, comme une descente aux enfers, sont évoqués l'entre-deux-guerres, la montée du fascisme, le conflit et la bataille de Normandie, avec la

Plage à Arromanches-les-Bains.

projection du « jour J », vu simultanément des côtés allié et allemand. Un film et des expositions relatent le monde depuis 1945, avant la visite du bunker.
Mémorial de Caen - espl. du Gén.-Eisenhower - 30mn à pied depuis le château de Caen - bus n° 2 dir. La Folie (arrêt Mémorial) - ✆ 02 31 06 06 45 - www.memorial-caen.fr - saison : 9h-19h; hors saison : 9h30-18h - fermé janv. et merc. en nov. -déc. - 19,80 €.

À table ! Au cœur du quartier historique du Vaugueux, ce petit bouchon convivial mérite la pause gourmande. Le chef patron y propose à l'ardoise une généreuse cuisine de tradition, émaillée de discrètes touches modernes.
Le Bouchon du Vaugueux - 12 r. Graindorge - ✆ 02 31 44 26 26 - www.bouchonduvaugueux.com - fermé dim.-lun. - déj. sem. 26 € - menu 39 €.

Pause sucrée. Ce salon de thé (aussi restaurant à midi) est doté d'un très agréable jardin intérieur et d'une salle avec cheminée où vous pouvez accompagner votre thé de crêpes et de pâtisseries maison.
Les Dunes - 30 r. Arcisse-de-Caumont - ✆ 02 31 79 60 43 - fermé dim.-lun.

L'heure de l'apéro. Une adresse aussi sympa pour déjeuner (formule brasserie jusqu'à 15h) que pour boire un verre en soirée. Murs rouges, carrelage coloré et grosses tables en bois composent le décor. Dans les assiettes, un très bel éventail de tapas, à choisir sur les ardoises.
L'Hydropathe - 4 r. St-Laurent - ✆ 02 31 47 84 60 - www.l-hydropathe.com - fermé dim.

Festival Éclats de rue. Chaque été, des spectacles gratuits d'art de la rue.
Infos : www.facebook.com/eclatsderue.

2 BAYEUX

Louer un vélo. À 19mn à pied de la gare, avec possibilité de livraison des cycles et transfert de bagages (prix selon le lieu), vous trouverez des vélos classiques et des VAE.
Loc'Vélo - rue d'Audrieu - ✆ 06 46 34 37 21 - www.locvelo.fr - VTT 28 €/j, VAE 45 €/j.

Elle ne fait pas (que) tapisserie. Bien sûr le nom de Bayeux se confond avec sa tapisserie, spectaculaire chef-d'œuvre de l'art roman, à admirer comme la plus grande « BD » du monde (*le musée de la Tapisserie de Bayeux est fermé pour travaux jusqu'en 2027*). Outre cette exceptionnelle pièce textile, la capitale du Bessin offre le charme d'une agréable cité médiévale et épiscopale. Elle séduit par ses rues et ses monuments qui entourent la cathédrale, miraculeusement restés intacts. Bayeux aime raconter sa prestigieuse histoire, où l'on croise Guillaume le Conquérant et le général de Gaulle, venu ici réaffirmer la souveraineté nationale en un discours resté célèbre.

Pour la nuit. Près de la cathédrale et à 13mn à pied de la gare, cet hôtel élégant comprend un bâtiment principal et deux annexes dans des demeures anciennes (avec des chambres plus grandes) : l'une au bord de l'Aure, l'autre près du palais épiscopal. Il propose une gamme de chambres pleines de charme et confortables. Restaurant-brasserie avec terrasse.

Hôtel Reine Mathilde - 23 r. Larcher - ☏ 02 31 92 08 13 - www.hotel-bayeux-reinemathilde.fr - 32 ch. 71/168 € - ☕ 13 € - ✕ menus 19,90/34,90 €.

Un musée mêlant histoire et beaux-arts. Occupant l'ancien palais épiscopal (11e-18e s.) mis en valeur par une architecture intérieure moderne et lumineuse, le parcours muséographique s'organise en 14 étapes chronologiques, de la préhistoire au 20e s. Chaque période a ses pièces emblématiques, comme la cloche médiévale de Fontenailles ou le chef-d'œuvre de Caillebotte, *Portraits à la campagne*, pour le 19e s. La dentelle bénéficie d'une scénographie spectaculaire (reconstitution d'un atelier) et la porcelaine d'un espace dédié.

MAHB (Musée d'Art et d'Histoire Baron-Gérard) - 37 r. du Bienvenu - ☏ 02 31 92 14 21 - www.bayeuxmuseum.com - mai-sept. : 9h30-18h30; reste de l'année : 10h-12h30, 14h-18h - fermé janv. - 7,50 €.

À table ! Près du pont St-Jean, perché au-dessus de la rivière, ce bistro-caviste associe dans une

Le cimetière américain de Colleville-sur-Mer et la plage du débarquement de Omaha Beach.

atmosphère chaleureuse bonne chère et flacons bien choisis. Agréable cuisine traditionnelle à déguster au milieu des belles bouteilles (vins et spécialités locales, notamment calvados).
Le Volet qui penche - 3 passage de l'Islet - ✆ 02 31 21 98 54 - levoletquipenche.fr - fermé dim. et le midi lun.-mar. - plats 15/19 €.

Pause sucrée. Confiture de lait, bonbons, fondants du Cotentin et autres saveurs du terroir sont proposés dans cette épicerie fine, vitrine des produits fabriqués par les fermiers et artisans de la région.
Au Comptoir des Saveurs - 45 r. St-Martin - ✆ 02 31 21 57 99 - fermé dim.-lun. d'oct. à avr.

L'heure de l'apéro. À deux pas de la Tapisserie, ce sympathique bar-pub tenu par un couple franco-irlandais est l'endroit *ad hoc* pour boire un verre le soir, dans une ville somme toute peu noctambule !
Le Conquérant - 40 r. Nesmond - ✆ 02 31 10 36 02 - bar-leconquerant.fr - fermé dim.-lun.

Une soirée lumineuse. Des sons et lumières sont projetés chaque été sur la cathédrale. Le thème du spectacle se renouvelle régulièrement.
Rendez-vous à la cathédrale - de mi-juil. à fin août - mar., jeu. et sam., à la tombée de la nuit.

S'échapper à Arromanches-les-Bains. Au départ de la gare, la ligne de bus 74, coordonnée avec les arrivées en provenance de Caen, vous emmène à Arromanches en 30mn (descendre à l'arrêt Cinéma 360 Arromanches). Avec sa plage encore parsemée de fantomatiques caissons en béton défiant des assauts de la mer, cette station balnéaire et son musée rappellent la prouesse technique opérée par les Alliés au lendemain du 6 juin 1944 : la construction, en quelques jours, d'un port artificiel flottant destiné au ravitaillement des troupes.
Arromanches 360° - chemin du Calvaire - ✆ 02 31 06 06 45 - www.arromanches360.fr - de mi-mai à fin août : 10h-18h; sept. : 10h-17h30; oct.-déc. : 10h-17h; reste de l'année : 10h-16h30 - fermé lun. - 7 € - séance ttes les 30mn.

Pédaler jusqu'à Omaha Beach et Colleville. La balade (1h30) commence par une descente vers Sully où vous traversez la Drôme. Ensuite, l'itinéraire sillonne la campagne jusqu'à Ste-Honorine-des-Pertes, Colleville-sur-Mer et l'illustre Omaha

Beach. De toutes les plages du Débarquement, c'est celle qui a vu le plus grand nombre de morts alliés. Côté est, la grève étroite et désolée, adossée à un talus pelé, stimule l'évocation des événements tragiques et glorieux dont elle fut le théâtre. Cet itinéraire passe devant le musée Overlord reconstituant la bataille de Normandie.

Overlord Museum - ✆ 02 31 22 00 55 - www.overlordmuseum.com - fév.-mars et oct.-déc. : 10h-17h30; avr.-mai et sept. : 10h-18h30; juin-août : 9h30-19h - 9,50 €.

3 CARENTAN

Louer un vélo. Au choix à 3 ou 23mn à pied de la gare, des vélos de route et à assistance électrique.

Loc & Co Carentan - 58 r. Holgate - ✆ 07 71 02 71 49 - loc-co-carentan.lokki.rent - réserv. en ligne - 15 €/j vélo de ville, 32 €/j avec assistance électrique.

Cycle des Marais - ZA du Foirail - rte Américaine - ✆ 06 46 34 37 21 - Facebook - fermé dim. - à partir de 14 €/j vélo musculaire.

« Capitale des marais ». Porte de la presqu'île du Cotentin, la ville est cernée par de magnifiques paysages d'herbages humides, appréciés des races bovines et chevalines qui font la célébrité de la région. Quadrillé de fossés, arrosé par plusieurs cours d'eau (la Douve, la Taute et la Sèvre) et bordé par l'estuaire de la baie des Veys, le Parc naturel régional des Marais du Cotentin et du Bessin est à découvrir en sillonnant les routes avec des jumelles, à l'affût de la faune et de la flore.

Pour la nuit. Face à la gare, cette imposante bâtisse était sous Napoléon III un relais de poste. Elle abrite aujourd'hui des chambres de diverses tailles, toutes rénovées, et une belle salle à manger rustique au parquet ciré.

L'Escapade - 36 av. de la Gare - ✆ 02 33 42 02 00 - hotelrestaurantescapade.e-monsite.com - 15 ch. 68/95 € - ☕ 13,50 € - ✕ 13,50/25 €.

À table ! Cette brasserie ouvrant sur le port, d'inspiration pub, affiche des plats simples dans une ambiance conviviale : salades, burgers, fish&chips ou encore des planches à partager pour un apéro dînatoire. Bon choix de bières.

Le Contoir de Marais- 1 r. des Remblais- ✆ 02 33 22 07 52 - restaurant-carentan-lecontoir.com - tlj - plats 15,80/18,50 €.

Prendre la mer. À bord de *La Belle de Carentan*, partez sur le chenal pour une promenade en baie des Veys (2h30) où vous verrez des phoques et en mer vers Utah Bach (3h30) ou autour des îles St-Marcouf (4h).

Belle de Carentan - Quai de Caligny - ✆ 02 33 71 23 50 - belledecarentan.addock.co - sur réserv. en ligne - 25/30/35 €.

Pédaler vers le Parc naturel. À 10mn de vélo du centre-ville, des sorties nature sont organisées toute l'année à la Maison du Parc. Sa « Carte de visite » présente ses 16 sites et ses 19 sentiers de découverte, ainsi qu'une sélection de randonnées. Pendant que vous y êtes, prolongez votre balade jusqu'au site du D-Day Experience, juste 3mn plus haut. La visite commence dans un ancien QG allemand, pris par les Alliés après 3 jours de combats. Dans un bâtiment, une importante collection d'objets fait revivre le souvenir de la bataille de Carentan.

Maison du Parc - parc-cotentin-bessin.fr.

D-Day Experience - ✆ 02 33 23 61 95 - dday-experience.com - avr.-sept. : 9h30-19h; oct.-mars : 10h-18h - 13,90 € - réserv. conseillée.

4 VALOGNES

Un parfum royal. Ruines gallo-romaines, églises du 11e au 18e s., fastueux hôtels particuliers : voici un aperçu du patrimoine de Valognes surnommé au 18e s. le « Versailles normand ». Sa réputation est intacte puisque Valognes fait aujourd'hui partie des Villes d'art et d'histoire. Une façon de récompenser la reconstruction menée avec discernement après les bombardements de 1944.

À table et au lit ! Au cœur de la ville, à 4mn à pied de la gare, un établissement à la façade couverte de vigne vierge bordant une petite place calme. Salles pleines de caractère associant charme rustique et belle mise en place. Succulentes spécialités maison. Chambres confortables.

L'Épicurien - 16-18 r. Léopold-Delisle - ✆ 02 33 95 02 02 - www.lepicurienvalognes.fr - 27 ch. 75/80 € - ☕ 11 € - ✕ plats 14,50/28 €.

Pour le pique-nique. Le vendredi matin, sur les étals du marché place du Château à l'ambiance bon enfant, vous trouverez tous les ingrédients d'un délicieux pique-nique : fruits et légumes, fromages, charcuteries, pain et crêpes.

Rando dans le coin. La boucle « La source de l'Écoute s'il pleut » (5,3 km - facile) tient sa promesse poétique de verts horizons, de bruissement d'eau et de fraîcheur.
Carte à télécharger sur www.encotentin.fr/itineraire/la-source-de-lecoute-sil-pleut.

5 CHERBOURG

En grande rade. Avant tout ville maritime, Cherbourg-en-Cotentin est dotée de la plus grande rade artificielle du monde et compte plusieurs ports : de plaisance, militaire, de commerce et de pêche. En dépit de ses épreuves à travers les siècles, la cité conserve un riche patrimoine monumental, dominé par l'ensemble remarquable de la grande digue. Découvrez-le à travers ses musées, ses églises, son quartier du bassin du Commerce en plein renouvellement, mais aussi ses jardins. Car Cherbourg possède d'admirables parcs hérités d'une tradition botanique rendue possible par la douceur du climat.

Pour la nuit. À 11 mn à pied de la gare, cet hôtel met à disposition des chambres sobres, mais d'un bon rapport qualité-prix et bien situées. Certaines donnent sur le port.
Hôtel Ambassadeur - 22 quai de Caligny -
02 33 43 10 00 - www.ambassadeurhotel.com -
40 ch. 60/107 € - 10,90 €.

En face, c'est l'Amérique. Impressionnant avec ses 9000 m² et ses 20 m de haut, le hall d'accueil de la Cité de la Mer a trouvé place dans la mythique gare transatlantique maritime de Cherbourg, inaugurée en 1933. C'est là qu'arrivaient les trains en provenance de Paris, chargés de passagers promis au grand voyage vers l'Amérique. Longue de 280 m, dominée par un campanile de 75 m de haut, elle fut en grande partie sabotée par les Allemands en 1944. Aujourd'hui, elle renferme un remarquable aquarium abyssal de 11 m de haut peuplé de 3500 poissons. Autre point fort : la visite du *Redoutable*, premier sous-marin nucléaire français lancé en 1967. Enfin, selon l'heure de votre visite, vous pourrez déjeuner d'un plateau de fruits de mer au Quai des Mers, l'agréable restaurant du site.
Cité de la Mer - Gare Maritime Transatlantique -
02 33 20 26 69 - www.citedelamer.com -
9h30-18h (19h juil.-août); oct.-nov. (hors vac. scol.) : 10h-18h - fermé janv. et lun. hors saison - 19 €.

À table ! Une formule originale de burgers copieux et délicieux élaborés avec des produits normands (liste des fournisseurs à l'appui !). Accompagnés de frites maison, bien sûr, et pour les amateurs d'une bière de brasserie artisanale... Normande. Le tout dans une salle avec vue sur les bassins ou dans un jardin, avec le sourire accueillant du personnel.
Yalta burger normand - 46 quai Caligny -
09 81 74 44 79 - tlj - plats 9,30/14,80 €.

Pour le pique-nique. Voici un concept simple et enthousiasmant : une grande boutique proposant des produits locaux – primeurs, fromagerie, charcuterie, épicerie – où l'on peut aussi s'attabler. Au menu, rien que du fait-maison dans le laboratoire visible sur place (poissons et viandes cuisinés, salades, desserts). Service possible tout l'après-midi et brunch le dimanche.
Comptoir des Halles - 13 r. des Halles -
02 33 94 83 70 - comptoirdeshalles.fr -
fermé lun. et dim. apr.-midi.

En vogue. Pour mesurer l'ampleur de la plus grande rade artificielle d'Europe, rien de mieux qu'une promenade commentée en bateau. Impressionnant !
Hague à part - Pont Tournant -
06 61 14 03 32 - hagueapart.com -
de mi-avr. à fin sept. (1h15) - 15,50 €.

Pause sucrée. Alain Yvard a passé la main à son fils, qui perpétue la tradition familiale. Confortablement installé dans le petit salon de thé, on peut déguster en toute tranquillité les délices qui y sont élaborés.
Pâtisserie-chocolaterie Yvard - 5 pl. de la Fontaine -
02 33 53 04 14 - www.patisserie-yvard.com -
fermé lun.

L'heure de l'apéro. Passez dans ce bar aux airs de pub toujours vivant, où l'on déguste les variétés de la bière artisanale Transat, brassée sur place (les cuves sont visibles derrière une vitre). À moins que vous ne préfériez siroter un cocktail ou jouer au billard.
Bar-Brasserie L'Eldorado -
52 r. François-La-Vieille (angle pl. République) -
02 33 53 08 68 - tlj.

La Cité de la Mer à Cherbourg.

PARIS - LAON

À partir de Crépy-en-Valois, la vue passe au vert. Votre train se fraye une voie entre les massifs forestiers de Compiègne et de Retz. Il ondule vers Villers-Cotterêts dans les vallées de l'Ourcq, de l'Aisne, de la Crise et de l'Automne, poumons de la Picardie. Il s'attarde et chemine un peu en plaine, sur les plateaux du Soissonnais, avant de s'élancer vers la « montagne de Laon ».

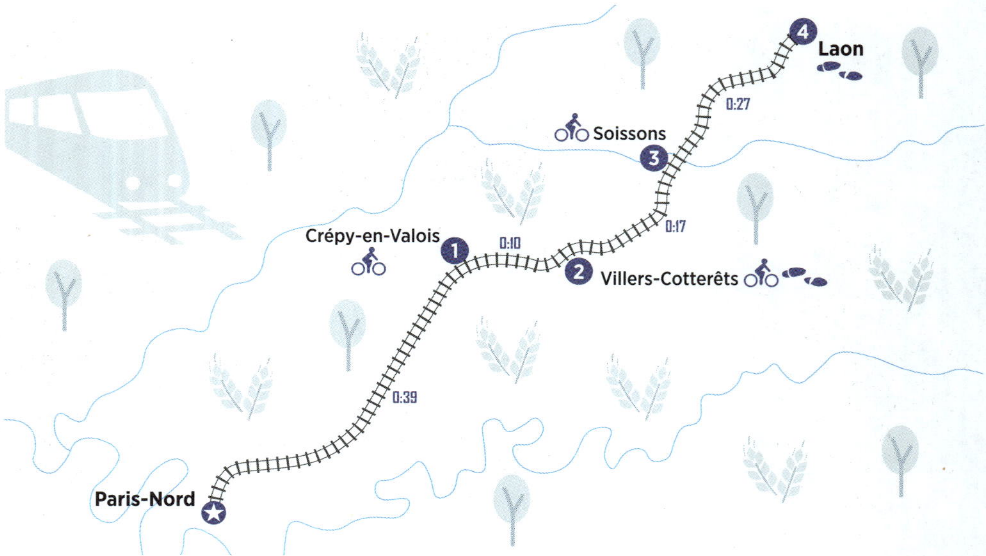

DE PARIS À LAON - 4 JOURS

- La gare de départ à Paris est la gare du Nord
- Trajet sans escale : 1h43
- Fréquence : 15 TER/j
- Horaires : www.ter.sncf.com/hauts-de-france
- Tarif sans escale : 25,20 €
- Services à bord : transport de vélo autorisé
- Bon à savoir : évitez le premier train du matin, emprunté par beaucoup de travailleurs

Où se placer pour admirer le paysage ? Côté droit dans le sens de la marche.

Manuscrits au musée Alexandre-Dumas à Villers-Cotterêts.

❶ CRÉPY-EN-VALOIS

Louer un vélo. L'office de tourisme, à 11 mn de la gare, loue des vélos électriques.
82 r. Nationale - ✆ 03 44 59 03 97 - www.valois-tourisme.com - sur réserv. - 28 €/j. Casque, antivol et kit de réparation inclus.

Prendre de la hauteur. Bâtie sur un éperon rocheux, la ville conserve de vieilles rues pavées et des maisons du 14ᵉ au 18ᵉ s. dotées de pittoresques façades. La ville appartient au très vieux pays de Valois, riche terroir, situé entre les forêts de Compiègne et de Retz, qui donna son nom à la dynastie royale qui allait régner sur la France de 1328 à 1589. L'archerie a aussi droit à son musée, installé dans un château (13ᵉ s). Les collections présentées illustrent l'histoire et le folklore des pratiques liées au tir à l'arc.
Musée de l'archerie et du Valois - rue Gustave-Chopinet - ✆ 03 44 59 21 97 - www.musee-archerie-valois.fr - 14h-18h - fermé mar. - 5 €.

Pour la nuit. Les hébergements sont rares ici, mais ces 3 gîtes, à 17mn à pied de la gare, ont de quoi séduire. Avec cuisine, jeux de société et la chaleur d'un poêle à bois pour vos soirées.
La Cabane aux loups - 18 rte de Compiègne - ✆ 06 77 77 61 04 - www.lacabaneauxloups.com - 129/149 € - ☕ 10 € - restauration possible.

À table ! Au menu : des plats issus de produits frais et de saison. Pour une ambiance bistrot sous une cave voûtée du 14ᵉ s. Terrasse ombragée aux beaux jours.
La Fleur de Sel - 14 r. Nationale - ✆ 03 44 94 15 95 - www.la-fleurdesel.com - fermé lun. et le soir dim., merc. et jeu. - déj. sem. 18/24 € - menus 38/56 €.

Voie verte du Pays de Valois. Cette voie réservée aux déplacements doux (à partager avec les piétons et les rollers) s'étire sur 18 km entre Ormoy-Villers et Mareuil-sur-Ourcq, entre paysages agricoles, zones humides et boisées.
Carte téléchargeable sur www.cc-paysdevalois.fr.

❷ VILLERS-COTTERÊTS

Louer un vélo. À 17mn de la gare, une offre de location pour explorer la forêt de Retz.
Les Cycles du Retz - 94 r. du Gén.-Leclerc - 03 23 72 61 32 - cyclesduretz.fr - fermé dim.-lun. - VAE à partir de 50 €/j.

Étape royale. Cette petite ville paisible, en pleine forêt de Retz, est née de la passion de François Ier pour la chasse à courre. Autour du château Renaissance, bâti dans les années 1530, se forma la ville dont le nom reste attaché à l'ordonnance de 1539 qui fit du français la langue administrative et juridique à la place du latin. Aujourd'hui, c'est dans un château entièrement rénové et repensé que loge la Cité internationale de la langue française. Les 1600 m² du lieu accueillent une exposition permanente sur la langue française et la francophonie. Villers-Cotterêts vit défiler une légion de célébrités, parmi lesquelles Henri II, Rabelais, Robert de Nerval et surtout les trois Dumas, dont la ville entretient le souvenir dans un musée. Vous pourrez aussi suivre le parcours « Sur les pas d'Alexandre Dumas », passant notamment devant la maison natale de l'écrivain, signalée par une plaque, se trouve au n° 46 de l'ancienne rue de Lormet, rebaptisée… Alexandre-Dumas.
Cité internationale de la langue française *- 03 23 96 55 10 - www.cite-langue-francaise.fr - mar.-dim. 10h-18h - expo permanente 9 €.*
Musée Alexandre Dumas *- 24 r. Demoustier - 03 23 96 23 30 - tlj sf mar. et dernier dim. du mois de 14h-17h (18h dim) - 4,10 €.*
Plan du parcours Dumas en téléchargement sur www.tourisme-villers-cotterets.fr.

Pour la nuit. À 7mn de la gare, un relais de poste du 18e s. bâti autour d'une cour pavée où trône un bel abreuvoir. Chambres alliant le charme d'antan (meubles anciens) à un style contemporain.
Le Régent *- 26 r. du Gén.-Mangin - 03 23 96 01 46 - www.hotel-leregent.com - 30 ch. 115/125 € - 8 €.*

À table ! Une ambiance décontractée, un beau choix de vins originaux et une cuisine de qualité, tout simplement. Animations le soir et belle terrasse.
Le Kiosque de Bacchus *- 12 r. du Gén.-Mangin - 09 88 99 65 71 - fermé dim.-lun. - menus 27,90/32,90 €.*

Pour le pique-nique ou l'apéro. C'est d'abord un troquet avec une jolie cave de bières françaises et belges à déguster avec une planche de fromage ou de charcuterie du cru. À consommer sur place ou à emporter en balade.
Les Chais du Moulin Rouge *- chemin du Moulin-Rouge - 03 23 73 94 84 - fermé dim.-lun.*

Marcher ou pédaler en forêt de Retz. De nombreux sentiers de randonnée jalonnent cette vaste forêt, la plus étendue du département, pour vous mener à la découverte des fontaines, rochers, monuments commémoratifs ou ermitage qui se cachent derrière les futaies. Au départ de Villers-Cotterêts, au bout de l'allée du parc royal, une porte blanche mène aux sentiers pédestres de la forêt. Une première balade

L'abbaye St-Jean-des-Vignes à Soissons.

de 30mn à pied vous mènera à l'étang de Malva, où vous trouverez aires de pique-nique et aménagements récréatifs.

3 SOISSONS

Louer un vélo. Vélos électriques en libre service répartis dans les 15 stations de la ville pour sillonner les 32 km de pistes cyclables (www.grandsoissons.com/mobilite/plan-velo/).
Création d'un compte préalable sur www.cyclovis.fr et appli Cyclovis - 1 € pour 30mn ou 6 € pour 6h.

Un peu d'histoire. La cathédrale-basilique et l'ancienne abbaye St-Jean-des-Vignes se signalent immédiatement au visiteur par leurs hautes et élégantes silhouettes, rappelant la riche histoire de la cité établie sur les bords de l'Aisne. La reconstruction après la Première Guerre mondiale a doté Soissons de rues et de vastes boulevards aérés et agrémentés d'espaces verts qui rendent la promenade agréable. Quant à l'histoire du fameux vase de Soissons, elle est illustrée par un bas-relief sur le monument aux morts, place Fernand-Marquigny. Pour rappel, après avoir battu les romains aux portes de la ville en 486, Clovis avait réclamé dans son butin la restitution d'un vase volé dans une église de Reims. Un soldat s'y opposa et l'aurait brisé en déclarant : « Tu n'auras, ô Roi, que ce que le sort te donnera. » L'année suivante, passant en revue ses troupes, Clovis s'arrêta devant le soldat et lui aurait fendu le crâne en disant : « Ainsi en as-tu fait du vase de Soissons. » Sympathique !

La cathédrale Notre-Dame à Laon.

Pour la nuit. Situé sur les hauteurs de Soissons, à 20mn à pied de la gare, face à l'ancienne abbaye de St-Jean-des-Vignes, cet hôtel allie démarche écologique, décor contemporain et bons équipements. Il abrite également le restaurant le Relais des Vignes. Dans un agréable décor façon brasserie chic, on apprécie une bonne cuisine de saison : au choix, menu du marché et spécialités bistrotières concoctées avec des produits frais et locaux.

Best Western Plus - Hôtel des Francs - 62 bd Jeanne-d'Arc- ✆ 03 60 71 40 00 - www.hoteldesfrancs.fr - 70 ch. 107/231 € - ☕ 15 € - ✕ plats 18/29 € - menus 37/49 €.

À table ! Décor anglo-saxon rétro et cuisine de brasserie de bonne tenue (salades, burgers, fish and chips, bavette à l'échalote).

La Bourse aux Grains - 8 pl. de la République - ✆ 03 23 76 33 80 - tlj - plats 13/17,50 €.

Au bord de l'eau. Les berges de l'Aisne demeurent un lieu de promenade privilégié. Du centre-ville, prenez la passerelle des Anglais (appelée aussi Pont du Diable) et marchez jusqu'au Mail, vers les chemins de halage. Pour un autre point de vue, il est possible de se laisser porter par un bateau à moteur ou une vedette fluviale. Aux beaux jours, la ville propose des locations de pédalos, de canoës, de barques ou de bateaux électriques sans permis.
Les berges de l'Aisne - rue du Pot-d'Étain - ✆ 03 23 53 17 37 - tarifs se rens.
Association des Voiles du Soissonnais - base des Pommiers - ✆ 06 42 95 27 83 - www.avs-soissonnais.org - canoë, pédalo, barque pour 1 à 4 pers. 15 €/h.

L'heure de l'apéro. Ce bar à tapas, avec une remarquable carte de bières, organise souvent des concerts. Écolo, il propose aussi des *growlers*, bouteilles recyclables qui vous permettent d'emporter votre pression à la maison.
Le Havana - 10 r. Charpentier - ✆ 03 60 53 09 45 - fermé dim.

Fête du Haricot. Comment a germé cette idée? Depuis plus de 20 ans, les maraîchers perpétuent la tradition du haricot de Soissons, gros haricot sec et blanc, qui est accommodé en délicieux... soissoulet. Les confiseurs ont même créé un bonbon praliné évoquant cette spécialité locale. Au programme pendant trois jours fin septembre : marché gourmand, animations et grande parade.

Marche urbaine. Pour découvrir la ville et son histoire autrement, le street-artiste Christian Guémy, alias C215, a réalisé 25 portraits disséminés dans toute la ville. Plan du parcours disponible à l'office de tourisme.
Infos : www.tourisme-soissons.com.

4 LAON

Ville remarquable. Perchée sur une butte témoin haute de 100 m, Laon s'impose au regard et mérite bien son surnom de « Montagne couronnée ». Avec ses deux tours ornées de statues de bœufs grandeur nature, sa cathédrale du 12ᵉ s. est l'un des chefs-d'œuvre de l'art gothique en France. La cité médiévale réserve ainsi des trésors cachés et le charme d'une ville aux rues pimpantes et animées. Les artères commerçantes (rues du Bourg, Châtelaine et place du Général-Leclerc) sont occupées ici par une confiserie, là par une boutique de déco ou un salon de thé. Bien vite, l'œil se concentre sur le patrimoine remarquable de la ville : hôtel à échauguette, portail, vieille hôtellerie, chapelle templière, venelles qui mènent vers les remparts d'où la vue est toujours splendide.

Pour la nuit. À 18mn à pied de la gare, cette maison médiévale, habilement restaurée, a retrouvé un second souffle en devenant hôtel. En harmonie avec le cachet de la ville haute, pierres, briques, poutres et tommettes ont conservé leur patine. Des lucarnes et fenêtres, on découvre des vues inédites sur l'enchevêtrement des toits de Laon. Décor intimiste et accueil convivial.
Hôtel Les Chevaliers - 3-5 r. Sérurier - ✆ 03 23 27 17 50 - 14 ch. 87 € - ☕ 8 €.

À table ! Au cœur de la cité médiévale, un restaurant simple et chaleureux. Spécialités régionales (carbonade, ficelle, etc.), burgers, salades, plats sans viande et un grand choix de bières artisanales et belges.
Le Trappist - 39 r. St-Jean - ✆ 03 23 89 00 79 - Facebook - fermé lun. - plats 9,90/22,90 € - menu 28 € - réserv. conseillée.

Pause sucrée. Un salon de thé très classique et très cosy avec ses napperons en dentelle et son mobilier en bois foncé. Vente de thé, infusions et autres douceurs. Déjeuners musicaux le dimanche à certaines dates.
Les Dames de Laon - 1 r. Carlier-Hennecart - ✆ 06 58 70 72 92 - fermé lun.

Les Médiévales de Laon. Chaque année, en juin, Laon replonge au temps de ses splendeurs du Moyen Âge et vous invite à la rencontre de chevaliers et autres princesses.
Infos : laon.fr.

Marcher au vert dans la ville. Parmi les itinéraires proposés par l'office de tourisme, une agréable randonnée baptisée « La campagne dans la ville » traverse pendant 1h30 (4,6 km) des jardins et les anciens vignobles qui produisaient jadis le St-Vincent, le breuvage du sacre des rois.

LILLE - CALAIS

Et si vous alliez faire un petit coucou au Dragon de Calais ? Place au rythme saccadé d'un train régional sur les traces de Line Renaud ou encore de Marguerite Yourcenar. Cette ligne vous déposera – et vous reprendra – au pied de ses plus beaux beffrois, brasseries et mêmes d'un illustre blockhaus.

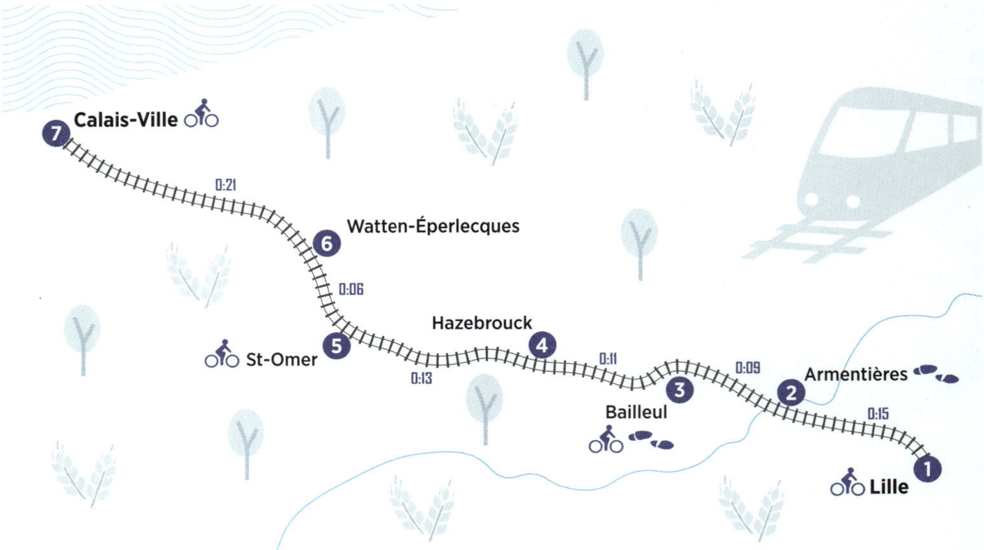

DE LILLE À CALAIS - 7 JOURS

- Pour rejoindre LIlle depuis Paris-Nord : 19 TGV par jour (1h10)
- Trajet sans escale : 1h15
- Fréquence : 22 TER/j, dont 12 desservent ttes les gares
- Horaires : www.ter.sncf.com/hauts-de-france
- Tarif sans escale : 19,90 €
- Services à bord : transport de vélo autorisé
- Pour le retour à Paris-Nord, TGV (2h) ou TER (3h) directs pour Paris

Où se placer pour admirer le paysage ? Côté gauche dans le sens de la marche.

En terrasse à Lille.

1 LILLE

➔ Deux gares. De Paris, vous arriverez en TGV à Lille-Flandres ou Lille-Europe, à 5 et 10mn à pied du centre (600 m séparent ces gares).
Louer un vélo. Vélos en libre service dans les 260 stations réparties dans Lille. Se connecter au service, puis choisir le forfait.
V'Lille - www.ilevia.fr/v-lille - 1,80 € d'abonnement pour 24h, gratuit 30 minutes, puis 1,15 €/30mn suppl.

Lille était une fois. Forte de son nouvel élan culturel, la « capitale des Flandres » n'a jamais mieux porté son titre. Qu'il s'agisse du patrimoine, de l'offre artistique ou gastronomique, tous les ingrédients sont là pour rendre votre escale chaleureuse et inoubliable. Flâner dans les ruelles colorées du Vieux Lille en grignotant une gaufre moelleuse ou découvrir ses musées, lieux alternatifs ou ses surprenantes maisons Folie combleront votre journée. Mais profitez aussi de tous les cafés et restaurants. Le sens de la fête et l'hospitalité des Lillois ne sont pas des qualités usurpées !

Pour la nuit. À 3mn à pied de la gare Lille-Flandres, l'Hôtel Brueghel est une belle maison flamande avec des chambres au charme d'antan.
Carrément en face de la même gare, l'Hôtel La Valiz, entièrement rénové, permet de se poser à proximité des rues piétonnes.
***Hôtel Brueghel** - 5 parvis St-Maurice -*
03 20 06 06 69 - www.hotel-brueghel-lille.com -
61 ch. 87,57/108,62 € - 13 €.
***Hôtel La Valiz** - 13 pl. de la Gare -*
03 20 06 04 12 - www.hotellavaliz.com -
44 ch. 67/127 € - 12 €.

Du grand art. Les collections exceptionnelles du Palais des Beaux-Arts se déploient dans un superbe bâtiment du 19e s. Le sous-sol est consacré à l'archéologie, au Moyen Âge et à la Renaissance. Il renferme un important cabinet de dessins (dont 40 feuilles de Raphaël) ainsi que les plans en relief de quinze villes fortifiées par Vauban dans le nord

Incontournables moules-frites.

de la France et en Belgique. Le rez-de-chaussée accueille la Galerie de Céramique et la Galerie de Sculpture avec des œuvres de Rodin, Claudel et Carpeaux. Au 1er étage, les peintures européennes (Rubens, Van Dyck, Goya, Delacroix...) et françaises du 19e s. (David, Watteau, Delacroix, Courbet, Puvis de Chavannes...) sont accrochées de façon chronologique, stylistique et thématique autour de l'atrium.

Palais des Beaux-Arts - pl. de la République - ✆ 03 20 06 78 00 - www.pba-lille.fr - tlj sf mar. 10h-18h, lun. 14h-18h - 7 €.

À table ! Jouxtant la jolie place aux Oignons, l'estaminet Au Vieux de la Vieille propose des plats régionaux comme la crêpe gratinée au maroilles, fourrée aux endives et jambon, ou la mousse aux spéculoos. On y joue aussi aux jeux traditionnels du Nord.

Chez Bleu Canard, la créativité des plats servis teintés d'exotisme est soutenue par de judicieux vins. L'ensemble recèle de jolies surprises gustatives. Belle adresse dans un cadre bistrot contemporain.

Au Vieux de la Vieille - 2-4 r. des Vieux-Murs - ✆ 03 20 13 81 64 - www.estaminetlille.fr - tlj - plats 9/17 €.

Bleu Canard - 27 r. Pierre-Mauroy - ✆ 03 20 04 98 72 - www.bleucanard-lille.com - fermé dim. - plats 19 € - menus midi 25/32 €.

Pause sucrée. Cette pâtisserie-confiserie fondée en 1761 est une véritable institution à Lille. Miroirs, arabesques, moulures dorées et balcons ciselés : le superbe décor datant de 1839 est inscrit à l'Inventaire des monuments historiques. Goûtez la spécialité maison, la fameuse gaufre fourrée à la vanille de Madagascar, dont la recette remonte à 1849.

Pâtisserie Meert - 27 r. Esquermoise - ✆ 03 20 57 07 44 - www.meert.fr - fermé lun. - salon de thé jusqu'à 19h.

L'heure de l'apéro. Posez-vous dans ce petit bar convivial du début du 20e s., où les artistes se

retrouvent pour bavarder. Soirées littéraires, expositions, concerts...
L'Illustration - 18 r. Royale - 03 20 12 00 90 - Facebook.

Montagnes de moules. Rendez-vous, évidemment, le 1er week-end de septembre pour la Grande braderie de Lille avec ses kilomètres de trottoirs conquis par les forains et les particuliers. Animation garantie, surtout dans le quartier piéton de la place Rihour, sur le boulevard de la Liberté et le boulevard Jean-Baptiste-Lebas. Restaurants et cafés servent des moules-frites. Les montagnes de coquilles sur le trottoir en attestent.

Pédaler dans la ville. Des balades dans la ville (2h) sont proposées sur des vélos hollandais, tandems ou trottinettes. Possibilité de location de vélos.
Association Le Grand Huit - 2 av. Léon-Jouhaux - 06 08 25 74 91 - www.legrand huit.eu - sur demande à partir de 3 pers.

2 ARMENTIÈRES

Beau beffroi. La cité où Line Renaud chanta pour les troupes alliées se distingue par son hôtel de ville et son beffroi, caractéristique de la reconstruction des années 1920 en Flandre et classé au Patrimoine mondial de l'Unesco depuis 2005. Du haut de sa centaine de marches, une vue panoramique s'ouvre sur la ville, les monts de Flandre, la vallée de la Lys, la métropole lilloise et la campagne belge. Les vitraux du grand escalier évoquent les anciennes industries locales : tissage, filature et brasserie. À l'intérieur, parmi les tableaux, Mozart faisant exécuter son *Requiem*.

Pour la nuit. À 11 mn de la gare à pied, vous trouverez des chambres modernes et fonctionnelles dans un petit établissement avec un jardin, une terrasse et salon commun.
Hôtel Joly - 12 r. du Prés.-Kennedy - 03 20 77 00 94 - www.hotel-joly.com - 20 ch. 75/88 € - 10 €.

À table ! Nicolas Gautier s'épanouit pleinement dans son nouveau fief d'Armentières. Libéré de tout carcan, il propose une cuisine 100 % nature, simple et authentique, en s'appuyant sur de jolis produits régionaux. Une maison attachante. Réservation recommandée.
Nature - 20 pl. de St-Vaast - 03 20 87 93 05 - www.restaurant-nature.com - fermé dim.-lun. - déj. sem. 28/39 € - menus 75/96 €.

Fête des nieulles. Avis aux gourmands, le 2e week-end de septembre, on fête le petit biscuit rond traditionnel d'Armentières. Du haut du beffroi sont lancés les nieulles, en souvenir d'un banquet donné par le duc Jacques II de Luxembourg.

Marcher dans leurs pas. Deux circuits ont été mis en place dans le cadre des Chemins de mémoire. Le premier à Armentières (8 km), ville détruite à 90 %, traite de la guerre et de la reconstruction. Le second (12 km), sur la ligne de front située à 2 km, relate le parcours des soldats australiens et néo-zélandais venus faire leurs premières armes ici avant d'affronter des zones de combat plus difficiles. Cet itinéraire mène du cantonnement britannique au cantonnement allemand en passant par le no man's land. Des panneaux d'interprétation ponctuent le parcours.
Infos : www.rex-tourisme.com.

3 BAILLEUL

Louer un vélo. À 26mn à pied de la gare, location de vélos électriques (casque, kit de réparation, gilet jaune inclus). Suggestions d'itinéraires (demi-journée et journée).
Belle Bicyclette - 9 Dievenstraete - 07 88 66 96 35 - www.bellebicyclette.fr - fermé lun.-mar. - sur réserv. en ligne - 42 €/j.

Au pays de Marguerite. Reconstruite dans le plus pur style flamand, après la dernière offensive allemande de 1918, Bailleul ouvre la région des monts de Flandre, chère à Marguerite Yourcenar : un opulent pays de bocage que l'on retrouve de l'autre côté de la frontière, en Belgique, avec ses haies vives, ses ruisseaux, ou « bergues », et les étendues bleutées des plantations de lin.

Pour la nuit. Deux jolies maisons flamandes à 15mn à pied de la gare, près de la frontière belge, proposent des chambres spacieuses et raffinées dans l'une, et plus fonctionnelles mais tout aussi confortables dans l'autre. Un ensemble bien tenu.
Belle Hôtel - 19 r. de Lille - 03 28 49 19 00 - www.bellehotel.fr - 31 ch. 83/94 € - 11 €.

À table ! Ce bar à bières artisanales propose au déjeuner des tartines (surtout) et plats simples. Une courte carte de saison, des produits locaux et du fait maison.
Bellenaert Café - 33 pl. Charles de Gaulle - 09 73 15 57 35 - www.bellenaert.beer - fermé lun.-dim. - plats 12/15 €.

Carnaval. Durant la semaine précédant le Mardi gras, la ville se transforme et les confettis pleuvent pendant 5 jours. Lors de ce carnaval présidé par le géant Gargantua, le docteur Piccolissimo lance des tripes à la foule.

Marcher dans les pas de Marguerite Yourcenar. Les passionnés de marche et de littérature seront séduits par cette belle randonnée autour du Mont Noir, qui inspira une de ses œuvres à Marguerite Yourcenar.
Sentier du Mont Noir - 3h au dép. de St-Jean-Cappel, que l'on rejoint par la D 10 (10mn ou 45mn) - dépliant en téléchargement sur www.saint-jans-cappel.fr.

4 HAZEBROUCK

Des pas de géants. Ville active au cœur de la Flandre, Hazebrouck s'est développée au 19e s. en devenant un important nœud ferroviaire. Dans son musée des Augustins sont exposés les géants de la ville : Roland, preux chevalier qui rejoignit le comte de Flandre, Tisje-Tasje, colporteur du 19e s., sa femme Toria, sa fille Babe-Tisje, son fils Zoone-Tisje et Roland d'Hazebrouck.

Pour la nuit. Dans une demeure de style flamand à 3mn de la gare à pied, des chambres correctes et fonctionnelles.
Hotel du Gambrinus - 2 r. Nationale - 03 28 41 98 79 - 52 € - 7 €.

À table ! En salle ou en terrasse, le chef flamand Michael Leclercq oscille entre bistro et gastro, toujours avec des produits frais et de saison.
L'Ephémère - 20 r. de la Clef - 03 28 40 74 48- www.restaurant-lephemere.fr - fermé dim.-lun. - déj. sem. 19,90 € - menus 25,90/46,90 €.

Carnaval. La mi-carême est l'occasion de faire prendre l'air aux géants de la ville : défilés, bal... Le week-end avant le carnaval, un cortège retrace l'histoire des deux Flandres et de la ville depuis Charlemagne.

5 ST-OMER

Louer un vélo. À 15mn à pied de la gare, des vélos à assistance électrique sont disponibles sur demande à l'office du tourisme.
7 pl. Victor-Hugo - 03 21 98 08 51 - www.tourisme-saintomer.com - 8 € pour 2h, 10 € pour 4h, 15 €/j.

Au rythme des marais. Rues paisibles bordées d'hôtels particuliers à pilastres, faubourg aux maisons basses à la flamande alignées le long des quais de l'Aa, superbe cathédrale Notre-Dame... St-Omer séduit, d'autant qu'elle s'inscrit dans un territoire à l'ambiance unique, celui du marais audomarois, dernier marais cultivé en France. Découvrez cet entrelacs harmonieux de canaux et de végétation au fil des pontons aménagés ou, pourquoi pas, à bord d'une barque à fond plat au départ de la Maison du Marais, qui abrite deux expositions interactives.
Maison du Marais - à 1,6 km de la cathédrale (accessible par une piste cyclable) - 36 av. du Mar.-Joffre - St-Martin-lez-Tatinghem - 03 21 11 96 10 - www.lamaisondumarais.com - de mi-mars à mi-nov. : 10h-18h; juil.-août : 10h-20h; reste de l'année se rens. - 5,90 € expo - 11 € balade en bacôve.

Pour la nuit. Dans le centre historique, à 15mn de la gare, cet hôtel-restaurant dispose de chambres rénovées tranquilles. Côté assiettes, quelques plats typiques et des pierrades.
Les Frangins - 5 r. Carnot - 03 21 38 12 47 - www.frangins.fr - 26 ch. 90/99 € - 10 € - fermé dim. - menus 23,50/28,50 €.

À table ! La cuisine audacieuse de la cheffe Claire Bluszcz surprend et convainc. Ses « petites assiettes » sont délicatement, savoureusement et sainement composées à base de produits locaux. À déguster dans un cadre contemporain cosy.
Claire' Marais - 8 pl. Victor-Hugo - 03 21 93 15 15 - www.clairemarais.fr - fermé dim.-lun. - formules 25/34 €.

Pour le pique-nique. Entre la charcuterie fine et les fromages et on ne sait plus où donner de la tête ! Sur une rue piétonne, à proximité de l'hôtel de ville, cette enseigne promeut les spécialités régionales et les petits producteurs.
Le Terroir - 31 r. des Clouteries - 03 21 38 26 51 - fermé lun.-mar.

Ramer dans la nature. À 10mn de la gare, un club pour faire du canoë-kayak sur le canal de Neuffossé, l'Aa et dans le marais audomarois.
Canoë-kayak Club - bassin de l'Aa - écluse St-Bertin - 03 21 38 08 47 - www.canoekayak-saintomer.com - fermé de déb. nov. à mi-avr. - 10 €/2h de kayak (15 € canoë).

Pédaler dans et autour de St-Omer. Le « guide du cycliste Audomarois » propose 8 boucles pour sillonner la ville et les alentours (de 30mn à 2h30).
Infos : guide en téléchargement sur www.tourisme-saintomer.com.

St-Omer dans le marais audomarois.

6 WATTEN-EPERLECQUES

➔ **La gare est à 2,8 km, soit 35mn de marche du principal site à voir. Sinon, taxis à la gare.**

Pour la nuit. À 6mn à pied de la gare, 2 gîtes et 2 chambres reposants dans les marais.
Gîte et chambres Dumont - 8 chemin de la Vlotte - 03 21 88 40 37 - chambres.dumont.free.fr - 54 €.

S'enfermer dans le blockhaus d'Éperlecques. On y pénètre par une porte blindée de 2 m d'épaisseur. Montagne de béton émergeant de la forêt d'Éperlecques, ce blockhaus haut de 22 m était prévu pour le lancement des fusées V2 allemandes destinées à détruire Londres. La dalle supérieure, épaisse de 5 m, fut montée au fur et à mesure de la construction par un système de vérins qui permettait de protéger des bombardements ceux qui y travaillaient. Le 27 août 1943, 185 « forteresses volantes » venues d'Angleterre déversent des tonnes de bombes sur le blockhaus, le mettant hors d'usage... au prix de la vie de nombreux déportés qui y travaillaient. Après, le blockhaus fut agrandi pour devenir une usine d'oxygène liquide. Un circuit avec points sonorisés donne un aperçu des terrifiantes « armes secrètes » du IIIe Reich.
Blockhaus - rue des Sarts - 03 21 88 44 22 - www.leblockhaus.com - juil.-août : 10h-18h30; avr.-juin et sept. : 10h-17h30; reste de l'année : se rens. - fermé nov.-fév. - 11 €.

À table ! Une cuisine roborative et garantie « fait maison ». Au menu : tripes et pieds de porc grillés, ris de veau à l'ancienne, rognons de veau façon grand mère... Entre autres !
L'auberge flamande de Watten - 03 21 88 56 16 - fermé mar.- menus 26/34,90 €.

7 CALAIS-VILLE

Louer un vélo. À 13mn à pied de la gare.
Opale Vélo Services - 152 bd Léon-Gambetta - 03 21 00 07 41 - www.opaleveloservices.fr -

fermé dim. - VTC 17 €/j et VAE 30 €/j - inclus casque, antivol, kit de réparation et cape de pluie !

Elle crache le feu. La proximité des côtes anglaises a présidé à la destinée de Calais. Deuxième port au monde pour le trafic de voyageurs, la cité vit au rythme des ferries. Elle reçoit désormais la protection du Dragon, dont la présence sur le front de mer rend le paysage urbain insolite et réveille la ville entière par son souffle de braise. Le merveilleux traverse les rues, effleure la plage, pour finalement gommer la dualité ancestrale entre la ville et le port. La statue des *Bourgeois de Calais* de Rodin attire, la dentelle s'expose, l'identité balnéaire se réaffirme. Terminus : tout le monde descend !

Pour la nuit. À 5mn à pied de la gare, au Cercle de Malines, Stéphanie Fetel reçoit avec élégance ses hôtes de passage dans cette belle maison de maître, ancienne propriété d'un dentellier de Calais. Autre adresse de charme, l'Hôtel particulier Richelieu, que Benoît Grancier restaure petit à petit. Derrière une façade austère se cachent des chambres toutes différentes, modernes et cosy. Grandes salles de bains impeccables. Pas de petit-déjeuner.

***Chambres d'hôtes Le Cercle de Malines** -*
12 r. de Malines - ✆ 03 21 96 80 65 -
www.lecercledemalines.fr - 5 ch. 95/140 € ☕.
***Hôtel particulier Richelieu** -*
17 r. Richelieu - ✆ 06 10 82 65 01 -
www.hotel-richelieu-calais.com - 5 ch. 61/65 €.

Une dentelle sans pareil. Dans le quartier St-Pierre, cette ancienne usine du 19e s. accueille un musée qui illustre l'histoire de la délicate étoffe, les relations entre mode et dentelle depuis le 16e s., le savoir-faire dentellier calaisien... La visite comprend une démonstration d'un métier Leavers par un tulliste professionnel.

Le cap Blanc-Nez.

Cité de la dentelle et de la mode - 135 quai du Commerce - ✆ 03 21 00 42 30 - www.cite-dentelle.fr - avr.-oct. : 10h-18h; reste de l'année : 10h-17h - fermé mar. - 7 €.

À table ! Si ce bistrot a gardé un esprit vintage et authentique, c'est loin d'être de l'histoire ancienne ! Les plats traditionnels et gourmands de Patrick Comte y sont toujours d'actualité.

***Histoire Ancienne** - 20 r. Royale - ✆ 03 21 34 11 20 - www.histoire-ancienne.com - fermé dim.-lun. - déj. sem. 25 € - menus 28/38 € - réserv. conseillée.*

Pour le pique-nique. Profitez des spécialités sur les marchés qui se tiennent le matin : mercredi et samedi place d'Armes; jeudi et samedi place Crèvecœur; dimanche rue Greuze et rue de Manet.

L'heure de l'apéro. Michelle et Laurent font vivre avec énergie cette institution de la vie maritime calaisienne. Ici, pas de manières : tout le monde se tutoie au moment de discuter au comptoir ou en salle autour d'un canon. Si vous vous y rendez seul, vous ne le resterez pas longtemps : un sourire engageant suffira à lancer la conversation.

***Café du Minck** - 2 r. Jean-Pierre-Avron - ✆ 03 21 34 59 62 - fermé dim.- lun.*

Jeter un œil au cap Blanc-Nez. Un petit coucou au Dragon de Calais et en piste sur l'EuroVelo 4 pour cette balade de 14 km. Jusqu'à Sangatte, vous êtes éloigné du flux de circulation de la route côtière. Vous quittez ensuite la grande plaine maritime flamande, et la route, désormais plus passante, s'élève doucement avant de se dresser plus fortement jusqu'au cap Blanc-Nez.

AMIENS - CALAIS

Embarquez d'Amiens vers la Côte d'Opale et le littoral jusqu'à Calais pour un voyage très nature et mer. Dès Noyelles-sur-Mer, les paysages de la baie de Somme, entre côte, dunes et marais se dessinent par la vitre. Arrêts ensuite possibles à Étaples-Le Touquet et Boulogne-sur-Mer pour naviguer, toujours en train, le long des échancrures des Hauts-de-France.

D'AMIENS À CALAIS - 7 JOURS

- Pour rejoindre Amiens depuis Paris-Nord : 7 TER/j
- Trajet sans escale : 1h44
- Fréquence : 15 TER/j
- Horaires : www.ter.sncf.com/hauts-de-france
- Tarif sans escale : 29,10 €
- Services à bord : transport de vélo autorisé
- Pour le retour à Paris-Nord : TGV (2h02) ou TER direct (2h52)
- Bon à savoir : évitez les trains de début de matinée et de fin d'après-midi

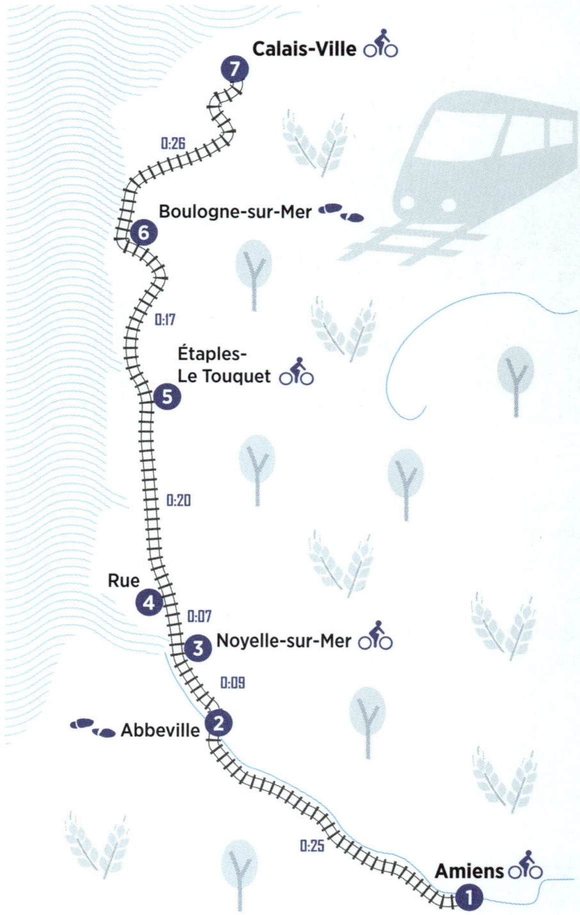

Où se placer pour admirer le paysage ? Côté droit dans le sens de la marche.

Récolte dans les hortillonnages d'Amiens.

1 AMIENS

Louer un vélo. Rendez-vous au niveau inférieur de la gare.
Buscyclette - 09 70 82 07 22 - www.ametis.fr/le-service-velos-buscyclette/ - fermé dim. Vélos classiques et remorques (5 €/j) ; vélos et triporteurs électriques (15 €/j) - pré-réservation en ligne.

Amiens : flâner et s'émerveiller. Capitale de l'ancienne Picardie, Amiens offre une passionnante diversité d'architectures et d'activités. Elle possède la plus vaste cathédrale gothique de France, deux fois plus grande que Notre-Dame de Paris. Autour, les ruelles pavées donnent à la ville une allure médiévale. Au nord, les canaux de St-Leu évoquent une petite Amsterdam, tandis qu'au sud, le centre-ville hésite entre alignements du 19e s. et urbanisme d'après-guerre, dont la tour Perret reste le symbole. Les hortillonnages ajoutent une charmante note bucolique (*voir p. 45*) sans oublier la touche culturelle avec les collections d'art et d'histoire du riche musée de Picardie.

Musée de Picardie - 2 r. Puvis-de-Chavannes - 03 22 97 14 00 - www.amiens.fr - tlj sf lun. 9h30-18h (11h le w.-end) - 9 €.

Pour la nuit. À 7mn à pied de la gare. Le Victor Hugo est un petit hôtel familial à deux pas de la cathédrale gothique où un vénérable escalier en bois mène à des chambres simples et bien tenues. Toujours à 7mn à pied de la gare, le Saint-Louis, entre la maison de Jules Verne et la tour Perret, il est aussi idéalement situé, avec des chambres plutôt spacieuses et une agréable salle de petit-déjeuner.
Hôtel Victor Hugo - 2 r. de l'Oratoire - 03 22 91 57 91 - www.hotel-a-amiens.com - 10 ch. 59/65 € - 5,50/9 €.
Le Saint-Louis - 24 r. des Otages - 03 22 91 76 03 - le-saint-louis-hotel-amiens.hotelmix.fr - 24 ch. 84/97 € - 12 €.

Une cathédrale classée à l'Unesco. Impressionnante et massive, Notre-Dame surgit comme un

Le long du canal de la Somme, vers Abbeville.

gigantesque vaisseau de pierres au cœur de la paisible capitale picarde. La cathédrale fut rapidement construite, ce qui explique l'homogénéité de son architecture : le gros œuvre, entrepris en 1220, fut terminé en 1269 et les chapelles latérales furent bâties en 1375. Il fallut néanmoins attendre le 15e s. pour achever le couronnement des tours. Restaurée en 1849 par Viollet-le-Duc, elle fut miraculeusement épargnée en 1940. La façade, superbement restaurée, s'est imposée comme une référence dans la découverte de la polychromie des portails gothiques. Dès l'entrée, on est saisi par la luminosité et l'ampleur des proportions de la nef : longue de 145 m, c'est la plus haute de France (42,30 m). Dans le chœur, ne manquez pas ses chefs-d'œuvre de l'art gothique flamboyant : 110 stalles en chêne sculptées de 1508 à 1522 par les huchiers Arnould Boulin, Antoine Avernier et Alexandre Huet. Sous la dentelle de bois, plus de 4000 figures évoquent la Genèse et l'Exode, la vie de la Vierge, et des sujets de fantaisie : métiers, fabliaux, vices...

Cathédrale Notre-Dame - www.amiens-tourisme.com - 8h-17h30 (18h30 avr.-sept.); tours : juil.-août : tlj sf mar. 14h-17h, avr.-juin et sept. : w.- end 14h-16h.

À table ! À deux pas de la tour Perret, dans une rue piétonne du centre, le T'chiot Zinc est un bistrot typique prisé des Amiénois où les serveurs envoient flamiche, cochon de lait et autres spécialités picardes dans un cadre patiné par les années. Plus contemporain, au pied de la cathédrale, Oz'Ange propose des plats joliment présentés autour du poisson. Mais n'hésitez pas non plus à choisir une grillade accompagnée de frites maison.

Le T'chiot Zinc - 18 r. de Noyon - ✆ 03 22 91 43 79 - fermé dim. et j. fériés - plats 11/19 €.

Oz'Ange - 14 r. Cormont - ✆ 03 22 91 27 83 - fermé dim. et merc. - déj. sem. 20/25 € - menus 24/29 €.

Pour le pique-nique. Faites le plein de produits locaux, et pourquoi pas de fromages (Rollot, Tricorne, Maroilles...), aux halles.

La Halle au frais - place Maurice-Vast - www.halleaufrais.fr - fermé lun.

Voguez vers les hortillonnages. Ce charmant damier de jardins que l'on peut parcourir en barque constitue un autre des attraits d'Amiens, et non des moindres.
Maison des Hortillonnages - 54 bd Beauvillé - ✆ 03 22 92 12 18 - www.hortillonnages-amiens.fr - visite guidée en barque avr.-sept. : 9h-12h30, 13h30-18h15, reste de l'année se rens.- 10 € (11-16 ans 9 €).

Pause sucrée. Spécialité de la ville depuis le 16e s., le macaron d'Amiens, aux saveurs d'amande et de miel, connaît toujours autant de succès. La famille Trogneux, confiseur et chocolatier depuis cinq générations, en vend parmi une belle sélection de produits du terroir. Sur le parvis de la cathédrale, retrouvez le bar à chocolat : en-cas et spécialités picardes, chocolat chaud, dégustation de macarons...
Jean Trogneux - 1 r. Delambre - ✆ 03 22 71 17 17 - www.trogneux.fr - boutique fermée dim.

L'heure de l'apéro. Pour boire un verre le soir, le secteur le plus animé de la ville est sans conteste le quartier St-Leu, autour de la place du Don et du quai Bélus. Nous vous conseillons Le Rétro, bistro club et son ambiance très contemporaine avec concerts et soirées DJ.
Le Rétro - 12 r. des Bondes - www.leretroamiens.fr.

Fêtes fleuries. Le 3e dimanche de juin, les maraîchers des hortillonnages arrivent en costume d'autrefois dans leur barque à fond plat pour vendre leurs fleurs et légumes à quai. Et de juin à octobre, le Festival international de jardins Hortillonnages présente des œuvres et installations dans les hortillonnages.

Sur la véloroute Vallée de Somme. Entre Ham et St-Valery-sur-Somme, via Amiens et Abbeville, cette voie cycliste aménagée sur le chemin de halage de la Somme s'allonge sur 160 km, avec de nombreuses étapes agréables, notamment dans les anciennes maisons éclusières. Notez qu'une portion de 47 km longe la Somme canalisée et permet de rejoindre Abbeville, notre étape suivante...

2 ABBEVILLE

Une riche histoire. Rebâtie après la guerre, la ville présente un urbanisme aéré et quelques réalisations architecturales audacieuses, comme l'hôtel de ville et son beffroi moderne abritant une partie des collections de l'intéressant musée Boucher-de-Perthes (art et archéologie - *fermé jusqu'en 2026*). Pourtant, la ville est encore riche d'un patrimoine ancien, comme la flamboyante collégiale royale de St-Vulfran ou le château de Bagatelle. Cette « folie » à l'allure d'une maison de poupée, en bordure de la ville, s'inscrit dans un parc de 11 ha.

Pour la nuit. Il faudra marcher 18mn depuis la gare, non loin du centre-ville, pour trouver ce petit hôtel disposant de chambres lumineuses et fonctionnelles.
Hôtel Relais Vauban - 4 bd Vauban - ✆ 03 22 25 38 00 - www.hotel-abbeville.com - fermé vac. fév. et vac. Noël - 21 ch. 66/75 € - ☕ 9 €.

À table ! Une institution abbevilloise que ce traiteur-restaurateur, qui excelle aussi bien dans les plats salés (burgers) que dans les desserts et gourmandises (macarons).
Le Croquenbouche - 3 pl. Jacques-Becq - ✆ 03 60 04 23 53 - fermé dim.-lun. et le soir mar.-jeu. - formule 15 € - menus soir 20/35 €.

Pause sucrée. Une adresse incontournable pour acheter le fameux gâteau battu, selon la recette élaborée par Francis Fréville.
À la Fournée picarde - 9 r. du Pont-d'Amour - ✆ 03 22 19 01 00 - boulangeriefrevill.wixsite.com/boulangeriefreville - fermé dim.

Marchez à la découverte du patrimoine. Trois itinéraires de 3 km (1h30) en centre-ville sont téléchargeables sur www.tourisme-baiedesomme.fr.

3 NOYELLE-SUR-MER

Louer un vélo. À côté de la gare, vous trouverez des vélos classiques, à assistance électrique et même des tandems.
Vélo en Baie de Somme - 70 r. du Crotoy - ✆ 03 22 19 10 39 - www.locationvelo-baiedesomme.fr - VTT à partir de 12 € la demi-journée et 24 € pour les VAE.

Un crochet par l'Asie. Vous voilà dans la plus grande nécropole chinoise de France, avec ses 825 stèles blanches gravées d'idéogrammes. En 1916, des milliers de Chinois s'engagèrent à servir l'armée anglaise en échange d'un salaire. Travaillant dans des conditions éprouvantes, aussi bien à la construction des voies ferrées qu'au nettoyage des champs de bataille, ils ne pouvaient circuler librement en dehors du camp. Beaucoup furent fauchés par la guerre, et surtout par l'épidémie de grippe espagnole de l'automne 1918.

Le Chemin de fer de la baie de Somme.

À table et au lit ! Des chambres d'hôtes à 5mn de la gare. Cinq chambres parfaitement équipées qui fleurent bon le littoral. Restauration sur demande, bocaux de plats cuisinés picards Vrai & Bon. *Halte en B - 24 r. du Maréchal-Foch - ✆ 06 33 58 58 31 - www.halte-en-b-chambresdhotes.fr/fr - 80/90 € ☕ - ✕ 19/25 € - sur réserv. 48h av.*

L'heure de l'apéro ! Ce « bistrot-brocante-estaminet », installé dans l'ancien hôtel de la Gare, est meublé vintage. Vous y trouverez des objets anciens à vendre, des jeux en accès libre, un salon avec livres… Un sympathique lieu de vie, pour boire un verre accompagné d'une planche apéritive (produits bio et locaux). Et même y passer la nuit. *Le Relais de la baie - 9 rte du Crotoy - ✆ 06 24 98 53 23 - www.lerelaisdelabaie.com - 2 ch. 65 € - ☕ 7,50 €.*

S'évader à l'ancienne. Ce petit train lancé en 1887 pour transporter les estivants en baie de Somme a repris du service. Les voitures à plates-formes, tractées par des locomotives à vapeur ou Diesel, circulent à 20 km/h entre Le Crotoy, Noyelles-sur-Mer, St-Valery-sur-Somme et Cayeux-sur-Mer, permettant de découvrir la baie. Possibilité de faire un aller simple pour revenir à vélo, en bateau, ou à pied. *Chemin de fer de la baie de Somme - ✆ 03 22 26 96 96 - www.chemindefer-baiedesomme.fr - fermé déc.-janv. - 18 € AR.*

Boucle au départ de Noyelles-sur-Mer par Cayeux-sur-Mer. Cette balade sans difficulté de 44 km entre côte, dunes et marais est une belle introduction à la baie de Somme.
Infos : circuit sur www.baiecyclette.com.

4 RUE

Rue : une cité gothique. Rue rayonne dans un cadre verdoyant de forêts et de marais. Si la physionomie de la petite cité a bien changé depuis le Moyen Âge – le recul de la mer a laissé son port à sec, et l'ancienne citadelle a été détruite –, elle conserve un patrimoine gothique remarquable, notamment son beffroi et la chapelle du St-Esprit, chef-d'œuvre flamboyant.

Pour la nuit. À 10mn à pied de la gare, dans une ancienne poste toute de briques vêtue, Stéphanie accueille ses hôtes avec autant d'attention que le soin apporté à la déco vintage des chambres.
Les Chambres de la Poste *- 2 r. de la Porte de Becray - 06 60 43 51 37 - leschambresdelaposte.com - 3 ch. 80 €.*

Pour le pique-nique. Cette boulangerie pâtisserie chocolaterie, où trouver un sandwich et bien sûr une douceur pour le dessert, sera de bon secours.
Maison Lherbier *- 8 r. du Colonel Tétart - 03 22 25 00 22 - fermé merc.*

5 ÉTAPLES-LE TOUQUET

➔La gare se trouve à Étaples. Comptez 50mn de marche entre la gare et Le Touquet-Paris-Plage. Mais il existe des navettes dédiées, au départ de la gare.
Infos et fiche horaire : www.letouquet.com.

Louer un vélo au Touquet.
Baleine Royale - 104 r. de Metz - ✆ 03 21 05 50 00 - www.labaleineroyale.com - vélo Beach Cruiser 10 € la demi-journée et 25 € pour la version à assistance électrique - plan des pistes cyclables en téléchargement sur le site.

Naviguer entre deux ambiances. Aux confins de la Manche et de la mer du Nord, Étaples est encore un port de pêche côtière (soles, carrelets, merlans, crevettes) et hauturière actif, authentique et populaire. L'élégante station voisine du Touquet, lovée entre l'estuaire de la Canche, la Manche et la forêt, entretient, elle, son charme désuet. Les villas rétro s'égrènent sous les pinèdes au milieu de pelouses fleuries cernées de haies impeccables, faisant vite oublier les immeubles parfois vilains du front de mer. C'est aussi aujourd'hui l'une des plages les plus appréciées de la région.

Pour la nuit. Au Touquet, à 30mn à pied de la gare (mais on peut venir vous chercher), cette villa sous les pins abrite des chambres sobres et élégantes. Derrière se dévoilent une piscine, son bar et les transats sur la pelouse.
Villa d'hôtes Graine de Pin - 166 ch. Monthor - ✆ 06 09 62 63 62 - www.grainedepin.fr - - 4 ch. 155/175 €.

À table ! Deux options selon votre situation géographique. Aux Pêcheurs d'Étaples, une cuisine marine dans ce restaurant lumineux installé au 1er étage d'une grande poissonnerie des quais de la Canche.
Autrement dans la pléthore de restaurants du Touquet, les Canailles ont le mérite de proposer une jolie carte des vins en accord avec une cuisine de bistrot engageante et inventive.
Aux Pêcheurs d'Étaples - quai de la Canche - Étaples - ✆ 03 21 94 06 90 - www.auxpecheursdetaples.fr - oct.-mars : fermé dim. soir - déj. sem. 26/30 € - menus 35/60 €.
Les Canailles - 73 r. de Paris - Le Touquet - ✆ 03 21 05 03 03 - fermé lun. et à midi sf w.-end - menus 28/32 €.

Char à voile ou croisière. La plage du Touquet – surtout en basse saison – est un terrain idéal pour une virée en char à voile sur plus de 15 km de sable fin. Autre option, à Étaples, laissez-vous tenter par une croisière dans l'estuaire de la Canche à la recherche des phoques.
Centre nautique de la Manche Bertrand-Lambert - bd Jules-Pouget - Le Touquet - ✆ 03 21 05 33 51 - www.letouquet.com - initiation au char à voile (2h) 52 € - sur réserv.
La Corderie - Pavillon de la mer - Étaples - ✆ 03 21 09 56 94 - www.etaples-tourisme.com - avr.-sept. : croisière 45mn - 14 €.

Pause sucrée. La maison Vandewalle, pâtisserie familiale plus que centenaire, est connue pour son « Doigt de Jean Bart » : ce gâteau aux amandes à la crème café, enrobage chocolat noir ou lait, est irrésistible. Mais vous craquerez aussi pour ses autres délices alignés en vitrine.
Aux doigts de Jean Bart - 80 r. de Metz - Le Touquet - ✆ 03 21 05 39 03 - auxdoigtsdejeanbart.com - fermé lun.-mar.

Fête. À Étaple, chaque année en octobre, une « joute à canotes » voit concourir les canots de la cité sur le fleuve. Autrefois réservée aux pêcheurs, elle est ouverte à tous et rassemble plus de 60 embarcations sur la Canche.

Objectif dunes au Touquet. Une boucle de 10 km se dessine le long de la route de la corniche. Entre les dunes coiffées d'oyats et la pinède, la route conduit à un point de vue merveilleux sur l'estuaire de la Canche.

6 BOULOGNE-SUR-MER

Sous l'œil des mouettes. Embruns iodés et criée matinale en font une étape rafraîchissante dans une ville au caractère bien trempé ! Le premier port de pêche français possède une charmante ville haute avec ses fortifications du 13e s. Le musée-château, l'hôtel de ville, le beffroi et surtout l'impressionnante basilique, avec sa superbe crypte, sont aussi à voir.

Pour la nuit. En centre-ville, à 15mn de la gare, cet hôtel chaleureux propose des chambres modernes au mobilier d'esprit scandinave. Jolie salle des petits-déjeuners ouverte sur le jardin.
Hôtel Métropole - 51 r. Adolphe-Thiers - ✆ 03 21 31 54 30 - www.hotel-metropole-boulogne.com - 25 ch. 69/119 € - 14 €.

Vingt mille lieux sous les mers. Le plus grand aquarium d'Europe vous attend pour voyager en haute mer à la découverte des richesses de l'océan. Pour

Rue de Boulogne-sur-Mer.

coller son nez contre celui d'une tortue caouanne ou le museau d'un requin taureau... Restaurant sur place.

Nausicaá - bd Ste-Beuve - ✆ 03 21 30 99 99 - www.nausicaa.fr - 9h30- 18h30 - 28,50 €.

À table ! Burgers, welsh ou moules : telles sont les propositions réconfortantes de cette brasserie forcément chaleureuse tenue par Déborah.

Chez Débo - 63 Grande Rue - ✆ 03 74 73 11 91 - www.chezdebo.com - tlj - plats 14,90/17,90 €.

À l'eau ! Sur la plage, située boulevard Ste-Beuve, vous pratiquerez voile, char à voile ou speedsail. Ou vous bronzerez, tout simplement.

Char à Voile Club de la Côte d'Opale - 272 bd Ste-Beuve - ✆ 03 21 83 25 48 - www.cvcco.com - fermé vac. de Noël - 38 €/2h initiation char à voile - réserv. conseillée.

L'heure de l'apéro. Ce bar brasserie est un haut lieu de la haute ville pour partager de généreux mets avec de bonnes bières artisanales. De nombreux concerts y sont organisés, autant d'occasions de prendre le pouls de la ville.

La Cave de Monsieur Guy - 4 r. de Lille - ✆ 03 21 83 17 07 - fermé lun.

Festival de la Côte d'Opale. Chaque année, en juillet, ce rendez-vous propose une belle programmation de concerts.

Infos et billetterie : www.festival-cotedopale.fr.

À pied dans le Boulonnais. La ville propose 10 promenades de 1,5 km à 7 km pour découvrir ses différents paysages.

Infos : itinéraires en téléchargement sur www.boulonnaisautop.com.

7 CALAIS-VILLE

Voir le voyage précédent (p. 39).

CHARLEVILLE-MÉZIÈRES - GIVET

Après une première déambulation poétique à Charleville-Mézières, la ville natale d'Arthur Rimbaud, laissez-vous porter par les méandres de la Meuse jusqu'aux remparts de Givet, au cœur d'une région peuplée de forêts et de légendes, et ponctuée de villages médiévaux aux toits d'ardoise. Un voyage qui suit intimement la rivière et ses courbes, l'enjambant même à plusieurs reprises.

DE CHARLEVILLE-MÉZIÈRES À GIVET - 8 JOURS

- Pour rejoindre Charleville depuis Paris-Est : 2 TGV directs par jour (1h42) ou 4 TGV par jour jusqu'à Reims puis TER
- Trajet sans escale : 1h05
- Fréquence : 10 TER/j desservant ttes les gares (15 en saison)
- Horaires : www.ter.sncf.com/grand-est
- Tarif sans escale : 7,40 €
- Services à bord : transport de vélo autorisé
- Pour le retour à Paris : faire le chemin en sens inverse
- Bon à savoir : en juillet-août billet valable tte la journée 10 €

Où se placer pour admirer le paysage ? Côté droit dans le sens de la marche.

Charleville-Mézières, ville rimbaldienne.

Longer la Meuse en train et à vélo. L'un des charmes de cet itinéraire est qu'il peut se faire aussi à vélo par étapes. La Meuse à Vélo (EuroVelo 19), de Langres à Givet, alterne entre voies cyclables le long de la Meuse et pistes partagées sur des routes peu fréquentées par les automobilistes. Embarquez votre vélo dans le train ou louez un cycle dans nos villes-étapes.
Infos : fr.eurovelo.com/ev19.

1 CHARLEVILLE-MÉZIÈRES

Louer un vélo. À 15mn à pied de la gare, un garage solidaire loue des vélos.
Arenam - 12 av. de l'Industrie - 03 10 43 42 75 - www.arenam.fr - 5 €/j.

Sur les traces du poète. Traversées par la Meuse qui coule des eaux paisibles, ces deux villes, aujourd'hui réunies, ont conservé leur identité et le souvenir de leur riche passé. Charleville déploie ses rues commerçantes et ses maisons anciennes autour de l'harmonieuse place Ducale, tandis qu'en bordure de ses quais flotte, comme un bateau ivre, le souvenir de Rimbaud. Son aînée, Mézières, aligne fièrement ses façades Art déco et ses remparts médiévaux au cœur d'un large méandre du fleuve. Un circuit libre sur les traces d'Arthur Rimbaud parcourt toute la ville.
Infos : www.charleville-sedan-tourisme.fr.

Pour la nuit. À 5mn à pied de la gare, un hôtel design installé dans une ancienne imprimerie où se mêlent le bois, le fer et le verre. Trois gammes de chambres – « rime », « strophe » et « poème » – allient couleurs et luminosité.
Le Dormeur du Val - 32 bis r. de la Gravière - 03 24 42 04 30 - www.hotel-dormeur-du-val.com - 17 ch. 87,42/92,42 € - 15 €.

Illuminations. En bordure de la Meuse, l'ancien moulin ducal abrite aujourd'hui le musée Arthur Rimbaud, un musée littéraire qui s'est donné pour

Sculpture de la légende des quatre fils Aymon.

mission de nous embarquer, corps et sens, dans l'univers de ce poète-explorateur maudit. Vous entendrez notamment ses poèmes en plusieurs langues. L'expérience se poursuit vers la maison des Ailleurs, demeure du 19e s. située en face du musée, au n° 7, où vécut Rimbaud entre ses 15 et 21 ans.
***Musée Arthur Rimbaud** - quai Rimbaud - ✆ 03 24 32 44 65 - musee-arthurrimbaud.fr - mai-sept. : 9h30-12h30, 13h30-18h, w.-end 11h-13h, 14h30-18h; reste de l'année : 9h-12h, 13h30-17h30, w.-end 14h-17h30 - fermé lun - 8 €.*

À table ! Au bout d'une impasse, un univers dédié au vin et au bien manger. Version bistro au rez-de-chaussée ou version gastro dans la cave et un même credo : du fait maison, des produits frais et une cuisine franche.
***La Table d'Arthur « R »** - 9 r. Bérégovoy - ✆ 03 24 57 05 64 - www.latabledarthur.fr - fermé lun. soir, merc. soir et dim. - déj. sem. 16/18 € - menus 36/45 €.*

Pour le pique-nique. Cette épicerie fine toute proche de la place Ducale regorge de bons produits : terrines de sanglier, charcuterie, fromages et primeurs.
***Gourmets Gourmandes** - 9-11 r. du Moulin - ✆ 03 24 36 12 80 - fermé dim. apr.-midi.*

Pause sucrée. Les spécialités de cet établissement bio sont le Carolo, pâtisserie associant notamment praline et macarons, et le Rimbaud, bonbon chocolat, praliné et nougatine.
***Pâtisserie du Mont Olympe** - 7 r. du Moulin - ✆ 03 24 33 25 11 - fermé dim. apr.-midi et lun.*

L'heure de l'apéro. Au pied du Grand Marionnettiste, ce bar à vin permet de prendre un verre tout en admirant la place Ducale.
***Le Concept** - 37 pl. Ducale - ✆ 03 24 22 57 03 - fermé lun., mar. et dim.*

Festival mondial des théâtres de marionnettes. En septembre, les années impaires, plus de 500 représentations sont proposées en salles et dans les rues. Loin du guignol de notre enfance, ces arts de la marionnette témoignent d'une créativité contemporaine inouïe.
***Infos** : festival-marionnette.com.*

2 BOGNY-SUR-MEUSE

➔ La gare dessert trois communes, Braux, Levrézy et Château-Regnault qui ont fusionné pour former Bogny-sur-Meuse. Elle est aussi à 3mn seulement de l'arrêt suivant, Monthermé, parfois plus pratique selon votre programme.

Louer un vélo. À 30mn de la gare mais bien placé près de la voie verte.
Les Rosalies de Graziella - 13 r. de la Meuse - 06 11 08 90 96 - VAE, tandems, triporteurs - tarifs selon durée.

À cheval sur ses histoires. Premier arrêt-visite près de la gare : la collégiale St-Pierre-aux-Liens (également appelée église St-Vivent) fut fondée à l'époque carolingienne. Elle a conservé certaines caractéristiques romanes : plan en croix de basilique, abside, chœur et transept. Observez la cuve baptismale du 12e s. en pierre bleue de Givet, ornée de grotesques. Vers Levrézy, un petit musée de la Métallurgie Ardennaise, installé dans une ancienne usine évoque le travail du métal en Ardenne.
Musée de la Métallurgie Ardennaise - à 200 m de la gare de Bogny - 03 24 35 06 71 - www.musee-metallurgie-ardennes.fr - juil.-août : merc.-dim. 10h-12h, 14h-18h; reste de l'année : mar.-sam. mêmes horaires - fermé déc.-mars - 6 €.

Pour la nuit. L'offre étant rare, ces chambres d'hôtes se méritent, à 30mn à pied de la gare (jolie randonnée le long de la Meuse ou 10 € en taxi) au pied du site des Quatre-Fils-Aymon. Pas de chichi, mais tout y est, y compris la cuisine collective, pratique pour les familles. Terrasse avec vue sur la Meuse.
Au refuge des 4 Fils Aymon - 13 r. de la Meuse - 03 24 32 10 97 - 5 ch. dont une 7 pers. - 69/79 € - 8 €.

À table ! À côté des chambres d'hôtes ci-dessus, cette terrasse propose une petite restauration ou pause glacée. Très pratique aussi, l'établissement loue ici quelques vélos.
Chez Graziella - 13 r.de la Meuse - 06 11 08 90 96.

Entrer dans la légende. Remontez la rue du Château jusqu'au parking; de là un sentier (300 m) vous conduit à un replat artificiel, marquant les limites de l'ancien château Regnault. Une volée de marches mène au monument Quatre-Fils-Aymon, qui offre une vue sur les méandres de la Meuse et le paysage typique des vallées industrielles. Le rocher, qui culmine à 260 m d'altitude, témoigne d'une célèbre légende carolingienne. Renaud, l'un des quatre frères Aymon, à la suite d'une querelle, blessa mortellement le neveu de l'empereur Charlemagne. Ensemble, les frères prirent la fuite sur leur cheval-fée Bayard et se réfugièrent en Ardenne. Ils bâtirent un château avec l'aide de leur cousin, l'enchanteur Maugis. Le rocher des Quatre-Fils-Aymon est formé de cinq dents de quartzite qui évoquent le légendaire cheval Bayard emportant les quatre fils Aymon.

Festival Aymon Folk. Au pied du monument des Quatre-Fils-Aymon, ce rendez-vous dédié aux musiques folk, celtique et alternative promet deux jours de fête intense en juillet.
Infos et billetterie : www.aymonfolkfestival.fr.

Marcher vers Monthermé. Si vous avez dormi à Bogny-sur-Meuse, songez à reprendre le train à la gare de Monthermé à 15mn à pied. Pour rejoindre plus haut le centre du village, prévoyez juste une (agréable) balade de 3 km le long de la Meuse.

3 MONTHERMÉ

➔La gare est excentrée. Vers le centre, prévoyez 30mn à pied le long de la Meuse ou prenez un taxi.
Louer un vélo. Cycles et bateaux électriques sont disponibles, au port.
Les P'tits Bateaux - port de Plaisance - 07 50 26 68 11 - www.lespetitsbateaux.net - tarifs selon durée.

Quelques kilomètres à pied. Un coup d'œil à l'église St-Léger en belle pierre de Meuse et c'est parti ! Avis aux randonneurs : Monthermé, gros bourg aux maisons anciennes, est le point de départ idéal pour découvrir les Ardennes à pied. Depuis Roc-la-Tour, les sentiers balisés sont si nombreux qu'ils donnent envie de partir à l'assaut des éperons rocheux, sur les traces des chevreuils ou des sangliers... Et si vous ne vous êtes pas arrêtés à Bogny-sur-Meuse (étape précédente), profitez-en pour monter au rocher des Quatre-Fils-Aymon, tout proche.
Itinéraires à télécharger : randonnee-ardennes.com.

À table et au lit ! En plein centre (donc à 30mn de la gare), cette modeste auberge familiale concocte de revigorants petits plats que vous dégusterez dans un intérieur rétro ou, mieux encore, sous la treille ombrageant la terrasse. Chambres simples et très bien tenues.
Le Franco-Belge - 2 r. Pasteur - 09 70 35 50 71 - www.hotel-lefrancobelge.fr - 15 ch. 65 € - 9,50 € - 13,50/23,50 €.

Suivre la Transemoysienne. Cette piste cyclable permet de parcourir 20 km entre Monthermé et Les Hautes-Rivières, sur l'ancienne voie du Petit Train de la Semoy, en longeant la rivière (Semoy) vers la frontière belge.

4 LAIFOUR

→ **Pas d'hébergement mais une escale possible pour la belle randonnée des Dames de la Meuse qui permet de reprendre le train (et la même ligne) en gare d'Anchamps.**

S'incliner devant les Dames de Meuse. La ligne de crêtes aux pentes abruptes et boisées qui domine le village forme une masse noire et déchiquetée, s'infléchissant en une courbe parallèle au fleuve. Elle atteint 393 m d'altitude et domine le cours de la Meuse de près de 250 m. Dans les plissements des schistes, on devine les formes des Dames de Meuse, femmes infidèles de trois chevaliers partis à la croisade. On dit qu'elles furent pétrifiées pour l'éternité, en punition de leur trahison.

À table ! De belles assiettes ardennaises à base de produits locaux et de saison. Avec en prime des formules « à emporter », pour sa balade.
La Table du Pays - 3 bis rte de Revin - 06 48 07 06 73 - chloeenglebert.wixsite.com/monsite - fermé lun., le soir mar.-jeu. et sam. midi - menus 15/20 €.

Marcher vers Anchamps. Ici encore, vous pouvez vous rendre à pied à la gare suivante. Le chemin se détache de la D 1 au sud de Laifour, monte au refuge des Dames de Meuse et atteint le rebord de la crête : la promenade (2h) procure une belle vue sur la vallée et le village, juste à l'aplomb du barrage. De là, un sentier continue sur la crête et aboutit à Anchamps.

5 ANCHAMPS

→ **Cette gare permet surtout d'effectuer la randonnée Laifour-Anchamps (ou en sens inverse) avant de reprendre la même ligne.**

6 REVIN

Louer un vélo. À 2mn à pied de la gare, des vélos à assistance électrique.
Ardenne Location VAE Revin/Cycles Cordier - 10 av. Danton - 07 49 28 57 56 - à partir de 30 € la demi-journée.

Vous avez dit « voyettes » ? Revin se niche au creux d'un site grandiose, formé par deux méandres de la Meuse, presque fermés, qui entaillent le massif des Ardennes. Sur le quai des bateliers, des maisons à pans de bois (16e s.) témoignent du temps où Revin était une ville tampon entre les Pays-Bas espagnols et la France. Témoins de ce riche passé, la Maison espagnole (première moitié du 16e s.) est aujourd'hui un musée consacré au patrimoine local (musée du Vieux Revin) tandis que le « château des Hirondelles » fut, de 1685 à 1688, le refuge des protestants français contraints d'émigrer après la révocation de l'édit de Nantes (1685). Prenez le temps de flâner dans les voyettes (ruelles) où s'alignent des maisons basses et des cafés conviviaux.
Musée du Vieux-Revin - 2 r. Victor-Hugo - 03 24 42 13 73 - www.ville-revin.fr - juin-août : 10h-12h, 14h-18h; mai et sept. : merc.-dim. 14h-18h; avr. et oct. : merc.-sam. 13h30-17h30 - fermé nov.-mars - gratuit.

Bière artisanale.

À table et au lit ! Deux ambiances pour un même cadre rustique. Cette ferme authentique vous accueille dans ses chambres au village, à 12mn à pied de la gare, ou au cœur de la vallée ardennaise sur les hauteurs (un service de navette est alors proposé). Jolies chambres douillettes avec des meubles anciens et des édredons réconfortants. Au restaurant, cuisine traditionnelle et semi-gastronomique.

Ferme-auberge du Malgré Tout - chemin des Balivaux - ✆ 03 24 40 11 20 - aubergeferme-malgretout.com - fermé août et dim. soir - 6 ch. (+ annexe de 5 ch.) 75 € ☕ - ✕ menus 30/40 €.

7 FUMAY

Vénérer la sainte Barbe. Bienvenue dans l'ancienne capitale de l'ardoise. La vieille ville, où la veine schisteuse affleure en maints endroits, occupe un site original, à cheval sur le pédoncule d'un méandre de la Meuse. Rue des Rochettes, à côté de l'église, subsiste l'entrée d'une ancienne ardoisière. Fumay conserve de nombreuses maisons du 18e s. aux toitures bleutées et quelques « verdaux », monticules de déchets issus du façonnage de l'ardoise. Partout, ce matériau marque l'architecture : façades protégées par des bardages, marches d'escaliers, perrons de portes, rebords de fenêtres... La chapelle Ste-Barbe (dans la rue du même nom) est dédiée à la patronne des ardoisiers, que certains fêtent encore le 4 décembre.

Pour la nuit. Ancienne propriété du docteur Bourgeois (qui a donné son nom à la rue), cette demeure compte trois chambres lumineuses et bien équipées. Le mobilier, hétéroclite, navigue entre les styles de façon surprenante mais plutôt réussie. Petit salon à disposition.
Chambre d'hôtes « Au temps jadis » - 7 r. du Dr-Bourgeois - www.gites-de-france-ardennes.com - 3 ch. 120 € ☕.

À table ! Ce bar restaurant affiche des salades, pâtes, et plats sans prétention faits maison, pour une halte en bord de Meuse.
L'Escale - 07 quai du Port-au-Blé - ✆ 09 54 83 69 08 - www.lescale-restaurant-fumay.fr - fermé lun. - plats 14/17 €.

Suivre les « ardoisières de Fumay ». Une boucle de 7,5 km (3h) permet de suivre le parcours des scailleteux, les ouvriers des ardoisières d'antan. *Tracé du circuit sur www.cirkwi.com/fr/circuit/27427-les-ardoisieres-de-fumay.*

8 HAYBES

Louer un vélo. À 13mn de la gare à pied, location de VTT-VTC et vélos électriques.
Maison des Randonnées - Relais VTT - 50 r. Dromart - ✆ 03 24 41 02 75 - www.haybes.fr - VTC 12 € la demi-journée, VAE 20 €.

Ville double. Depuis le pont, on découvre une vue sur ce bourg, tantôt surnommé Haybes-la-Martyre, car largement détruit pendant la Première Guerre mondiale, ou Haybes-la-Rose, pour ses toits reconstruits avec des ardoises provenant de la veine de Belle-Rose. La rue de l'Espérance marquait l'entrée de la principale ardoisière où 400 ouvriers travaillaient vers 1900 : on voit encore l'ancienne « maison de maître » des directeurs, occupée aujourd'hui par un garage, face à un bâtiment de brique qui abritait jadis la salle des machines.

À table et au lit ! À 13mn à pied de la gare, au bord d'une petite rivière, entouré de forêts, il fait bon s'attabler dans la salle à manger de ce moulin du 18e s., voire y rester dormir.
L'Ermitage Moulin Labotte - 52 r. Edmond-Dromart - ✆ 03 24 41 13 44 - www.moulinlabotte.com - 10 ch. 77 € - ☕ 10 € - ✕ mai-sept. : tlj; oct.-avr. : mar.-dim. - menus 22/60 €.

Arden Brew Fest. Fin avril ou début mai, ce festival international des brasseries artisanales est l'occasion d'animations et concerts... et de dégustation de bières !

La forteresse de Charlemont à Givet domine la Meuse.

Haybes, point de départ de plusieurs randonnées. Notre préférée : la boucle du roc de Fépin (10 km - dép. du chemin de halage à la sortie de Haybes, en direction du château de Moraypré), qui mène à un site surplombant la vallée, avec vue sur Fépin, Revin, Fumay, Haybes, Montigny-sur-Meuse et Vireux.

9 GIVET

Louer un vélo. À 2mn à pied de la gare, location de vélos à assistance électrique.
Ardenne Location Vae Revin - Cycles Cordier - 10 av. Danton - 03 24 40 28 21/07 49 28 57 56 - fermé dim.-lun. et jeu. apr.-midi - 30/48 €/j.

À l'abri des remparts. Prenez le temps de vous perdre dans les ruelles tortueuses de cette ville toute proche de la frontière belge, où se mêlent la brique et la pierre bleue. Flânez sur les quais, le long de la halte fluviale et sur le pont enjambant lestement la Meuse : la vue s'étend sur le labyrinthe formé par la vieille ville et sur le fort de Charlemont. La cité fut fortifiée par Charles Quint en 1555, puis ses défenses renforcées par Vauban en 1680. De nombreuses maisons anciennes ont été restaurées, notamment rue du Puits, rue d'Anjou et rue d'Orléans.

Pour la nuit. À 10mn à pied de la gare, près du centre historique, cet hôtel en brique rouge de 1685 dispose de chambres spacieuses et confortables (baignoire-Jacuzzi pour certaines). Copieux petit déjeuner buffet.
Les Reflets Jaunes - 2 r. du Gén.-de-Gaulle - 03 24 42 85 85 - www.les-reflets-jaunes.com - 17 ch. 55/75 € - 12 €.

À table ! Le chef de cette jolie auberge tournée vers la Meuse réalise une cuisine plutôt traditionnelle mais ouverte aux influences venues d'ailleurs. Terrasse d'été.
Auberge de la Tour - 6 quai des Fours - 03 24 40 41 71 - www.aubergedelatour.fr - fermé lun. - déj. sem. 27/31 € - menus 68/88 €.

Plouf ! Au plan d'eau de Givet, beach-volley, bar et petite restauration. Baignade surveillée en été, plage et animations.

Voie ferrée longeant l'océan atlantique.

AU DÉPART DE NANTES

Vous pourrez rejoindre Nantes en TGV direct au départ de Paris-Montparnasse et Strasbourg ou en Intercités depuis Bordeaux-St-Jean et Lyon-Part-Dieu.

NANTES - LE CROISIC

Le train file vers l'ouest pour pénétrer au cœur de la Loire-Atlantique. À St-Nazaire, on atteint l'embouchure, l'air fleure alors bon l'océan. Puis s'égrènent les incontournables stations balnéaires de la Côte d'Amour… Et vous voilà bientôt dans les marais salants de la presqu'île guérandaise, arpentant les à-pics rocheux de la Côte sauvage le nez au vent, avide de fruits de mer.

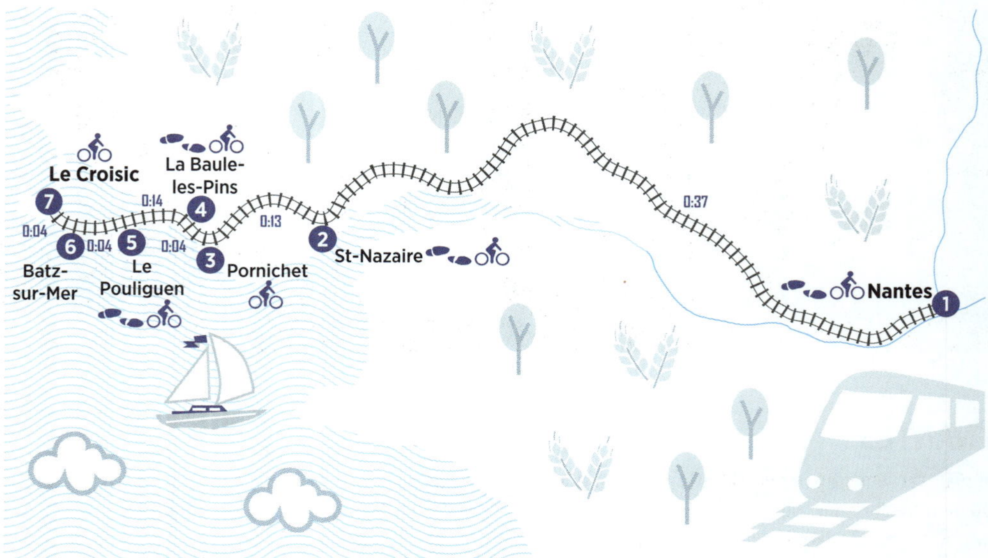

DE NANTES AU CROISIC - 7 JOURS

- Trajet sans escale : 1h15
- Fréquence : 9 TER/j desservant ttes les gares
- Horaires : www.ter.sncf.com/pays-de-la-loire
- Tarif sans escale : 13 €
- Services à bord : transport de vélo autorisé
- Bon à savoir : en saison, réservation obligatoire et payante pour embarquer son vélo sur www.ter.sncf.com/pays-de-la-loire/services-contacts/ter-velo - 1 €

Où se placer pour admirer le paysage ? Côté gauche dans le sens de la marche.

Passage Pommeraye à Nantes.

1 NANTES

➔On peut facilement parcourir Nantes à pied. Sinon, le réseau de transports en commun nantais se compose de 3 lignes de tramway et de 3 navettes fluviales sur l'Erdre et la Loire (Navibus). Tram à la sortie de la gare.
Infos : naolib.fr - service 7h-22h30 pour la plupart des lignes.

Louer un vélo. Vélos en libre-service sont répartis sur 125 stations du centre-ville jusqu'au nord de l'île de Nantes. Se connecter au service, puis choisir le forfait.
Bicloo - velo.naolib.fr - 2 € d'abonnement pour 24h, gratuit 30 minutes, puis tarification par tranche de 30mn.

Douceur de vivre. Élégante, bourgeoise et dynamique, l'ancienne capitale de la Bretagne semble à l'équilibre parfait entre son riche passé et le vent de modernisme qui souffle sur la cité depuis une quinzaine d'années. On découvre son patrimoine historique et sa vitalité culturelle en flânant dans les rues du centre et en empruntant le tramway, qui fut le premier à être rétabli en France. Le quartier Bouffay, centre névralgique de la ville au Moyen Âge, proche du château, est devenu l'un des hauts lieux des soirées nantaises. Sans oublier la formidable réhabilitation de l'île de Nantes (*voir p. 63*), où les anciens hangars côtoient des immeubles d'habitation rivalisant de contemporanéité. On prendra le temps d'aller visiter, outre le château des ducs de Bretagne (*voir p. 62*), le superbe musée d'arts dédié à la peinture européenne du 13e s. à nos jours, à côté du Jardin des Plantes qui lui aussi mérite un arrêt pour ses vénérables sujets et ses serres tropicales.
Musée d'Arts de Nantes *- 10 r. Georges-Clemenceau - museedartsdenantes.nantesmetropole.fr - tlj sf mar. 11h-19h (21h jeu.) - 9 €.*
Jardin des Plantes *- face de la gare (côté nord) - nature.metropole.nantes.fr - 8h30-17h30/22h (selon saison).*

Pour la nuit. L'Hôtel La Pérouse, d'architecture contemporaine, a été construit en 1993 au cœur de la ville (à 19mn de marche mais le tram 1 à la sortie de la gare pourra vous rapprocher : arrêt Bouffay, puis 6mn à pied). L'ambiance moderne,

Chantier naval à St-Nazaire.

agrémentée de touches Art déco, est axée sur le thème de la mer. Les vastes chambres sont d'un confort irréprochable. Très bon petit-déjeuner et accueil chaleureux.

Tout près de la place Royale (à 19mn de marche ou tram 1 à la sortie de la gare : arrêt Commerce, puis 3mn à pied), cet hôtel de la chaîne Ibis dispose de chambres contemporaines avec vue sur les toits de la ville au dernier étage.

Hôtel La Pérouse *- 3 allée Duquesne - ☏ 02 40 89 75 00 - www.hotel-laperouse.fr - 46 ch - 181/240 € ☕.*

Ibis Styles Nantes Centre Place Royale *- 3 r. Couëdic - ☏ 02 40 35 74 50 - all.accor.com - 65 ch. 126/198 € ☕.*

À table ! Dans le quartier Bouffay, entrez Chez Maman, un restaurant-brocante décoré d'objets vintage des années 1950-1980 qui sont tous à vendre. Dans les assiettes : produits frais et recettes de grand-mère.

Réputée plus belle demeure à colombages de Nantes, la maison des Apothicaires (15e s.), immanquable, est une autre option du quartier. Elle abrite le Café Cult', très fréquenté, avec sa terrasse qui s'étale sur la place du Change. Bel intérieur médiéval.

Chez Maman *- 2 r. de la Juiverie - ☏ 02 51 72 20 63 - www.chez-maman.com - plats 19/25 €.*

Le Café Cult' *- 2 r. des Carmes - ☏ 02 40 47 18 49 - www.cafe-cult.com - fermé dim. - déj. sem. 15,90/18,90 € - plats 17,50/23,50 €.*

Pour le pique-nique. Au marché de Talensac, on trouve toutes les richesses gastronomiques du terroir nantais.

Pl. Talensac *- www.marche-talensac.fr - fermé lun.*

Un château qui se mire dans l'eau. En 1466, le duc François II décide la construction du château des ducs de Bretagne, sur le château primitif des 13e et 14e s. Sa fille, Anne de Bretagne, poursuivra son édification. L'architecture du deuxième château, Renaissance cette fois, rappelle la double fonction qu'il avait jadis : place forte aux murailles de granit et, dans la cour intérieure, palais à l'architecture élégante. Le château abrite désormais le passionnant musée d'Histoire de Nantes. À l'origine, la muraille reliant la tour du Port à la tour de la Rivière était baignée par la Loire jusqu'à ce que Nantes décide de combler ses bras au milieu du 20e s. Pour rappeler le fleuve disparu, la ville a installé un miroir d'eau au pied du château. En soirée, les fontaines sont mises en lumière pour un spectacle poétique et rafraîchissant.

Château des ducs de Bretagne - 4 pl. Marc-Elder - ✆ 0 811 46 46 44 - www.chateaunantes.fr - cour et remparts : 8h30-19h (20h juil.-août) ; intérieur : tlj sf lun. 10h-18h (19h et tlj juil.-août) - 9 €.

À dos d'éléphant sur l'île de Nantes. Cette île posée sur la Loire fut en partie occupée par les chantiers navals jusqu'en 1987. Elle abrite aujourd'hui des équipements culturels et touristiques comme les Machines de l'île, le Hangar à Bananes et La Fabrique. On y trouve aussi des habitations, des bureaux, des commerces et une partie du pôle universitaire. Poétique et étonnant, le site des Machines de l'île, d'une folle originalité, est peuplé d'étranges créatures qui évoquent l'univers de Jules Verne, les machines de Léonard de Vinci et le passé industriel de la ville. Le Grand Éléphant en est l'attraction principale.

Les Machines de l'Île - 2 bd Léon-Bureau - ✆ 0 810 12 12 25 - www.lesmachines-nantes.fr.

Pause sucrée. Dans une rue piétonne à côté du château, la Dînette propose des pâtisseries maison, notamment le gâteau nantais. Amateur de brunch? C'est ici que ça se passe le week-end!

La Dînette - 12. r. du Château - ✆ 02 51 82 79 13 - Facebook - brunch 29 €.

L'heure de l'apéro. Le bien nommé « lieu unique » installé dans l'ancienne usine LU (ah, le fameux Petit Beurre de Nantes!), à deux pas de la gare (côté sud), abrite une scène, une librairie, un hammam... et un bar-restaurant. Ce lieu convivial pour prendre un verre, aux tarifs très abordables, s'anime en soirée, particulièrement lors des soirées-concerts.

Le Lieu unique - 2 r. de la Biscuiterie - www.restaurantlieuunique.fr et www.lelieuunique.com (programmation culturelle) - tlj.

Suivez la ligne verte. Le Voyage à Nantes est un parcours de 15 km ponctué d'une vingtaine de créations de plasticiens, de jardiniers ou d'architectes, enrichi chaque été par une série de manifestations et d'expositions. Il invite à se laisser guider grâce à une ligne verte tracée sur le sol et à découvrir là une œuvre d'art contemporaine, ici une installation décoiffante, un peu plus loin un point de vue étonnant.

***Infos :** levoyageanantes.fr.*

2 ST-NAZAIRE

Louer un vélo. À la gare, on trouve des vélos classiques et des VAE en libre-service. Se connecter au service, puis choisir le forfait. Pornichet, l'étape suivante, propose le même service. Vous pourrez donc y déposer votre vélo et rentrer à St-Nazaire en TER (13mn).

Vél'Ycéo - www.velyceo.com - 5/10 € la demi-journée et 1,50 €/h.

Ville portuaire, mais pas que ! Longtemps rivée à son image de port industriel, berceau des plus orgueilleux géants des mers, St-Nazaire vire de bord. En témoigne le quartier de Ville-Port, réaménagé autour de la base sous-marine, qui nourrit aujourd'hui la vie culturelle et festive de la cité. Un renouveau à découvrir le temps d'une promenade sur le front de mer ou d'une excursion sur les sentiers côtiers. Ne manquez pas d'aller faire un tour aux Terrasses panoramiques : situées de part et d'autre du bassin de St-Nazaire, les toits de deux anciennes installations militaires offrent une vue d'ensemble sur la Ville-Port.

Pour la nuit. À 20mn de la gare et accessible avec le bus U2, un hôtel moderne face à la base sous-marine avec des chambres bien équipées et fonctionnelles.

Holiday Inn Express - 1 r. de la Floride ✆ 02 40 19 01 01 - www.ihg.com - 75 ch. 109/129 €.

À table ! Derrière la façade aux pierres apparentes donnant sur le front de mer, une salle moderne et lumineuse avec vue. On y sert coquillages et crustacés, poissons et viandes grillées.

Le 16 - 16 bd de Verdun - ✆ 02 40 15 41 89 - www.restaurant-le-16.fr - fermé dim.-lun. - déj. sem. 17,90/19,90 € - menu 33,90 €.

L'heure de l'apéro. À tout moment de la journée, pour prendre un café, un goûter ou un apéritif les pieds dans le sable, face à la mer, la place du Commando est le lieu convivial par excellence. Plusieurs terrasses attirantes, comme celle de La Fabrik ou du Bar iodé.

À bord d'un paquebot. Édifiée par les Allemands pendant l'Occupation, la base sous-marine est une impressionnante forteresse de béton armé de

4 ha. Aujourd'hui, la base accueille Escal'Atlantic, qui recrée la vie à bord des mythiques paquebots transatlantiques construits aux chantiers navals : cabines, ponts, salle des machines, avec documentaires et ateliers interactifs.
Escal'Atlantic - bd de la Légion-d'Honneur - ✆ 02 28 54 06 40 - www.saint-nazaire- tourisme. com - 10h30-13h, 14h-18h (juil.-août 9h30-19h) - 15 € - sur réserv.

Plages. Pas moins de vingt plages se succèdent de la capitainerie jusqu'à la vaste plage des Jaunais (14 km à l'ouest du port) abritée par une dune à proximité de Pornichet. Celles de Villès-Martin et de Porcé sont familiales, celle de La Courance parfaite pour le body-surf et la plage de M. Hulot, à St-Marc-sur-Mer, a su préserver son charme d'antan. L'été, ces cinq plages sont surveillées. Enfin, on trouve des criques tranquilles, du côté de Port-Charlotte.

Vélocéan. Cet itinéraire balisé permet de rejoindre La Baule à vélo (29 km), alternant voie cyclable et route partagée.
***Infos :** itinéraire téléchargeable sur www.francevelotourisme.com.*

Chemin des douaniers. 7 km balisés au départ de la base nautique, avant le Rocher du Lion. Un itinéraire à suivre de préférence à marée basse pour éviter de remonter sur la route !

3 PORNICHET

Louer un vélo. À la gare, même service qu'à St-Nazaire (voir p. 63).

Station balnéaire. Dès 1860, le village de paludiers devient une station à la mode, d'autant plus lorsque le train y arrive. Le Vieux-Pornichet, actif toute l'année, se distingue de Pornichet-les-Pins, au nord-ouest, dont les belles villas disséminées

Plage de Bonne-Source à Pornichet..

dans la verdure s'animent lors de la saison estivale. Tracé dans des marais asséchés, l'hippodrome de la Côte d'Amour accueille quelques courses en été. Le boulevard des Océanides borde la plage et mène au port de plaisance en eau profonde qui peut accueillir plus de mille bateaux.

Pour la nuit. À 10mn à pied de la gare, dans un quartier résidentiel, villégiature balnéaire des années 1920 aménagée dans un esprit « cottage ». Les chambres personnalisées, la salle à manger feutrée et le coquet jardin constituent ses principaux atouts.
Hôtel-restaurant Villa Flornoy *- 7 av. Flornoy - ☏ 02 40 11 60 00 - www.villa-flornoy.com - 30 ch. 111/166 € ☕ - ✂ soir sf vend. et dim. - buffet 30 €.*

À table ! Voici l'une des adresses les plus branchées de Pornichet, idéalement située sur la plage. La carte offre un vaste choix, notamment côté poissons et fruits de mer. On peut aussi y venir pour prendre un café ou grignoter à l'heure de l'apéritif.
Nina à la plage *- 7 bd des Océanides - ☏ 02 40 00 91 91 - www.nina-a-la-plage.fr - déj. sem. 21,50 € - plats 21,50/105 €.*

Pour le pique-nique. Les halles couvertes, place du Marché, sont ouvertes le matin du mardi au samedi.

L'heure de l'apéro. Difficile de passer à côté de l'enseigne rouge et de ne pas rejoindre l'attroupement devant ce bar à vin où l'on s'assoit autour de tonneaux. Ambiance conviviale dans ce lieu atypique, souvent synonyme d'excellentes soirées.
Le Bidule *- 122 av. de Mazy - ☏ 02 40 61 03 54 - tlj.*

Sur l'eau ! Ce club de voile réputé loue du matériel pour voguer ou pagayer : catamaran, kayak de mer, planche à voile, paddle et surfboard.
Yagga Club *- face au 180 bd des Océanides - ☏ 02 40 61 59 30 - www.yagga-voile-pornichet.com - locations 15/60 €/h.*

❹ LA BAULE-LES-PINS

Louer un vélo. Située près de la gare, cette agence dispose de vélos classiques ou à assistance électrique. Elle propose aussi le rapatriement des vélos.
La Baule centre Locations by Véloc'Ouest - 11 av. Georges-Clemenceau - 06 14 64 02 27 - www.velocouest.fr/la-baule-locations - réserv. en ligne - VTC 14 €/j, VAE 33 €/j.

Stylée et indémodable. Sportive et balnéaire, La Baule affiche ses 9 km de plage formant un croissant parfait et offrant de nombreuses activités nautiques : planche à voile, kitesurf, paddle, pêche... et bien sûr, baignade. Les cavaliers pourront aussi la parcourir au galop tôt le matin ou au coucher du soleil. Derrière cette façade littorale, les immeubles en béton cachent des trésors d'architecture balnéaire, noyés sous les pins : maisons Belle Époque, hôtels de style anglo-normand, immeubles fonctionnalistes, ensembles Art déco, villas des années 1950. Ceux que le sujet intéresse pourront suivre la visite guidée « Villas et architecture » (1h30) programmée par l'office de tourisme.
Office de tourisme - 8 pl. de la Victoire - 02 40 24 34 44 - www.labaule-guerande.com - visite guidée 6 € (réserv. en ligne).

Pour la nuit. À 2mn à pied de la gare, cette ancienne pension marie mobilier ancien et contemporain, lignes pures et couleurs chaleureuses. Le petit jardin, pour se détendre en fin de journée, abrité du bruit de la rue, est un atout indéniable !
Hôtel Le Mona Lisa - 42 av. Georges-Clemenceau - 02 40 60 21 33 - www.hotelmonalisa-labaule.com - 16 ch. 65/146 € - 11 €.

À table ! Les Canetons est un petit restaurant agréable et pas cher, avec baie vitrée face à la mer et terrasse sur la plage. Sans oublier un accueil sympathique. Dans la grande salle lumineuse de La Villa ou en terrasse aux beaux jours, la cuisine variée fait ici l'unanimité (poissons, tartare, wok, pâte, pizza...). Cette brasserie du centre-ville allie ambiance chic et décontractée.
Les Canetons - 13 espl. François-André - 02 40 24 15 08 - fermé soir (sf sam. et hors sais.) - plats 15,50/26,50 €.
La Villa - 18 av. du Gén.-de-Gaulle - 02 40 23 06 00 - brasserie-lavilla.com - 10h-23h - déj. sem. 14,90/23,90 € - formules retour de mer 23/90 €.

Pour le pique-nique. Après avoir rempli votre panier de bons produits au marché qui se tient tous les matins sous les halles (sf lun. de mi-sept. à fin mars), allez déguster de succulentes huîtres chez l'Écailleur.

FAITES VOS JEUX !

Station balnéaire oblige, La Baule et Le Pouliguen ont toutes deux leur casino. Celui de la Baule comprend 200 machines à sous, une salle de jeux traditionnels et un bar. Celui du Pouliguen, face à la plage, est un beau bâtiment de style Art déco. À part cette spécificité, il abrite lui aussi une vaste salle accueillant près de 200 machines à sous et toute la gamme des grands jeux traditionnels.
Casino de La Baule - 24 espl. Lucien-Barrière - www.casinosbarriere.com.
Casino du Pouliguen - 93 bd des Océanides - www.casinopornichet.com.

Pause sucrée. À la Confiserie Manuel, vous trouverez la célèbre « niniche » (sucette) déclinée en 20 parfums, mais aussi des gaufres, des chocolats, des caramels au sel de Guérande, des glaces et des bonbons... le tout préparé au beurre d'Échiré.
Confiserie Manuel - 2-4 av. du Gén.-de-Gaulle - 02 40 60 20 66 - fermé merc. et de mi-nov. à mi-fév.

Une forêt en ville. La forêt d'Escoublac porte le nom du bourg enseveli sous les dunes, fixées en 1840 par 400 ha de pins maritimes. Il ne reste de cette vaste pinède que quelques dizaines d'hectares non construits. Deux sentiers de randonnée les parcourent (plan à l'office de tourisme). Chacun des deux sentiers fait environ 2,5 km. Celui qui est balisé en rouge permet de découvrir le milieu forestier (départ au cœur de la pinède, sur l'aire de pique-nique du bd de Cacqueray). Le second, repérable à ses flèches orange, sillonne simplement dans la partie orientale de la forêt (départ sur l'aire de pique-nique du bd de la Forêt).

La Baule Jazz Festival. Concerts de jazz, de blues et de soul gratuits devant le casino et sur l'avenue du Général-de-Gaulle de mi-juillet à mi-août.
Infos : labaulejazzfestival.fr.

❺ LE POULIGUEN

Louer un vélo. À 600 m de la gare, location de vélos classiques et VAE.
Bikevasion - 9 r. du Gén.-Leclerc - 02 40 24 09 10 - bikevasion.fr - fermé dim.-lun. de nov. à mars - vélo à partir de 10 €/j.

La Baule, chalet des Adrets.

Un port, des grottes. Séparé de La Baule par un étier (canal), ce port aux rues étroites est à la mode… depuis 1854 ! À la pointe de Penchâteau commence la Côte sauvage avec des à-pics rocheux s'ouvrant sur des baies sablonneuses. Vingt-trois grottes se succèdent, accessibles à marée basse, en particulier la grotte des Korrigans, qui doit son nom aux lutins des légendes bretonnes. Pour lézarder sur la plage, on choisit la plage abritée du Nau.

À table et au lit ! Le Westotel Le Pouliguen, à 15mn de la gare, à l'extrémité de la jetée du port, offre une vue imprenable sur l'ensemble de la baie. Son architecture originale imite les deux ponts arrière d'un paquebot. Piscine en toiture-terrasse pour se baigner toute l'année ! Bar-lounge et quatre espaces restauration, dont un restaurant de plage (Vue Mer) avec plats traditionnels, poissons et fruits de mer à déguster à l'intérieur ou sur la terrasse panoramique.

Westotel Le Pouliguen *- 6 bd de la Libération - 02 55 40 00 00 - www.westotel-lepouliguen.fr - - 124 ch. à partir de 84 €- 16 € - 10h30-22h - menus 29/52 €.*

Pour le pique-nique. Faites le plein de produits frais au marché des halles.

Halles *- 2 passage Crébillon - tous les matins sf lun.*

La Côte Sauvage sans se presser. La Côte sauvage peut se parcourir à vélo via l'itinéraire Vélocéan (*voir p. 64*), qui est séparé de la route et sécurisé. Par ailleurs, il dessert aussi la presqu'île de Guérande (7 km). Régulièrement, la Côte sauvage se fait douce en offrant des sentiers discrets pour rejoindre la mer le temps d'une baignade. Un topo-guide *Belles échappées à vélo* est en vente dans les offices de tourisme.

Le sentier des Douaniers. On peut aussi faire le parcours à pied en empruntant le sentier du littoral entre Le Pouliguen et Batz-sur-Mer. Un itinéraire de 9,5 km relie la pointe de Penchâteau à la baie du Scall, bordant les falaises et offrant de magnifiques panoramas sur l'Océan. Les jours de vent, ça décoiffe ! Au gré des marées, il permet de découvrir un espace naturel et protégé, avec des criques sauvages.

❻ BATZ-SUR-MER

Marais, plages et rochers. Entre marais salants et océan surgit la haute tour-clocher de Batz. En y montant (70 m - 184 marches), on profite d'un très vaste panorama sur le littoral, de la pointe St-Gildas au sud de la Loire jusqu'à la presqu'île de Rhuys au nord et, au large, sur Belle-Île et Noirmoutier. La côte rocheuse est entrecoupée de plages de sable : Valentin, la Govelle, idéale pour le funboard, et St-Michel, une petite grève où, les jours de tempête, on observe le spectacle des lames qui se brisent sur la digue.

Pour la nuit. À 30mn de la gare (mais on peut venir vous chercher), sur la Côte sauvage, vaste villa néo-bretonne (1956) jouissant du spectacle unique de l'Océan. La moitié des chambres, certaines avec terrasse, donnent sur les flots.
Hôtel Le Lichen - baie du Manerick - 4 rte de la Govelle - ✆ 02 40 23 91 92 - www.le-lichen.com - fermé de mi-nov. à mi-déc. - 18 ch. 75/140 € - ☕ 17 €.

À table. Une adresse prisée (pas de réservation) pour son emplacement face à la mer, où savourer galettes ou fruits de mer. Simple, bon et beau.
Crêperie du Derwin - 12 allée du Dervin - ✆ 02 40 23 90 06 - fermé lun. soir et mar. et d'oct. à mars - galettes 4,50/9 € - fruits de mer 18/38 €.

Visite salée. Dans ce musée, on se laisse aller à une déambulation ludique et interactive au cours de laquelle défile une impressionnante collection consacrée au sel. Ses origines, sa formation, son exploitation : tout est passé en revue et illustré par des échantillons de sel provenant du monde entier. Les marais salants, les grandes routes commerciales et la vie des paludiers sont d'autres thématiques abordées, avec les remarquables meubles rouges guérandais, des objets usuels et des costumes populaires.
Musée des marais salants - pl. Adèle-Pichon - ✆ 02 40 23 82 79 - www.museedesmaraissalants.fr - juil.-août : 10h-19h; reste de l'année : tlj sf lun. 10h-12h30, 14h-17h (18h juin, sept. et vac. scol.) - 5 €.

❼ LE CROISIC

🚲 Louer un vélo. Location de VTC classiques et électriques sur le parking de la gare.
Ty vélo - av. Aristide-Briand - ✆ 06 58 73 43 46 - www.ty-velo.fr - réserv. en ligne - 16/30 €/j.

Port de pêche, plages et aquarium. Cette station familiale est située sur une presqu'île face au golfe intérieur du Grand-Traict, qui alimente les marais salants de Guérande. Petit port de pêche, précurseur du tourisme balnéaire dans la région grâce à ses jolies plages, il jouit d'une belle unité architecturale et d'un agréable art de vivre. À l'Océarium, on observe le ballet des raies et des requins, on touche des étoiles de mer, des crabes et des coquillages. Et pour lézarder, on privilégie les plages de la pointe, celle de Port-Lin avec ses belles villas, face au large (800 m du centre - sable fin) ou celle de St-Goustan, sur la rade, à 1 km.
Océarium - av. de St-Goustan - ✆ 02 40 23 02 44 - www.ocearium-croisic.fr - de sept. à mi-nov. : 10h-18h (19h mai-août); reste de l'année se rens. - 15,50 €.

Sel des marais salants de Batz-sur-Mer.

Pour la nuit. Un bâtiment moderne, en retrait de l'Océan et à 10mn de la gare. La plupart des chambres – avec balcon ou bow-window – dominent la Côte sauvage.
Hôtel Les Vikings - Port-Lin - ✆ 02 40 62 79 05 - www.hotel-les-vikings.com - 23 ch. 106/165 € - ☕ 22 €.

À table ! Installé dans la belle salle où domine le bois agrémenté d'un décor maritime à souhait, ou bien en terrasse devant la criée, vous dégusterez un fish & chips, des moules frites ou le poisson du jour.
Bistrot Somar - 5 quai du Lénigo - ✆ 02 40 23 28 50 - www.lestacade.fr/bistrot-somar - plats 15/25 €.

Pour le pique-nique. Faites un tour au marché qui a lieu les jeudis et samedis matin dans la rue des Cordiers.

Autour des algues. Pour apprendre quelles algues se mangent et de quelle manière, rendez-vous à la Saline de St-Goustan.
Les Jardins de la Mer - av. de St-Goustan - ✆ 09 75 75 84 07 - www.lesjardins-delamer.fr - cueillette d'algues (2h30) : 27 €, cours de cuisine (2h30) : 40 € - dates sur le site Internet.

VANNES - QUIMPER

De la charmante capitale du golfe du Morbihan, qui donne accès aux innombrables îles et îlots de la « petite mer », le train vous amène à Auray et son authentique petit port flanqué sur la rivière, avant d'atteindre Lorient la maritime avec, en face, le « caillou » de Groix. Le train s'engage alors en Cornouaille, cheminant entre rivières et forêts jusqu'à l'arrivée à Quimper, aux traditions bien vivantes.

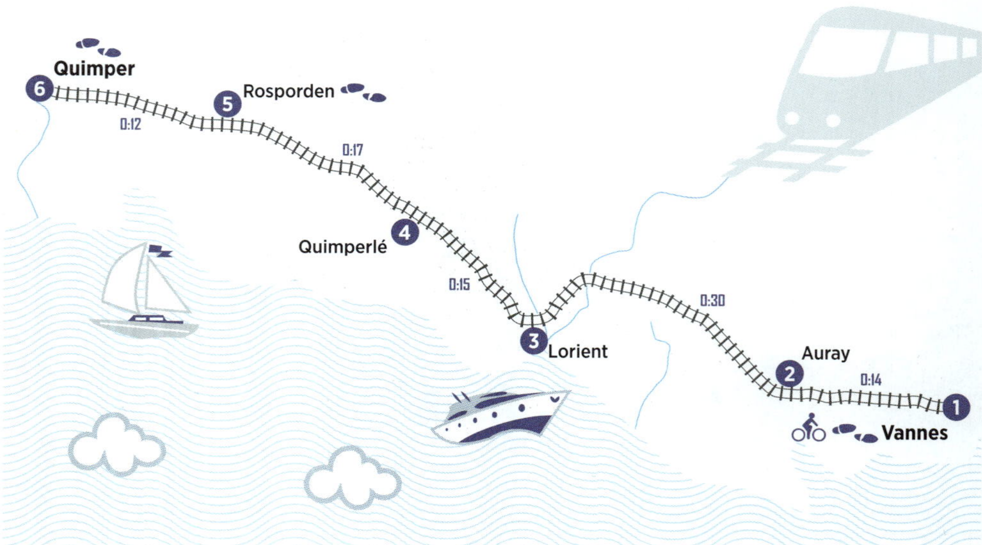

DE VANNES À QUIMPER - 6 JOURS

- Pour rejoindre Vannes depuis Nantes : 8 TER/j (1h52)
- Trajet sans escale : 1h15
- Fréquence : 11 TER/j
- Horaires : www.ter.sncf.com/bretagne
- Tarif sans escale : 21 €
- Services à bord : réservation obligatoire en ligne pour le transport de vélo du 1er mai au 1er sept. - 1 € par trajet

Où se placer pour admirer le paysage ? Côté gauche dans le sens de la marche.

Les pimpantes maisons médiévales de Vannes.

1 VANNES

Louer un vélo. Réservation sur Internet et livraison à la gare sur commande 24h avant.
Véloc'Ouest - www.velocouest.fr - vélo balade 14 €/j, VTT 18 €/j, VAE 33 €/j.

Cité médiévale et capitale du golfe. L'ancienne cité des ducs de Bretagne, blottie au fond du golfe du Morbihan, n'en finit pas de charmer. Des ruelles médiévales bordées de superbes maisons à colombages, des remparts fleuris, un port de plaisance, des terrasses où il fait bon s'attarder et de nombreuses animations toute l'année. Elle constitue par ailleurs le point de départ idéal pour toute excursion vers les îles de la « petite mer ».

Pour la nuit. On reconnaît aisément cet hôtel à sa façade noire. Chambres fraîches et fonctionnelles, rénovées dans un plaisant style contemporain. Salon véranda. Accueil sympathique et très professionnel.

Hôtel de France - 57 av. Victor-Hugo - 02 97 47 27 57 - hotelfrance-vannes.com - 30 ch. 101/242 € - 12 €.

Pittoresques remparts. Le ruisseau au pied des remparts, élevés au 13e s. et remaniés jusqu'au 17e s., les jardins à la française et la cathédrale à l'arrière-plan composent un tableau qui a inspiré de nombreux peintres. Du petit pont conduisant à la porte Poterne, on domine de vieux lavoirs ourlés d'une longue toiture. On peut prendre de la hauteur en gagnant la promenade de la Garenne (de l'autre côté de la rue) pour mieux profiter de la vue qui se développe sur ce coin le plus pittoresque de Vannes, ou traverser les jardins. Enfermée dans ces remparts et groupée autour de la cathédrale St-Pierre, la vieille ville a été aménagée en zone piétonne. Remarquablement conservée, elle abrite un bel ensemble de maisons à pans de bois.

À table ! Cette belle maison à colombages, proche de l'église St-Patern, cultive la tradition bretonne : galettes de blé noir pour le salé et crêpes de froment pour le sucré, musique celte... Un bastion culturel.

Crêperie Dan Ewen - 3 pl. du Gén.-de-Gaulle - 02 97 42 44 34 - www.creperie-danewen.fr - fermé dim.-lun. - galettes 9,20/13 €.

Pour le pique-nique. La Halle des Lices, située sur la place du même nom, vous permettra de remplir votre panier de bons produits locaux. Également quelques mets à déguster sur place au milieu des étals.

Halle des Lices - le matin - fermé lun. (sf juil.-août).

Pause sucrée. Le Sixtine est un agréable salon de thé dans l'une des plus anciennes maisons de Vannes. Sert également des produits salés.

Le Sixtine - 17-19 r. St-Guenhaël - 02 90 79 09 34 - fermé dim.-lun.

Balade sur la presqu'île de Conleau. Pour atteindre la presqu'île, tout au sud de Vannes, depuis le centre-ville, suivez d'abord les quais de la Marle. Arrivé à la gare maritime, il suffit ensuite de suivre le chemin aménagé qui longe la pointe des Émigrés, espace naturel protégé (bois, prairies, landes, marais et vasières). Bien situé à l'embouchure du Vincin, le quartier résidentiel de Conleau est un lieu de promenade prisé des Vannetais. La digue-route aménagée fin 19e s. mène à la plage : belle vue entre la pointe de Langle, à gauche, et la pointe de Kerguen, à droite, sur l'île de Boëdic. Pour les enfants, piscine d'eau de mer bordée d'une pinède.

Comptez 1h aller - pour le retour, vous pourrez prendre le bus D1, à l'arrêt Camping, qui vous mènera au centre-ville (arrêt Port).

À Sarzeau à vélo. Cet itinéraire facile de 21 km emprunte d'agréables voies vertes et coupe par la presqu'île de Séné, ce qui implique de prendre le

La citadelle Port-Louis, à l'entrée de la rade de Lorient.

bac pour franchir le golfe à Conleau puis, passé Moustérian, entre Montsarrac et Le Passage. Vous suivez ensuite la voie verte balisée V5 longeant la D 780, puis les petites routes balisées qui longent le golfe jusqu'à St-Colombier. Attention : cet itinéraire n'est possible que d'avril à septembre, lorsque la navette relie la presqu'île de Séné à celle de Rhuys, évitant ainsi 26 km de route. Il vous faudra appeler le passeur pour le bac à Conleau et à Montsarrac depuis la cale (numéro de téléphone noté sur le lieu).
Les Petits Passeurs - ✆ 06 20 23 62 64 - juil.-août : 9h30-12h15, 14h-19h15; avr.-juin et sept. : w.-end, vac scol. et j. fériés 9h30-12h15, 14h-18h15 - 2 €, AR 3 €.

En bateau ! Embarquez pour un tour du golfe et/ou une excursion à l'île aux Moines, la plus grande et la plus peuplée des îles du golfe. Elle frappe d'emblée par son opulence et sa végétation luxuriante. L'idéal est d'y passer la journée pour en apprécier tous les aspects en prenant son temps. Quatre sentiers balisés (fléchage de couleur au sol) permettent de se repérer facilement. Pour la baignade, l'île compte plusieurs plages, petites mais bien protégées.
Compagnie du Golfe - gare maritime - ✆ 02 97 67 10 00 - www.compagnie-du-golfe.fr - tour du golfe + escale sur l'île aux Moines - avr.-sept. - 28,10 €.

Jazz en ville. Fin juillet, des concerts gratuits animent le centre-ville.
Infos : www.festivaljazzenville.fr.

2 AURAY

➔La gare, située à 25mn à pied du centre-ville et 30mn du port, est desservie par un service de bus.
Infos : www.auray-quiberon.fr.

Flânerie sur le port. Au fond de sa ria qui prolonge le golfe du Morbihan, le port d'Auray, St-Goustan, invite à la flânerie : rues pavées, maisons à pans de bois et jardins clos composent un charmant décor presque intemporel. La ville, établie sur les hauteurs qui dominent la rivière du Loc'h, offre un aspect plus contemporain et dynamique avec ses halles, ses boutiques et ses terrasses. En descendant vers le port par la rampe (accès par r. du Belvédère), on profite d'une très jolie vue sur le port, le quartier de St-Goustan et la rivière du Loc'h que franchit un vieux pont de pierre à quatre arches (15e s.).

Pour la nuit. À 20mn à pied de la gare, cet hôtel dispose de chambres douillettes à la déco contemporaine personnalisée.
Celtic hôtel - 38 r. G. Clémenceau - ✆ 02 97 24 05 37 - www.celtic-hotel.fr - 18 ch. 65/82 € - ☕ 10,50 €.

À table ! Grandes tables communes en terrasse sur le quai ou petites salles intérieures cosy : le cadre de cette crêperie de St-Goustan est séduisant tout comme les assiettes garnies de galettes de blé noir, de salades ou d'un « breizh burger » (dans lequel le pain est remplacé par des kouign, sorte de pancakes au blé noir).
Le Yac'h - 8 quai B. Franklin - ✆ 02 56 54 69 43 - www.leyach.bzh - fermé lun.-mar. - galettes 6,50/12 € - plats 15,50/19 €.

Pause sucrée. Après avoir fait ses premières armes chez Jean-Paul Hévin, Sylvain Tallon a repris en 2002 cette pâtisserie bien connue des Alréens. Avec talent, il continue à réaliser les spécialités qui ont fait la réputation de la maison : far, gâteau breton, kouign-amann.
Au Régal breton - 17 r. du Belzic - ✆ 02 97 24 22 75 - www.auregalbreton.fr - fermé dim.

L'heure de l'apéro. Cet établissement à la pimpante vitrine bleue se niche sur une placette ombragée de la ville haute. Idéal pour prendre un café ou un apéritif. On peut aussi y manger un morceau le midi.
L'Épicerie - 15 pl. aux Roues - ✆ 02 97 31 10 62 - fermé dim.-lun.

PENSEZ AU TIRE-BOUCHON !

En été (juil.-août), vous pourrez rejoindre la presqu'île de Quiberon depuis la gare d'Auray en prenant le Tire-Bouchon (7 TER/j - 9 € AR). Arrivé sur place, louez un vélo pour découvrir la presqu'île nez au vent. Liste des loueurs sur www.baiedequiberon.bzh.

3 LORIENT

➔Pas forcément besoin de transport en commun pour parcourir Lorient. Mais embarquer à bord d'un Batobus peut être une expérience pratique et économique : 5 liaisons possibles pour passer d'une rive à l'autre de la rade (sf dim.). Demandez à l'office de tourisme le dépliant « Vos lignes maritimes ». *Infos : www.izilo.bzh.*

Centre du monde celtique. Chaque été, Lorient devient le centre du monde celtique lors de son festival à présent connu bien au-delà des frontières bretonnes (*voir p. 76*). Musique et convivialité manifestent de façon éclatante le dynamisme de la cité morbihannaise. La reconversion de la base de sous-marins – désormais pôle touristique majeur consacré à la voile et à la course au large – lui ouvre de nouveaux horizons tandis que le patrimoine issu de la guerre et de la reconstruction est mis en valeur. À proximité, les vallées du Scorff et du Blavet offrent de multiples possibilités de promenades et de visites autour de la nature, des animaux et du patrimoine.

Pour la nuit. À quelques mètres seulement de la gare, bienvenue dans l'intérieur cosy du Cléria, avec son salon digne d'un appartement privé. Les chambres sont décorées dans une veine contemporaine ; préférez les supérieures, dites « Cotonnades », spacieuses et douillettes.
Hôtel Cléria - 27 bd Mar.-Franchet-d'Esperey - ✆ 02 97 21 04 59 - www.hotel-cleria.com - 33 ch. et 2 appart. 112,20/122,10 € ☕.

Dans la peau d'un marin du Vendée Globe. Sous le patronage d'Éric Tabarly, vous découvrirez un vaste espace de 2000 m² dédié à la plaisance et à la course au large, depuis la conception des voiliers, leur construction et leurs usages jusqu'aux grandes courses. Le parcours d'exposition mise sur l'interactivité : écrans, simulateurs, bornes multimédias, maquettes à manipuler : tout est concret et ludique. Un dispositif audiovisuel vous entraîne sur le pont d'un trimaran de course tandis qu'une spectaculaire animation 4D vous fait partager les sensations fortes d'un concurrent du Vendée Globe. Un espace est consacré au parcours d'Éric Tabarly. Sur le ponton, auquel on accède par une passerelle et par la tour des vents, on peut admirer le tout premier Pen Duick (lorsqu'il n'est pas en mer) qui fut suivi par les géants sur lesquels le navigateur gagna tant de courses.

L'île de Groix, phare de la Pointe des Chats.

Cité de la voile Éric-Tabarly - La Base - rue Roland-Morillot - ✆ 02 97 65 56 56 - www.citevoile-tabarly.com - juil.-août : 10h-19h; mi-mai, juin et sept. : 10h-18h; reste de l'année : se rens. - 13,70 €.

À table ! Les gourmands viennent à cette adresse proche de l'arsenal pour se régaler d'une goûteuse cuisine de saison. Un bon moment à savourer dans une salle coquette à souhait. Accueil souriant.

Le Tire Bouchon - 45 r. J.-Le-Grand - ✆ 02 97 84 71 92 - fermé lun.-mar. et sam. midi - déj. sem. 21/24 € - menus 37/49/61 €.

Pour le pique-nique. Les halles de Merville sont ouvertes du mardi au dimanche sous les halles couvertes et un marché extérieur se tient les mercredis et samedis matin.

Halles de Merville - av. Anatole France - hallesdemerville.bzh.

Plages. Une voie verte piéton-vélo arborée permet d'accéder à Larmor-Plage à partir du pont de Kermelo. S'ouvrant sur l'océan et offrant de magnifiques vues sur la rade de Lorient et les remparts de Port-Louis, cette station balnéaire à l'atmosphère familiale possède de belles plages fréquentées par les Lorientais : Toulhars, Port-Maria (la plus centrale, animation tout l'été), Locqueltas (très abritée, particulièrement adaptée aux familles avec de jeunes enfants) et enfin la longue plage de Kerguélen, avec à son extrémité ouest le grand centre nautique. La grève de Nourriguel, à l'est de la commune, est interdite à la baignade en raison de sa proximité avec la rade de Lorient. À côté s'étend le port de plaisance de Kernével.

Excursion à Groix. On embarque pour la journée à l'île de Groix, au large de Lorient, et on parcourt

Festival de Cornouailles à Quimper.

l'île à vélo pour découvrir ses particularités géologiques, ses vallons, sa côte sauvage tapissée d'ajoncs et de bruyères et parsemée de criques sablonneuses.

***Compagnie océane** - gare maritime - ✆ 02 97 31 34 45 - www.compagnie-oceane.fr - dép. quotidien de Lorient (durée 45mn - 6h50-19h30 : 5 rotations/j selon la période) 36,70/38,25 € AR selon saison.*

***Coconuts location** - 9 quai Port-Tudy - ✆ 02 97 86 81 57 - www.coconutslocationgroix.com - réserv. en ligne - VTT et VTC 13 €/j, VAE 40 €/j.*

L'heure de l'apéro. Enseigne en breton et menu bilingue dans cette taverne où la patronne affirme en toute simplicité ses origines : « Nous sommes Bretons, nous parlons donc breton ». Concerts de musique... bretonne, 2 à 3 fois par mois.

***Tavarn Ar Roue Morvan** - 1 pl. Polig-Monjarret - ✆ 02 97 21 61 57 - Facebook - fermé dim. et j. fériés.*

Festival Interceltique Lorient. Chaque année, durant 10 jours début août, une dizaine de nations se réunit pour célébrer et faire rayonner la culture celte.

***Infos :** www.festival-interceltique.bzh/le-festival.*

Pour la nuit. À 15mn de la gare, sympathique atmosphère artiste dans cette maison de 1930 située sur les bords de la Laïta. La propriétaire, accueillante et passionnée par sa région, organise des expositions au gré de ses découvertes. Chambres simples dotées d'un parquet d'époque.
La Maison d'Hippolyte *- 2 quai Surcouf -*
✆ 09 51 68 04 81 - - 4 ch. 75 € .

À table ! À l'ombre de N.-D.-de-l'Assomption, cette crêperie, bourrée de livres sur la Bretagne, décline des spécialités (lard de Cornouaille, rillettes de St-Jacques, caramel au beurre salé) élaborées à base de produits bio. Concerts de musique traditionnelle certains soirs.
Crêperie Ty Billig *- 2 pl. St-Michel -*
✆ 02 98 96 40 91 - www.ty-billig.com - fermé dim.-lun. et merc. soir (sept.-juin) - galettes 6/10 €.

Pour le pique-nique. Faites quelques emplettes aux halles de la place Hervo (mar.-dim. matin) ou au marché sur la place St-Michel le vendredi matin, puis installez-vous pour pique-niquer près du pont Lovignon en bordure de la splendide berge de l'Ellé.

Pause iodée. Cette affaire familiale remonte à 1864. Possibilité de visite guidée (45mn) depuis la petite maison du port jusqu'aux parcs à huîtres plates et creuses (si les marées le permettent). Dégustation face au Belon et vente directe de bourriches.
Huîtrières du Château de Belon *- port de Belon (rive droite) - ✆ 02 98 06 90 58 - belon.bzh/huitrieres/ - visite guidée avr.-oct. merc. et vend. - 5 €.*

En kayak ! Traversée de Quimperlé en visite guidée sur la Laïta.
Réserv. à l'office de tourisme *-*
www.quimperle-lesrias.bzh - dép. base St-Nicolas - 1h30 - retour en minibus - ✆ 02 98 39 24 17 - 22 €.

4 QUIMPERLÉ

Entre rivières et forêt. À la confluence de la rivière Ellé avec l'Isole qui s'unissent pour former la Laïta, Quimperlé s'étend entre basse et haute ville autour des quais témoignant de l'importance de son ancien port. La ville a conservé une remarquable abbatiale au plan cruciforme, de nombreuses maisons médiévales, des ruelles pavées et des ponts anciens. Quimperlé bénéficie d'un emplacement idéal pour partir à la découverte des forêts mitoyennes et du littoral tout proche.

5 ROSPORDEN

Marins d'eau douce. Cette petite ville située au bord de trois étangs formés par l'Aven s'est fait connaître pour ses conserveries, mais aussi pour son hydromel, appelé *chouchen* en breton. Son église des 14e et 15e s., remaniée au 17e s., possède un beau clocher carré. De la gare on accède facilement à la voie verte et aux étangs dont les berges ont été aménagées pour la pêche. Pierre Loti, qui a immortalisé l'univers des pêcheurs bretons dans son célèbre ouvrage *Pêcheurs d'Islande*, a séjourné régulièrement à Rosporden dans la maison de son ami pêcheur qui lui a inspiré un autre roman, *Mon frère Yves*. Des panneaux en centre-ville et autour des étangs viennent rappeler cette amitié.

À table et au lit ! À 4mn à pied de la gare, dans une ancienne maison complètement restaurée avec goût, 5 chambres aux teintes douces et deux salles de restaurant aux pierres apparentes, tout aussi sobrement élégantes. Cuisine classique pleine de fraîcheur et de saveurs.
L'Otentik - 12 r. nationale - ✆ 09 75 66 98 15 - www.lotentik.fr - 5 ch. 75 € - ☕ 13 € - ✕ formules 23/32 € - fermé lun. et le soir dim., mar. et merc.

Pour le pique-nique. Marché le jeudi matin en centre-ville.

Rando nature autour des étangs. Partez à la découverte d'une faune et une flore caractéristiques des zones humides. Une application « Ecobalade » gratuite est à télécharger depuis votre smartphone pour vous guider et vous permettre d'identifier les différentes espèces de cet écosystème particulier. *Infos : www.deconcarneauapontaven.com.*

6 QUIMPER

Capitale de la Cornouaille. Les flèches de la cathédrale St-Corentin s'élancent au cœur de Quimper, ancienne mais très vivante capitale de la Cornouaille. Elles protègent d'étroites venelles, bordées de maisons à colombages, et dont les noms évoquent les corporations du Moyen Âge. Prenez le temps de flâner dans le quartier piétonnisé de la vieille ville, qui s'étend face à la cathédrale, entre l'Odet et le Steir. L'histoire de la cathédrale St-Corentin débute au 13e s. avec la construction du chœur. Le transept et la nef sont ajoutés au 15e s. Superbement restaurée, jusqu'à ses orgues et ses vitraux, la cathédrale a retrouvé la luminosité du style gothique flamboyant. Parements et piliers ont regagné leur décor polychrome. Face à la cathédrale, le musée des Beaux-Arts, installé dans un palais à l'italienne, recèle une importante collection de peintures et de sculptures du 14e s. à nos jours. Consacré à l'histoire et aux arts et traditions populaires du Finistère, le Musée départemental breton occupe pour sa part l'ancien palais épiscopal, bâtiment construit du 16e au 19e s. qui jouxte la cathédrale.
Musée des Beaux-Arts - 40 pl. St-Corentin - ✆ 02 98 95 45 20 - www.mbaq.fr - juil.-août : 10h-18h; avr.-juin et sept.-oct. : tlj sf mar. 9h30-12h, 14h-18h; reste de l'année : tlj sf mar. et dim. matin : 9h30-12h, 14h-17h30 - 6,50 €.

Pour la nuit. À 10mn de la gare, l'hôtel Gradlon abrite des chambres au style très bristish, fleuri et cosy à souhait. Un soin particulier est accordé aux détails, des rosiers du jardin à l'agréable véranda. So charming !
Hôtel Gradlon - 30 r. de Brest - ✆ 02 98 95 04 39 - www.hotel-gradlon.fr - 20 ch. 104/130 € - ☕ 12 €.

À table ! An Diskuiz élabore des recettes originales et bien tournées à base de produits locaux. Accueil sympathique et sans prétention : une adresse de confiance pour déguster galettes et crêpes. Petite terrasse pour les beaux jours.
An Diskuiz - 12 r. E.-Fréron - ✆ 02 98 95 55 70 - fermé mar. et merc. (sept.-juin), merc. et dim. (juil.-août) - galettes moins de 10 €.

Pour le pique-nique. En juillet-août, profitez du marché bio et artisanal à la chapelle de Kerdévot (17h- 20h) pour remplir votre panier de bons produits locaux.

Au pays de la faïence. La première faïencerie est fondée en 1708 à Locmaria, faubourg de Quimper sur les rives de l'Odet. La fabrication s'est ensuite développée tout au long des 18e et 19e s. avec la création de nombreux autres ateliers. Grâce à Alfred Beau, auteur des « scènes » et des « légendes bretonnes », les faïences de Quimper entrent dans le monde des artistes. Dès 1920, ils se succèdent et réalisent des pièces uniques. En 1923, le mouvement Ar Seiz Breur (« Les Sept Frères », allusion à sept héros bretons) est fondé par René-Yves Creston, Jeanne Malivel et Georges Robin. Il cherche à moderniser l'art populaire breton, en le mariant au style Art déco et au cubisme. Henriot-Quimper, qui existe depuis plus de 320 ans, reste l'une des seules manufactures de France à façonner et à décorer ses faïences entièrement à la main. Elle fait régulièrement appel à des artistes et designers extérieurs, comme Olivier Gagnère ou Mathieu Pung, pour imaginer de nouvelles créations. Dans les ateliers, le visiteur découvre chaque étape de la fabrication, du pain d'argile au produit fini.
Faïencerie Henriot - 2 pl. Bérardier - ✆ 02 98 90 09 36 - www.henriot-quimper.com - visite guidée (30mn) juil.-août : 10h30, 11h30, 14h, 15h, 16h et 17h - fermé j. fériés - 5 € - magasin d'usine tlj sf dim. 10h-12h30, 13h30-18h.

Les crêpes bretonnes.

Pause sucrée. Tous les biscuits de Bretagne (galettes et palets, gâteau breton, kouign-amann et crêpes dentelle) se sont donnés rendez-vous dans cette belle boutique de Locmaria. De quoi caler un petit creux en rando !
Biscuiterie Quimper-Styvell - 8 r. du Chanoine-Moreau - 02 98 65 12 37 - www.biscuiteriedequimper.com - tlj.

L'heure de l'apéro. Voilà plus de 40 ans que la famille Gloaguen est aux rênes de ce pub qui s'est bien agrandi, au point d'être devenu incontournable à Quimper. Bonnes bières, bonne ambiance et concerts en soirée.
Le Céilí - 4 r. Aristide-Briand - 02 98 95 17 61 - Facebook - tlj.

Sur les bords de l'Odet. Qu'il fait bon se balader au bord de l'eau. À pied, on peut partir de Locmaria pour déambuler dans le jardin du Prieuré au milieu des herbes médicinales, puis poursuivre par le chemin de Poulguinan jusqu'au château de Lanniron, dont les jardins à l'italienne descendent vers l'Odet. À vélo, on emprunte le chemin du halage en partant du Cap Horn, en face de Locmaria.

Festival de Cornouaille. Fin juillet a lieu le grand rendez-vous de la culture bretonne. Ce festival de musique et de traditions populaires draine pendant six jours des milliers de visiteurs. Nombreux concerts gratuits.
Infos : www.festival-cornouaille.bzh.

TOURS - ORLÉANS

Quelle chance ! Entre Tours et Orléans, le TER suit la Loire, qui se fraye, entre plaines fertiles, coteaux ensoleillés des vignobles, troglodytes et châteaux Renaissance, un chemin vieux de plusieurs millions d'années. La grandeur et la délicatesse des monuments et des villes de cette vallée des Rois font écho à la douceur de vivre de la région et aux paysages à la fois harmonieux et sauvages.

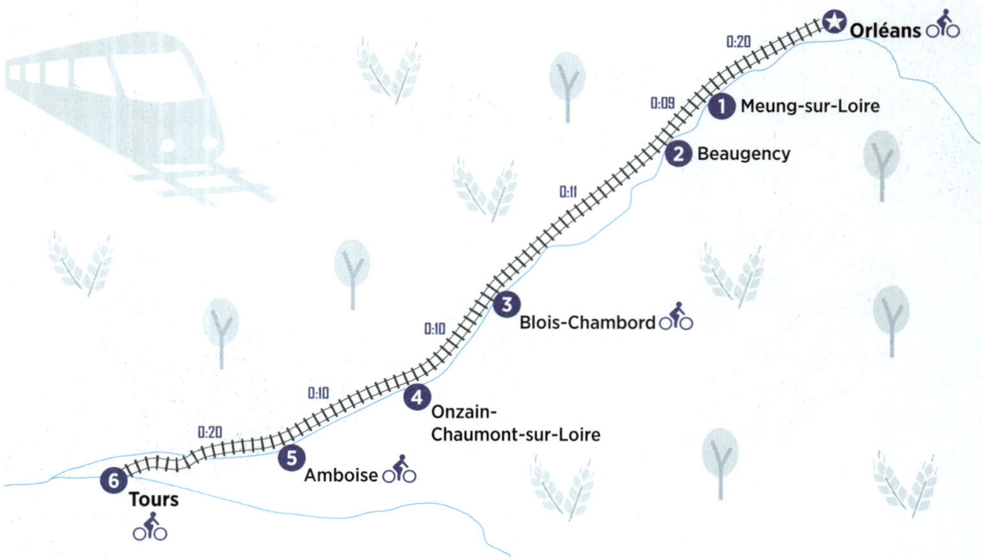

DE TOURS À ORLÉANS - 7 JOURS

- Pour rejoindre Tours depuis Nantes : 6 TER/j (1h45)
- Trajet sans escale : 1h20
- Fréquence : 20/j
- Horaires : www.ter.sncf.com/centre-val-de-loire
- Tarif sans escale : 22,40 €
- Services à bord : transport de vélo
- Pour le retour à Nantes, TER direct (2h50)
- Bon à savoir : de déb. juin à fin sept., le train Loire à Vélo embarque les vélos sur réservation en ligne : www.loireavelo.fr/reservation-ter/ - 1 €

Où se placer pour admirer le paysage ? Côté droit dans le sens de la marche.

Promenade le long de la Loire à Tours.

1 TOURS

→Tours possède deux gares, l'une en centre-ville et l'autre à St-Pierre-des-Corps (à 4 km de Tours), reliées par une navette ferroviaire régulière.

Louer un vélo. Deux agences au choix.

Détours de Loire - 37 r. Charles-Gille (à 2mn de la gare) - 02 47 61 22 23 - www.detoursdeloire.com - réserv. en ligne - VTC 18/26 €/j, VAE 40 €/j, tandem 60 €/j.

Roue Lib' - 55 r. Bernard-Palissy (à 5mn de la gare) - 06 76 53 52 13 - www.rouelib.com - réserv. en ligne. VTC 18 €/j, VAE 40 €/j, tandem 40 €/j.

Fleuron de la « belle Touraine ». La cité fondée au 4e s. a conservé ses quartiers anciens, traversés par de ravissantes rues piétonnes où il est agréable de musarder, de la cathédrale gothique St-Gatien (13e-16e s.), assise sur une muraille gallo-romaine, contrastant avec la façade classique de l'archevêché tout proche qui abrite le musée des Beaux-Arts. Le Vieux Tours s'organise autour de la vivante place Plumereau (15e s.), depuis les hôtels Renaissance jusqu'au nouveau quartier Porte de Loire, point d'ancrage du Centre de création contemporaine Olivier-Debré inauguré en 2017.

LA LOIRE À VÉLO

Sur cet itinéraire, il est possible de faire une étape à vélo plutôt qu'en TER, si une envie de grand air vous vient et que les méandres de ce fleuve encore sauvage vous fascinent. Le parcours de « La Loire à vélo » est bien balisé et les étapes accessibles à tous. De nombreuses haltes d'information ponctuent le parcours. Sur ce tronçon d'itinéraire, les loueurs sont nombreux et proposent la plupart du temps des services de livraison et de rapatriement des vélos, de consigne ainsi que le transfert de vos bagages. Pensez à demander un devis pour vous faire livrer des vélos à votre hôtel ou dans une ville sans loueur.

Infos : www.loireavelo.fr.

Pour la nuit. Pour une nuit poétique, optez pour l'hôtel Ronsard (à 9mn de la gare), au cœur du quartier des antiquaires, en plein centre : bon confort et des hôtes on ne peut plus accueillants.

Dans les jardins du domaine de Chaumont-sur-Loire.

Pour une nuit théâtrale, ce sera l'hôtel du Théâtre (à 8mn de la gare), une maison romantique du 15e s., intimiste avec ses petites chambres chaleureuses bien tenues, ses vieilles poutres et ses colombages. Le côté cour est plus calme.

***Hôtel Ronsard** - 2 r. Pimbert - ✆ 02 47 05 25 36 - www.hotel-ronsard.com - 20 ch.* à partir de 62 € - ☕ 9,50 €.

***Hôtel du Théâtre** - 57 r. de la Scellerie - ✆ 02 47 05 31 29 - www.hoteldutheatretours.com - 14 ch. 53/77 €* - ☕ 9,70 €.

À table ! Près de la cathédrale, à cheval entre le bistrot parisien et le bouchon lyonnais, le Lapin qui Fume est une adresse qui fait le bonheur des gourmets. Service efficace et d'une grande courtoisie. La Chope est l'écailler de Tours depuis 1902. Une institution et un monument historique avec son décor Belle époque : banquettes en velours rouge, comptoir en zinc pour déguster un grand choix d'huîtres (Gillardeau, Cancale), de poissons et de fruits de mer. Une excellente adresse.

***Au Lapin qui Fume** - 90 r. Colbert - ✆ 02 47 66 95 49 - www.aulapinquifume.fr - fermé dim.-lun. - plat du jour 12 € (déj.) - formules 27,90/34,90 €.*

***La Chope** - 25 bis av. de Grammont - ✆ 02 47 20 15 15 - www.la-chope.fr - menus 25,50 (déj.)/35,50 €.*

Pause sucrée. Le pavé de Tours est l'une des plus emblématiques spécialités de cette maison d'exception, dans un cadre très soigné de miroirs et boiseries.
La Chocolatière - 2-4 r. de la Scellerie - ✆ 02 47 05 66 75 - www.la-chocolatiere.com - fermé dim. apr.-midi.

Mignonne, allons voir si la rose est éclose au prieuré St-Cosme. Fondé en 1092, le prieuré accueillait les pèlerins en route pour St-Jacques-de-Compostelle. C'est dans le charmant logis du Prieur (14e s.) que vécut Pierre de Ronsard de 1565 à sa mort en 1585. Une collection de dessins, d'éditions originales ainsi que de nombreux objets évoquent la vie du poète. Dans les magnifiques jardins, où la rose est évidemment à l'honneur, un parcours sensoriel mêle dispositifs sonores, parfums des plantes et variétés florales. Dans le réfectoire des chanoines, seul rescapé des bâtiments du 12e s., ne manquez pas les quatorze « vitraux » (2010) de l'artiste chinois Zao Wou-Ki.
Prieuré St-Cosme - Demeure de Ronsard - à 3 km de Tours : bus 3A de la gare de Tours (20mn, arrêt La Pléiade) ; à vélo, une piste longeant la Loire mène jusqu'au prieuré en 15mn - r. Ronsard - La Riche - ✆ 02 47 37 32 70 - www.prieure-ronsard.fr - fermé mar. - 6 €.

Le château de Chambord.

Farniente à Tours sur plage. Au bord de la Loire, cet espace est dédié à la détente au fil de l'eau (chaises longues, hamacs, barbecue, etc.). Situé sur la berge d'en face, Tours sur Loire est un lieu de rendez-vous incontournable pour les amateurs d'esprit guinguette : bar, restaurant, concerts, sport, animations et jeux pour enfants, cinéma en plein air...
Tours sur Loire - en contrebas du pont Wilson - de mi-mai à mi-sept.

L'heure de l'apéro. Ce café, l'un des plus vieux de la place Plum', possède ce petit supplément d'âme qui manque à tant d'établissements modernes. Belle terrasse dressée sur la place aux beaux jours. Planchette de charcuterie, etc.
Le Vieux Mûrier - 11 pl. Plumereau - 02 47 61 04 77 - levieuxmurier.fr - fermé lun.

2 AMBOISE

➔ La gare d'Amboise se situe sur la rive opposée de la Loire qu'il faut traverser pour rejoindre le centre-ville (env. 15-20mn). La ligne de bus 1 vous évitera de marcher.
Infos : www.ville-amboise.fr.

Louer un vélo. Une agence dans le centre.
Roue Lib' - 9 square des Anciens-Combattants-d'Afrique-du-Nord - 06 76 53 52 13 - www.rouelib.com - réserv. en ligne - VTC 18/26 €/j, VAE 40 €/j, tandem 60 €/j.

Les fastes des Valois. La ville d'Amboise, avec ses bords de Loire, ses maisons anciennes et ses petites rues tortueuses, est dominée par son château, élégant édifice posé sur un éperon rocheux. Château royal dès son entrée dans les possessions de Charles VII en 1471, il allie avec bonheur une puissance toute médiévale aux délicatesses de la Renaissance dont Amboise fut le berceau. La visite des différents corps de bâtiments ménage de beaux points de vue sur la cité en contrebas.
Château royal d'Amboise - 02 47 57 00 98 - www.chateau-amboise.com - 16,40 €.

Pour la nuit. Une engageante façade à colombages du 15e s. fait le charme de cet hôtel situé sur une placette légèrement en retrait du centre-ville, mais à proximité du clos Lucé (à 20mn à pied de la gare). Chambres pratiques et entièrement rénovées.

Hôtel Le Blason - 11 pl. Richelieu - ✆ 02 47 23 22 41 - www.leblason.fr - 28 ch. 70/88 € - ☕ 9 €.

Rencontrer Léonard au Clos Lucé. « Tu seras libre, ici, de rêver, de penser et de travailler. » C'est par cette invitation, dit-on, que François Ier aurait appelé Léonard de Vinci à s'installer au Clos-Lucé en 1516. Le maître y vécut trois ans, avant de s'éteindre en 1519. Derrière la façade rose et blanc du joli château Renaissance, son esprit plane encore dans ses appartements reconstitués. Dans le parc et au sous-sol, des maquettes de ses fabuleuses machines racontent son génie inventif...
Château du Clos Lucé - à 750 m à pied du château d'Amboise - 2 r. du Clos- Lucé - ✆ 02 47 57 00 73 - www.vinci-closluce.com - 19 €.

À table ! Au pied du château, un coup de cœur pour ce restaurant contemporain, au bon rapport qualité-prix, installé dans une maison du 19e s. Dans les assiettes, parfumées et colorées, les beaux produits sont légion.
Le Lion d'Or - 17 quai Ch.-Guinot - ✆ 02 47 57 00 23 - www.leliondor-amboise.com - fermé lun. - déj. sem. 21/24 € - menus 42/66 €.

Pause sucrée. Fondée en 1913, cette excellente pâtisserie-chocolaterie fait aussi salon de thé, en face du château. Goûtez les truffes Pouchkine, chocolats parfumés à la vodka et à l'orange
Bigot - 2 r. Nationale - ✆ 02 47 57 04 46 - maisonbigot.fr - nov.-mars. : fermé lun.

3 ONZAIN-CHAUMONT-SUR-LOIRE

➔Depuis la gare, située à Onzain, navette à destination du « Domaine de Chaumont-sur-Loire ».
Infos : bus.azalys.agglopolys.fr.

Bien bordé par la rive gauche de la Loire. En contrebas d'une colline dominée par le château, les jolies maisons du village de Chaumont, toutes d'ardoise et de tuffaut, s'alignent de façon régulière le long du fleuve.

Pour la nuit. Au pied du château, l'élégance de cette maison tient à la simplicité du décor et à la gentillesse des propriétaires. Chambres bien entretenues, certaines donnant sur la Loire ou sur la piscine, à l'arrière.
Hostellerie du Château - 2 r. du Mar.-de-Lattre-de-Tassigny - ✆ 02 54 20 98 04 - www.hostellerie-du-chateau.eu - 🏊 - de mi-mars à mi-nov. - 15 ch. 95/105 € - ☕ 9,50/16 €.

Une expérience sensorielle unique. Le domaine de Chaumont doit sa renommée à son superbe Festival des jardins qui investit le parc chaque année au printemps. Grâce aussi au Centre d'arts et de nature, un nouveau champ artistique se développe au diapason de l'esthétisme et de l'écologie. Derrière les chambres de verdure se dessine le magnifique château féodal, paré des attraits de la Renaissance et illuminé par la blancheur du tuffeau.
Domaine de Chaumont-sur-Loire - ✆ 02 54 20 99 22 - domaine-chaumont.fr - 10h-17h30/20h selon saison (dernière entrée 1h av. fermeture) - 20 €.

À table ! Dans cette ancienne cave tout en longueur, on s'active en cuisine pour garnir avec attention crêpes salées et sucrées, et plat du jour. Accueil chaleureux et belle carte des vins.
Au Petit Troglo - 33 r. du Mar.-de-Lattre-de-Tassigny - ✆ 02 54 33 97 87 - fermé jeu.-vend. - réserv. conseillée - 16/29 €.

Promenade nature au fil de la Loire. Sur une toue, bateau de pêche traditionnel, vous seront contés les mondes botaniques (jussies, salicaires), halieutique (gardons, brochets, sandres...) et ornithologique (hérons, sterns, cormorans) qui peuplent la Loire.
Millière Raboton, homme de Loire - au pied du château - ✆ 06 88 76 57 14 - www.milliere-raboton.net - promenade-découverte (1h30) sur réserv. - 20 €.

4 BLOIS-CHAMBORD

➔La gare est à Blois. Pour rejoindre le château de Chambord (18 km), des navettes sont à votre disposition.
Infos : www.remi-centrevaldeloire.fr.

🚲 Louer un vélo pour rejoindre Chambord (1h).
Détours de Loire - 39 av. Dr-Jean-Laigret (à côté de la gare) - ✆ 02 54 56 07 73 - www.detoursdeloire.com - réserv. en ligne - VTC 18/26 €/j, VAE 40 €/j, tandem 60 €/j.

Blois et la magie des Valois. Alanguie en bord de Loire, Blois a gardé du Moyen Âge nombre de ruelles escarpées et tortueuses, reliées çà et là par des volées d'escaliers. De l'étagement de ses toits naît une harmonie tricolore : façades blanches, toits d'ardoise bleue et cheminées de brique rouge. Dominée par son château royal, l'attachante cité recèle des trésors, comme la belle église St-Nicolas, le Jardin des simples ménageant de belles vues sur la sublime façade des Loges, ou encore l'étonnante Maison de la magie Robert-Houdin, en hommage au célèbre prestidigitateur du 19e s.

Visit'Blois - application gratuite qui révèle les secrets patrimoniaux de 100 sites de Blois.

Pour la nuit. Sur une place arborée, voisine du château et de la gare (3mn), une adresse conviviale où il fait bon passer la nuit : salon cosy, chambres simples et joliment colorées, petit-déjeuner servi dehors l'été.

***Hôtel Anne de Bretagne** - 31 av. J.-Laigret - ✆ 02 54 78 05 38 - www.hotelannede bretagne.com - 29 ch. 78/122 € - ☕ 10 €.*

Un condensé d'histoire de l'architecture. La grande diversité des styles du château de Blois témoigne du passage successif des rois et princes dans ses murs : féodal, ensuite gothique avec les comtes de Blois puis Louis XII, Renaissance sous François Ier et, enfin, classique avec Gaston d'Orléans. En soirée, un son et lumière est projeté sur les façades du bâtiment.

***Château royal de Blois** - 6 pl. du Château - ✆ 02 54 90 33 33 - www.chateaudeblois.fr - avr.-oct. : 9h-18h30 (19h juil.-août); nov.-mars : 10h-17h 11,50 €.*

À table ! Ce café-brasserie posé en bordure de Loire offre l'une des plus belles vues sur Blois. L'accueil sympathique se conjugue avec un menu-carte sélectionnant des plats selon les saisons. Belle carte des vins.

***La Trouvaille** - 5 r. de la Chaîne - ✆ 02 54 79 25 30 - www.brasserielatrouvaille.fr - fermé dim. - formules déj. 19/24 € - menu 35,90 €.*

Pause sucrée. Dans cette boutique, vous découvrirez d'appétissantes pâtisseries, dont la Feuillantine, le St-Michel, ainsi qu'une trentaine de sortes de bonbons au chocolat. Les Pavés de Blois et les Malices du loup y tiennent la vedette. Joli salon de thé et terrasse d'été sur la rue piétonne.

***Stéphane Buret** - 20 r. du Commerce - ✆ 02 54 78 02 96 - maisonburet.fr - fermé dim.-lun.*

« Folie » royale à Chambord. Flottant entre ciel et terre, le domaine de Chambord, chef-d'œuvre de la Renaissance, est pétri d'humanisme, de grandeur, de savoirs et d'utopies. Ce château hors normes, commandé en 1519 par François Ier, forme un carré parfait flanqué de quatre tours d'angle marquant un point cardinal. Il est traversé par un vestibule en croix grecque que dessert le fameux escalier à double révolution inspiré des croquis de Léonard de Vinci. Autour s'étendent des jardins à la française et, au-delà, un parc giboyeux de 5500 ha de chênes et de pins sylvestres enceint par un mur de 32 km.

***Domaine de Chambord** - ✆ 02 54 50 40 00 - www.chambord.org - avr.-oct. : 9h-18h (17h nov.-mars) - 16 €.*

À table ! À deux pas du château de Chambord, un restaurant simple et efficace, au bon rapport qualité-prix. On peut aussi emporter ses plats pour les manger face au château !

***La Cave des Rois** - pl. St-Louis - ✆ 06 99 30 17 53 - www.lacavedesroischambord.com - tlj - formules 22,50/24,50 €.*

Chambord en musique ! À la belle saison, Chambord bruisse de sons et de voix. En juillet, un festival de musique (classique et contemporaine) y est organisé. Une fois par an retentit également un grand concert de trompes tandis que, de mi-juillet à mi-août, les terrasses résonnent de musiques du monde.

Infos : www.chambord.org.

5 BEAUGENCY

Une cité bien disputée. Tombée quatre fois aux mains des Anglais, puis délivrée par Jeanne d'Arc en 1429, la ville a conservé nombre de vestiges. Leur découverte se fait au gré d'une promenade qui serpente entre anciens monuments et demeures médiévales et mène le long d'un ruisseau fleuri où la petite ville révèle tous ses charmes.

Pour la nuit. À 3mn de la gare, l'hôtel a investi un relais de poste rénové, aux chambres calmes et agréables. Jardin et piscine chauffée (été). Restaurant éphémère Les Pieds sous la Table d'Adeline, tourné vers le végétal.

***L'Écu de Bretagne** - 5 r. de la Maille-d'Or - ✆ 02 38 44 67 60 - www.ecudebretagne.fr - 33 ch. 118/179 € ☕ - ✕ fermé lun.-mar. et dim. soir - plats 14/16 €.*

À table ! Entre brasserie et restaurant, on sert ici une cuisine variée bien réalisée, dans une belle salle voûtée ou en terrasse.

***Chez Henri II** - 43 r. du Pont - ✆ 02 38 44 16 65 - fermé dim.-lun. - déj. 20/25 €.*

Les Estivales. De mi-juillet à mi-août, Beaugency se transforme en plage sur les berges de la Loire et s'anime de spectacles et concerts.

Infos : www.beaugency.fr.

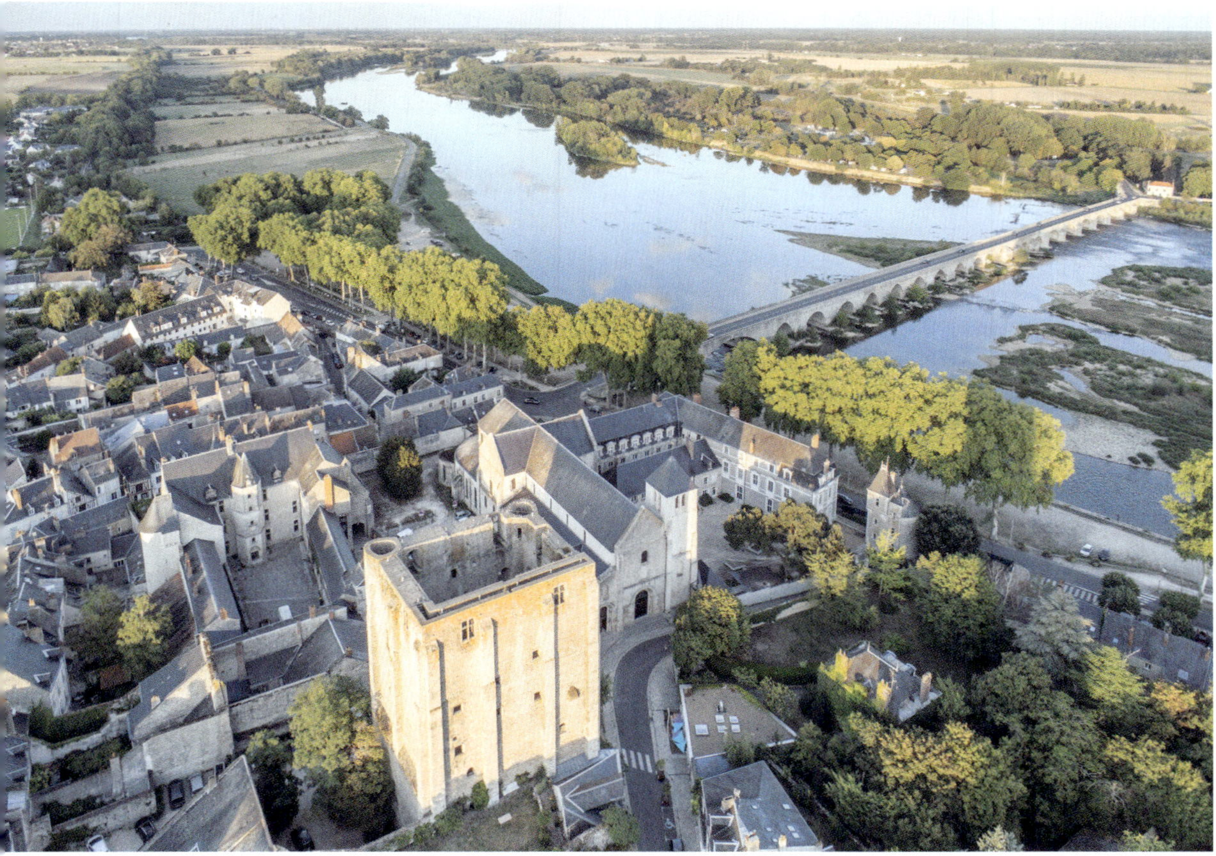

Le château de Beaugency.

6 MEUNG-SUR-LOIRE

Une cité médiévale. Lovée autour de la collégiale St-Liphard (11e-13e s.) et de son château, Meung offre une promenade charmante dans ses rues bordées de maisons à pans de bois et bruissant des clapotis des Mauves, ces petites rivières qui serpentent dans la ville. Ne manquez pas l'espace culturel La Monnaye, qui présente notamment des livres rares de François Villon, ni les magnifiques pergolas couvertes de roses anciennes des jardins de Roquelin.

Espace culturel La Monnaye - 22 r. des Remparts - 02 38 22 53 36 - merc. et vend. 14h30-18h30, sam. 9h30-12h et en avr.-oct. : dim. 15h-18h.

À table et au lit ! Un hôtel chargé d'histoire et plein de charme, situé au bord de la Loire (à 13mn de la gare), relais pour les voyageurs depuis le 17e s. Restaurant plaisant, avec petite terrasse sur la Loire l'été.

Le Relais Louis XI - quai Jeanne-d'Arc - 02 38 44 27 71 - louis11.com - 16 ch. 79/122 € - 13 € - fermé jeu. et le soir mar. et merc. - menus 28/36 €.

Les évêques d'Orléans. Avec ses vestiges de pont-levis, la façade puissante du château de Meung affiche l'austérité d'une forteresse médiévale. À l'inverse, côté jardins, se révèle une belle demeure du 18e s., ouverte sur un immense parc. La visite ludique permet de se plonger dans le riche décor d'époque des appartements des évêques d'Orléans.

Château de Meung-sur-Loire - 16 pl. du Martroi - 02 38 44 36 47 - www.chateau-de-meung.com - juin-sept. : 10h-18h (19h juil.-août) ; reste de l'année : se rens. - 12 €.

7 ORLÉANS

→La gare où arrive le train est celle du centre-ville. Si vous voulez ensuite repartir sur Paris, il faut rejoindre la gare des Aubrais (à 4 km au nord), reliée par le tram.

Louer un vélo. Une agence dans le centre-ville à 16mn de la gare, et proche des bords de Loire où vous pourrez suivre l'EuroVelo 3.
Détours de Loire - 58 r. de la Charpenterie - 02 47 61 22 23 - www.detoursdeloire.com - réserv. en ligne - VTC 18/26 €/j, VAE 40 €/j, tandem 60 €/j.

Sur les pas de Jeanne d'Arc. Le destin d'Orléans est indissociable de celui de l'héroïne de la guerre de Cent Ans, qui a délivré la cité des Anglais en 1429. Depuis ce fait d'armes, Orléans a bien changé, mais possède encore de belles demeures anciennes, autour de son hôtel de ville Renaissance où mourut le roi François II. Jeanne d'Arc vint également prier dans sa belle cathédrale Ste-Croix (13e-16e s.). Détruite par les protestants en 1586, celle-ci fut reconstruite dans un style gothique composite par Henri IV, en témoignage de gratitude pour la ville qui s'était ralliée à lui.

Courants d'art. Le musée des Beaux-Arts présente une collection d'une étonnante diversité, riche de 2000 peintures, 700 sculptures et objets d'art européens du 15e au 21e s. Son exceptionnel cabinet des pastels compte des œuvres du 18e s. de Chardin, Quentin de La Tour, Jean-Baptiste Perronneau. Au sous-sol, la collection d'art moderne et contemporain balaie les courants, du réalisme (Courbet) à l'art abstrait (Hantaï, Debré, Zao Wou-Ki), en passant par les post-impressionnistes (Gauguin).
***Musée des Beaux-Arts** - 1 r. Fernand-Rabier - 02 38 79 21 83 - www.orleans-metropole.fr - mar.-sam. 10h-18h (20h jeu.), dim. 13h-18h - 8 €.*

Pour la nuit. Bien situé, près des quais de la Loire et à 13mn de la gare, l'hôtel Marguerite présente un joli décor contemporain. Insonorisation sans faille dans les chambres, pour une nuit reposante. Doté d'un jardin en terrasse au dernier étage, l'hôtel de l'Abeille (à 4mn de la gare) propose de petites chambres coquettes à la décoration personnalisée (meubles anciens chinés).
***Hôtel Marguerite** - 14 pl. du Vieux-Marché - 02 38 53 74 32 - www.hotel-orleans.fr - 25 ch. 70/165 € - 9,50 €.*
***Hôtel de l'Abeille** - 64 r. d'Alsace-Lorraine - 02 38 53 54 87 - hotel-abeille.com - 24 ch. 100/145 € - 9,50/14 €.*

À table ! Pour une savoureuse cuisine traditionnelle assaisonnée d'une pointe d'originalité servie dans une pimpante salle à manger, rendez-vous à la Dariole, une maison à colombages du 15e s., dont on apprécie la petite terrasse d'été qui ouvre sur une placette. Derrière la façade discrète de l'Hibiscus, dans une rue piétonne et animée, se cache une belle surprise : une cuisine moderne, avec des produits frais valorisés dans des recettes originales. Court menu changeant régulièrement selon les saisons et les arrivages. Prix raisonnables.
***La Dariole** - 25 r. Étienne-Dolet - 02 38 77 26 67 - www.ladariole.fr - fermé lun.- dim. et le soir mar.-merc. - menus 38/60 €.*
***L'Hibiscus** - 175 r. de Bourgogne - 02 38 72 74 11 - hibiscus-restaurant.com - fermé w.-end - formule déj. 30 € - menus 39/49 €.*

Pour le pique-nique. Aux Halles Châtelet, fromagers, charcutiers, traiteurs, primeurs ou boulangers auront de quoi remplir vos paniers de délicieuses victuailles !
***Halles Châtelet** - pl. du Châtelet - fermé lun. et dim. apr.-midi.*

Un bain de nature. Le parc floral de la Source (35 ha) offre une magnifique promenade qui fleurit au fil des saisons. Un jardin contemporain a été créé pour mettre en valeur l'exceptionnelle collection d'iris. Serre aux papillons dans un charmant jardin tropical.
***Parc floral de la Source** - av. du Parc-Floral - tram A, dir. Hôpital de la Source, arrêt Université-Parc floral (20mn) - 02 38 49 30 00 - www.parcfloraldelasource.com - 6,50 €.*

Pause glacée. Glaces, crèmes glacées, sorbets, artisanaux préparés avec de bons produits : venez découvrir la « glacetronomie » ! La boutique fait aussi salon de thé.
***B. Glacier** - 8 r. des Albanais - 02 38 53 58 34 - www.bglacier.fr - fermé dim.-lun.*

La cathédrale d'Orléans.

La rue Droite dans le village de Turenne.

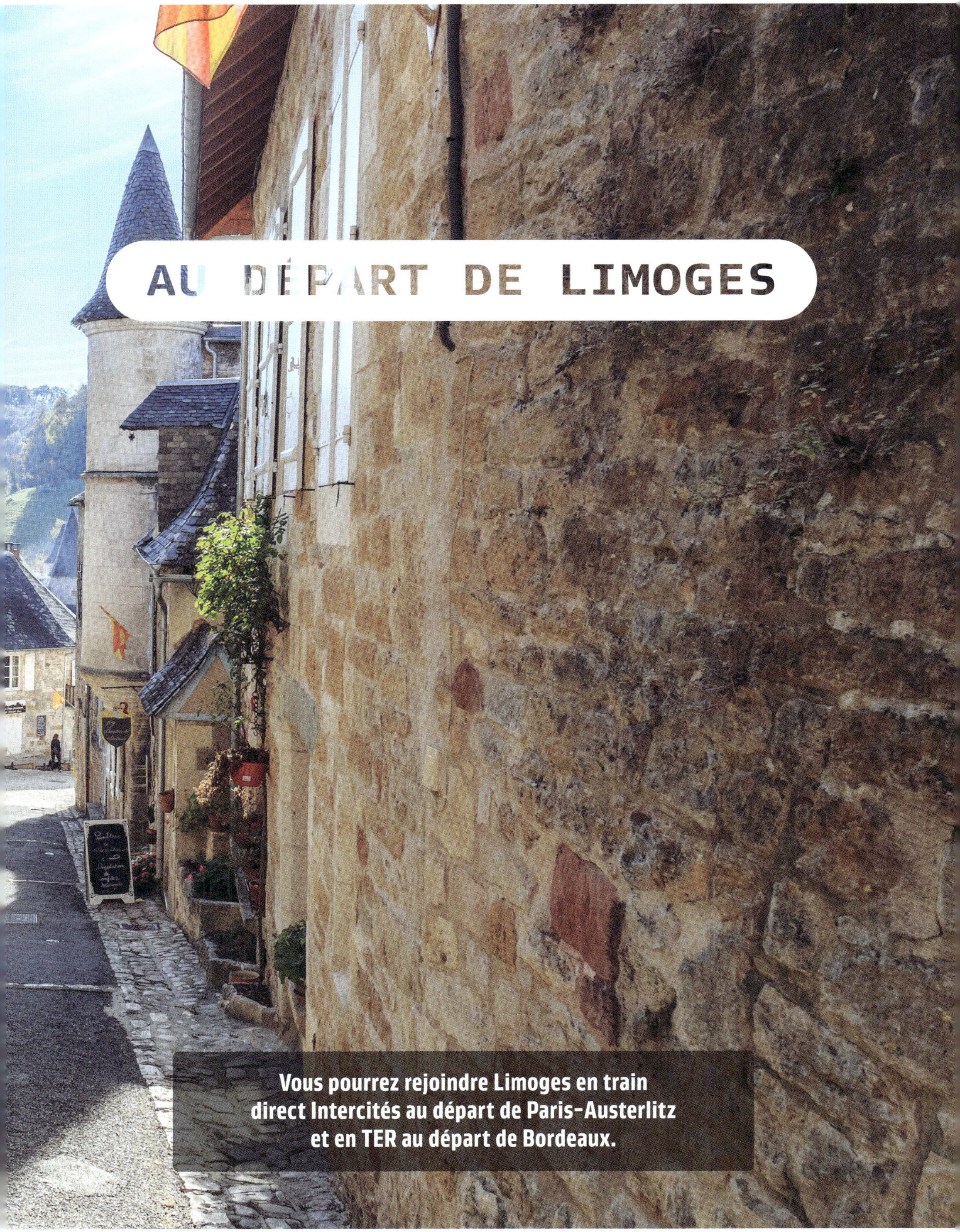

AU DÉPART DE LIMOGES

Vous pourrez rejoindre Limoges en train direct Intercités au départ de Paris-Austerlitz et en TER au départ de Bordeaux.

LIMOGES - POITIERS

Deux villes au riche patrimoine reliées par une ligne de chemin de fer bucolique, voilà une belle échappée verte en vue ! Limoges est la capitale de la porcelaine et des émaux. Poitiers est le centre de l'art roman. Et entre les deux ? Un périple dans les vallées paisibles du Limousin et du Poitou, ponctué d'étapes au fil de la Vienne.

✪ DE LIMOGES À POITIERS - 6 JOURS

- Trajet sans escale : 2h22
- Fréquence : 8 TER/j en semaine
- Horaires : www.ter.sncf.com/nouvelle-aquitaine
- Tarif sans escale : 27,50 €
- Services à bord : transport de vélo autorisé
- Bon à savoir : partir au printemps vous permettra de profiter d'un temps clément tout en évitant l'affluence de la haute saison

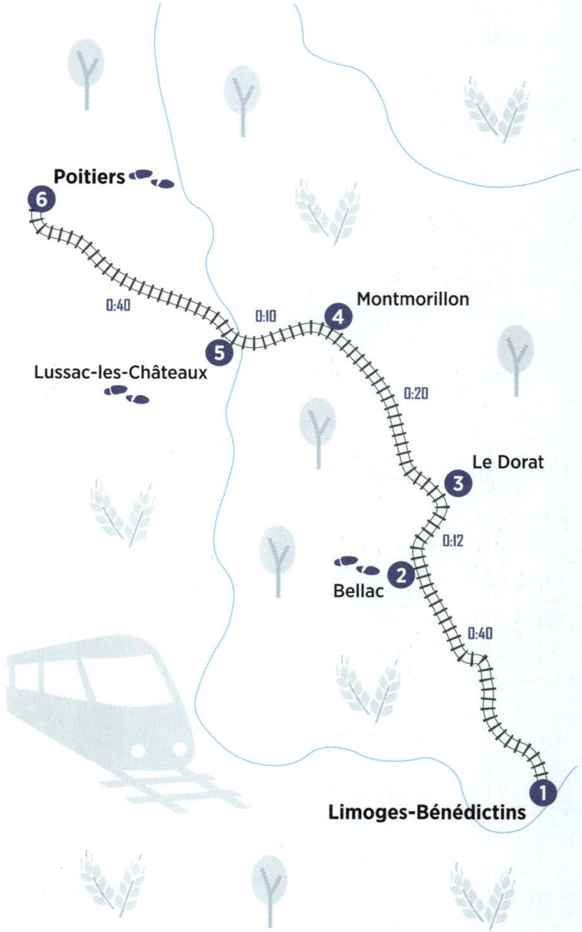

Où se placer pour admirer le paysage ? Côté droit dans le sens de la marche.

Porcelaines Bernardaud prêtes à être émaillées..

1 LIMOGES-BÉNÉDICTINS

➔ La principale gare de Limoges se situe à deux pas du centre-ville (15mn de marche).

Perchée sur les collines. Capitale de la porcelaine et important pôle universitaire, Limoges présente aussi deux autres visages : celui de la Cité épiscopale, groupée autour de la cathédrale St-Étienne, et celui du Château, animé et commerçant, construit sur le versant voisin autour de l'abbaye St-Martial. La porcelaine, les émaux et les fabriques de chaussures ont largement contribué à son essor industriel. Les musées, rénovés, possèdent de remarquables collections qui dévoilent la richesse du passé artistique de Limoges. La forte présence d'étudiants en fait une ville vivante, agrémentée de boutiques attractives, où il fait bon flâner. Entre le patrimoine lié à la céramique, l'architecture éclectique qui se dévoile au fil des rues et les rives aménagées de la Vienne, les buts de promenade ne manquent pas, à condition de ne pas craindre les fortes pentes, car Limoges est bâtie sur des collines...

POURQUOI LA PORCELAINE EST-ELLE LIÉE À LIMOGES ?

La présence dans le sous-sol limousin d'oxydes métalliques a favorisé dès le Moyen Âge l'apparition de l'émaillerie à Limoges, mais il faudra attendre le 18e s., avec la découverte du kaolin à St-Yrieix, pour que la porcelaine s'y implante. C'est en effet exclusivement grâce à cette argile blanche très pure que l'on peut obtenir de la porcelaine dure.

Pour la nuit. Situé à 4mn à pied de la gare, cet hôtel a été entièrement refait et le personnel est serviable. Très bon rapport qualité/prix.

Brit Hôtel - 17 av. du Gén.-de-Gaulle - ✆ 05 55 77 67 77 - hotel-limoges.brithotel.fr - 49 ch. 92/120 € - ☕ 17 €.

À table ! Une adresse bien connue des habitués. Son entrecôte limousine, particulièrement goûtue, servie en portions généreuses, jusqu'à 1h du matin les vendredi et samedi, fait un tabac... Prix raisonnables, service efficace et bonne ambiance.

Au Bouchon Limousin - 3 r. Aristide-Briand - ✆ 05 55 77 26 18 - www.hotel-poste-limoges.fr - fermé sam. midi et dim. - formules 15 € - menu 19 €.

La porcelaine et les arts du feu. Avec le musée national de la Céramique et la manufacture de Sèvres, le musée Adrien-Dubouché, fondé en 1845, fait partie de la Cité de la céramique Sèvres et Limoges. Le musée porte le nom de son principal bienfaiteur, fils d'un riche négociant de draps, auquel il doit une part importante de ses fonds, consacrée notamment aux arts du feu. Aujourd'hui riche de plus de 16000 pièces, il retrace l'évolution de la céramique et du verre, et présente des œuvres issues de la plupart des grandes manufactures mondiales. Les porcelaines occupent une place de choix dans cette extraordinaire rétrospective.

Musée national Adrien-Dubouché - 8 bis pl. Winston-Churchill - ✆ 05 55 33 08 50 - www.musee-adriendubouche.fr - 10h-12h30, 14h-17h45 - fermé mar. - 7 €.

Pour le pique-nique. La vaste charpente métallique, des halles centrales abrite des étals de produits locaux. L'antre de la gastronomie limousine compte aussi des stands de restauration aux saveurs régionales ou venues d'ailleurs.

Halles centrales - pl de la Motte - tous les matins sf lun. (jeu.-dim. jusqu'en déb. d'apr.-midi).

L'heure de l'apéro. Authentique brasserie fabriquant six variétés de bières artisanales limousines, réparties sur deux étages, avec un immense comptoir et une déco réussie. L'ambiance y est très animée le soir. Flammeküches maison et vente de bière à emporter.

Brasserie Michard - 8 pl. Denis-Dussoubs - ✆ 05 55 79 37 98 - www.maison-michard.fr - fermé dim.-lun.

Spectacle vivant. À la fin du mois de juin, le festival Urbaka propose une série de spectacles et animations dédiés à la culture et aux arts de la rue dans le centre de Limoges.

Infos : www.urbaka.com.

2 BELLAC

Terre littéraire. Situé au cœur d'un paysage vallonné et verdoyant, Bellac, superbe balcon sur les alentours, est une cité au passé littéraire. Giraudoux, qui la tenait pour « la plus belle ville du monde » y est né. Ses admirateurs, ou tout simplement les curieux, trouveront dans sa maison natale une foule de documents à propos de l'écrivain et sa famille : lettres, photos, maquettes et affiches de théâtre. On visite notamment sa chambre et sa bibliothèque. Autre figure littéraire de Bellac, La Fontaine y fit un bref passage, le temps d'écrire une fable, *Le Coche et la Mouche*... Il faut s'attarder dans cette petite ville pour flâner dans le quartier historique et au bord du Vincou que jalonnaient les tanneries au siècle dernier.

La Digitale - Maison natale de Jean Giraudoux - 4 av. Jean-Jaurès - ✆ 06 08 43 51 90 - ladigitale-giraudoux.fr - juil.-août : merc.-dim. 14h-19h; reste sur RV - 5 €.

Collégiale du Dorat.

À table et au lit ! Cet établissement à 8mn de la gare a été repris par quatre jeunes avec le projet d'en faire un lieu « hybride ». Les 15 chambres ont été rénovées, une salle de sport a été crée, ouvertes à tous, comme le restaurant, avec sa formule le midi et sa carte à base de produits locaux travaillés selon l'air du temps le soir, et son brunch du dimanche.
Central by Santat - 7 av. Denfert-Rochereau - 05 55 68 00 43 - bysantat.fr- 15 ch. 68 € - 9,50 € - formule déj. sem. 14,50 € - merc.-sam. le soir plats 16/25 €.

Pour le pique-nique. Marché hebdomadaire le samedi matin en plein centre.

Festival national de Bellac. Lancé en 1953 par Louis Jouvet, ce festival rend hommage à Jean Giraudoux durant 5 jours au début du mois de juillet. Au programme : concerts, contes et spectacles de théâtre.
Infos : www.theatre-du-cloitre.fr.

Petites randos. L'office de tourisme de Bellac propose 3 itinéraires faciles de randonnées. Partez donc vous dégourdir les jambes avec le Chemin des Diligences (8 km - 2h), le Chemin des Moulins (8 km - 2h) ou la Flânerie au cœur de Bellac (5,7 km - 1h30).
Infos : fiche en téléchargement sur www.tourisme-hautlimousin.com.

3 LE DORAT

Un héritage médiéval. Le village du Dorat possède l'un des monuments les plus remarquables du Limousin par son architecture à la fois austère et majestueuse : la collégiale St-Pierre. Ne manquez pas de déambuler aussi dans la cité aux ruelles étroites et tortueuses.

Pour la nuit. Le Dorat ne possède pas d'hôtels, mais quelques chambres d'hôtes parmi lesquelles la Maison Lapeyrière, à 10mn de la gare. Les chambres sont simples, mais bien tenues et l'accueil attentionné.

Montmorillon, l'église Notre-Dame au bord de la Gartempe.

Maison Lapeyrière - 6 r. Robert-Lapayrière - ✆ 05 55 76 48 94 - 2 ch. 55 €.

Abyssale collégiale. En forme de croix latine et bâtie en granit du pays, la collégiale St-Pierre-aux-Liens impressionne par ses dimensions (77 m de longueur et 39 m au transept) et ses proportions harmonieuses. Élevée à l'emplacement d'une église du 10e s. détruite par un incendie, elle fut achevée à la fin du 12e s. L'édifice, dans ses grandes lignes, possède déjà son aspect actuel. Sa crypte est dédiée à sainte Anne. Au 15e s., les temps incertains amènent la ville à se fortifier. Une tour s'élève au-dessus de la chapelle axiale de l'abside de la collégiale, qui s'intègre désormais aux fortifications.

À table ! Cette adresse propose de généreux plats traditionnels à base de produits du terroir, à commencer par le bœuf limousin et l'agneau, servis dans une salle rustique. Terrasse à la belle saison.
La Marmite - 29 av. de la Gare - ✆ 05 55 60 66 94 - www.restaurant87lamarmite.com - fermé mar.-merc. - formule express déj. sem. 15 € - menus 23,50/34,50 €.

Pour le pique-nique. Tous les jeudis de juillet à août, le marché nocturne des producteurs anime la place de la Collégiale. Produits du terroir à déguster ou à emporter, au son de la fanfare ou de l'accordéon.

4 MONTMORILLON

Le goût du livre et des macarons. Voilà une petite cité qui sait se faire aimer, avec ses macarons, son pont du 14ᵉ s. brisé dans son élan au-dessus de la Gartempe, ses pittoresques ruelles et son vaste patrimoine médiéval. Un projet consacré à l'écrit et aux métiers du livre a redynamisé cette « Ville d'art et d'histoire » qui réunit une vingtaine de libraires et bouquinistes, artisans et artistes. Et pour compléter la thématique, en juin, le convivial Salon du livre attire les foules !

Cité de l'écrit & des métiers du livre - www.citedelecrit.fr.

À table et au lit ! Cet établissement, situé à 12mn à pied de la gare, offre 3 options : bien dormir (chambres spacieuses et fonctionnelles), bien manger (annexe bistrot avec des formules simples) ou très bien manger (cuisine inventive au restaurant gastronomique Lucullus).

Hôtel de France et restaurant Lucullus - 4 bd de Strasbourg - ✆ 05 49 84 09 09 - www.hoteldefrance-lelucullus.fr - 36 ch. 81/90 € - ☕ 9 € - ✕ bistrot fermé vend. soir, sam. et dim. midi - plats 16,90/40 €; rest. gastronomique fermé dim. soir, lun.-mar. - menus 39/89 €.

Le macaron, l'incontournable de Montmorillon. Grande biscuiterie poitevine, la maison Rannou-Métivier abrite, au-dessus de sa boutique à la devanture colorée, une exposition dédiée au macaron de Montmorillon. Des panneaux thématiques, des bornes d'écoute, plusieurs machines anciennes et un film présentent l'univers de l'amande et l'histoire du petit biscuit rond et moelleux mis au point par la famille au début du 20ᵉ s. Dégustations possibles en fin de visite au jardin d'hiver. L'occasion d'improviser une pause sucrée bien méritée !

Musée de l'Amande et du Macaron - Maison Rannou-Métivier - 34 bd de Strasbourg - ✆ 05 49 83 03 38 - www.museedumacaron.com - 9h30-12h, 14h-18h, dim. et j. fériés 10h-12h, 15h30-18h (ouv. à 14h30 juil.-août) - 4 € visite + 3,50 € dégustation.

5 LUSSAC-LES-CHÂTEAUX

Une pause au bord de l'eau. Ce petit village est notamment réputé pour la présence de vestiges préhistoriques rassemblés dans un musée. Son étang est bordé de petites falaises qui recèlent de nombreuses grottes et abris-sous-roche occupés à l'époque préhistorique. C'est le coin idéal pour faire une pause pique-nique au bord de l'eau. La variété de ses spots nature invite à la promenade.

Musée de la Préhistoire - 21 rte de Montmorillon - ✆ 05 49 83 39 80 - www.lasabline.fr - juin-sept. : 10h-12h, 14h-18h; reste de l'année : merc., vend. et sam. 10h-12h, 14h-17h - 3 €.

À table et au lit ! Voilà une adresse où le terme « éco-responsable » a un sens : on y cuisine presque exclusivement des produits bio, venant soit du potager, soit des producteurs fermiers de la région. La carte des vins est dans le même esprit. Le respect des saisons et du marché se retrouve agréablement dans l'assiette. Ici, même les chambres (très confortables et équipées) sont « durables », c'est dire ! Et en plus, la gare est à 8mn !

Les Orangeries - 12 av. du Dr-Dupont - ✆ 05 49 84 07 07 - www.lesorangeries.fr - 10 ch. 100/185 € - ☕ 14 € - ✕ fermé lun.-mar., sam. midi, dim. soir - formules bistro midi 19,50/37,50 € - formules gastronomiques 26/53 €.

Pour le pique-nique. Marché tous les vendredis matin, place du 11-Novembre-1918.

Sentier « La fosse aux loups ». Cette randonnée de 7,9 km (2h AR - niveau moyen) mène sur les traces de cet animal présent dans la Vienne. Il se dit en effet que les loups avaient pour habitude de venir s'abreuver dans les parages, avant que les habitants ne cherchent à les chasser de la région pour protéger leur terre. Cette boucle est idéale pour prendre un bon bol d'air au sein de la nature, mais n'espérez pas croiser de loups sur votre chemin. Quoique...

Infos : plan en téléchargement sur rando.sudviennepoitou.com.

6 POITIERS

L'art roman en majesté. Ville des grandes batailles et au patrimoine médiéval exceptionnel, la capitale du Poitou a largement mérité sa place dans les livres d'histoire. Ses quartiers anciens, ses larges zones piétonnes, ses ruelles pentues et jalonnées d'églises romanes, telle N.-D.-la-Grande, incitent à la flânerie. Mais c'est aussi un pôle de créativité qui déborde d'énergie avec ses équipements modernes, son Futuroscope (situé plus exactement à Chasseneuil-du-Poitou, desservit par des bus) et ses nombreux étudiants, la plus forte concentration de France ! Ceux-ci apportent une certaine animation que cette sage cité tolère avec flegme. La ville en a vu d'autres !

Pour la nuit. Au cœur des rues piétonnes, à 13mn de la gare, les trois bâtiments rénovés (le plus vieux date de 1810) de l'hôtel de l'Europe, répartis autour d'une cour intérieure, proposent des chambres de divers styles : contemporain, oriental, etc.
Tout aussi central (13mn de la gare) et bénéficiant également du calme d'une cour, Le Grand Hôtel présente un chaleureux cadre d'esprit Art déco. Les chambres sont confortables et la grande terrasse permet d'y prendre le petit-déjeuner en été.
***Hôtel de l'Europe** - 39 r. Carnot - ✆ 05 49 88 12 00 - www.hotel-europe-poitiers.com - fermé vac. de Noël - 87 ch. 89/119 € - ☕ 11 €.*
***Best Western Poitiers Centre Le Grand Hôtel** - 28 r. Carnot - ✆ 05 49 60 90 60 - www.grandhotelpoitiers.fr - 41 ch. et 6 suites 82/134 € - ☕ 13 €.*

Le plus grand musée de Poitou-Charentes. Situé à l'emplacement de l'ancienne abbaye Ste-Croix, juste à côté du baptistère St-Jean, cet espace consacré à l'art et à l'archéologie déroule un parcours allant de la préhistoire à l'art contemporain. La richesse de ses collections fait de lui le plus grand musée de Poitou-Charentes. Divisé en trois sections depuis sa création en 1974, il s'est depuis enrichi en intégrant les collections de l'hypogée des Dunes et du musée Rupert-de-Chièvres, deux établissements de la ville désormais fermés.
***Musée Ste-Croix** - 3 bis r. Jean-Jaurès - ✆ 05 49 41 07 53 - www.musee-saintecroix.fr - de mi-juin à mi-sept. : 10h-18h; reste de l'année : 10h-18h, w.-end 13h-18h - fermé lun. - 5 €.*

À table ! La gastronomie du terroir est à l'honneur aux Archives, restaurant qui jouit du cadre prestigieux de la nef d'une ancienne chapelle. Atmosphère chic et service impeccable.
La Serrurerie est un grand bistrot chaleureux à la déco vintage, prisé des étudiants et des locaux, à deux pas de l'hôtel de ville. Dans l'assiette, des classiques du genre (burger, pièce du boucher, fish & chips, etc.) et des plats plus originaux (pad thaï). Options végé.
***Les Archives** - 14 r. Édouard-Grimaud - ✆ 05 49 30 53 00 - www.lesarchives.fr - tlj - déj. sem. 19,90/23,90 € - menus 39/65 €.*
***La Serrurerie** - 28 r. des Grandes-Écoles - ✆ 05 49 41 05 14 - Facebook - plats 16/24 €.*

Pour le pique-nique. Un grand marché en intérieur et en extérieur, tous les matins du lundi au samedi, à deux pas de l'église Notre-Dame, place Charles-de-Gaulle.

Pause sucrée et salée. Grande variété de thés et de pâtisseries pour les gourmands, tartes salées, plats végétariens et diététiques (sans gluten, sans lactose), salades pour un déjeuner léger. Le tout dans un cadre cosy et de la vaisselle chinée.
***Jasmin Citronnelle** - 32 r. Gambetta - ✆ 05 49 41 37 26 - Facebook - fermé dim.-lun.*

L'heure de l'apéro. Les amateurs de vin apprécieront cette cave, où l'on déguste des produits de vignerons passionnés et où chaque bouteille raconte une histoire. Des vins de la région mais aussi d'ailleurs, à apprécier dans une ambiance très hispanisante accompagnés d'une belle sélection de produits ibériques : jambons, fromages... La cave présente également ses produits en matinée au marché Notre-Dame.
***Rocinante** - 176 Grand'Rue - ✆ 06 58 07 98 27 - cave-rocinante.fr - côté cave : merc.-sam. soir; côté marché : merc.-sam. matin.*

Le chemin des crêtes. Le départ, réputé corsé, vous fera crapahuter pendant quelques minutes pour atteindre les hauteurs de la ville. Mais l'effort en vaut la chandelle, puisque vous aurez ensuite Poitiers à vos pieds ! Ce sentier de 4 km (2h AR - niveau moyen) longe également de beaux jardins privés et les berges du Clain. Le mix parfait entre promenade urbaine et nature. L'office de tourisme propose également d'autres itinéraires. Possibilité d'aller se renseigner sur place ou bien de récupérer toutes les descriptions techniques sur le site internet.
Infos : fiche de l'itinéraire à télécharger sur www.grandpoitiers.fr.

Notre-Dame-la-Grande à Poitiers.

LIMOGES - VIERZON

Voici un voyage idéal pour les amoureux de la nature, des espaces verts et des randonnées. Car si cette ligne relie entre elles des cités au fort héritage industriel et patrimonial, vous aurez néanmoins l'occasion de vous retrouver nez à nez avec des séquoias géants, de flâner dans la petite Venise du Berry, ou encore de parcourir des sentiers écologiques et sensoriels. Promis, vous ne serez pas déçu !

DE LIMOGES À VIERZON - 9 JOURS

- Trajet sans escale : 2h10
- Fréquence : 5 TER/j
- Horaires : www.ter.sncf.com/nouvelle-aquitaine
- Tarif sans escale : 36,70 €
- Services à bord : transport de vélo autorisé
- Bon à savoir : l'automne offre à la région ses plus belles couleurs

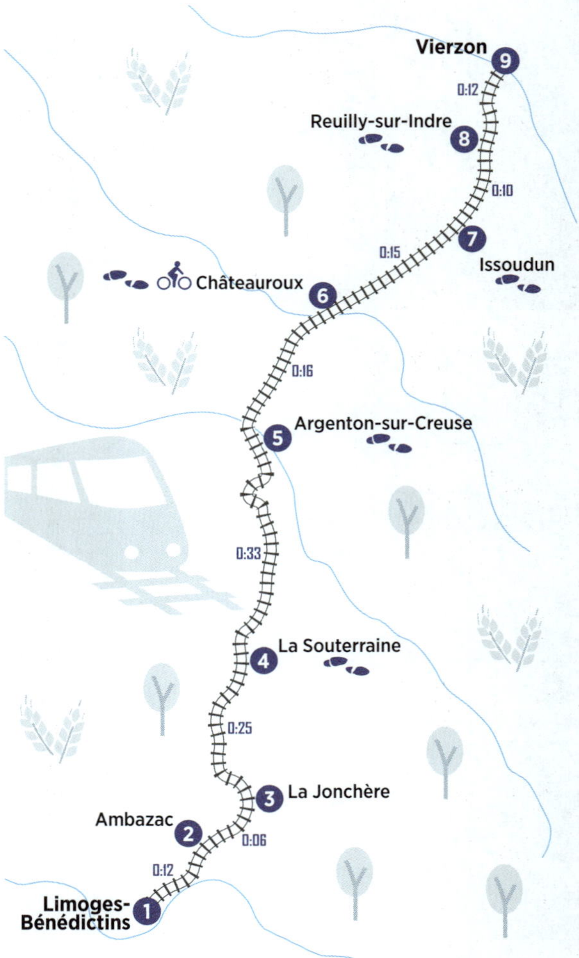

Où se placer pour admirer le paysage ? Côté gauche dans le sens de la marche.

Fontaine ornée de porcelaine sur la place de l'Hôtel-de-Ville à Limoges.

❶ LIMOGES-BÉNÉDICTINS

Voir le voyage précédent (p. 93).

❷ AMBAZAC

Ville nature. Ambazac offre aux amateurs d'espaces verts et de randonnées un cadre champêtre qui fera également le bonheur des pêcheurs grâce à ses nombreux plans d'eau et ruisseaux. Côté attraits culturels, le musée de Minéralogie passionne les amoureux des pierres avec ses 500 roches et 3000 minéraux du monde entier. Que ce soit grâce aux roches de grande taille, aux délicats quartz roses de Madagascar, halite d'Arabie saoudite et granite orbiculaire des monts de Guéret, ou encore aux riches échantillonnages de cuivre et d'argent, voilà quelques heures de visite passionnantes. Mais ce qui fait la renommée de cette petite ville active c'est le trésor de son église qui contient la châsse-reliquaire de saint Étienne. Cette œuvre exceptionnelle à deux niveaux couronnés par un oiseau symbolisant l'âme du saint ou la colombe du Saint-Esprit fut réalisée en 1189, en cuivre repoussé et ciselé orné d'émaux champlevés, de pierreries et d'intailles. Somptueux!

Musée de minéralogie et de pétrographie *- 5 av. de la Libération - ✆ 06 99 33 87 06 - mairie-ambazac.fr/carte/le-musee/ - mar. et vend. 13h30-18h, merc. et sam. 9h30-12h30, 13h30-18h; reste de l'année : se rens. - gratuit.*

À table et au lit ! Cet hôtel, situé à 12mn à pied de la gare, a fait peau neuve. Ses chambres rénovées affichent toutes un décor différent. Le restaurant propose une cuisine sobre très réussie, concoctée par Joseph Travia, Toque blanche du Limousin. Excellent rapport qualité-prix.

Hôtel-restaurant Les Voyageurs *- 27 av. du Gén.-de-Gaulle - ✆ 05 55 56 60 31 - www.hotel-ambazac.fr - fermé dim. soir et lun., vac. Toussaint et fév. zone A - 5 ch. 68/80 € - ☕ 8,90 € - ✕ formule du jour 14,80 € - plats 18/29 €.*

Pour le pique-nique. Marché tous les vendredis matin.

Musée de la Chemiserie à Argenton-sur-Creuse.

❸ LA JONCHÈRE

➔Pas d'hébergement : visite à faire le temps d'un arrêt.
➔Pour rejoindre l'arboretum, comptez environ 30mn de marche depuis la gare.

Côtoyer les arbres. Cette charmante petite bourgade est connue pour son exceptionnel arboretum, situé aux abords du centre (en accès libre). Ne manquez pas d'aller vous y promener ! Aujourd'hui géré par l'Office national des forêts, l'arboretum de La Jonchère, qui couvre un total de 70 ha, fut créé en 1884 pour produire des plants destinés à reboiser les monts d'Ambazac et le plateau de Millevaches. Vous y découvrirez, le long d'un sentier balisé, une soixantaine d'espèces botaniques, notamment des essences originaires de la côte ouest nord-américaine (séquoias et thuyas géants, Douglas verts) ainsi que des espèces rares comme le fau (hêtre) de Verzy, originaire de la Champagne, au curieux tronc tortueux.

❹ LA SOUTERRAINE

Inutile de creuser pour la visiter. Située dans un bassin verdoyant des monts de la Marche, La Souterraine fut bâtie à l'emplacement de la « villa Sosterranea », une villa gallo-romaine. Étape de l'une des principales routes du pèlerinage de St-Jacques-de-Compostelle, elle a conservé plusieurs vestiges de ses fortifications médiévales et de jolies ruelles bordées de vieilles demeures.

Pour la nuit. Situé à moins de 10mn à pied de la gare, cet hébergement propose des chambres fonctionnelles, certaines avec douches balnéo. Dans l'annexe, quelques suites, idéales pour les familles. Cuisine classique. À l'entrée, un bénitier séculaire mérite un coup d'œil !

Hôtel Sas à La Porte de Saint-Jean *-*
2 r. des Bains - ✆ 05 55 63 90 00 -
hotel-restaurant-alaportesaintjean.com -
36 ch. 59/110 € - ☕ 10,50 € - ✗ menus 13,90/38,90 €.

C'est la folie ! Lieu de vie culturel convivial, la Micro-Folie permet, grâce à son Musée numérique, de découvrir plusieurs centaines de chefs-d'œuvre appartenant à des institutions et des musées nationaux. Dans des espaces dédiés (le FabLab, l'Espace scénique, l'Espace de réalité virtuelle) vous pourrez développer votre créativité à votre guise.
Micro-Folie - rue Lavaud - ✆ 05 19 96 20 10 - Facebook - merc.-sam. 14h-18h - sur réserv. en ligne.

À table ! Vous voici ici en terre limousine, qui revendique fièrement son identité. Ce bar restaurant combine cuisine régionale, bières artisanales, soirées musicales et convivialité. Et ça plaît !
La Terre du milieu - 8 pl. St-Jacques - ✆ 05 55 63 03 08 - fermé dim., mar. soir et merc. soir - déj. sem. 16,50 - plats 14,50/23,50 €.

Pour le pique-nique. En juillet et août, un marché des producteurs s'installe tous les mercredis à partir de 18h en plein centre-ville, place du Marché. Événement incontournable de l'été, il est égayé de nombreuses animations, spectacles et concerts.

Détente à l'étang. Envie de buller ou de vous dépenser au bord de l'eau ? Poussez jusqu'à l'étang du Cheix (env. 20mn à pied depuis la gare) situé au nord-est, aux portes du bourg. De nombreuses activités y sont proposées : baignade, jeux de plage, pêche, sentier pédestre, balades en calèche, à dos de cheval ou de poney.

L'heure de l'apéro. Installé dans une ancienne écurie, dont les box sont toujours en place, Christaline fait à la fois salon de thé, bar à vin, petite restauration (le picorage !) et apéros gourmands. Également boutique déco et épicerie fine, qui privilégie les produits du terroir.
Christaline - 30 r. de Bessereix - ✆ 05 55 63 62 25 - www.christalinedeco.com - mar.-jeu. 10h-19h, vend. 10h-22h (19h sam.).

La tour de Bridiers. Une petite randonnée sympa, au départ de l'étang du Cheix aux portes du bourg, dans un cadre paisible (7,3 km - 2h20 AR - niveau facile). Vous aurez l'occasion de passer par le village de Bridiers et d'admirer les vestiges de son château, d'où le nom de ce sentier.

5 ARGENTON-SUR-CREUSE

Argentomagus, par Toutatis ! La ville d'Argenton-sur-Creuse s'est substituée à la cité gallo-romaine d'Argentomagus qui s'étendait à 2 km au nord, sur la colline de St-Marcel. Porte d'entrée de la vallée, Argenton-sur-Creuse s'étire au bord du fleuve, entourée de collines et de falaises. Certains la surnomment la petite Venise du Berry. Prenez le temps de flâner dans son agréable centre commerçant et ses ruelles médiévales.

Pour la nuit. Ancien relais de poste à 8mn de la gare, l'hôtel Le Cheval Noir est géré de père en fils depuis plus d'un siècle. Les chambres sont sobres, de styles et de tailles variés. Piscine chauffée. Salle à manger contemporaine et terrasse dans une cour fleurie. Côté restaurant, la carte est inspirée des produits du marché mis en valeur dans des plats traditionnels.
Hôtel Le Cheval Noir - 27 r. Auclert-Descottes - ✆ 02 54 24 00 06 - www.le-chevalnoir.fr - 17 ch. 117/127 € - 12 € - fermé dim. soir et lun. - 31/39 €.

Tomber la chemise. Le premier atelier mécanique de lingerie, créé par Charles Brillaud en 1860, a aujourd'hui été réhabilité en musée des techniques et de la mode. Il témoigne du patrimoine industriel de la ville, haut lieu de la chemiserie en France au 19e s. Le premier étage présente un historique de la chemise tandis que le second reconstitue un atelier de confection.
Musée de la Chemiserie et de l'Élégance masculine - rue Charles-Brillaud - ✆ 02 54 24 34 69 - www.museedelachemiserie.fr - juil.-août : tlj sf lun. 10h-12h30, 14h-18h30; reste de l'année : tlj sf lun. 9h30-12h, 14h-18h - fermé du 24 déc. à mi-fév. - 8 €.

À table ! Une pause repas dans cette brasserie qui sert une cuisine bistro vous permettra de profiter de la ville depuis la terrasse.
Café de la Place - 2 r. Barbès - ✆ 02 54 24 12 91 - www.hotel-argenton.com - déj. sem. 14,50/17,50 € - plats 9,50/ 16 €.

Pour le pique-nique. Marché des producteurs locaux, tous les mardis matin, place Carnot.

« La petite Venise verte du Berry ». Cette randonnée de 12,5 km (3h AR - niveau moyen) vous fera déambuler dans le centre-ville d'Argenton et le long de la Creuse. Après avoir pris un peu de hauteur au point de vue de la chapelle de la Bonne-Dame, la vallée s'offrira devant vous à perte de vue.
Infos : fiche à télécharger sur lavalleedelacreuse.fr.

6 CHÂTEAUROUX

Louer un vélo. Du printemps à l'automne, l'office de tourisme propose à la location VTT, VTC, tandems, remorques et sièges bébé.
Office de tourisme - 2 pl. de la République - ✆ 02 54 34 10 74 - www.chateauroux-tourisme.com - à partir de 8 € la demi-journée.

Une ville à la campagne. La capitale du Bas-Berry fait figure de métropole au cœur d'une région intensément cultivée. Du pont Neuf enjambant l'Indre se dévoilent la prairie St-Gildas, le château et le vieux Châteauroux, qui a conservé son tracé médiéval. Au nord, sur l'autre rive de l'Indre, se dresse l'élégant clocher de l'abbaye de Déols. Au sud, l'importante agglomération aérée d'espaces verts s'interrompt pour laisser place à la forêt (*voir p. 105*).

Pour la nuit. À 5mn de marche de la gare, l'ancien bâtiment de la manufacture des tabacs abrite cet établissement rehaussé de touches design. Quelques chambres en duplex.
Best Western Hôtel Colbert - 3 av. de La Châtre - ✆ 02 54 35 70 00 - www.hotel-colbert.fr - 74 ch. dont 19 suites - 115/153 € - ☕ 14 €.

BORN IN THE USA

De 1951 à 1967, une importante base américaine de l'OTAN s'installa à Châteauroux, où 10 000 Américains y menèrent l'American way of life... Une tour de treize étages, encore aujourd'hui appelée le « Building », est alors construite en centre-ville (14 pl. St-Cyran) pour les généraux de l'OTAN. Désormais considéré comme étant l'un des bâtiments le moins esthétique de la ville, il est au cœur des débats et sujet à une éventuelle démolition...

Collections impériales. Le musée municipal est installé dans l'hôtel Bertrand, construit en 1769 par Martin Boucher, premier ingénieur du roi et grand-père du grand maréchal Bertrand. Il renferme une riche collection d'objets personnels ayant appartenu à Bertrand et à Napoléon. D'autres salles présentent des peintures et sculptures (ne manquez pas le *Sakountala* de Camille Claudel, grand plâtre offert par l'artiste à la ville), un cabinet d'égyptologie ainsi qu'un département d'archéologie romaine et médiévale.
Musée-Hôtel Bertrand - 2 r. Descente-des-Cordeliers - ✆ 02 54 61 12 34 - juin-sept. : 10h-12h, 14h-18h; reste de l'année : 14h-18h - fermé lun. et en janv. - gratuit.

À table ! C'est dans un cadre élégant, mêlant l'ancien et le moderne que vous apprécierez la cuisine d'un chef « agitateur de goût », qui élabore des recettes aussi originales que réussies.
Jeux 2 Goûts - 42 r. Grande - ✆ 02 54 27 66 28 - jeux2gouts.fr - fermé vac. de fév., 2 sem. en août et dim.-lun. - déj. sem. 19/23 € - menu 34 €.

Pour le pique-nique. Vous trouverez certainement de quoi faire de bons sandwiches aux Halles.
Les Halles - pl. des Halles - leshallesdechateauroux.fr - mar.-merc. et sam. matin, jeu.-vend. tte la journée.

Base nautique de Belle-Isle. Cette base nautique se situe au nord de la ville, à environ 7mn de vélo. À moins que vous ne soyez d'attaque pour la rejoindre à pied, dans ce cas comptez 30mn de

marche. Baignade aménagée et surveillée l'été, mais aussi canoë-kayak, planche à voile, stand-up paddle, optimist, pédalos pour évoluer sur le lac. Également un restaurant sur place.
***Base nautique de Belle-Isle** - ✆ 02 54 35 00 00 - juil.-août : 10h-19h.*

L'indre à Vélo et la forêt domaniale de Châteauroux. L'itinéraire L'Indre à Vélo est pratique pour sortir du cadre urbain. Vous pouvez filer vers le nord-ouest pour suivre l'étape jusqu'à Buzançais (34,4 km - env. 2h) ou vers le sud jusqu'à Jeu-Les-Bois (23,6 km - 2h10), via la forêt domaniale de Châteauroux. C'est l'une des plus grandes chênaies de France, propice à d'agréables promenades.
***Infos :** www.indre-a-velo.com.*
***Plan de la forêt de Chateauroux :** en téléchargement sur www.chateauroux-tourisme.com.*

Bouger en rythme, ça vous dit ? Le festival DARC, début août, est l'événement castelroussin de l'année. Concerts de musiques actuelles sous un grand chapiteau.
***Infos :** www.danses-darc.com.*

7 ISSOUDUN

Et soudain, à Issoudun. Au cœur de la Champagne berrichonne, Issoudun n'a plus grand-chose à voir avec la paisible ville de garnison évoquée par Balzac dans *La Rabouilleuse*. La deuxième ville du Berry au Moyen Âge, réputée pour ses foires et ses vins, tire désormais sa prospérité d'une industrie diversifiée, allant de la maroquinerie de luxe (Vuitton) aux biens d'équipement aéronautiques. D'où une débauche d'équipements sportifs et culturels dont le musée, est incontestablement le fleuron.

À table et au lit ! À 8mn de la gare, l'hôtel restaurant Les 3 Rois abrite des chambres agréables aux décors différents. Côté restauration, une cuisine de terroir de bonne tenue à base de produits de saison, à déguster dans un cadre classique ou sur la terrasse.

Dans le même style, La Cognette, établissement que Balzac décrivit en détail dans *La Rabouilleuse*, se situe à 5mn de la gare. Les chambres sont confortables et la cuisine classique raffinée célèbre aussi les plats du terroir. Sympathique menu « Instant », improvisé chaque jour par le chef au gré des arrivages du marché. Attenante au restaurant, la jolie

Les croquets de Charost, en vente à Châteauroux.

boutique vend des produits régionaux dont le fameux massepain, du vin, des liqueurs, des objets artisanaux...
***Les 3 Rois** - 3 r. Pierre-Brossolette - ✆ 02 54 21 00 65 - www.les3rois.fr - 13 ch. 97/110 € - ☕ 12 € - ✂ fermé dim.-lun. - plats 19 € - menu 33 €.*
***La Cognette** - ✆ 02 54 03 59 59 - www.la-cognette.com - hôtel : 26 r. des Minimes - 16 ch. 130/150 € - ☕ 15 €; restaurant et boutique : bd Stalingrad - ✂ fermé dim. soir, lun. et mar. midi. - menus 44/85 €; boutique : fermé dim.-lun.*

Un musée insolite. Installé dans l'ancien hospice St-Roch, ce musée réunit art médiéval, apothicairerie, art contemporain et océanien. Construit au 12e s., puis agrandi du 15e au 18e s., l'hospice accueillait malades, vieillards et enfants abandonnés. Il devint un hôpital au milieu du 17e s. Lorsqu'il est transformé en musée en 1966, il est alors centré sur l'archéologie et les sculptures médiévales. Il étend ses collections à l'art contemporain en 1977. Vous pouvez prolonger la visite en extérieur, dans le

Musée de l'Hospice St-Roch à Issoudun.

Parc des sculptures, où sont installées 25 œuvres d'artistes contemporains. C'est un lieu paisible où l'on peut aussi tout simplement se poser parmi les fleurs et arbres fruitiers.

Musée de l'Hospice St-Roch - rue de l'Hospice-St-Roch - ☏ 02 54 21 01 76 - www.museeissoudun.tv - mai-sept. : merc.-dim. 10h-12h (12h30 juil.-août), 14h-18h, lun.-mar. 14h-18h; reste de l'année : fermé lun.-mar. - fermé janv. - gratuit.

Un tour en canoë ? En voilà une bonne idée pour parcourir la ville autrement et s'en échapper pour gagner la campagne, sur la rivière Théols.

Objectifs Sports Évasion - base nautique au pied du pont St-Paterne, près du musée St-Roch - ☏ 02 54 49 95 57 - www.ose-loisirs.fr - fermé dim. (sf juil.-août) - location de canoë sur réserv. - à partir de 10 €/h.

Randonnées tous niveaux. L'office de tourisme propose trois parcours : sentier des Brioleux (7,8 km- 2h30 AR - facile), sentier des Macabés (11,9 km- 3h AR - moyen) et sentier des Tanneurs (18,3 km - 4h AR - moyen).

Infos : www.tourisme.issoudun.fr/rando.

8 REUILLY-SUR-INDRE

Du vin mais pas que ! Renommé pour son vin de très grande qualité, Reuilly est aussi une petite bourgade paisible et charmante, entourée de verdure et de grands espaces où il fait bon se balader.

À table et au lit ! Le rouge, le blanc et le gris de Reuilly sont mis en valeur à la carte de ce restaurant tenu par un couple japonais. La cuisine traditionnelle française y est fine et savoureuse. Les produits de belle qualité viennent de producteurs

C'EST BON MAIS AVEC MODÉRATION !

L'AOC Reuilly représente 233 ha, 45 viticulteurs parmi lesquels 36 vinifient leurs vins, et une production de dizaines de milliers d'hectolitres par an ! L'appellation s'étend sur 6 communes : Reuilly, Diou, Lazenay, Chéry, Lury-sur-Arnon et Preuilly. Le vignoble de Reuilly a obtenu son AOC pour ses vins blancs en 1937 et celui pour ses vins rouges et rosés en 1961. Après votre étape, c'est sûr, le vin de Reuilly n'aura plus de secrets pour vous !

locaux : agneau de Baudres, cochon noir de Lignerolles, bœuf du Limousin, tout comme les légumes. L'établissement propose également des chambres confortables et bien équipées. Cette adresse est idéalement située à proximité de la gare (environ 2mn de marche, difficile de faire mieux !).
Les 3 Cépages - 17 r. de la Gare - 02 54 03 23 13 - www.les-3-cepages.com - fermé du dim. soir au mar. soir - 6 ch. 70 € - 9,50 € - menus 38/58 €.

Chai parfait. Impossible de passer par Reuilly sans visiter l'un des domaines de la région. Nathalie, la fille de Claude Lafond, gère à présent les 35 ha en AOC Reuilly et les 3 ha en AOC Valençay, plantés en sauvignon, pinot noir et pinot gris. En été, balades vigneronnes, dégustations de vins et visites des chais. Comptez une vingtaine de minutes de marche depuis la gare pour rejoindre cette adresse.
Domaine Claude Lafond - 8 rte de St-Pierre-de-Jards - 02 54 49 22 17 - fermé dim.

Les prairies de l'Arnon. Au sein de cet Espace Naturel Sensible longeant l'Arnon, la nature est reine. L'on prend plaisir à se promener au bord de l'eau, parmi les arbres et les jardins soigneusement entretenus. Suivez le sentier aménagé (boucle de 2 km - 45mn). Pour y accéder, rejoignez le chemin de la Valterie, qui se situe tout près de la gare.

9 VIERZON

Capitale industrielle. Ville-pont au confluent de l'Yèvre et du Cher, Vierzon est un carrefour de routes et un important nœud ferroviaire à l'intersection des lignes Paris-Toulouse et Nantes-Lyon. La deuxième ville du département, marquée par son passé industriel, est la porte d'accès à la Sologne, annoncée au nord-est par les forêts de Vierzon et de Vouzeron.

Pour la nuit. Cette élégante demeure dispose de deux chambres, vastes et confortables, avec vue sur le jardin. Située en centre-ville, elle est idéalement proche de la gare (environ 13mn).
Chambre d'hôtes de l'Hôtel particulier des Francières - 17 r. de l'Étape - 06 62 63 15 10 - lesfrancieres-vierzon.fr - - 2 ch. 95 € .

Terminus, tout le monde descend. Vous serez surpris en arrivant sur l'ancien et vaste site industriel de 7 ha où est installé le musée de Vierzon, face à la façade des anciennes halles de fonderie, en brique, fer et céramique, datant du début du 20e s. C'est ici qu'étaient fabriqués les engins agricoles et les machines de travaux publics entre 1848 et 1994. Le musée est divisé en trois secteurs : la porcelaine et la confection, le machinisme agricole et l'histoire du chemin de fer.
Musée de Vierzon - 11 r. de la Société-Française - 02 48 71 10 94 - www.ville-vierzon.fr - mai-sept. : 14h-18h (17h30 reste de l'année), sam. 10h-12h, 14h-18h (17h30 reste de l'année) - fermé lun., de déb. janv. à déb. fév. - gratuit.

À table ! Cette maison de maître du 19e s. dissimule un bel intérieur façon loft. La véranda et la terrasse s'ouvrent sur un jardin public. La cuisine est inventive et au goût du jour. Belle carte des vins.
Les Petits Plats de Célestin - 20 av. P.-Sémard - 02 48 83 01 63 - www.lespetitsplatsdecelestin.com - fermé dim.-lun., de mi-août à déb. sept. - formules déj. sem. 15/25 € - plats 24/38 €.

Pour le pique-nique. Marché tous les samedis matin dans le centre, places Jacques-Brel (nouvelle place inaugurée en 2019, en hommage à celui qui chantait « t'as voulu voir Vierzon, et on a vu Vierzon... ») et Aristide-Briand.

Ambiance Art déco. Au cœur du jardin de l'Abbaye, entre l'Yèvre et le canal de Berry, à l'emplacement des jardins fruitiers et potagers de l'ancienne abbaye St-Pierre, on peut voir un curieux ensemble Art déco, conçu par Eugène-Henry Karcher entre 1932 et 1935 : l'auditoirium, mi-kiosque à musique, mi-lavoir, est remarquable avec ses carreaux de grès émaillés. locale. Depuis les bords de l'Yèvre, vue sur la vieille ville. Le reste du jardin abrite des arbres centenaires offrant une halte agréable où l'on peut pique-niquer.
Square Lucien-Beaufrère - 2 r. de l'Abbaye.

BRIVE-LA-GAILLARDE - FIGEAC

De Brive-la-Gaillarde à Figeac, la ligne de chemin de fer abandonne peu à peu le causse corrézien pour rejoindre celui de Gramat, dont on mesure toute l'âpreté et le relief en abordant Rocamadour. L'aride causse de Gramat est enserré entre la Dordogne, que le train enjambe après Turenne, et le Célé, qu'il rencontre aux abords de Figeac. De belles fermes caussenardes, aux toits d'ardoise si caractéristiques, vous accompagneront tout au long du chemin.

DE BRIVE-LA-GAILLARDE À FIGEAC - 6 JOURS

- Pour rejoindre Brive depuis Limoges : 9 TER (1h20) et 7 Intercités (1h) quotidiens
- Trajet sans escale : 1h20
- Fréquence : 7 TER/j
- Horaires : www.ter.sncf.com/occitanie
- Tarif sans escale : 16,40 €
- Services à bord : transport de vélo autorisé
- Pour le retour à Limoges, reprendre le TER jusqu'à Brive pour la correspondance avec le train Intercités (env. 2h45)

Où se placer pour admirer le paysage ? Côté droit dans le sens de la marche.

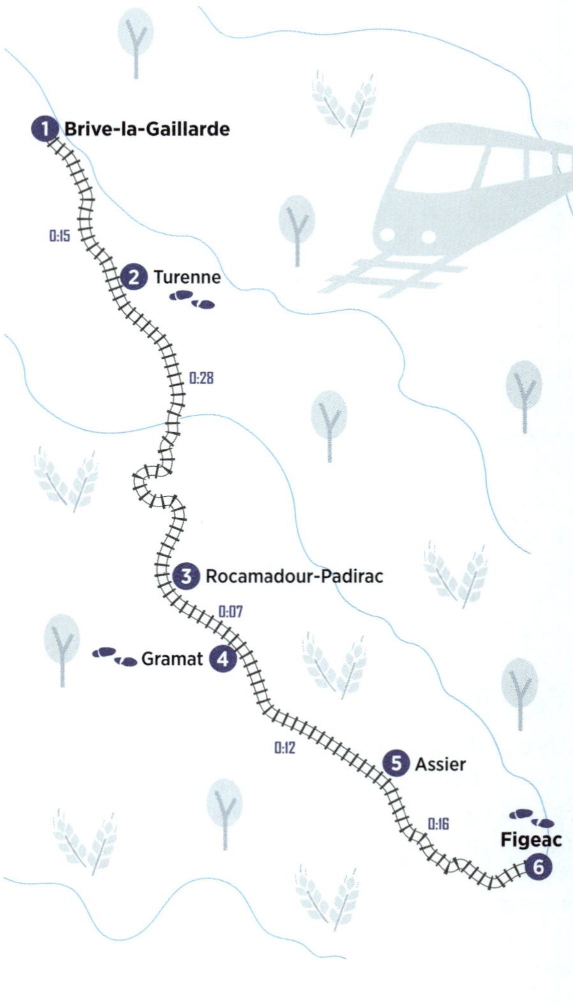

AU DÉPART DE LIMOGES

Les Halles Georges-Brassens à Brive-la-Gaillarde.

1 BRIVE-LA-GAILLARDE

Pour se ragaillardir. Brive « la courageuse », qui sut si bien défendre les murs qu'elle avait élevés, est une cité dynamique et accueillante, dont le cœur bat au rythme des clameurs du stade de rugby. C'est aussi la ville la plus riche de Corrèze. En témoignent ses hôtels particuliers, ses musées et ses monuments, construits en grès, dont la chaude patine est mise en valeur au soleil couchant. C'est enfin le lieu de rencontre des écrivains qui, durant la Foire du livre début novembre, font découvrir la Corrèze qu'ils affectionnent.

Pour la nuit. Dans le centre historique de la cité, à 5mn de la gare, Le Miel des Muses est un hôtel de charme, installé dans une ancienne quincaillerie, aux vastes chambres portant de doux noms de vins. Le design et la déco boisée assurent au lieu une atmosphère intime et chaleureuse. Toute petite piscine sur le toit, Jacuzzi et hammam (en sus).

Un peu plus loin (17mn de marche), l'hôtel Le Quercy est aussi très bien situé. Près des quais de la Corrèze, les chambres de cet hôtel moderne sont spacieuses et bien équipées. Petit-déjeuner continental ou américain.

***Le Miel des Muses** - 21 r. J.-Jaurès - 05 55 23 79 65 - www.lemieldesmuses.fr - 10 ch. 91/140 € - 15 €.*

***Hôtel Le Quercy** - 8 bis quai Tourny - 05 55 74 09 26 - www.hotelduquercy.com - 48 ch. et 1 suite 92/131 € - 14 €.*

De l'art pour tous les goûts. Les 17 salles des collections permanentes du musée Labenche attirent un public varié, dont vous ferez certainement partie. Au sous-sol sont conservées les collections de géologie et de paléontologie. Au rez-de-chaussée, il est possible d'admirer le mobilier Art nouveau dessiné par Pierre Selmersheim (1869-1941), ainsi que le piano quart de queue de Debussy, un vitrail aux armes des Noailles et une tapisserie d'Aubusson fin 17e s. Les salles du premier étage présentent des collections d'histoire, d'art et d'archéologie. Les deuxième et troisième étages sont consacrés aux arts et traditions populaires.

***Musée Labenche** - 26 bis bd Jules-Ferry - 05 55 18 17 70 - www.museelabenche.fr - mai-sept. : 10h-12h30, 13h30-18h ; oct.-avr. : 14h-18h - fermé lun. - 5,50 €.*

Village perché de Turenne.

À table ! La P'tite Cocotte aux allures de bistro cantine mérite une halte. Des circuits courts et une cuisine maison, concoctée au gré de l'inspiration sans oublier les végétariens. La tout aussi sympathique carte du soir propose des plats à partager. Dans la salle tout en longueur d'Amédélys est servie une cuisine actuelle au gré des saisons, où le bœuf limousin et le canard règnent en maîtres. Les plats sont accompagnés de vins judicieusement choisis, à des prix plutôt doux.

La P'tite Cocotte - 42 r. de la République - ✆ 05 55 87 56 42 - la-petite-cocotte.fr - fermé dim.-lun. et le soir du mar. au jeu. - formules à midi 17/21 € - plats le soir 8/15 €.
Amédélys - 9 r. de l'Hôtel-de-Ville - ✆ 05 55 74 42 09 - www.amedelys.fr - fermé dim.-lun. - déj. sem. 14/17 € - menus 27/34 €.

Pour le pique-nique. Important marché de la région, tous les mardis, jeudis et samedis, halle Georges Brassens.

Pause sucrée. Vous aimez les jus de fruits frais et maison, le cheesecake ou bien le chocolat chaud? Alors direction le Django! Dans cette sympathique adresse décorée de mobilier chiné dans les brocantes, l'ambiance est fort sympathique. Vous apprécierez de vous y poser un moment.

Le Django - 4 pl. des Patriotes-Martyrs - ✆ 05 19 07 68 80 - Facebook - fermé dim.-lun.

L'heure de l'apéro. Au cœur de Brive, voici l'endroit idéal pour boire un verre ou assister à un match de rugby. Ambiance garantie !

Café des Halles - 12 pl. de la Halle - ✆ 05 55 87 53 65 - fermé dim.-lun.

Du bien élever au bien manger. À la fin du mois d'août, Brive-la-Gaillarde prend des airs de ferme géante... Le Festival de l'élevage prend place dans la ville. Vous assisterez à la présentation de l'élevage régional, avec plus de 700 animaux (bovins, ovins, volailles, porcs et chevaux). Les plus gourmands pourront se sustenter et goûter aux spécialités sur les stands de dégustation.

Infos : www.brive-tourisme.com.

2 TURENNE

➔La gare se situe en dehors du centre. Pour rejoindre ce dernier en transports en commun, prenez le bus à la sortie de la gare (lignes LR3 ou LR4) et descendez à l'arrêt Le Bourg (5mn).
Infos : transports.nouvelle-aquitaine.fr.

Toujours plus haut. Un donjon qui s'élance à l'assaut du ciel, des maisons perchées qui semblent former

une cascade autour des vestiges de son château… Voici la spectaculaire cité de Turenne ! Fief du huguenot Henri de La Tour d'Auvergne, maréchal de France et héros de la guerre de Trente Ans, la cité reste fière d'avoir été la capitale de l'ancienne vicomté, véritable État dans l'État. Même si déambuler et flâner dans ce village reste une attraction incontournable en soi, ne manquez pas d'atteindre le château de Turenne. De cet ancien donjon du 14e s., on ne visite que la salle des Gardes, voûtée en berceau brisé. À l'opposé du donjon se dresse la tour de César. Grimpez à son sommet (courage, vous y êtes presque !) et vous pourrez admirer un somptueux panorama sur la région. Après l'effort, la récompense !
Château de Turenne - ✆ 05 19 31 02 68 - www.chateaudeturenne.com - juil.-août : 10h30-19h30 ; avr.-juin et sept.-oct. : 10h30-18h30 ; reste de l'année : se rens. - 7,90 €.

Pour la nuit. Cette belle maison de pierre reçoit ses hôtes dans un décor du début du 18e s. Chaque chambre porte un prénom de femme. Le petit-déjeuner est servi sous les voûtes de l'ancien réfectoire des Pénitents blancs, où l'on peut également dîner. Grand jardin est bien accueillant, avec vue sur le château. Pour un bon panier garni, passez faire quelques emplettes de produits locaux dans la boutique du lieu, l'échoppe à Doudou.
Le Clos Marnis - ✆ 05 55 22 05 28 - closmarnis.online.fr - 5 ch. 77 € ☕ - table d'hôtes sur réserv.

À table ! Idéalement situé, ce bistrot rural ouvert en 2022 mérite une halte. Il privilégie les fermes de la région et les produits du marché, c'est pourquoi la courte carte change régulièrement.
Le Bistrot de Turenne - pl. de la Halle - ✆ 09 88 49 29 96 - fermé dim.-lun. - plats 15/18 € - réserv. conseillée.

On n'est pas fatigués ! Si la montée jusqu'au château ne vous a pas suffi, l'office de tourisme met à disposition des propositions de circuits et de sentiers pour combler vos envies de promenades. Prenez par exemple l'itinéraire de découverte (4 km - 1h30) : il vous fera passer par tous les incontournables du village. Après cela, Turenne n'aura plus de secrets pour vous !

3 ROCAMADOUR-PADIRAC

→ **La gare se situe bien en dehors du centre de Rocamadour. Une seule solution : le taxi !**
Taxis AB Plus : ✆ 05 65 38 70 54.

Un joyau vertigineux. Rocher miraculeux, recueil d'histoire, de croyances et de légendes, sanctuaire de la Vierge noire, lieu de pèlerinage : Rocamadour est tout cela à la fois. C'est aussi l'un des sites les plus extraordinaires qui soient. Les vieux logis, les tours et les oratoires dégringolent le long de la falaise escarpée dominant de 150 m le canyon de l'Alzou, sous l'égide du fin donjon du château et des sept sanctuaires.

Pour la nuit. Idéalement situé au pied du château, à proximité du chemin de croix et des ascenseurs qui mènent au village de Rocamadour, cet hôtel familial est d'un excellent rapport qualité/prix. Chambres cosy et confortables, petit-déjeuner buffet avec vue, jardin pour la détente et accueil chaleureux.
Hôtel Le Relais Amadourien - rte du Château - ✆ 05 65 34 39 19 - www.relais-amadourien.com - 28 ch. 78/104 € ☕.

Décollage imminent. Après avoir visité la cité religieuse, qui recèle bien des trésors, rendez-vous pour la prochaine visite. Tout près des remparts se trouve un centre d'élevage et de reproduction de rapaces diurnes et nocturnes. Près d'une centaine

d'oisillons naissent ici chaque année ! Les volières sont adaptées pour assurer le bien-être des animaux, d'où la visibilité réduite pour le visiteur. Une unité de soin accueille des oiseaux blessés pour les relâcher ensuite dans leur milieu naturel. Vous aurez également le privilège d'assister à une splendide démonstration de vol.
Rocher des Aigles - rte du Château - ✆ 05 65 33 65 45 - www.rocherdesaigles.com - juil.-août : 10h-20h; de mi-mai à fin juin et sept. : 14h-19h, vac. scol. et j. fériés 10h30-19h - 11 €.

À table ! Pour déjeuner sur le pouce, cette brasserie lumineuse et cosy à la décoration contemporaine dispose d'une superbe terrasse d'où le regard embrasse toute la falaise, face au village de Rocamadour. Une restauration légère aux accents du terroir comblera les petites faims. Accueil souriant, service rapide et efficace.
Envies de Terroir - rue de la Couronnerie - ✆ 05 65 33 67 38 - enviesdeterroir.site-solocal.com - fermé 11 nov.-15 fév. - 20/30 €.

Grotte merveilleuse. Découverte en 1920, cette petite grotte située sous seulement 8 m de roche présente quelques belles formations minérales. Sur ses parois, quelques peintures rupestres dateraient de 20000 ans. Elles représentent des mains « négatives », des ponctuations, quelques chevaux, un félin et un cervidé schématique. La grotte se trouve sur les hauteurs de Rocamadour, à une dizaine de minutes de marche depuis le centre.
Grotte des Merveilles - village de l'Hospitalet - ✆ 05 65 33 67 92 - www.grottedesmerveilles.com - visite guidée (45mn) de mi-juil. à fin août : 10h-18h, dép. ttes les h; de déb. avr. à mi-juil. et de fin août à mi-sept. : tlj sf vend. (sf vac. scol.) 10h30, 11h30, 14h15, 15h15, 16h15; reste de l'année : se rens. - fermé oct. à déb. avr. - 8,50 €.

La tête dans les nuages. Chaque année à la fin de l'été, un étonnant ballet se déroule dans le ciel de Rocamadour : une trentaine de montgolfières s'envolent deux fois par jour. Pour le plaisir des yeux !
Montgolfiades - www.rocamadouraerostat.fr.

4 GRAMAT

Le foyer des foires. Capitale du causse qui porte son nom, Gramat est un centre de foires (ovins notamment) très importantes qui la rendent conviviale les 2e et 4e jeudis matin du mois. Vous y verrez bien sûr la halle et vous y goûterez tous les bons

Rocamadour à flanc de falaise.

Figeac, la médiévale.

produits du terroir. Mais un tour dans les ruelles vous fera découvrir une autre facette : ville dédiée au cheval, des haras y sont installés et des courses se déroulent au mois d'août.

Pour la nuit. Compter 12mn de marche depuis la gare pour rejoindre cet agréable petit hôtel fraîchement rénové. Les chambres sont propres, confortables et très bien équipées.

Hôtel Le Centre - pl. de la République - ✆ 05 65 38 73 37 - www.lecentre.fr - 18 ch. 94 € - ☕ 13,50 €.

À l'état sauvage. Les spécimens de la flore locale – chênes pubescents, cornouillers, frênes du causse – côtoient des espèces animales en grande partie européennes qui vivent ici en semi-liberté. Pour faire d'une pierre deux coups, un parcours balisé de 3 km vous permettra de découvrir ces animaux tout en faisant une agréable promenade.

Parc animalier de Gramat - à 25mn à pied de la gare, sur la D 14 - ✆ 05 65 38 81 22 - www. gramat-parc-animalier.com - juil.-août : 9h-19h; avr.-juin et de déb. sept. à la fin des vac. de la Toussaint : 10h-18h30; reste de l'année : 13h30-17h30 - 15 €.

À table ! Laissez-vous séduire par la cuisine traditionnelle et canaille du chef britannique derrière les fourneaux de cette jolie maison familiale. Aux beaux jours, on savoure un gigot d'agneau fermier du Quercy braisé au citron confit, en terrasse, sous les marronniers. La tête de veau est souvent au menu, qui change tous les trois mois.

Le Relais des Gourmands - 2 av. de la Gare - ✆ 05 65 38 83 92 - www.relais-des-gourmands.com - fermé dim. soir et lun. (sf en juil.-août) - menu du jour sem. 26 € - menu 42 €.

Pour le pique-nique. Marché les mardis et vendredis matin, sous la halle.

5 ASSIER

Au temps des seigneurs. Jacques dit « Galiot » de Genouillac, haut personnage de la noblesse française de la Renaissance, souhaitait s'établir dans un domaine égalant son rang. C'est ce qu'il fit en faisant construire un majestueux édifice, dont il reste malheureusement plus que l'aile ouest. Son architecture et son programme sculpté s'inscrivent

en plein dans la transition de la première Renaissance : façades médiévales et classiques, escaliers en vis et à rampes, toitures à pentes et tours couvertes en dôme. Outre son château, il ne faudra pas manquer de s'attarder quelques instants dans l'église d'Assier, dont la frise extérieure présente les exploits et les titres de Galiot de Genouillac sur 75 panneaux sculptés.
Château d'Assier - ✆ 05 65 40 40 99 - .chateau-assier.fr - mai-août : 10h-12h30, 14h-18h30 - fermé sept.-avr. - 5 €.

À table et au lit ! Cette agréable maison d'hôtes dispose de chambres confortables, donnant sur le jardin, le château d'Assier et la place du marché. Les propriétaires sauront vous régaler avec une cuisine maison de très bonne qualité. Comptez 10mn de marche depuis la gare.
Orlaya - pl. de la Halle - ✆ 05 81 24 70 82 - www.orlaya.fr - 3 ch. 65/85 € ☕ - dîner table d'hôtes 28 €.

6 FIGEAC

Tout en relief. Merveille d'architecture héritée d'un passé prestigieux, Figeac déroule ses ruelles médiévales au gré d'une topographie mouvementée. On ne se lasse pas de découvrir le lacis des venelles en pente, leurs coudes et leurs détours, leurs escaliers entre des murailles de grès, où chaque porte, chaque fenêtre témoigne du soin apporté à leur restauration. Au cœur de la ville, il fait bon s'asseoir à la table d'une terrasse sur l'une des petites places du secteur sauvegardé, à moins que vous ne poussiez la porte du musée Champollion, belle réussite muséale.

Pour la nuit. Situés sur la rive gauche du Célé, à 5mn de la gare, les établissements de bains publics ont été transformés en hôtel dans les années 1970. Chambres bien tenues, terrasse-bar au ras de l'eau.
Hôtel des Bains - 1 r. du Griffoul - ✆ 05 65 34 10 89 - www.hoteldesbains.fr - 19 ch. 73/119 € - ☕ 9 €.

Voyage calligraphique. Au rez-de-chaussée, les pièces exposées font revivre le destin de Jean-François Champollion, un homme fasciné par le culte des morts et le Panthéon égyptien, et présentent ses travaux d'égyptologue (sarcophages, tablettes d'argile...). Au fil des étages, on découvre l'histoire des graphies du monde : naissance de l'écriture, du calame des scribes à l'invention de l'alphabet, évolution du livre, du parchemin à l'informatique. Un lieu passionnant à ne pas manquer.
Musée Champollion - Les Écritures du monde - pl. Champollion - ✆ 05 65 50 31 08 - www.musee-champollion.fr - juil.-août : 10h30-18h30; avr.-juin et sept.-oct. : tlj sf lun. 10h30-12h30, 14h-18h; reste de l'année : tlj sf lun. 14h-17h30, 24 et 31 déc. 14h-16h - fermé de mi- à fin janv. - 7 €.

À table ! Derrière les fourneaux de La Racine et la Moelle, la cheffe Julie concocte des assiettes modernes et savoureuses. Dressages sans chichis et cuissons impeccables se dégustent dans une ambiance conviviale et aussi nature que la jolie sélection de vins (le lieu fait aussi caviste).
Au cœur de la cité médiévale, la Dînée du Viguier sert une cuisine d'un beau classicisme. On se restaure dans l'ancienne salle des gardes du château du Viguier avec son haut plafond aux poutres peintes et sa cheminée au manteau sculpté.
La Racine et la Moelle - 6 r. du Consulat - ✆ 09 83 53 81 58 - fermé dim.-lun. et merc. soir - plats 21/23 €.
La Dînée du Viguier - 4 r. Boutaric - ✆ 05 65 50 05 05 - www.mercure-viguierfigeac.com - tlj - plats 21/28 €.

Pour le pique-nique. Marché les samedis matin, place Barthal, place Vival, rue de la République, place Carnot, place Champollion et rue du 11-Novembre.

Envie de patauger ? Cette importante base de loisirs de 14 ha située au bord du Célé, au nord-est de Figeac, est à 20mn de marche du centre. Vous y trouverez un vaste plan d'eau, un parc de jeux et un centre nautique.
Domaine du Surgié - Figeac-Surgié - ✆ 05 61 64 88 54 - www.domainedusurgie.com - mai, juil.-août et sept. : tlj.

Tous en scène ! Ce festival, qui se déroule fin juillet, est ouvert à la diversité, à la découverte de nouveaux talents et à la réhabilitation de grandes figures du théâtre. L'un des moments forts du calendrier culturel du Lot. Partenariat avec le festival de St-Céré.
Festival de théâtre - www.festivaltheatre-figeac.com.

Circuit de l'Aiguille du Pressoir. Cette petite randonnée facile (4,5 km - 1h30 AR) s'effectue sur une portion du chemin de St-Jacques de Compostelle. Tout au long du parcours, vous pourrez contempler à volonté l'architecture de Figeac.
Infos : fiche de l'itinéraire en téléchargement sur www.tourisme-lot.com.

Voie ferrée du train de la Rhune dans le Pays basque.

AU DÉPART DE BORDEAUX

Vous pourrez rejoindre Bordeaux-St-Jean en TGV direct au départ de Paris-Montparnasse, Strasbourg et Lille, en Intercités de Marseille via Montpellier ou en TER de Limoges.

SAINTES - LA ROCHELLE

Voilà une ligne qui sent bon le littoral et l'appel de la mer ! De Saintes à La Rochelle, ce TER vous fera voyager entre vestiges gallo-romains, estuaires, marais et cités navales. Au fil du périple, vous apprécierez la beauté des paysages qui défileront sous vos yeux, le charme des stations balnéaires et la douceur de vivre de la côte ouest. Laissez-vous transporter !

DE SAINTES À LA ROCHELLE - 6 JOURS

- Pour rejoindre Saintes depuis Bordeaux-St-Jean : 5 TER/j (1h35)
- Trajet sans escale : 1h04
- Fréquence : la ligne avec tous les arrêts circule 7 fois/j en sem. et 3 fois le w.-end, avec un départ tôt le matin
- Horaires : www.ter.sncf.com/nouvelle-aquitaine
- Tarif sans escale : 15,80 €
- Services à bord : transport de vélo autorisé
- Pour le retour à Bordeaux-St-Jean, TER (2h40) ou Intercités (2h24)
- Bon à savoir : l'été, il y a beaucoup de monde. Du 1er juin au 15 sept., billet vélo obligatoire sur la ligne 15 (La Rochelle - Rochefort - Saintes - Bordeaux) à acheter en ligne (3 €)

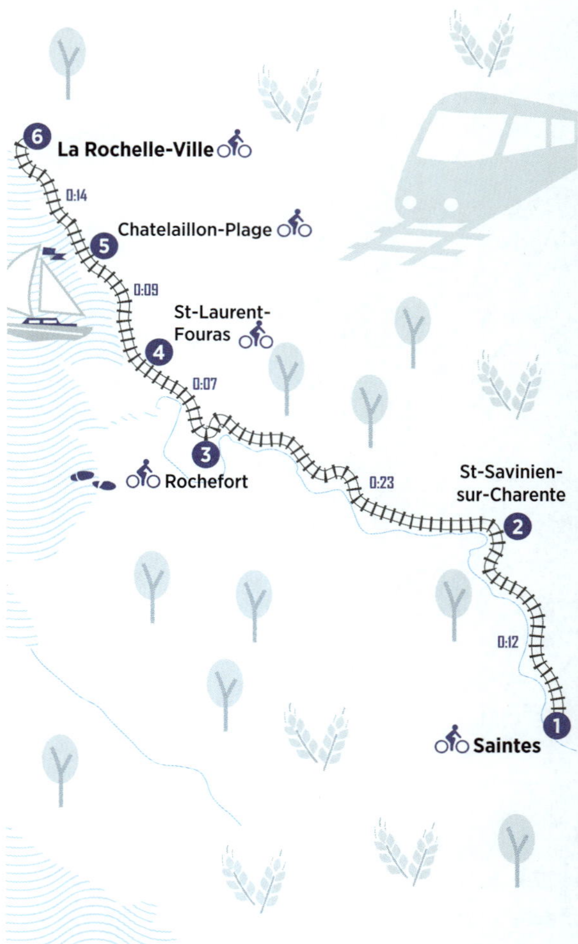

Où se placer pour admirer le paysage ? Côté gauche dans le sens de la marche.

AU DÉPART DE BORDEAUX

Saintes se mire dans la Charente.

1 SAINTES

Louer un vélo. La ville propose la location de vélo courte durée (1 € par tranche de 30mn). Il suffit de télécharger l'application Vélo Modalis et de se créer un compte pour utiliser le service.

Aux portes du Midi. Des allées de platanes, des arènes, un arc romain, le décor est planté : celui du Sud. La capitale de la Saintonge possède un patrimoine archéologique, architectural et artistique à faire tourner la tête, qui lui vaut d'ailleurs le label « Ville d'art et d'histoire ». Déambulez près de ses vestiges gallo-romains, ses églises et ses musées. Puis installez-vous au bord de la Charente et laissez-vous bercer par le fleuve. Pour aller à l'essentiel suivez la ligne verte tracée sur la chaussée qui relie les principaux monuments de la ville (2,5 km).

Pour la nuit. À 18mn à pied de la gare, près du quartier historique, cet ex-relais de diligences date de 1792. Chambres refaites dans une déclinaison de tons clairs. Buffet du petit-déjeuner dressé dans une jolie salle sur jardin.

Hôtel Les Messageries *- rue des Messageries - 05 46 93 64 99 - www.hotel-des-messageries.com - 33 ch. à partir de 115 € - 12,50 €.*

Nobles abbesses. Premier monastère de femmes en Saintonge, cette abbaye bénédictine fut consacrée en 1047. Elle avait la charge d'éduquer les jeunes filles nobles. La Révolution et l'Empire entraînèrent son déclin. Transformée en prison, puis en caserne, elle nécessita d'importants travaux de restauration avant d'être rendue au culte en 1939. L'association L'Abbaye-aux-Dames gère également la Cité musicale, qui organise des concerts de très haute qualité toute l'année. Ne manquez pas le carrousel musical (8mn - 3 €), instrumentarium

À Rochefort, l'océan est tout près.

numérique avec 24 postes instrumentaux : vous pourrez composer votre propre partition.
Abbaye-aux-Dames, La Cité Musicale - 11 pl. de l'Abbaye - ✆ 05 46 97 48 48 - www.abbayeauxdames.org - juin-sept. : 10h-19h (18h30 en sept.) ; avr.-mai : 10h-12h30, 14h-19h ; oct. et déc. : 14h30-18h30 ; reste de l'année : 14h-18h - 13 €.

À table ! Avec sa vue panoramique sur la Charente et sur l'arc de Germanicus, cette terrasse est très demandée. Excellente cuisine à base de produits frais. Desserts inventifs.
***La Terrasse** - 13 quai de la République - ✆ 05 46 98 22 31 - tlj sf lun.-mar. - formules déj. 16/19 € - menus 24/29 €.*

Pour le pique-nique. Marché de producteurs les mercredis et samedis matin, place St-Pierre.

Pause sucrée et salée. Dans le cadre historique de la cour du musée de l'Échevinage, on sert des produits cuits à la plancha en été. La maison fait aussi brûlerie, salon de thé, épicerie fine, boutique du musée, et organise des concerts.
***La Musardière** - 29 r. Alsace- Lorraine - ✆ 05 46 74 34 87 - lamusardiere-saintes.fr - fermé dim. oct.-avr.*

Ohé matelot ! Voguez sur la Charente à bord d'un petit bateau sans permis silencieux et facile à manœuvrer (5 à 8 places).
***E-boats** - ✆ 05 46 74 23 82 - www.saintes-tourisme.fr - juil.-août : tlj - 1h : 39 € - billetterie en ligne.*

2 ST-SAVINIEN-SUR-CHARENTE

De pierre et d'eau. Édifiée sur un méandre de la Charente, cette jolie ville en tira sa richesse en devenant un important port de rupture de charge. Les 2,5 km de quais en témoignent et longent encore aujourd'hui le fleuve. L'extraction de la pierre fit également les beaux jours de la cité, aujourd'hui labellisée « Petites cités de caractère ».

À table et au lit ! Située en plein cœur du village, à 2mn de marche de la gare, cette adresse toute simple propose des chambres confortables. À la

cuisine traditionnelle s'ajoute une sympathique formule burger. Un établissement fort accueillant.
Le St-Savinien *- 27 r. de Champeroux -*
✆ 05 46 90 20 33 - www.le-stsavinien.com -
7 ch. 60/82 € - ☕ 8 € - formules déj. 15,80/19,70 € - formule burger 14,70/18,80 € - menus 27/35 €.

Pour le pique-nique. Marché tous les samedis matin, place Bonnet.

Cap sur la Grenouillette. Sur l'autre rive de la Charente, l'île de la Grenouillette est occupée par un jardin public, des espaces de loisirs (piscine, bateaux à moteur sans permis...) et un plan d'eau animé par un port miniature conçu pour les enfants.
Base de loisirs *- île de la Grenouillette - www.saint-savinien.fr.*

3 ROCHEFORT

Louer un vélo. L'office de tourisme, situé à environ 15mn de marche de la gare, loue des vélos.
Office de tourisme - av. Sadi-Carnot -
✆ 05 46 99 08 60 - www.rochefort-ocean.com - vélos/VAE à la demi-journée 17/31 € et à la journée 21/41 €.

L'appel du large. Même si l'on ne l'aperçoit jamais, l'océan est omniprésent à Rochefort. Créée au 17e s., la ville doit à Louis XIV son riche passé maritime et son arsenal où se préparaient les grandes expéditions. Elle a conservé, dans le damier de ses larges rues, les pavés de pierre bleue du Québec. Tout son patrimoine, de la Corderie royale au musée de la Marinen, révèle le désir de lointains horizons.

Pour la nuit. Dans une maison typiquement rochefortaise du centre-ville (à 14mn de la gare), avec sa façade à glycine et sa jolie cour ombragée par un palmier, ce petit hôtel propose des chambres agréables de différentes tailles, au décor allant du simple au plus raffiné, selon les budgets.
Hôtel Roca Fortis *- 14 r. de la République -*
✆ 05 46 99 26 32 - hotelrocafortis.fr -
16 ch. 81/100 € - ☕ 14 €.

Patrimoine industriel. Construite par Colbert en 1666, la Corderie royale est un bâtiment classique, l'un des rares témoignages de l'architecture industrielle du 17e s. Au sein de l'Arsenal, elle arbore une façade particulièrement majestueuse vers la Charente. C'était le lieu où l'on assemblait les fils de cordage pour les grands navires de guerre. L'arrivée de la vapeur signifia la fin de la corderie qui abrite désormais le Centre international de la mer, dédié aux corderies et cordages à travers les âges. Un univers méconnu à découvrir.
Corderie royale *- rue Audebert -*
✆ 05 46 99 01 90 - www.arsenaldesmers.fr - 10 €.

À table ! À l'heure du déjeuner, La Petite Kabane, comblera les papilles sensibles aux questions d'environnement mais aussi aux saveurs. Cette « cantine écoresponsable » proche de la place Colbert, profondément attachée à réduire au maximum son impact, propose une cuisine fraîche, saine, inventive et locale, servie en bocaux.
Face à la Corderie, Les Longitudes occupe un joli bâtiment à arcades qui servait de corps de garde aux soldats de l'arsenal. Il propose des plats régionaux, des produits de la mer, la traditionnelle caillebotte (dessert lacté) et des cafés très gourmands. Terrasse agréable, salle avec cheminée décorée de photographies et de tableaux sur le thème maritime.
La Petite Kabane *- 38 r. Audry-de-Puyravault -*
✆ 05 46 99 18 64 - www.lapetitekabane.fr - fermé le soir et le w.-end - formules 16/21 €.
Les Longitudes *- rue Audebert ✆ 05 46 87 56 15 - www.corderie-royale.com - tlj - fermé w.-end d'oct. à mars - menu 26,20 €.*

Parcours des Demoiselles. Ce circuit de 5,4 km mène sur les lieux de tournage, en 1966, du film de Jacques Demy. Avis aux cinéphiles !
Infos : *itinéraire en téléchargement sur www.rochefort-ocean.com.*

Pour le pique-nique. Face au musée de la Marine, les halles abritent une vingtaine de stands de producteurs. On y trouve de la jonchée (fromage frais).
Marché des Halles *- av. Ch.-de-Gaulle - mar., jeu. et sam. matin.*

« Le chemin de la Charente ». Cet itinéraire bien agréable (17 km - 1h AR) vous permettra de découvrir ou redécouvrir la ville à vélo, au fil de la Charente. Il n'existe pas de balisage spécifique, mais vous pouvez néanmoins télécharger le descriptif sur le site de l'office de tourisme. Vous pourrez poursuivre sur la Flow Vélo (*p. 128*)

4 ST-LAURENT-FOURAS

➔ La gare se situe loin du centre de Fouras, mais les lignes de bus G ou J vous y emmèneront en 15mn. Départ sur le parking Halte TER, situé juste à la sortie de la gare. Pour une arrivée dans le centre de Fouras, descendez à l'arrêt de la Mairie.

Baignade à Fouras.

Louer un vélo. Une adresse à 3mn à pied de la mairie, avec un large choix de vélos, avec ou sans assistance électrique. *Les Vélos de Fouras - 4 pl. Carnot - 06 60 43 06 72 - velo-fouras.com - réserv. en ligne - tarif selon modèle.*

Presqu'île tranquille. À quelques encablures de l'île d'Aix, le petit port, le fort Vauban et le casino de Fouras reflètent bien le style de vie et l'atmosphère paisibles du littoral charentais. Une promenade s'impose dans les allées de la ville, puis dans le bois de chênes verts, de tamaris et de pins avant d'étaler sa serviette sur l'une des plages de sable fin. Des circuits partant de la presqu'île vous feront découvrir des sites ostréicoles, des plages, des vasières et toute une côte rocheuse.

Pour la nuit. Situé à 5mn de marche depuis l'arrêt de bus, les chambres de ce relais de poste du 19e s. sont pour l'essentiel agencées autour d'un agréable jardin intérieur aux tables colorées. Grand salon avec piano, piscine, spa et hammam. Accueil détendu et charmant.

Grand Hôtel des Bains *- 15 r. du Gén.-Bruncher - 05 46 84 03 44 - www.grandhotel-desbains.fr - - 33 ch. 87/99 € - 13,90 €.*

À table ! Vous pourrez contempler la mer tout en dégustant des plats inspirés de la cuisine des Caraïbes. Un vrai plaisir ! Les portions sont généreuses et le service très souriant. Il est conseillé de réserver.

Ti Sable *- 13 av. Charles-de-Gaulle - 05 46 84 61 10 - fermé lun. et mar. soir (hors sais.) - 24,50/34,50 €.*

Pour le pique-nique. Tous les matins, sur la rue des halles, un marché accueille une vingtaine de bancs approvisionnés en charcuterie ou produits régionaux. En été, le marché a lieu toute la journée.

Surplomber l'océan. Construit à l'emplacement d'un ancien château féodal qui surveillait l'estuaire de la Charente, ce fort comprend une triple enceinte établie par Vauban au 17e s., un donjon du 15e s., une crypte du 12e s., ainsi qu'un musée d'Histoire régionale consacré aux riches heures de la station balnéaire, à l'environnement marin et aux traditions locales. Panorama depuis la terrasse.

Fort Vauban - espl. de la Légion-d'Honneur - ✆ 05 46 84 15 23 - été : 10h-12h, 15h-18h30; reste de l'année : 14h30-17h30 - musée 4,50 €, accès terrasse 2 €.

Baignade historique. La plage sud (anse de la Coue) est la plage familiale par excellence, et qui plus est ombragée. C'est de là que, le 8 juillet 1815, Napoléon embarqua pour l'île d'Aix : en raison des hauts-fonds, l'Empereur fut porté à dos d'homme jusqu'à la chaloupe qui devait le conduire à bord de la frégate *La Saale*. Un monument commémoratif a été élevé, en contrebas de la promenade.

Écumer les mers. D'agréables balades en kayak, sont organisées autour du fort Boyard ou vers l'île d'Aix. Location de kayak et paddle également.

Antioche Kayak - rampe de Marin-Baud - ✆ 06 63 20 51 44 - www.antioche-kayak.com - balade à partir de 27 €.

« Le chemin du littoral ». Un itinéraire qui vous permettra de vous balader entre mer, estuaire et marais (22 km - 1h30 AR - niveau facile). La description et le tracé du circuit sont à retrouver sur le site de l'office de tourisme.

Office de tourisme : www.rochefort-ocean.com.

5 CHATELAILLON-PLAGE

Louer un vélo. L'agglomération de La Rochelle a mis en place Yelo, un système de vélos en accès libre. À Chatelaillon, la station se situe devant la gare.
Yelo - yelo.agglo-larochelle.fr - 1 €/30mn, puis 1,50 € par 30mn suppl.

Air iodé et bains de mer. Cette station balnéaire aligne ses jolies villas le long d'une plage surveillée en été et réensablée régulièrement. La promenade en front de mer dévoile une vue semi-circulaire portant, de gauche à droite, sur la pointe de la Fumée, le fort Enet, l'île d'Aix, l'île d'Oléron à l'arrière-plan, et la pointe du Chay. En arrière s'élève le casino, logé dans un bâtiment Belle Époque (1890).

Pour la nuit. À 100 m de la gare, mais aussi à 150 m de la plage, cet hôtel est idéalement situé. Sa signature art déco soignée en fait un lieu charmant, chic et cosy.
Hôtel Victoria - 13 av. du Gén.-Leclerc - 05 46 30 08 08 - www.hotel-victoria-chatelaillon.com - 24 ch. 69/104 € - 13 €.

À table ! À l'époque, l'établissement louait des cabines de bains. La gourmandise l'a emporté en 1975 avec sa transformation en crêperie. Le large choix de galettes et de crêpes ainsi que l'excellent accueil en font une valeur sûre.
Bains des Fleurs - 76 bd de la Mer - 05 46 56 00 58 - www.bainsdesfleurs.fr - fermé lun. - galettes 11,20/14,80 €.

Pour le pique-nique. Marché couvert tous les matins (sf lun. d'oct. à avr.) rue du Marché.

Instant plage. De nombreuses activités y sont proposées, mais pour les moins courageux, une petite sieste au soleil sur la serviette est tout autant autorisée.

6 LA ROCHELLE-VILLE

Louer un vélo. Comme à Chatelaillon, vous y retrouverez le service Yelo, avec de nombreuses stations dans toute la ville, dont une se situe près de la gare (bd Joffre). Également plusieurs loueurs, dont un à la gare, référencés sur le site Internet de l'office de tourisme, où vous pourrez télécharger le plan des pistes cyclables.
Infos : www.larochelle-tourisme.com.

Face à la mer. Cité phare du nautisme, La Rochelle continue de se tourner vers la mer, avec, au cours des dernières années, l'agrandissement de son port de plaisance. Sur terre, le vélo est roi et permet de découvrir des pépites : son vieux port fortifié, ses rues bordées d'arcades, ses riches musées, ses hôtels aristocratiques et ses parcs qui font la grande richesse de son patrimoine architectural.

Pour la nuit. Aménagé dans un bâtiment industriel (ancien atelier de cordage) à 7mn de la gare, cet hôtel propose une ambiance unique et un décor atypique entremêlant passé et modernité. Située à l'entrée du vieux port et de la ville historique, l'adresse comprend aussi un bar lounge, l'Établi (18h30-0h), et un espace fitness.
Hôtel La Fabrique - 7-11 r. de la Fabrique - 05 46 41 45 00 - www.hotellafabrique.com - 58 ch. 71/129 € - 13 €.

Sous l'océan. Grand vaisseau de verre et de bois, l'aquarium de La Rochelle abrite de manière originale plus de 12000 animaux marins et 600 espèces différentes provenant de l'Atlantique, de la Méditerranée, des Caraïbes et du Pacifique. Ses 82 bassins recréent le plus fidèlement possible l'environnement des espèces présentées. Vingt spécimens de requins évoluent sous vos yeux. Frissons garantis !
Aquarium de La Rochelle - quai Louis-Prunier - 05 46 34 00 00 - www.aquarium-larochelle.com - juil.-août : 9h-23h; avr.-juin et sept. : 9h-20h; reste de l'année : 10h-20h - 18 €.

À table ! Au menu, face au musée de la Marine, des burgers, des planches, des assiettes mais élaborés dans un souci locavore, bio et anti-gaspi. Le midi, les plats ont une base végétarienne et sont proposés avec un supplément viande ou poisson. Programmation musicale à partir de 22h.
La Fabuleuse Cantine - pl. Bernard-Moitessier - 05 46 67 88 43 - la-rochelle.lafabuleusecantine.fr - fermé lun.-mar. et merc. soir - burgers 14/18,50 € - formule 21 €.

Pour le pique-nique. Marché tous les matins (mais plus important le mercredi et le samedi) sous les halles du centre-ville. Une allée entière est dédiée aux produits de la mer. Vous remarquerez la majestueuse charpente et la façade du bâtiment, en fer forgé, verre et briques.

Envie de piquer une tête ? Ceux qui ne résistent pas à l'appel de la baignade pourront se rendre à la plage de la Concurrence. Très bien située (à deux pas de

Le port fortifié de La Rochelle.

la tour de la Lanterne), sa propreté laisse toutefois souvent à désirer...

Pause glacée. Il serait inenvisageable de ne pas prévoir un arrêt chez ce glacier, véritable institution de La Rochelle. Sorbets, glaces et crèmes glacées, mais aussi bâtonnets, verrines et yaourts glacés... un paradis pour tous les gourmands. Une cinquantaine de parfums y sont proposés. Mention spéciale pour la pistache torréfiée et la fraise-menthe fraîche.

Ernest le Glacier - 48 cours des Dames - ✆ 05 46 43 48 65 -www.ernest-le-glacier.com - tlj - fermé nov.-fév.

L'heure de l'apéro. Ce charmant bar à vin, où se donnaient jadis rendez-vous les pêcheurs, n'a pas changé d'un iota depuis sa création en 1933. On y propose la Guignette (également à la vente), apéritif à base de vin et de fruits, qui a fait la renommée de la maison.

La Guignette - 8 r. St-Nicolas - ✆ 05 46 41 05 75 - la-guignette.fr - fermé dim.

Les Francofolies. En juillet, c'est l'événement musical incontournable de La Rochelle, avec chaque année une multitude d'artistes couvrant une grande diversité de genres musicaux.

Infos : www.francofolies.fr.

ANGOULÊME - ROYAN

De bout en bout, la ligne suit les courbes de la Charente, où le fleuve dessine des paysages bucoliques à travers champs et vignes, en s'offrant des arrêts dans les cités marquées sous le signe du cognac. L'arrivée sur Royan change d'atmosphère : quelques effluves iodés vous confirment que l'Océan n'est pas loin. Terminus, tout le monde descend : à vous les belles plages !

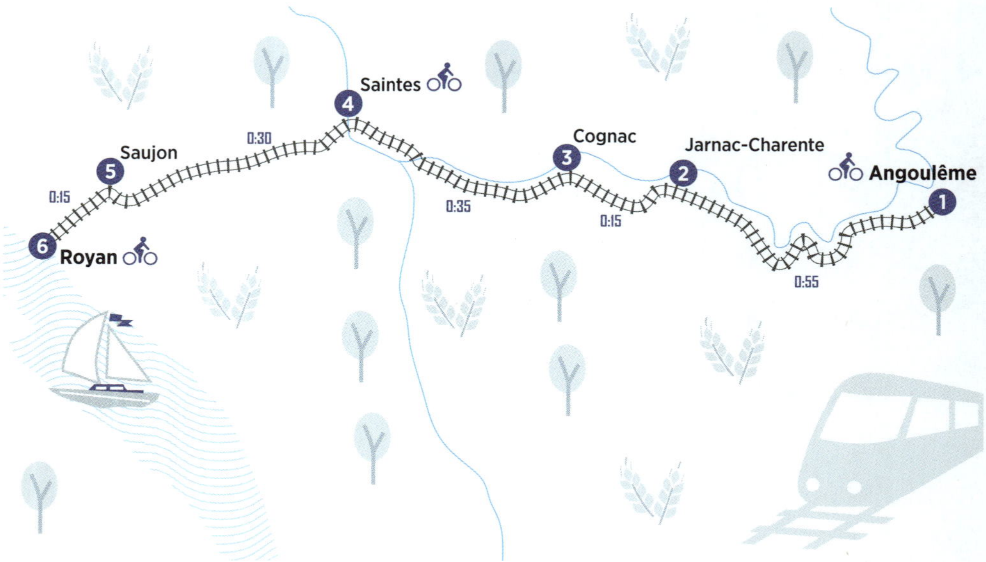

✪ D'ANGOULÊME À ROYAN - 6 JOURS

- Pour rejoindre Angoulême depuis Bordeaux St-Jean : 5 TER (1h30) et 15 TGV (entre 35mn et 1h) par jour
- Trajet sans escale : 2h30
- Fréquence : cette ligne circule 7 fois/j
- Horaires : www.ter.sncf.com/nouvelle-aquitaine
- Tarif sans escale : 23,20 €
- Services à bord : transport de vélo autorisé
- Pour le retour à Bordeaux St-Jean, correspondance à Saintes
- Bon à savoir : en haute saison, la ligne est très fréquentée. Dans ttes les gares des vélos électriques Modalis en libre-service.

Où se placer pour admirer le paysage ? Côté gauche dans le sens de la marche.

Mur peint boulevard Pasteur à Angoulême.

1 ANGOULÊME

Louer un vélo. Service de location (casque et matériel compris) + livraison et reprise des vélos.
Dispovélo - ✆ 05 45 25 24 09 - www.dispovelo.com.

Le balcon du sud-ouest. De ses remparts surplombant la Charente, la « cité des Valois » se présente comme la plus méridionale des grandes villes de la région. Dans cette capitale incontestée de la bande dessinée, reconnue « Ville créative » par l'Unesco, les musées parlent archéologie, arts africains et océaniens, musique, papier, peinture et art contemporain. Ses agréables rues aux maisons de calcaire blanc couvertes de tuiles roses se parcourent à pied au gré des placettes anciennes.

Pour la nuit. À 14mn à pied de la gare, au cœur de la vieille ville, dans un immeuble de 1778 qui dépendait d'un couvent de tiercelettes, l'hôtel du Palais bénéficie d'un cadre préservé. Son élégante façade orientée au midi domine la place Francis-Louve. L'Hôtel de France, lui, est à 20mn de la gare, en face du marché couvert. Ce bâtiment historique à la déco contemporaine propose des chambres très confortables, dont certaines bénéficient de vues superbes sur les environs d'Angoulême.
Hôtel du Palais - 4 pl. Francis-Louvel - ✆ 05 45 92 54 11 - www.hotel-angouleme.fr - 43 ch. 81/123 € - ☕ 14 €.
Mercure Angoulême - Hôtel de France - 1 pl. des Halles - ✆ 05 45 95 47 95 - all.accor.com - 89 ch. 113/153 € - ☕ 19 €.

Le temple de la bande dessinée. La Cité de la bande dessinée et de l'image regroupe deux sites de part et d'autre de la Charente, reliés par une passerelle ornée d'une statue représentant Corto Maltese, le héros de Hugo Pratt. La bibliothèque, installée dans le vaisseau Mœbius, rassemble la quasi-totalité de la production française depuis 1946. Son fonds compte environ 35 000 albums et une collection de 100 000 périodiques anciens et modernes. Quant au musée de la Bande Dessinée, il présente sur 1 400 m² les grandes évolutions de la bande

Fûts de Cognac.

dessinée des années 1830 à nos jours. Un très bel espace, à voir absolument !
Cité internationale de la Bande Dessinée et de l'Image - 121 r. de Bordeaux - 05 45 38 65 65 - www.citebd.org - 10 €.

À table ! Dans un cadre à la déco industrielle agrémentée de nombreuses plantes vertes suspendues, les habitués du Little Comptoir se retrouvent autour de bons plats, aux accents méditerranéens, et de généreuses pizzas.
Au cœur du quartier des restaurants, Midi Minuit est une adresse où l'on peut dîner tard, partager une assiette de tapas ou improviser un déjeuner autour du plat du jour. Les tables communes, dans un décor moderne où un mur est occupé par les bouteilles à vendre, sont vite prises d'assaut.
Little Comptoir - 33 r. de Genève - 05 16 29 01 20 - Facebook - fermé dim.-lun. - pizzas 14/17 € - menu déj. du jour 15,90 €.
Midi Minuit - 27 r. de Genève - 05 17 50 24 38 - midi-minuit.net - fermé dim.-lun. - plats 20/29 €.

Pour le pique-nique. Les belles halles de type Baltard réunissent une quinzaine de producteurs tous les matins (sauf lun.), place des Halles. On peut aussi y déjeuner sur le pouce avec des restaurants gourmet ou bistrot.

Pause sucrée. Parmi les spécialités de cette maison fondée en 1873, laissez-vous tenter par les chocolats au cognac ou au pineau, ou les duchesses d'Angoulême (nougatines pralinées), entre autres.
Chocolaterie Letuffe - 10 pl. Francis-Louvel - 05 45 95 00 54 - chocolaterie-letuffe.com - fermé dim.-lun.

L'heure de l'apéro. À proximité immédiate de la Cité de la BD, ce magnifique espace rassemble un bar, d'un restaurant, d'une cave à vins et champagne, et d'une terrasse sur le fleuve. Décoration très réussie mêlant design et vieilles pierres. La carte est simple et créative.
Le River 102 - 102 r. de Bordeaux - 05 45 39 07 94 - www.leriver102.com - fermé dim.-lun.

BD en fête. Lancé en 1974, le célèbre festival de bande dessinée se déroule fin janvier dans toute la ville, mais principalement sur la place du Champ-de-Mars. C'est le plus grand festival de France.
Infos : www.bdangouleme.com.

La Flow Vélo. Cet itinéraire cyclable (400 km), qui part de Sarlat dans le Périgord pour finir sur la côte atlantique, passe par Angoulême, Cognac et Saintes. Sans difficulté, vous roulerez entre voies vertes et routes bucoliques. Vers Cognac, vous longerez la Charente et traverserez le fameux vignoble. *Infos : www.laflowvelo.com.*

2 JARNAC-CHARENTE

Second berceau du cognac. Nichée au cœur de la campagne charentaise, sur le parcours fluvial des gabares qui descendaient vers l'estuaire chargées de leurs précieuses cargaisons de vin et d'eau-de-vie, Jarnac a su prospérer sans perdre son âme. C'est également la cité natale de François Mitterrand, dont il aimait décrire la beauté.
Maison natale de François Mitterrand *- 22 r. Abel-Guy - ✆ 05 45 35 46 08 - www.maison-natale-francois-mitterrand.org - avr.-oct. : merc.-dim. 10h30-12h30, 14h-18h30 ; nov. : merc.-dim. 14h15-18h - fermé déc.-févr. - 5 €.*

Pour la nuit. À 17mn de marche de la gare vous attendent luxe, calme et volupté dans cet hôtel de charme occupant une maison du 17e s. La décoration est raffinée, les chambres sont vastes et belles, certaines donnant sur le jardin.
Hôtel Le Ligaro *- 74 Grand-Rue - ✆ 05 45 32 71 38 - www.hotel-ligaro.com - 11 ch. 139/147 € - ☕ 16 €.*

L'art de distiller. L'histoire de cette prestigieuse maison est marquée par Napoléon Ier, qui visita jadis les entrepôts d'Emmanuel Courvoisier à Bercy, et par Napoléon III qui en fit plus tard son distributeur exclusif. Les alambics et barriques informent sur l'élaboration du cognac. Un beau chai reconstitué vous imprégnera des senteurs de ce breuvage.
Maison Courvoisier *- 2 pl. du Château - ✆ 05 45 35 56 16 - www.courvoisier.com - visite guidée mai-sept. : 10h30-13h, 14h-18h30 - fermé dim.-lun. - 20 €.*

À table ! Un restaurant rénové dans un esprit contemporain avec deux salles très agréables. Et une cuisine réalisée avec de beaux produits par un chef de la région, Ludovic Merle. Une des meilleures tables du département.
Restaurant du Château *- 15 pl. du Château - ✆ 05 45 81 07 17 - www.restaurant-du-chateau.com - fermé dim. soir et lun. - déj. sem. 24,50/26,50 € - menus 56/68 €.*

Pour le pique-nique. Marché couvert sous les halles du mardi au dimanche.

Sur l'eau. Pour découvrir la Charente en canoë, rien de mieux que de louer une embarcation et de pagayer seul ou avec un guide qui vous contera la vie du fleuve.
Ouest Charente Outdoor *- 11 rte de Julienne - ✆ 07 72 14 51 30 - www.ouestcharente-outdoor.com - fermé nov.-mars - location 24/28 €, sortie 39/59 €.*

3 COGNAC

Cité ambrée. Traversée par la Charente, la ville natale de François Ier célèbre sans relâche le breuvage qui a assuré sa richesse. Le long du fleuve s'alignent les prestigieuses maisons de cognac comme les moins connues. Toutes ouvrent grand leurs portes afin de dévoiler les mystères de cet alcool mondialement connu, auquel, l'été, la Fête du cognac rend hommage.

Pour la nuit. Située à 14mn de marche de la gare, cette construction récente propose des chambres spacieuses au mobilier fonctionnel. Une adresse pratique près des grands chais.
Le Valois *- 35 r. du 14-Juillet - ✆ 05 45 36 83 00 - www.hotellevalois.com - 53 ch. 87/91 € - ☕ 11 €.*

Précieuse eau-de-vie. Ce bâtiment résolument contemporain abrite un remarquable musée entièrement dédié au cognac et à son histoire. Ses 1600 m² d'exposition proposent une fascinante rétrospective des différents métiers et techniques qui lui sont liés. Tout au long de ce parcours à la fois visuel, olfactif et sonore, vous découvrirez à travers une riche collection d'objets et documents différents aspects du terroir, du savoir-faire et de la créativité de la filière cognac. Passionnant !
Musée des savoir-faire du cognac *- Les Remparts - pl. de la Salle-Verte - ✆ 05 45 36 03 65 - les-distillateurs-culturels.fr - juil.-août : tlj 10h30-18h30 ; reste de l'année : tlj sf lun. 14h-18h - 5 €.*

À table ! Ce restaurant est à l'image de son propriétaire, Claude Vezin : chaleureux, franc et gourmand. Bons petits plats comme la lotte rôtie à l'espagnole ou l'entrecôte du Limousin à la plancha. Un incontournable de la cité royale.
Le Bistro de Claude *- 35 r. Grande - ✆ 05 45 82 60 32 - bistro-de-claude.com - 12h-14h, 19h30-21h30 - fermé w.-end - menus 24/29 € et 39 € (soir).*

Pour le pique-nique. Marché couvert tous les matins, sauf le lundi, boulevard Denfert-Rochereau.

Manier la pagaie. Location de canoës, kayaks, paddles ou bateaux électriques sans permis pour découvrir Cognac au fil de l'eau.
Cognac Canoë Club - 1 pl. du Solencon - ☏ 06 52 78 31 97 - www.cognaccanoeclub.com - juil.-août : tlj; reste de l'année : merc. et sam.

L'heure de l'apéro. Du haut de la tour de Gâtebourse (24 m), ce *rooftop* de 420 m² offre l'une des plus belles vues panoramiques de la ville. L'endroit rêvé pour découvrir Cognac, un verre à la main. Très belle carte de cocktails et de spiritueux (dont les cognacs Martell).
Indigo by Martell - 16 av. Paul-Firino-Martell - ☏ 05 45 36 34 65 - www.martell.com - fermé lun.-mar. et d'oct. à avr.

La Flow Vélo. *Voir p. 128.*

4 SAINTES

Voir le voyage précédent (p. 119).

5 SAUJON

Ville thermale. Cette petite ville située sur la Seudre possède un établissement thermal réputé. Le petit port de Ribérou (quai Jules-Dufaure) forme, avec les ruelles du quartier qui s'est développé autour, un paysage pittoresque. En saison, des activités nautiques y sont proposées. Un endroit paisible pour se reposer ou pique-niquer.

À table et au lit ! À 15mn de la gare, cet ancien relais de poste dispose de chambres spacieuses et confortables, à deux pas des thermes. Côté cuisine, la carte propose des plats traditionnels à base de produits frais du terroir. Excellent rapport qualité/prix et service impeccable.
Hôtel-restaurant Le Commerce - 7 r. de Saintonge - ☏ 05 46 02 80 50 - hotel-saujon.com - ch. 77/102 € - ✕ formules 19/24 €.

Pour le pique-nique. Marché couvert le matin, place Richelieu, sauf le dimanche et le lundi de septembre à avril.

6 ROYAN

Louer un vélo. À 8mn de la gare, près de l'office de tourisme.
Royan by Cycles - 20 bd de Lattre-de-Tassigny - ☏ 05 46 06 08 18 - juil.-août : tlj; reste de l'année fermé mar. - vélo classique 16 €/j et VAE 32/40 €/j.

La perle de l'océan. Royan a joué les stars de la Côte de Beauté pendant la Belle Époque grâce à ses splendides plages de sable fin. Détruit par les bombardements alliés de 1945, le centre-ville a été reconstruit dans un style moderniste qui fait toute son originalité. L'emblème de cette reconstruction est l'église Notre-Dame. Cet impressionnant édifice en béton armé a été construit de 1955 à 1958 par l'architecte Guillaume Gillet. L'intérieur est éclairé par 500 m² de vitraux dessinés, comme tout le mobilier, par Gillet lui-même et mis en œuvre par le maître verrier Henri Martin-Granel.

Pour la nuit. Cet établissement à 15mn de marche de la gare, se situe tout près de la belle plage du centre-ville, du port de plaisance et des commerces. Les chambres, dont une familiale et un studio, sont simples mais parfaitement tenues.
Hôtel Aunis-Saintonge - 14 r. Gambetta - ☏ 05 46 05 78 24 - www.hotel-royan.fr - 70/100 € - ☕ 11 €.

À table ! Réservation très fortement recommandée dans ce petit restaurant où la carte est courte mais la cuisine raffinée, toujours fraîche et renouvelée. Les mariages terre-mer sont très réussis.
La Table Notre-Dame - 11 r. des Bains - ☏ 05 46 05 89 75 - Facebook - fermé dim. (et le soir du lun. au jeu. hors saison) - formules 19/22 €.

Pour le pique-nique. Marché couvert tous les jours (sauf lun.) le matin, place du Marché.

La Grande Conche. Longue de 2 km, cette plage commence au port de plaisance, devant le front de mer, et s'étend sur toute la longueur du quartier du Parc, secteur arboré où se regroupent la plupart des villas Belle Époque et Art déco de Royan. Admirez leurs belles façades puis trouvez un spot agréable sur lequel étendre votre serviette. Il est l'heure d'aller piquer une tête !

Pause sucrée et glacée. Une institution royannaise depuis 1977, où l'on vient déguster en terrasse glaces, gaufres, niniches (confiseries à base de caramel) ou crêpes.
Confiseur-glacier Lopez - 56 bd de la République - ☏ 05 46 02 88 12 - www.confiserielopez.com - tlj.

Deux options. Soit suivre Le Canal des 2 mers à vélo pour découvrir l'estuaire de la Gironde au sud, soit filer vers le nord sur la Vélodyssée qui longe la côte Charentaise.
Infos : www.lavelodyssee.com; www.canaldes2mersavelo.com.

La nef centrale de l'église Notre-Dame à Royan.

BORDEAUX - SARLAT

Ce train joue à cache-cache avec la Dordogne, dont les boucles l'éloignent et la ramènent sous vos fenêtres. Au long de la rivière, le paysage se transforme, passant des vignobles prestigieux et des belles maisons de maître du Bordelais à la campagne riante du Périgord, dont les collines couvertes d'arbres fruitiers et maisons paysannes coiffées de lauzes sont gardées par des châteaux forts. Voici un itinéraire riche, entre nature et patrimoine, et résolument tourné vers la gastronomie et les bons vins !

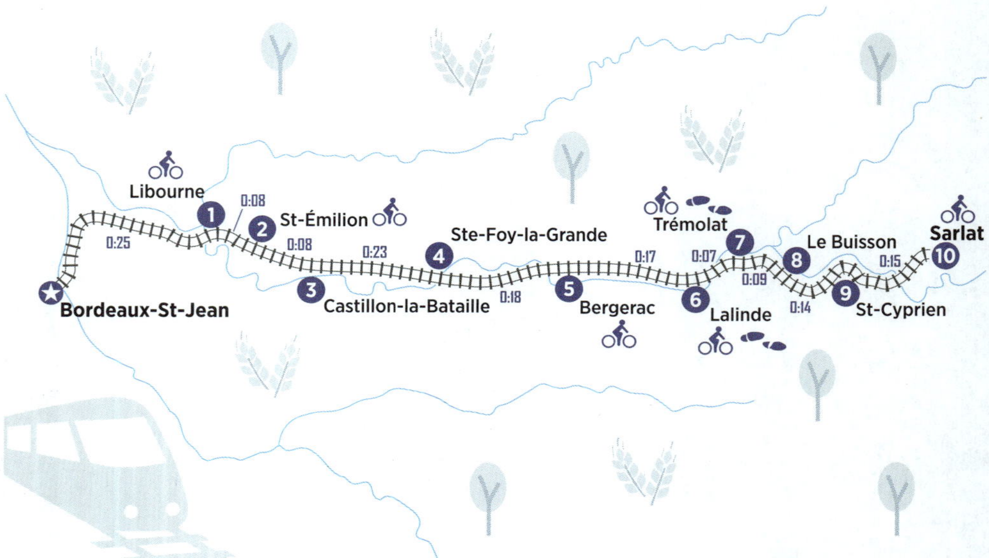

DE BORDEAUX À SARLAT - 10 JOURS

- TER au départ de la gare Bordeaux-St-Jean et retour en sens inverse
- Trajet sans escale : 2h25
- Fréquence : 6 TER/j en semaine, 4 TER/j le w.-end ; attention, certains ne marquent pas l'arrêt à Trémolat
- Horaires : www.ter.sncf.com/nouvelle-aquitaine
- Tarif sans escale : 32,30 €
- Services à bord : transport gratuit des vélos

Où se placer pour admirer le paysage ? Côté droit dans le sens de la marche.

Les arcades de place Abel-Surchamp à Libourne.

1 LIBOURNE

Louer un vélo. Lovelec33 loue des vélos électriques classiques et VTT, et, surtout livre gratuitement à la gare ou à votre hôtel.
Lovelec33 - 06 82 72 15 64 - www.location-velo-electrique-libourne.fr - tlj - 29 € la demi-journée.

La petite sœur de Bordeaux. Longtemps considérée comme le port du Périgord, Libourne est restée une ville commerçante, renommée pour ses marchés et le négoce des vins. Ancienne place royale, la spacieuse place Abel-Surchamp est bordée d'arcades, de maisons cossues (16e s.-19e s.) et de l'hôtel de ville (15e s.) qui a été modifié début 20e s. dans un style néogothique. Les quais de l'Isle et des Salinières constituent l'ancien le port dont il reste... les platanes ! Quai des Salinières, la porte du Grand Port flanquée de la tour Richard et de la tour Barrée constitue les vestiges de la muraille édifiée à partir de 1314. Au confluent de la Dordogne et de l'Isle, le quai Souchet vous permet de voir le grand pont (1824) avec ses neuf arches et le tertre de Fronsac.

À table et au lit ! À 15mn de la gare, cet hôtel-restaurant faisant face à la Dordogne propose des chambres spacieuses et aménagées avec goût par la propriétaire. Dans l'une des salles à manger, vous goûterez une cuisine traditionnelle préparée avec les produits du marché.
Hôtel La Tour - 23 quai Souchet - 09 86 87 67 57 - hoteldelatourlibourne.fr - 15 ch. à partir de 74 € - 11 € - fermé merc. midi et dim. - déj. sem. 19,90 € - plats 17/24,50 €.

Pour le pique-nique. Renommés, les marchés de Libourne vous permettront de remplir vos cabas de beaux produits du sud-ouest pour vos pique-niques.
Marché - pl. Abel-Surchamp et alentour - mar., vend. et dim. matin (le plus animé).
Marché couvert - 1 r. Montesquieu - tous les matins sf lun. et merc.

Pédaler puis bronzer. Aux portes de la ville, un sentier balisé autour du lac des Dagueys (6 km)

St-Émilion dans son écrin de vignes.

forme une boucle qui permet une jolie balade en pleine nature (possible également à pied). Une vaste plaine de loisirs a été aménagée au bord de ce plan d'eau de 40 ha pour se détendre après l'effort : plage, activités nautiques, pêche, terrain de beach-volley, etc.

Lac des Dagueys - à 11mn à vélo - 3,5 km au nord-ouest (dir. Angoulême) - baignade surveillée juil.-août.

Pause sucrée. Parmi les spécialités de la jolie pâtisserie Lopez, citons les tartelettes aux noix, le bouchon du Vigneron et la Galette de la Reine (brioche aux amandes), fabriquées maison, sans colorant ni conservateur.

Pâtisserie Lopez - 18 r. Gambetta - ✆ 05 57 51 15 76 - tlj sf dim. apr.-midi et lun.

L'heure de l'apéro. Ce chaleureux bar à vin en plein centre-ville, tout de bois et de pierres apparentes, est une adresse sympa pour boire un verre et déguster les crus de la région tout en partageant des petites préparations. Terrasse et joli jardin intérieur.

Le Zinc authentique - 42 r. Fonneuve - ✆ 05 57 25 34 84 - www.lezinc-bar.com - fermé dim.-lun., et mar., merc. et sam. midi.

2 ST-ÉMILION

➔La gare de St-Émilion est à 20mn à pied du centre-ville (chemin en pente). Vous pouvez réserver un taxi ou une navette tuk tuk (si vous faites une escapade sans vos bagages) !

Tuk-Tuk des Cordeliers - ✆ 05 57 24 42 13 - contact@lescordeliers.com - avr.-oct. : 10h30-19h (23h vend.-sam.).

Louer un vélo. Véloce loue, outre des vélos, remorque et siège enfant.

Véloce Saint-Émilion - 1 bis de la pl. Bouqueyre - ✆ 07 65 22 49 93 - veloce-saintemilion.fr - à partir d'une demi-journée VTC 16 €, vélo électrique 30 €.

La « colline aux 1000 châteaux ». Ce doux nom évoque le village médiéval de saint Émilion, perché sur un promontoire rocheux, et entouré de vignes. On se rend à St-Émilion pour le plaisir des papilles (une valeur sûre !) mais aussi pour celui des yeux, car c'est l'une des plus jolies cités d'Aquitaine. Face au midi, elle rassemble au creux d'une combe ses petites maisons blondes aux toits de tuiles vieux rose, ses placettes et ses ruelles autour de la place du Marché. Celle-ci fait la liaison entre deux collines, dont l'une arbore la tour du Roi, symbole de la puissance civile, et l'autre la collégiale, symbole de la puissance religieuse. C'est au coucher du soleil que la ville est la plus belle, notamment près des grandes murailles : un tapis de vignes à ses pieds et de grands arbres en arrière-plan créent une image de carte postale !

Pour la nuit. À deux pas du cloître des Cordeliers, cette commanderie du 17e s. propose des chambres modernes et confortables; celles de l'annexe, plus grandes, conviennent bien aux familles. Un bon petit-déjeuner !

Auberge de la Commanderie - 2 r. Porte-Brunet - ✆ 05 57 24 70 19 - www.aubergedelacommanderie.com - 17 ch. 85/130 € - ☕ 15 €.

Les souterrains aux 1000 trésors. Les sites souterrains de la cité comprennent quatre monuments religieux. L'Ermitage St-Émilion est la grotte en forme de croix latine où vécut le saint : on peut y voir son lit, son siège creusé dans la roche et la source où il donnait le baptême – elle fait aujourd'hui office de puits aux vœux. La chapelle de la Trinité (13e s.) est un rare exemple dans le Sud-Ouest d'abside gothique à pans. Sur ses jolies fresques gothiques (14e s.), on reconnaît des représentations de chimères. Dans la falaise voisine de la chapelle s'ouvrent des galeries impressionnantes qui servaient à l'origine de nécropole (catacombes). Ne manquez pas l'église monolithe et son clocher : bâtie « d'une seule pierre », cette église souterraine, la plus vaste d'Europe, a été aménagée dans le rocher à la fin du 11e s.

Sites souterrains - visite guidée uniquement (45mn) - ✆ 05 57 55 28 28 - 10 €.

À table ! Adossé à la collégiale, L'Envers du Décor est un mariage réussi du bois, des vieilles pierres et de l'aluminium. Terrasse plaisante et calme. Vins au verre et belle cuisine du marché.

L'Envers du Décor - 11 r. du Clocher - ✆ 05 57 74 48 31 - www.envers-dudecor.com - plats 26/34 €.

Pour le pique-nique. Le cloître des Cordeliers (14e s.) propose des paniers pique-nique à base de produits artisanaux régionaux, des vins et des boissons fraîches, pour une pause champêtre dans le jardin ou sous le cloître.

Cloître des Cordeliers - 2 bis r. de la Porte-Brunet - ✆ 05 57 24 42 13 - www.lescordeliers.com.

INITIATION À LA DÉGUSTATION

Impossible de passer à St-Émilion sans goûter les grands crus ! Encore faut-il savoir le faire... La Maison du vin de St-Émilion propose des cours de dégustation avec pas moins de 450 références, une table des senteurs et d'excellents conseils.

Maison du vin de St-Émilion - 1 pl. P.-Meyrat - ✆ 05 57 55 50 55 - www.maisonduvinsaintemilion.com - 25/60 €.

Petit train et grands crus. Parcours en petit train (35mn) au cœur du prestigieux vignoble et des grands crus de la Juridiction de St-Émilion. Dégustation et visite guidée (1h20) des caves monolithes du château de Rochebelle-St-Émilion. Une belle escapade dans le monde des vins.
Le train des Grands Vignobles - dép. à l'Espace Villemaurine (partie haute de la cité) - ✆ 05 57 51 30 71 - oenotourisme-saintemilion.com - avr.-nov. - 14,50 €.

Pause sucrée. Les archives attestent l'existence de macarons à St-Émilion dès 1620. Les délicieux gâteaux se travaillent encore de façon totalement artisanale dans cette boutique.
Ferlion Macarons - Nadia Fermigier - 9 r. Guadet - ✆ 05 57 24 72 33 - www.macarons-saint-emilion.fr.

Pédaler dans les vignes. Parcourir le vignoble à vélo est l'option la plus magique pour passer des vignes aux châteaux et saisir la beauté des lieux. Ce circuit facile au départ de l'office de tourisme rejoint quelques châteaux prestigieux et offre de beaux points de vue sur la Dordogne. Aux portes de la cité médiévale, le Château Villemaurine est un grand cru classé, qui allie tradition et modernité sur plus de 7 ha (visite sur réserv.). Plus loin, la commune de St-Christophe-des-Bardes possède certains des plus beaux châteaux de la juridiction, dont celui de Laroque, avec sa tour du 13e s., et la chartreuse de Fombrauge (17e s.). À St-Étienne-de-Lisse, vous passez par le château de Pressac, qui date du Moyen Âge, et le château de Faugères dont le chai monumental souligne de manière inédite les lignes du paysage viticole. À St-Hippolyte, au château de Ferrand, la visite des chais est passionnante. Visible sur la gauche, le château de Figeac est encore aujourd'hui le deuxième plus grand domaine du vignoble de St-Émilion, avec ses 40 ha de vignes.
Tour du Grand St-Émilionnais - parcours téléchargeable sur le site de l'office de tourisme www.saint-emilion-tourisme.com - 1re boucle de 30 km - 2 à 3h : après St-Hippolyte, rentrez à St-Émilion par St-Laurent-des-Combes.

3 CASTILLON-LA-BATAILLE

➔Pas d'hôtel à Castillon-la-Bataille.

Gagner la bataille. Lieu de la célèbre bataille qui mit fin à la guerre de Cent Ans, Castillon est construite sur une butte dominant la rive droite de la Dordogne, que vous pourrez parcourir, et dont les berges ont inspiré Michel de Montaigne et Edmond Rostand. Il reste quelques beaux monuments : la porte de Fer, vestige de l'enceinte de la ville, la mairie, ancien hôpital du 18e s., et l'église baroque (18e s.).Ses coteaux produisent l'AOC castillon-côtes-de-bordeaux.

À table ! Ambiance brasserie dans ce joli restaurant du centre-ville qui propose une carte de saison composée de produits d'une grande fraîcheur, ainsi qu'une belle sélection de crus régionaux. Accueil sympathique.
Le Chaudron du père Marches - 18 allée de la République - ✆ 05 57 40 45 40 - fermé dim. et le soir sf sam. - 11/30 €.

Pour le pique-nique. Dans cette fromagerie épicerie, vous trouverez de bons produits du terroir sur plus de 100 m² pour composer des pique-niques régionaux.
Le Vache'ment vin - 11 pl. Pierre-Orus - ✆ 05 57 46 28 60 - fermé dim. apr.-midi.

Ramer parmi les oiseaux. Des balades en canoë permettent une pause fraîcheur sur la Dordogne. Inscrite réserve de biosphère par l'Unesco depuis 2007, la nature est à portée de pagaie !
Canoë castillonnais - 5 rte de l'Etang - ✆ 07 84 20 50 52 - 13/18 € (-12 ans 6,50/9 €).

Le rouge et le vert. L'active Maison des vins propose de véritables découvertes du terroir, alliant dégustation des vins et visite du terroir, avec des balades découvertes du vignoble à cheval, des déjeuners accords mets et vins... Relativement récente (1989), l'AOC castillon-côtes-de-bordeaux s'applique à des vins rouges au goût puissant, résultant d'un assemblage de cépages cabernet-sauvignon, cabernet franc, merlot, malbec et petit verdot.
Maison du vin de Castillon-Côtes-de-Bordeaux - 6 allée de la République - ✆ 05 57 40 00 88 - www.castillon-cotesdebordeaux.com.

Rejouer la bataille de Castillon. Chaque été, au pied du château Castegens, Castillon rejoue la bataille qui, en 1453, marqua la fin de la domination anglaise en Aquitaine et, du même coup, de la guerre de Cent Ans. Pendant 1h30 de spectacle, 600 bénévoles se prêtent au jeu de l'histoire. Cascades, pyrotechnie, saltimbanques en tous genres vous invitent à combattre à l'épée, à tirer à l'arbalète, à danser avec les paysannes...
Son et lumière - www.batailledecastillon.com.

Gabares à Bergerac.

4 STE-FOY-LA-GRANDE

Romance en la bastide. Cette ancienne bastide (fondée par Alphonse de Poitiers en 1255) est un centre vinicole où règne l'animation des villes commerçantes. Plan en damier, place à couvert et nombreuses maisons médiévales, Renaissance et 17e s. aux alentours. Les quais de la Dordogne, au pied des restes de remparts, sont parfaits pour une petite balade.

Pour la nuit. En plein cœur de la bastide, à 10mn de la gare, chambres rénovées et spacieuses avec balcon ou terrasse. Au restaurant, cuisine régionale à base de produits frais.
Le Victor Hugo - 101 r. Victor-Hugo - ✆ 05 57 41 35 43 - 10 ch. 63/74 € - ☕ 8,50 € - ✕ fermé dim.-lun. 19/29 €.

À table ! Légèrement en retrait du centre-ville (à 7mn de la gare), voici le fief de Laurence et Cédric : elle, en cuisine, réalise des plats gourmands réglés sur les saisons ; lui, sommelier, choisit les meilleurs vins – notamment de Bordeaux – pour accompagner les plats. Un duo qui fonctionne à merveille !
Côté Bastide - 4 r. de l'Abattoir - ✆ 05 57 46 14 02 - www.cote-bastide.org - fermé dim.-lun., mar. soir (sf juil.-août) - 26/34 €.

5 BERGERAC

Louer un vélo. Oxobikes se situe à 18mn à pied de la gare, mais vous pourrez prendre la navette gratuite qui circule dans la ville (la-cab.fr/navette-coeur-de-ville/). Ce loueur est proche de la voie verte le long de la Dordogne (plan en téléchargement sur www.pays-bergerac-tourisme.com).
Oxobikes Bergerac - 1 r. Anatole France - ✆ 06 73 08 73 34- www.oxobikes.fr - tlj (dim.-lun. sur demande) - à partir de la demi-journée vélo classique 9 €, VAE 25 € - casque et antivol inclus.

Saluer Cyrano. Bergerac est une ville blonde, coiffée de vignes, les pieds dans le bleu sombre de la Dordogne. Si la ville ne doit rien à Cyrano (le vrai est né à Paris en 1617), elle doit en revanche beaucoup au vin qu'on y négocie depuis des siècles.

Lalinde, bastide au bord de la Dordogne.

Avec ses ruelles, ses maisons de bois et de pierre, son vieux port où résonne l'histoire glorieuse de la batellerie, Bergerac invite à la flânerie. Les vignes qui entourent la ville (12 000 ha) produisent Les AOC bergerac ? côtes-de-bergerac, monbazillac, montravel et pécharmant. Un beau programme, qui n'oublie pas Cyrano, quand même ! Pour découvrir les coulisses de la naissance d'un personnage, faites l'Expérience Cyrano.

Quai Cyrano - rue des Récollets - ✆ 05 53 57 03 11 - www.quai-cyrano.com - juil.-août. : 10h-18h, reste de l'année se rens. - sur réserv. à l'office de tourisme ou en ligne - 8 €.

Pour la nuit. Derrière sa jolie façade Art déco, l'hôtel de Bordeaux (à 8mn de la gare) dissimule une agréable cour verdoyante, avec piscine. Chambres simples et colorées.

Hôtel de Bordeaux - 38 pl. Gambetta - ✆ 05 53 57 12 83 - www.hotel-bordeaux-bergerac.com - 40 ch. 85/150 € - ☕ 13 €.

À table ! Signalé par sa façade d'angle digne des années 1950, le Bistro du Coin porte bien son nom. Outre l'intéressante cuisine de bistro, jeudi, c'est coucous. Belle salle intérieure aux murs rouges et au sol en mosaïque et petite terrasse.

Bistro du Coin - 6 r. du Col.-de-Chadois - ✆ 05 53 57 77 56 - www.lebistroducoin.fr - tlj - plats 20/30 € - coucous 21/29 € - menu 34 €.

Pour le pique-nique. C'est à la halle du marché couvert que vous trouverez les victuailles pour composer des pique-niques régionaux. Marché de producteurs dans les rues alentour mercredi, vendredi et samedi.

Halle du marché couvert - 14 pl. Louis-de-la-Bardonnie - fermé dim.-lun.

Observer les oiseaux. À bord d'une gabarre (bateau traditionnel à fond plat, destiné au transport de marchandises), découvrez la batellerie, Bergerac et sa réserve naturelle lors d'une promenade commentée (50mn) sur la Dordogne.

Périgord Gabarres - quai Salvette -
05 53 24 58 80 - www.gabarresdebergerac.fr -
11 € - réserv. conseillée.

Pause sucrée. Coquet salon de thé et boutique présentant de jolis services pour le « five o'clock tea ». Côté décor : reproductions de tableaux anciens, tartans écossais et couleur rouge dominante. Côté carte : tartes salées et salades à midi, pâtisseries maison et un choix de plus de 100 thés...
Victoria - 27 r. Bourbarraud - 05 53 58 48 36 - fermé dim.-lun.

Les Estivales de Bergerac. En juillet-août, tablées du terroir, marchés nocturnes, soirées vins, concerts gratuits, bals... Demandez le programme !
Infos : www.bergerac.fr/estivales.

6 LALINDE

→ L'offre d'hébergements est limitée. C'est l'occasion d'une étape à la journée depuis Bergerac.
Louer un vélo. Cycl'hope loue des VTC et des VTT classiques ou électriques.
Cycl'hope - 6 bd Stalingrad - 06 25 34 49 05 - www.cyclhope-dordogne.fr - 12/24 € la demi-journée.

La La Linde. Malgré le grand incendie de 1914 qui a en grande partie détruit la ville médiévale, le plan quadrillé de cette bastide anglaise du 13e s. est encore bien visible. Sont visibles les deux portes et les vestiges de l'enceinte, d'époque romane, la maison du Gouverneur, le donjon et de nombreuses façades à colombages. Sur la place centrale, un marché couvert remplace les halles abattues à la fin du 19e s.

À table ! Ce bar brasserie est central, avec sa terrasse sur la place et sous la halle. La cuisine de bistro s'appuie sur des produits sourcés aux alentours. Entre les heures de services, vous pourrez aussi y déguster une glace ou siroter un cocktail.
Le Coulobre - 36 pl. de la République -
05 53 61 04 04 - lecoulobre.com -
déj. sem. 18,50/23,50 € - plats 16,90 €.

Se balader sur le sentier d'interprétation du barrage de Tuilières. Comptez 2h à pied ou 30mn à vélo (9 km) pour atteindre le barrage depuis Lalinde. Le sentier d'interprétation suit les berges du canal, voie verte, où se succèdent différents ouvrages dont l'escalier de Tuilières qui compte six écluses de part et d'autre d'un bassin de croisement. Un ascenseur à poisson permet aux espèces migratrices, attirées par un système de contre-courant, de passer le barrage par un long tunnel de 20 m équipé de fenêtres d'observation.

7 TRÉMOLAT

→ La gare de Trémolat est située en dehors du centre (17mn à pied).
Louer un vélo. Pas de loueur sur place mais Cycl'hope à Lalinde (voir ci-contre) propose un service de livraison dans un rayon de 80 km AR (1 € km).

« La synthèse de tous les charmes du pays ». C'est ainsi que l'écrivain André Maurois définissait Trémolat. Édifiée à l'entrée du magnifique cingle du même nom, la bourgade est en effet aussi connue pour son église fortifiée (12e s.), qui offre un condensé des spécificités de l'architecture religieuse périgourdine : elle associe d'imposantes fortifications, un voûtement supportant des coupoles et un intérieur sobre surmonté d'une vaste salle (350 m²) de défense qui pouvait servir de refuge aux habitants du village.

À table et au lit ! Comme il n'y a pas beaucoup d'offres sur Trémolat, nous vous proposons l'hôtel Le Vieux Logis, qui est une valeur sûre, à 17mn de la gare. Situé dans un parc paysager, cet établissement de luxe propose des chambres meublées d'époque, et de très belles prestations. Il possède trois restaurants, dont un gastronomique (étoilé). Les deux autres sont plus accessibles, mais la cuisine est toujours savoureuse et à base d'excellents produits locaux. : aux Tartines etc., sous forme de burgers, tartines ou salades, au Bistro de la Place, dans la veine bistrotière.
Le Vieux Logis - Le bourg - 05 53 22 80 06 -
www.vieux-logis.com - 25 ch. 256/357 € -
Aux Tartines etc. - fermé lun.-mar. et nov.-mars -
15/25 €; Le Bistrot de la Place - fermé lun.-mar.
et oct.-avr. - déj. sem. 19/25 € - menu 28 €.

Coup d'œil au cingle de Trémolat. En 15mn à vélo ou en 30mn à pied (2,5 km du centre-bourg), rejoignez le site en traversant le village, puis en suivant la Dordogne. Au pied d'un hémicycle de falaises blanches, la Dordogne décrit une vaste courbe au cœur de laquelle se love une mosaïque de prés et de champs. Au-delà s'étendent les premières frondaisons de la forêt de la Bessède. La vue, partielle (la végétation masque la partie externe du cingle), est particulièrement impressionnante au coucher du soleil. Idéal pour l'heure de l'apéro !

8 LE BUISSON

➔Peu d'hébergements, mais un arrêt ponctuel suffit, la bambouseraie et le restaurant se trouvant de part et d'autre de la gare à env. 5mn de marche.

Faire l'école buissonnière. Le village du Buisson de-Cadouin s'est développé autour de la gare au 19e s. et promet une pause nature. Alternative exotique aux noyers de la région, la bambouseraie de Planbuisson, est l'œuvre d'un passionné. Sur plus d'un hectare, vous profiterez de la plus grande collection de bambous et de graminées d'Europe. De toutes les tailles, couleurs et formes, les bambous guident cette balade insolite. Un arrêt dans le jardin zen est également recommandé !

Bambous de Planbuisson - 18 r. Montaigne - ✆ 05 53 57 68 02 - bambous-planbuisson.com - avr.-oct. - fermé lun. - mar. sf juil.août - 7,50 €.

À table ! L'accueil de la patronne n'est que sourire et chaleur, et la cuisine est pleine de jolies attentions, alliant fraîcheur et franche gourmandise. Voilà qui rappelle que les plaisirs simples sont parfois les plus marquants... Délicieuse terrasse dans le jardin à l'arrière.

Auberge de l'Espérance - 3 av. des Sycomores - ✆ 05 53 74 23 66 - fermé mar.-merc., et lun. en hiver - déj. sem. 29 € - formules 39/49 €.

9 ST-CYPRIEN

Lauze, foie gras et patrimoine. Accroché au flanc d'un coteau proche de la rive droite de la Dordogne, dans un décor de collines et de forêts, St-Cyprien est dominé par la silhouette massive de son église abbatiale, bâtie au 12e s. et remaniée à l'époque gothique, autour de laquelle se serrent les maisons anciennes. Notez l'homogénéité architecturale de la rue de la Justice-de-Paix et de la place des Oies, où s'installe le marché le dimanche matin.

À table et au lit ! Un hôtel, où tout respire le calme, à 10mn de la gare. Les chambres rénovées à la décoration élégante et sobre promettent un séjour confortable et reposant. Quant au restaurant gastronomique, la salle à la chaleureuse modernité et la terrasse font écho à une cuisine raffinée et sans fanfaronnade mettant en valeur les traditions périgourdines.

Hôtel-restaurant des Augustins - 49 r. Gambetta - ✆ 05 53 28 73 08 - www.hoteldesaugustins.com - 12 ch. 140/220 € - ✕ fermé dim. soir et lun.-mar. - menus 20/68 €.

10 SARLAT

➔Attention, Sarlat-la-Canéda est surfréquentée en saison. Pensez à réserver à l'avance votre hébergement.

Louer un vélo. Au départ de la voie verte (voir p. 142), à 15mn à pied de la gare, location de VTT et VTC classiques ou électriques.

Liberty Cycles - 1 av. du Périgord - ✆ 05 53 31 87 51 - www.liberty-cycle.com - réserv. en ligne - 16/34 € 1/2 j.

Le bijou du Périgord. Avec ses ruelles médiévales et ses hôtels particuliers gothiques ou Renaissance,

Au pays du foie gras.

Sarlat-la-Canéda attire les foules au cœur du Périgord noir. Il suffit de faire le tour de la vieille ville aux tons d'ocre blond, secteur sauvegardé, pour comprendre les raisons de cet engouement. Outre l'architecture d'apparat, les étals de son marché, comme la multitude de ses adresses qui rendent hommage à la truffe et au foie gras, élèvent Sarlat au rang d'emblème du Périgord. Pour l'apprécier tranquillement, venez hors saison ou tôt le matin. Ou bien suivez la visite guidée nocturne qui donne à la ville un charme supplémentaire.

Office de tourisme - 3 r. Tourny - ✆ 05 53 31 45 45 - www.sarlat-tourisme.com - visite guidée nocturne : juin-sept. - 16 €.

Pour la nuit. Derrière les murs de cette bâtisse classique se cachent des chambres magnifiques et pour cause : l'hôtel a été refait à neuf. Déco sobre et contemporaine, poutres apparentes (au dernier étage), salles de bains petites mais fonctionnelles, tout est là pour un séjour confortable. L'accueil est charmant et vous pourrez prendre votre petit-déjeuner sous la verrière, avec vue sur la place. Un rapport qualité/prix exceptionnel à 15mn à pied de la gare!

***Hôtel Montaigne** - 2 pl. Pasteur -*
05 53 31 93 88 - www.hotelmontaigne.fr -
22 ch. 82/144 € - 11,50 €.

À table ! Les locaux ne s'y trompent pas; ils viennent à La Rapière pour déguster la cuisine régionale concoctée avec goût. Les amateurs apprécieront le confit de canard rôti au four, le parmentier d'oie aux cèpes... Quel régal!

***La Rapière** - pl. du Peyrou - 05 53 59 03 13 -*
fermé jeu. et vend. midi hors sais., janv.-fév. -
menus 26/39 €.

Pour le pique-nique. Grand rendez-vous gastronomique du Périgord noir, le marché de Sarlat saura éveiller vos papilles pour composer des pique-niques fabuleux. Les autres jours, le marché couvert vous révélera ses trésors.

***Marché traditionnel** - sam. et merc. matin.*
***Marché couvert de l'église Ste-Marie** - de mi-avr. à fin oct. : tous les matins (en juil.-août tte la journée jeu., vend. et sam.); reste de l'année : mar.-merc. et vend.-sam. matin.*

Pédaler sur la voie verte Sarlat-Cazoulès. Suivant le tracé d'une voie ferrée désaffectée, une piste cyclable conduit à Cazoulès (25 km à l'est de Sarlat - 1h30 aller). Facile à parcourir, cet itinéraire est idéal pour une journée nature, avec pique-nique le long de la Dordogne. À St-Rome, où se trouvent les romantiques Jardins d'eau, une variante mène à Groléjac (12 km au sud), où une plage et une base de loisirs sont aménagées autour du lac.

***Voie verte** - plan sur www.sarlat-tourisme.com.*
***Les Jardins d'eau de St-Rome** - 05 53 28 91 96 -*
www.jardinsdeau.com - mai-juil. : 10h-19h;
août : 10h-18h30; sept. 11h-18h - 9 €.

Pause sucrée. Cette pâtisserie-salon de thé propose quelques spécialités de la région, à l'instar des gâteaux aux noix à l'ancienne et autres tartes noix-caramel. Goûtez aussi aux lauzes du Périgord, une nougatine enrobée de chocolat, un délice...

***Pâtisserie Massoulier** - 33 r. de la République -*
09 84 20 72 27 - tlj.

Festival des Jeux du Théâtre de Sarlat. Tout l'été, Sarlat s'anime de représentations variées en plein air (jardin des Enfeus et place de la Liberté) ou au couvent Ste-Claire.

***Infos** : www.festival-theatre-sarlat.com.*

Place bordée d'hôtels particuliers à Sarlat.

BAYONNE - ST-JEAN-PIED-DE-PORT

La ligne de TER suit à contre-courant les boucles de la Nive, depuis la festive côte basque jusqu'à la rusticité montagnarde de l'arrière-pays, la Basse-Navarre. Maisons basques à colombages, sautillement de la rivière surveillée par les montagnes verdoyantes et les vallées ensoleillées, chapelles de pèlerins de St-Jacques et pâturages arpentés par les bergers défileront sous vos yeux. Un vrai voyage dans le Pays basque !

DE BAYONNE À ST-JEAN-PIED-DE-PORT - 7 JOURS

- Pour rejoindre Bayonne depuis Bordeaux-St-Jean, liaisons ttes les heures en TER ou TGV ; idem pour le retour, St-Jean-Pied-de-Port n'étant relié à Bayonne que par cette ligne de TER
- Trajet sans escale : 1h05
- Fréquence : 6 TER/j
- Tarif sans escale : 11,60 €
- Horaires : www.ter.sncf.com/nouvelle-aquitaine
- Services à bord : transport des vélos gratuit

Où se placer pour admirer le paysage ? Côté droit dans le sens de la marche.

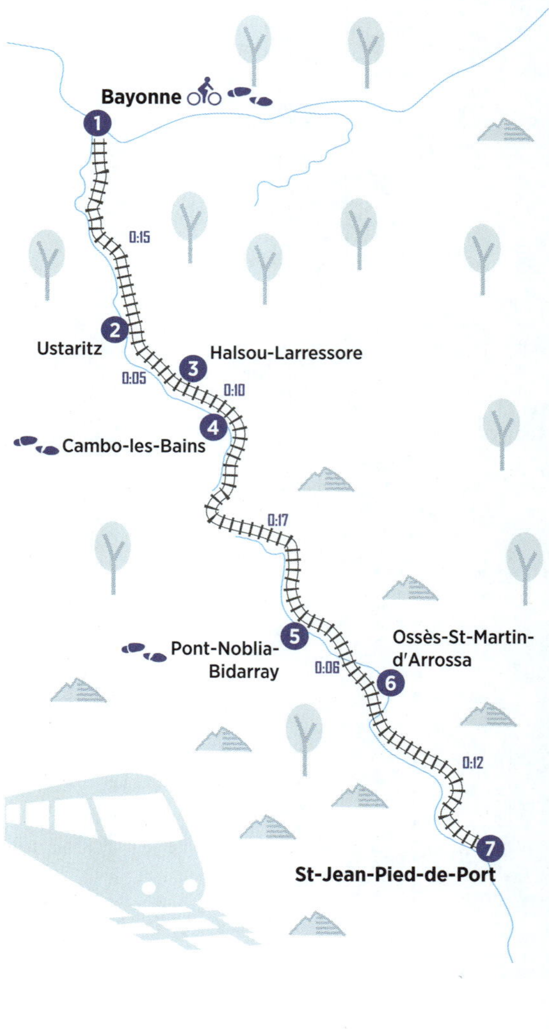

Le quartier du Grand Bayonne.

1 BAYONNE

➔ De la gare, rejoignez le centre-ville à pied en 10mn (de l'autre côté du pont sur l'Adour).
Louer un vélo. Des vélos électriques Pony sont en libre-service à la gare et à l'hôtel de ville (2 €/h).
Infos : www.txiktxak.fr.

Là où commence le Pays basque. Bayonne a posé ses pierres blanches et ses toits rouges à la confluence de la Nive et de l'Adour. Enserrée dans trois ceintures de remparts, la cité s'est développée en hauteur : immeubles élevés et étroits, façades à colombages sang-de-bœuf et aux volets colorés, ruelles exiguës souvent piétonnes qui donnent au centre historique charme et caractère. Dans le quartier du Grand Bayonne, la rue Port-Neuf rallie la cathédrale Ste-Marie flanquée d'un cloître gothique du 14e s. Au cœur de l'animation du Petit Bayonne se dressent le Château-Neuf et l'église St-André. Les curieux de l'univers taurin peuvent visiter les arènes néomauresques.

Apéro aux pintxos.

Pour la nuit. Juste à côté de la gare, cet élégant hôtel propose, sur cinq étages organisés autour d'un grand escalier de bois, des chambres spacieuses, calmes et confortables. Certaines sont climatisées. L'accueil est agréable. Ascenseur.

Hotel Côte Basque - 2 r. Maubec - ✆ 05 59 55 10 21 - www.hotel-cotebasque.fr - 40 ch. 90/161 € - ☕ 12 €.

Découvrir la culture et l'identité basques. Le Musée basque et de l'Histoire de Bayonne propose une visite passionnante, dans la magnifique maison Dagourette, l'une des plus anciennes de la ville (fin 16e s.). Agropastoralisme, vie domestique, vie religieuse, pelote... Ne manquez pas le spectaculaire plan-relief de Bayonne (1800). Une exploration en profondeur pour ne pas voyager idiot !

Musée basque et de l'Histoire de Bayonne - 37 quai des Corsaires - ✆ 05 59 59 08 98 - www.musee-basque.com - tlj sf lun. 10h-18h (13h-20h jeu.) - 8 €.

À table ! À la Cidrerie Ttipia, voyage au cœur des cidreries espagnoles assuré : grandes tablées, poutres et pierres apparentes, vieux objets et surtout tonneaux, desquels coule à flots le *sagardoa* (cidre). On vient ici pour l'ambiance et la cuisine. Le menu traditionnel comprend omelette à la morue, merlu à l'espagnole, côte de bœuf, salade, fromage de brebis, noix, pâte de coing, café et cidre à volonté, dont on se sert au tonneau.

Bien dans son jus, Le Bar du Marché (près des Halles comme son nom l'indique) maintient le cap de la tradition avec un cochon de lait rôti, des joues de porc confites au vinaigre de cidre ou des omelettes proposées en plusieurs versions. Dans un joyeux coude-à-coude, un incontournable !

Cidrerie Ttipia - 27 r. des Cordeliers - ✆ 05 59 46 13 31 - www.cidrerie-ttipia.fr - été : soir seult; reste de l'année fermé dim. soir et lun. - formules 12/33 €.

Le Bar du Marché - 39 r. des Basques - ✆ 05 59 59 22 66 - fermé le soir et dim. - plats 12,50/22 €.

Pour le pique-nique. À hauteur de panier, les Halles, de type Baltard et bordant le cours de la Nive,

proposent le meilleur du terroir basque : jambons, fromages de brebis, gâteau basque...Quelques petits producteurs s'installent aussi à l'extérieur du bâtiment le samedi matin.
Les Halles - quai du Cdt-Roquebert - ✆ 05 59 59 21 81 - tous les matins.

Pause sucrée. N'oubliez pas que Bayonne est la capitale du chocolat : le temps est venu pour une dégustation chez Cazenave dans le Grand Bayonne ou chez Pascal dans le Petit Bayonne. Dans les élégants salons de thé de ces prestigieuses enseignes vous dégusterez un somptueux chocolat chaud !
Salon de thé - Chocolat Cazenave - 19 r. Port-Neuf - ✆ 05 59 59 03 16 - www.chocolats-bayonne-cazenave.fr - fermé dim.-lun. hors vac. scol.
Chocolaterie Pascal - Salon de thé - 32 quai Galuperie - ✆ 05 59 52 96 49 - www.chocolat-pascal.fr - fermé dim.

Randonner le long de la Nive. Au sud de Bayonne, la promenade sur les berges de la Nive est un rituel pour tout Bayonnais qui se respecte. La balade débute au niveau du ponton du club d'aviron (pont du Génie). Suivant le tracé d'une ancienne voie de halage, le chemin peut conduire les plus motivés jusqu'à Ustaritz, à environ 11 km de là (*voir l'étape suivante*).

Assister à une compétition de pelote. Le trinquet St-André est l'un des plus vieux de France (17e s.). Les Basques viennent y faire leur partie de *pala* avant de se retrouver au bar. Vous pouvez venir y faire un tour et voir les gens jouer. Plusieurs tournois ont lieu dans l'année. C'est aussi un restaurant et un bar à vin proposant d'appétissantes assiettes de produits régionaux.
Trinquet St-André - 1 r. du Jeu-de-Paume - ✆ 05 59 42 43 66 - tlj - entrée libre.

L'heure de l'apéro. Impossible de séjourner à Bayonne sans sacrifier au rituel des *pintxos*, ces tapas basques que l'on déguste avec un verre, debout dans la rue ou accoudé au bar. Ibaia, la plus vieille bodega de Bayonne, le long des quais, propose des *pintxos* raffinés et variés : tataki de thon, chipirons, feuilleté de boudin, etc. Tout est frais, délicat, bien présenté. Bonne sélection de vins au verre, dont quelques crus bio. Ambiance jeune. Une très bonne adresse.
Ibaia - 45 quai Jauréguiberry - ✆ 07 89 42 41 35 - fermé lun.-mar., et merc.-vend. midi - plats 20/35 €.

Apprendre le sens de la fête basque. Les fêtes de Bayonne ont lieu du mercredi au dimanche, à la fin du mois de juillet. Après les courses de vaches landaises à St-André, les corridas et le corso lumineux, on danse sur les grandes places au son des *txirula* (flûtes) et des *ttunttun* (tambours). Des animations précèdent l'ouverture officielle : braderies, concerts, championnat du monde d'omelette aux piments, régates d'aviron, etc. : de quoi se mettre en jambes avant cinq jours de fête !

2 USTARITZ

➔La gare d'Ustaritz est située à 15mn à pied du cœur du village. Suivez le chemin de la Gare pour rejoindre le centre.

Sur deux rives de la Nive. Après que Richard Cœur de Lion décide de séparer Bayonne du Labourd à la fin du 12e s., le village resta la capitale de la province jusqu'en 1790. Quelques belles maisons traditionnelles à colombages avec leurs volets rouges ou verts subsistent dans le centre du bourg. L'église St-Vincent conserve de belles peintures. Si vous flânez dans les alentours immédiats, vous verrez également certaines des villas construites à la fin du 19e s. par les « Américains », ces Basques revenus des Amériques après y avoir fait fortune.

Pour la nuit. Cette belle et vaste demeure du 19e s., en plein cœur du village, propose de jolies chambres claires et bien décorées. Petit-déjeuner fabuleux sur la terrasse.
Chambres d'hôtes Ene Gutizia - 2 pl. du Château de Antza - ✆ 06 45 58 06 41 - 4 ch. 68/80 € ☕.

À table ! Dans cette bâtisse typique du Pays basque, les recettes élaborées avec des produits du coin respirent la gourmandise et la joie de les préparer. Assiettes joliment présentées.
KBourrut - pl. de la Croix-du-Bourg - ✆ 05 59 93 06 04 - www.restaurantkbourrut.com - fermé lun. mar. et dim. soir d'oct. à juin - plats 25/28 €.

Pour le pique-nique. Producteur de piment d'Espelette AOP – ce fameux poivre du Pays basque –, Vincent Darritchon vend aussi des victuailles du pays qui pourront composer la base d'un pique-nique local. Coffrets basques (fromages, biscuits, confiture, condiments...).
La Maison du Piment - 96 r. des Artisans - ✆ 05 59 93 03 98 - www.lamaisondupiment.com - fermé w.-end.

3 HALSOU-LARRESSORE

➔La halte ferroviaire Halsou-Larressore, dans la commune de Halsou, est située à 20mn à pied du centre de Larressore. Pas de distributeur de titre de transport, achetez-les à l'avance ou en ligne.

S'armer d'une makhila. Ancien carrefour commercial, Larressore possède un patrimoine ancien intéressant, recensé dans un circuit balisé de panneaux explicatifs (2,5 km). Vous découvrirez ainsi l'ancien petit séminaire et sa chapelle ainsi que la place du fronton et son atelier de makhilas, fondé avant la Révolution, qui fabrique toujours ces cannes en bois traditionnelles du Pays basque, selon des méthodes d'antan. En bois de néflier et finement ouvragées, à la fois bâton de marche et arme de défense (une pointe d'acier acérée est dissimulée dans le manche), les makhilas sont un symbole de liberté pour le peuple basque. En face de l'atelier, ne manquez pas l'espace d'exposition avec un documentaire sur les étapes de sa fabrication (30mn).
Atelier Ainciart-Bergara - fronton - 05 59 93 03 05 makhila.com - sam. apr.-midi et fermé dim.

À table et au lit ! Au cœur du village, cet hôtel-restaurant propose des chambres modernes et épurées. La grande terrasse panoramique dévoile une large et belle vue sur la montagne. Au restaurant, ambiance brasserie basque avec des plats et régionaux mais aussi des burgers, le tout élaboré avec des produits frais. Côté bar : *pintxos* et planches pour un apéro dînatoire.
Aldaburua - Le bourg - 09 83 94 27 71 - aldaburua.com - 5 ch. 85 € - 16/25 €.

4 CAMBO-LES-BAINS

Haut-Cambo, Bas-Cambo. Dans un superbe cadre naturel, Cambo-les-Bains, connu pour ses eaux curatives et la douceur de son climat, dévoile le charme un peu nostalgique des stations thermales du début du 20e s. Le Haut-Cambo, quartier administratif, commerçant et résidentiel, regroupe ses propriétés et ses hôtels sur le rebord d'un plateau qui domine la Nive ; le Bas-Cambo, vieux village basque, est situé près de la rivière. Dominant la Nive, l'église St-Laurent possède une magnifique galerie sculptée et un retable baroque en bois doré du 17e s.

Pour la nuit. À 9mn de la gare, ce petit hôtel familial et convivial, situé dans le pittoresque quartier du Bas-Cambo, dispose de grandes chambres personnalisées et bien tenues. Copieux petit-déjeuner avec produits du terroir basque.
Hôtel Ursula - 37 rte du Bas-Cambo - 05 59 29 88 88 - www.hotel-ursula.fr - 15 ch. 90/105 € - 12 €.

Entrer chez le père de Cyrano. Conçue par Edmond Rostand lui-même grâce aux droits de son *Cyrano*, l'immense villa de style basque-labourdin s'élève sur un promontoire aménagé en jardins à la française. La perspective vers les montagnes d'Itxassou s'achève sur un pavillon à pergola tandis que le

La villa Arnaga à Cambo-les-Bains.

cadran solaire affirme malicieusement : « Je ne mesure que les beaux jours. » Lumineuse, elle l'est en effet, cette belle demeure. Clarté et chaleur des lambris de bois, fraîcheur des peintures décoratives et des frises de carreaux, raffinement des faux marbres et des trompe-l'œil, éclat des vitraux de couleur... On y découvre aussi de nombreux documents sur la famille Rostand et la carrière du dramaturge.
Villa Arnaga - Musée Edmond Rostand - av. du Dr-Alexandre-Camino - ✆ 05 59 29 83 92 - www.arnaga.com - fermé de mi-nov. à fin mars - 9 €.

À table ! La salle est claire et la carte courte. Deux raisons de s'attarder dans ce restaurant décoré avec goût. La cuisine traditionnelle y est revisitée avec entrain et un sens aigu de la gourmandise, à l'image de cette terrine de pieds de porcs désossés ou, en dessert, ce soufflé chaud à l'eau-de-vie de poire. Quelques chambres et studios.
Le Bellevue - 29 r. des Terrasses - ✆ 05 59 93 75 75 - www.hotel-bellevue64.fr - fermé lun., jeu. soir et dim. soir - menus 33/47 € - 7 ch. 80/95 €.

Pause sucrée et salée. Impossible de résister aux tartes présentées en vitrine, salées ou sucrées. Petite terrasse centrale et colorée qui s'ouvre sur la verdure. Service souriant.
La Petite Pause - pl. Duhalde - ✆ 05 59 42 67 17 - fermé mar. - moins de 15 €.

Un saut à la colline de la Bergerie. 20mn AR. Depuis l'avenue d'Espagne, prenez la rue de la Bergerie jusqu'au parking. En arrivant au sommet de cette colline boisée, vous aurez l'occasion d'admirer, à l'ombre d'un chêne centenaire, un beau panorama sur les sommets alentour.

5 PONT-NOBLIA-BIDARRAY

➔La gare dessert le village de Bidarray.

Croire aux miracles. En contrebas des crêtes d'Iparla, accroché au bord du plateau, le petit village de Bidarray surplombe la confluence de trois rivières. Depuis l'église et la place du fronton, belle vue sur les vallées. La silhouette imposante de l'église romane du 12e s. domine le paysage, avec ses hauts murs de grès rose et son clocher-mur du 17e s. Le cimetière abrite de belles stèles discoïdales. La route qui descend de l'église mène au pont Noblia (14e s.). L'arche principale forme avec son reflet dans l'eau un cercle parfait. Le village était aussi réputé pour sa source miraculeuse du saint qui « sue ». On dit qu'elle guérit les maladies de peau...

À table et au lit ! En face de la gare, cette grande bâtisse blanche a tout le charme ancien du pays. Les chambres sont simples et rustiques. Au restaurant, où l'usage du bois rappelle que la montagne n'est pas loin, les spécialités basques, la garbure et l'anguille persillade, sont élaborées avec amour et tradition. Terrasse ombragée. Bon accueil.
Hôtel-restaurant Noblia - rte de St-Jean-Pied-de-Port - 05 59 37 70 89 - www.hotel-basque-noblia.com - 9 ch. 78/92 € - 10 € - 15/25 €.

Descendre la rivière à toute allure. Les 7 km de descente sur la Nive d'Ossès à Bidarray sont propices à la pratique des sports d'eaux vives : rafting, miniraft, hot-dog, hydrospeed et canyoning. Adrénaline et fun garantis dans des paysages magnifiques !
Cocktail Aventure - en face de la gare - D 918 pont Noblia - 05 59 37 76 24 - www.cocktail-aventure.com - sur réserv. - rafting ou hydro- speed 33/35 €; canyoning (à partir de 12 ans) 40 €.

Le pic d'Iparla, c'est par là. Le GR 10 vous emmène depuis Bidarray vers le pic d'Iparla (11,5 km - 6h AR). On marche sur la ligne de crête le temps d'une superbe randonnée au plus près du ciel. Le site est l'occasion d'observer des rapaces et des vautours, parfois très proches.
Infos : itinéraire en téléchargement sur www.en-pays-basque.fr.

6 OSSÈS- ST-MARTIN-D'ARROSSA

➔La gare se trouve dans le quartier d'Eyharce, entre Ossès et St-Martin-d'Arrossa (à 10mn à pied).

Un village éclaté en quartiers. À quelques kilomètres des sommets pyrénéens, Ossès sert de porte d'entrée aux collines verdoyantes de Basse-Navarre. Vous y découvrirez des maisons nobles à l'architecture typique et des paysages de prairies baignés d'une lumière éthérée. Dans le quartier d'Eyharce, près de la gare, voyez la maison Arrosagaray du 16e s., repérable à ses fenêtres à meneaux, et la maison Arrossa (linteau de 1613). St-Martin-d'Arrossa, ancien quartier d'Ossès, conserve quelques belles fermes anciennes et une église dont l'autel est en bois doré.

À table et au lit ! Avec un grand souci de détente (espace fitness, Spa, hydrothérapie, sauna, etc.), cet hôtel situé en face de la gare possède le charme et l'authenticité d'une maison privée. Et pour cause. Construit en 1745, ce relais de diligence a toujours appartenu à la même famille. Cuisine traditionnelle de bonne qualité.
Hôtel-restaurant Eskualduna - 05 59 37 71 72 - www.chezkatina.fr - fermé janv.-fév. - 36 ch. 105/127 € - 15/20,50 €.

Acheter des souvenirs au Village d'artisans. À Ossès, sur la D 918, en direction de St-Jean-Pied-de-Port (à 15mn de la gare), un potier, un sandalier, un distillateur et des producteurs de pays proposent directement le fruit de leur travail. Ce regroupement d'artisans a pris possession de la route afin d'offrir l'éventail le plus large possible du savoir-faire basque. Certains ont aménagé leur espace de façon à montrer leur atelier : n'hésitez pas à pousser les portes.

7 ST-JEAN-PIED-DE-PORT

Passer par la case prison. Dans un superbe cadre de montagnes, posé comme son nom l'indique au pied du port de Roncevaux, voici la dernière étape française des pèlerins de Compostelle. Modelée par une histoire militaire agitée dont témoignent ses remparts et sa citadelle, l'ancienne capitale de Basse-Navarre est aujourd'hui une paisible cité, agréable et doucement animée : les maisons de grès rose se dorent paresseusement au soleil et seules viennent les envahir, aux beaux jours, des armées pacifiques

St-Jean-Pied-de-Port sur le chemin de St-Jacques.

de visiteurs... et, toujours plus nombreuses, de pèlerins. La rue de la Citadelle, en descente vers la Nive, est bordée de maisons des 16e (remarquez au no 32 la maison Arcanzola de 1510) et 17e s. avec de beaux portails arrondis et des linteaux droits sculptés au 18e s.

Pour la nuit. Le temps semble s'être arrêté dans cette grande demeure du 18e s. Ses chambres, véritablement coquettes, ouvrent leurs fenêtres sur la Nive, la petite cascade, le pont romain et le parc boisé. Petit-déjeuner servi sur la terrasse ou dans le salon près de la cheminée. Un pur bonheur à 15mn à pied de la gare.
Maison Donamaria - 1 chemin d'Olhonce - 06 22 48 88 00 - maisondonamaria.fr - 5 ch. 95 € - fermé de mi-sept. à mi-oct.

À table ! Cidrerie moderne sans tonneaux, ce restaurant propose une cuisine locale simple mais bien menée. On s'installe dans la salle aux murs de pierre ou sur la petite terrasse dans la cour, surplombée par le chemin de ronde des remparts.
Hurrup Eta Klik - 3 bis r. de la Citadelle - 05 59 37 09 18 - fermé de janv. à déb. mars., merc. (mars-juil.) - 15/30 €.

Pause sucrée. Réalisés à base d'amande ou de noix de coco, nature ou aromatisés, les macarons de Christophe Berthold sont un hommage réussi à ceux que préparait sa grand-mère.
La Fabrique de Macarons - 25 r. de la Citadelle - 05 59 37 19 95 - www.lafabriquedemacarons.fr - fermé du 11 Nov. à fin mars.

L'heure de l'apéro. Faites une pause sur l'une des plus jolies terrasses du bourg, au-dessus de la Nive et à l'ombre d'un platane, où se côtoient habitués et gens de passage. Également cuisine bistro et service tardif.
Café Ttipia - 2 pl. Floquet - 05 59 37 11 96 - cafettipia.com - fermé merc. (sf juil.-août).

AGEN - MONTAUBAN

Suivant la Garonne et le canal des Deux-Mers, la ligne de train file tranquillement dans un paysage verdoyant de collines et de vignobles, passant des villages médiévaux pittoresques et des ouvrages d'art spectaculaires, dans une région où le bien-vivre est élevé au rang d'art. Un délicieux mélange de terroir, de patrimoine naturel et urbain, et de musées.

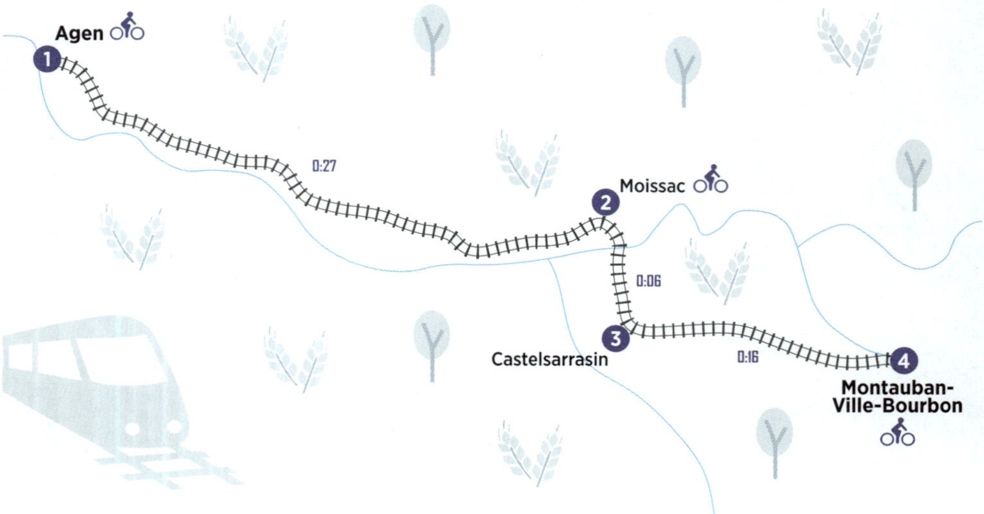

D'AGEN À MONTAUBAN - 4 JOURS

- Pour rejoindre Agen depuis Bordeaux-St-Jean TGV (1h02) et TER (1h40) directs
- Trajet sans escale : 46mn
- Fréquence : 11 TER/j en sem., 7 le w.-end.
- Horaires : www.ter.sncf.com/occitanie
- Tarif sans escale : 13,60 €
- Services à bord : transport des vélos gratuit
- Pour le retour Bordeaux-St-Jean TGV et Intercités directs (1h40)
- Bon à savoir : à Agen, Le Café Vélo (voir ci-contre) propose un service de récupération des vélos à Montauban

Où se placer pour admirer le paysage ? À gauche dans le sens de la marche pour avoir vue sur le canal latéral à la Garonne jusqu'à Valence d'Agen, puis à droite jusqu'à Montauban.

Agen, canal de la Garonne.

❶ AGEN

Louer un vélo. Le Café Vélo loue des vélos classiques et électriques sur les berges de la Garonne. Enfourchez votre monture et suivez le canal *(voir p. 157)*!
Café Vélo - 207 r. du Duc-d'Orléans - ✆ 05 53 96 15 51 - www.cafe-velo.net - tlj juil.-août ; mars-juin et sept.-oct. : fermé lun.-mar. - VTT/VTC 19 €/j et VAE 36 €/j.

Perle médiévale. Avec ses places ombragées, ses ruelles médiévales bordées de demeures à pans de bois et ses larges boulevards, en partie rendus aux piétons, Agen a des accents méridionaux. Commerçante, truffée de jolies boutiques et de bons restos, la ville est très accueillante. Les aménagements le long de la Garonne et du canal latéral ont rendu les berges du fleuve aux piétons et aux cyclistes, ouvrant la ville sur la nature environnante. Commencez par la place du Dr-Pierre-Esquirol, où se dressent l'hôtel de ville (17e s.), le théâtre à l'italienne Ducourneau et le musée des Beaux-Arts (*voir p. 154*). Remontez le temps jusqu'au Moyen Âge en flânant du côté de la rue Beauville et de la place des Laitiers, avant de visiter la cathédrale St-Caprais, fondée au 11e s.

Pour la nuit. Idéalement situé à côté de la gare et au cœur de la vieille ville (et très calme malgré le boulevard), Stim'Otel propose des chambres contemporaines confortables, fonctionnelles et bien équipées.
Au château des Jacobins, il règne un bel esprit « demeure bourgeoise » : meubles anciens, tissus raffinés et chambres joliment décorées, d'une tenue irréprochable. Cet hôtel particulier construit en 1830 pour le comte de Cassaigneau est situé à 13mn à pied de la gare !
***Stim'Otel** - 105 bd du Prés.-Carnot - ✆ 05 53 47 31 23 - stimotel.com - 58 ch. 65/82 € - ☕ 12 €.*

Chapiteaux sculptés du cloître de l'abbaye St-Pierre de Moissac.

Château des Jacobins - pl. des Jacobins - ✆ 05 53 47 03 31 - www.chateau-des-jacobins.com - 12 ch. 100/123 € - ☕ 10 €.

Des amphores et des Corot. Les collections du musée des Beaux-Arts prennent place dans quatre hôtels particuliers, bâtis sur l'ancien tracé du rempart d'Agen, seuls témoignages d'architecture civile Renaissance (façades visibles par la ruelle des Juifs située à l'opposé de l'entrée principale). Le musée abrite de belles collections d'archéologie médiévale et antique. Réputé pour ses œuvres espagnoles des 18e et 19e s., le musée présente aussi des natures mortes flamandes et hollandaises, des peintures du 18e s. et de l'école impressionniste.

Musée des Beaux-Arts - pl. du Dr-Esquirol - ✆ 05 53 69 47 23 - www.musee-agen.fr - fermé mar. - 6 €.

À table ! On peut passer devant L'Imprévu sans le voir, mais ça serait dommage ! Dans la salle contemporaine ou en terrasse, régalez-vous d'une cuisine bien faite et joliment présentée : salade de gésiers ou burger-frites ? Mais les végétariens ne sont pas oubliés.

Le Margoton est une sympathique adresse de la vieille ville : accueil familial, décor cosy à base de matériaux traditionnels aux notes actuelles. Appétissante cuisine dans l'air du temps.

L'Imprévu - 7 r. Camille-Desmoulins - ✆ 05 53 66 39 31 - resto-limprevu-agen.com - fermé dim.-lun. - plats 16,50/26 € - menus 21/25,50 €.

Le Margoton - 52 r. Richard-Cœur-de-Lion - ✆ 05 53 48 11 55 - www.lemargoton.com - fermé dim.-mar. - menus 28/37 €.

Pour le pique-nique. Digne ville du Sud-Ouest, Agen est réputée pour ses marchés et ses beaux produits qui composeront des pique-niques de choix.

Marché couvert - pl. Jean-Baptiste-Durand - tlj sf lun. et dim. apr.-midi.

Marché fermier bio - bd de la République et pl. Castex - sam. matin.

Marchés fermiers - pl. Jasmin - sam. mat.; pl. du 14-Juillet - dim. et merc. matin.

Pause sucrée. Du petit-déjeuner au goûter, ce salon de thé propose de la restauration légère néanmoins savoureuse, à base de produits frais et bien sûr faits maison. Gâteaux fameux et terrasse accueillante en font une adresse courue.

Quarts Coffee-Kitchen - 63 r. Molinier -
☏ 05 53 96 63 74 - fermé dim.-lun.

L'heure de l'apéro. Cette brasserie artisanale indépendante ne désemplit pas. Avec sa déco industrielle, sa grande terrasse et ses délicieuses mousses, c'est le rendez-vous de la jeunesse agenaise.
L'Indé - 14 av. du Gén.-de-Gaulle -
☏ 05 53 68 65 66 - inde-agen.com - tlj.

Garonne en fête. En août, programme festif pour tous dans l'agglomération agenaise afin de célébrer la Garonne : descente du fleuve en canoë, tyrolienne, marché de producteurs, concerts et feu d'artifice.

2 MOISSAC

Louer un vélo. La base de loisirs Rand'eau loue des VTC sur les berges du Tarn.
Base de loisirs Rand'eau - 220 chemin de Rhode -
☏ 06 85 47 72 47 ou 05 81 11 91 39 - www.randeau.net -
tlj en juil.-août - sur réserv. en ligne la veille av. 18h -
17 € la demi-journée.

Belles pierres et bons vins. Il faut avoir vu, une fois dans sa vie, le visage du prophète Jérémie pencher doucement sur son épaule de pierre. Sa statue soutient le tympan du portail de la merveilleuse abbaye de Moissac depuis le 12e s. La petite ville s'élève tout autour, sur la rive droite du Tarn et de part et d'autre du canal latéral à la Garonne, au milieu de coteaux couverts de vergers et de vignobles. L'été, les soirées musicales et le Festival des Voix retiennent les promeneurs en faisant résonner les murs anciens.

À table et au lit ! Souvent remanié, ce moulin fondé au 15e s. dispose désormais d'un bel aménagement intérieur, de jolies chambres à thème avec vue sur le Tarn et d'un spa (jacuzzi, douches sensorielles, parcours de stimulations plantaires, chaises chauffantes...). Côté cuisine, des plats classiques et des produits régionaux inspirant le menu du marché.
Hôtel Le Moulin de Moissac - 1 prom. Sancert -
☏ 05 63 32 88 88 - www.lemoulindemoissac.com -
36 ch. 99/149 € - ☕ 16 € - ✂ déj. sem. 20 € - menu du marché 24 € - fermé dim.-lun. et sam. midi.

Chef-d'œuvre roman. Si le tympan du portail de la merveilleuse abbaye de Moissac, qui connut son âge d'or dès le 11e s., est remarquable, l'édifice est aussi célèbre pour son cloître de la fin du 11e s. Ombragé par un grand cèdre, il dégage un charme incomparable, grâce à la légèreté de ses arcades et l'harmonie de ses marbres, blanc, rosé, vert ou gris. Les chapiteaux sont décorés d'animaux, de feuillages, de motifs géométriques et de scènes historiées inspirées de la Bible. Sublime.
Abbaye et cloître de Moissac - ☏ 05 63 04 01 85 -
www.abbayemoissac.com - cloître : 7 €.

Pédaler jusqu'à Castelsarrasin le long du canal. Le canal des Deux-Mers qui, de Bordeaux à Sète, aménagé pour les cyclistes, offre à Moissac une piste verte ombragée, traversant parfois des villages en briques roses, suivant l'ancien chemin de halage. À la sortie de Moissac, vous passez au-dessus du Tarn par le très beau pont-canal du Cacor, qui permet au canal de Garonne d'enjamber le Tarn. Construit au milieu du 19e s., c'est l'un des plus longs de France (356 m), il comporte quinze arches, qui allient majestueusement la pierre du Quercy et la brique toulousaine. La balade jusqu'à Castelsarrasin, très facile (8,7 km - 1hAR), est ponctuée d'écluses historiques.

Pause sucrée. Les gâteaux et autres douceurs de cet artisan pâtissier-chocolatier-glacier jouissent d'une très bonne réputation locale. La spécialité « maison » est le Grain Doré de Moissac, succulent chocolat contenant un grain de chasselas macéré dans une liqueur à l'armagnac. Également des macarons, des tartes aux noix et aux beaux jours, d'alléchants esquimaux.
Pâtisserie Cédric Moretto « Le Grain doré » -
6 r. du Marché - ☏ 05 63 04 03 05 -
fermé dim. apr.-midi et lun.

3 CASTELSARRASIN

Une histoire mouvementée. Cette ville très ancienne est située au cœur du vignoble de Lavilledieu. Elle connut au fil des âges des épisodes mouvementés : mentionnons, entre autres tribulations, la croisade des Albigeois au 13e s. et les guerres de Religion qui virent s'opposer, à partir de 1560, Castelsarrasin la catholique à Montauban la protestante. Illustration du style gothique méridional, l'église St-Sauveur, reconstruite en 1254, abrite un intéressant mobilier baroque des 17e et 18e s. (les boiseries proviennent de l'abbaye cistercienne voisine de Belleperche). Quant aux rives ombragées du canal, elles invitent, les belles journées d'été, à la promenade et à la détente.

La place Nationale à Montauban.

Pour la nuit. En centre-ville, à moins de 10mn à pied de la gare, cette belle bâtisse Art nouveau respire le calme et la sérénité. Vous pourrez donc reposer sur vos deux oreilles dans l'une des chambres élégantes et joliment décorées, distribuées autour d'un patio intérieur.

Hôtel Marceillac - 54 r. de l'Égalité - ✆ 05 63 32 30 10 - hotelmarceillac.com - 12 ch. 72/90 € - ☕ 9 €.

À table ! Adresse sans prétention dont la cuisine, Sud-Ouest oblige, tourne autour du canard ! Belle terrasse privée, fleurie et calme.

Le Patio - 60 r. de l'Égalité - ✆ 05 63 32 63 50 - fermé dim. soir-lun. - plats 15/30 €.

4 MONTAUBAN-VILLE-BOURBON

➔ La gare se situe de l'autre côté du Tarn, après le Pont-Vieux. Il faut marcher 10-15mn pour rejoindre le vieux Montauban ou prendre le bus 1 ou 4.
Infos : www.montm.com.

Louer un vélo. La Maison du Vélo loue des vélos classiques et électriques.
Maison du Vélo - 16 allée de l'Empereur - ✆ 05 63 63 52 52 - www.montm.com - tlj sf dim. 12h30-19h - vélos/VAE 6 €/10 €/j.

Rose brique. À la limite des collines du bas Quercy et des riches plaines alluviales de la Garonne et du Tarn, Montauban est une ville animée toute l'année.

Le Pont Vieux (14e s.) aux sept arches enjambe le Tarn et marque l'entrée dans le vieux Montauban, tout en brique rose-orangé. Faites un petit détour jusqu'à la place Nationale, l'âme et le centre névralgique de la ville. Ses arcades en briques (17e s.), voûtées d'ogives, abritent une double galerie, tandis que les maisons qui l'entourent se raccordent à chacun des angles par un portique.

Pour la nuit. Ce trois-étoiles de caractère s'est installé dans une maison du 18e s. face à la cathédrale et à 15mn de la gare. L'ancien et le moderne s'allient harmonieusement pour créer un cocon de pur confort. Jolies chambres.

Hôtel du Commerce - *9 pl. F.-Roosevelt - 05 63 66 31 32 - www.hotel-commerce-montauban.com - 27 ch. 69 € - 10 €.*

Deux superstars dans un musée. Dans l'ancien palais épiscopal (1664), le musée Ingres-Bourdelle met à l'honneur deux enfants du pays : le peintre Jean-Auguste-Dominique Ingres (1780-1867), qui a légué ses collections de peintures anciennes à la ville, et Antoine Bourdelle (1861-1929), un sculpteur qui doit beaucoup à son maître, Auguste Rodin (1840-1917).

Musée Ingres-Bourdelle - *19 r. de l'Hôtel-de-Ville - 05 63 22 12 91 - museeingresbourdelle.com - fermé lun. - 10 €.*

À table ! Pour un déjeuner sous les arcades de la place Nationale ou dans une longue salle au plafond voûté, rendez-vous aux 5 Bouchons. Ici, tous les quinze jours, une nouvelle carte de saison met en avant les produits locaux bien sourcés dans des assiettes simples, colorées et gourmandes. Un bon moment pour un prix très raisonnable.

Les 5 Bouchons - *24 pl. Nationale - 05 63 93 65 64 - fermé dim.-lun. et le soir sf sam. - formules 21/27 €.*

Pour le pique-nique. Direction le marché couvert, la bonne adresse pour remplir votre panier de belles victuailles de la région.

Marché - *11 pl. Nationale - tous les matins sf lun.*

Échappée à Montech. Du Port Canal de Montauban, le canal de Montech, sur 10 km de voie verte, permet de faire une douce escapade à Montech (prononcez *Montesch*) au bord de l'eau (2h AR). Outre quelques maisons à colombages, vous y découvrirez l'église N.-D.-de-la-Visitation et son remarquable clocher toulousain, haut de 46 m, mais, surtout, vous apprécierez l'un des ouvrages d'art construit pour moderniser le canal de la Garonne, aussi ingénieux que spectaculaire : la pente d'eau. Cette sorte d'ascenseur pour bateaux (1974) permet de remplacer cinq écluses successives, gain de temps précieux de navigation.

Pause sucrée. Une pâtisserie réputée pour son Absolu (biscuit amande, croustillant pralin, chocolat et crème brûlée à la vanille) et son Baccarat (macaron pistache craquant aux framboises fraîches). Salon de thé accueillant.

Alexandres - *117 fbg Lacapelle - 05 63 91 25 53 - Facebook - fermé dim. apr.-midi.*

TOULOUSE - VILLEFRANCHE-DE-ROUERGUE

Cette ligne fait un lien évident entre nature et patrimoine. Depuis les toits roses de belle cité toulousaine, vous voyez défiler les collines boisées et les vallées verdoyantes du Tarn et de l'Aveyron entre lesquelles serpentent des ruisseaux et même le beau Tarn, surveillés par de bien vieilles bastides, des châteaux perchés et des villes albigeoises. Chevaleresque !

DE TOULOUSE À VILLEFRANCHE- DE-ROUERGUE - 7 JOURS

- Pour rejoindre Toulouse-Matabiau depuis Bordeaux-St-Jean, TGV et Intercités (2h10)
- Trajet sans escale : 1h40
- Fréquence : 6 TER/j en sem., 4 le w.-end
- Horaires : www.ter.sncf.com/occitanie
- Tarif sans escale : 24 €
- Services à bord : transport des vélos gratuit ; réservation obligatoire en juillet-août
- Depuis Villefranche, vous pouvez continuer jusqu'à Figeac-Capdenac
- Pour le retour à Bordeaux-St-Jean, il faut repasser par Toulouse

Où se placer pour admirer le paysage ? Côté gauche dans le sens de la marche.

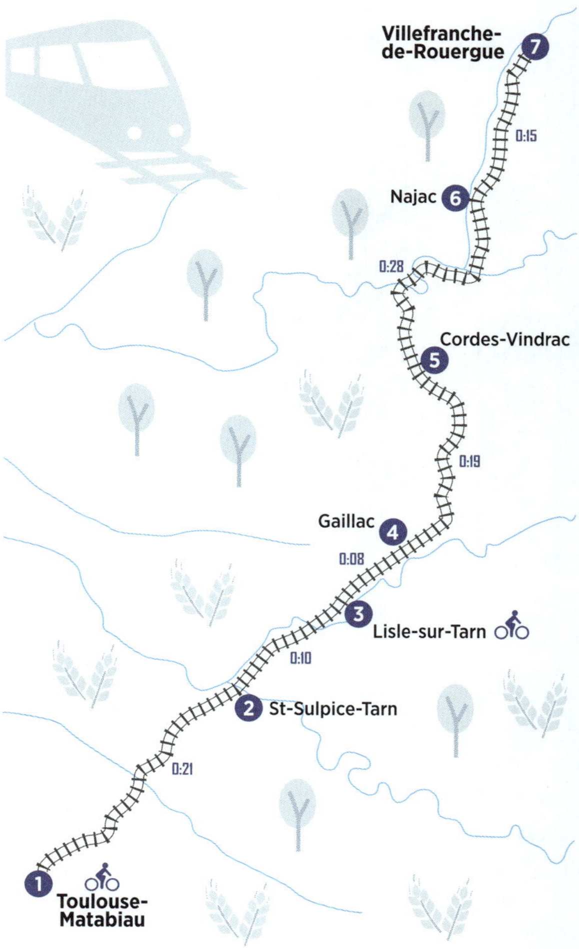

La place du Capitole à Toulouse.

1 TOULOUSE-MATABIAU

➔ La gare de Toulouse est située dans le centre-ville, à 15mn à pied de la place du Capitole par la nouvelle liaison de la rue Bayard ou les allées Jean-Jaurès réaménagées en ramblas. Sinon, tramway A (9mn).

Louer un vélo. Vélos en libre-service dans la ville.
VélÔToulouse - velo.toulouse.fr - 1,20 € d'abonnement pour 24h, gratuit 30 minutes, puis 0,50 € la suivante, 1 € pour une heure suppl., et 2 €/h au-delà.

Rosir de plaisir. Ancienne capitale des terres d'oc et du prospère « pays de Cocagne », la « ville rose » s'impose au 21e s. comme une agglomération de première importance, en perpétuel mouvement. Pourtant, il demeure un charme intemporel dans ses rues et ses places, dans le raffinement de ses églises, dans la beauté de son patrimoine et la richesse de ses musées. Au coucher du soleil, allez admirer les couleurs des clochers romans et des façades néoclassiques sur les quais, depuis la passerelle et le port Viguerie, sur la rive gauche de la Garonne.

Pour la nuit. Au pied de la basilique, à 15mn à pied de la gare, Le St Sernin s'avère un bon choix pour son accueil chaleureux et ses chambres claires et modernes. Les nos 30 et 40 ont une vue privilégiée sur le chevet de la basilique.

Autre adresse du centre-ville, à 24mn de marche de la gare (et 5mn de la station de métro Esquirol), l'Hôtel Croix-Baragnon est d'un rapport qualité-prix intéressant. Calme, convivial, avec une terrasse fleurie. Les chambres offrent tout le confort nécessaire.

***Le St Sernin** - 2 r. St-Bernard - ✆ 0561 21 73 08 - www.hotelstsernin.com - 17 ch. 92/173 € - ☕ 14 €.*
***Hôtel Croix-Baragnon** - 17 r. Croix-Baragnon - ✆ 05 61 52 60 10 - www.hotel croixbaragnon.com - 14 ch. 88/98 € - ☕ 9,50 €.*

Églises remarquables. Classée par l'Unesco, la basilique St-Sernin (11e-15e s.) est la plus célèbre des églises romanes du Midi et la plus riche de France en reliques. Toute de brique et de pierre, elle forme un ensemble magnifique avec ses toitures étagées, dominées par le clocher octogonal. St-Sernin est le type accompli de la grande église de pèlerinage, conçue pour faciliter les dévotions des foules. Les pèlerins venaient toucher la statue des pieds de saint Christophe, leur saint-patron, pour s'assurer une protection au long du chemin vers St-Jacques. Dans le croisillon nord, ne manquez pas les peintures murales romanes récemment mises au jour

et restaurées. Autre merveille, l'église des Jacobins (13e-14e s.), toute en brique, est un chef-d'œuvre de l'école gothique du Midi. L'extérieur, avec ses grands arcs et sa tour octogonale, contraste avec l'élégance et la légèreté de son architecture intérieure, dominée par une décoration polychrome et son fabuleux « palmier », colonne sur laquelle repose la voûte tournante de l'abside aux 22 nervures. Ne manquez pas le cloître et ses 160 colonnettes, la salle capitulaire ni les peintures murales de la chapelle St-Antonin.
Église des Jacobins - pl. des Jacobins - www.jacobins.toulouse.fr - couvent : tlj sf lun. 10h-18h - 5 €.

Se prendre pour un collectionneur. L'hôtel d'Assézat, incontestablement le plus bel hôtel Renaissance de Toulouse, abrite la Fondation Bemberg. La visite est un vrai plaisir. Les collections, rassemblées par l'amateur d'art Georges Bemberg, comprennent des peintures, sculptures, du mobilier et des objets d'art, de la Renaissance au 20e s. Au 1er étage, est exposé l'art ancien : d'élégants meubles vénitiens du 18e s. et des objets d'art du 16e s. accompagnent les toiles Renaissance de Cranach, François Clouet, Véronèse ou Titien. Changement de décor au 2e étage, consacré à l'art moderne. La collection, comprenant un magnifique ensemble de tableaux de Bonnard, rassemble pratiquement tous les grands noms de l'école française du 19e au début du 20e s. (Gauguin, Matisse, Monet, Dufy...).
Fondation Bemberg - Pl. d'Assézat - ✆ 05 61 12 06 89 - www.fondation-bemberg.fr - fermé lun. - 14 €.

À table ! Face à la gare, on peut se restaurer à La Maison du vélo avant de partir à bicyclette. Courette et salle sympathique à l'étage : décoration alternative, ambiance « récup' » colorée. On vient pour l'emplacement, on apprécie la démarche (restaurant d'insertion) et on revient car on s'est régalé. Le lieu fait aussi bar et salon de thé : tout bon !
À 5mn de la place du Capitole, L'Air de Famille est un lieu délicieux, avec sa déco d'époque (affiches publicitaires, vieux comptoir) et son atmosphère sans prétention. Carte renouvelée chaque jour à partir des produits du marché voisin. Ici le légume est roi et accompagne à plaisir viande et poisson. L'accueil est très attentif : ne manquez pas cette adresse !
Le Vélo Sentimental - 12 bd Bonrepos - ✆ 05 34 42 92 51 - www.maisonduvelotoulouse.com - fermé dim. et le soir lun.-mar. et sam. - plat 10,80 €.
L'Air de Famille - 6 r. Jules-Chalande - ✆ 05 67 06 54 08 - airdefamilletoulouse.fr - fermé dim.-lun., et le soir mar.-merc. - formules 23/27 € (midi), 37/40 € (soir).

Pour le pique-nique. Pour mettre la gastronomie toulousaine dans vos pique-niques, rendez-vous au marché couvert, place Victor-Hugo (fermé lun.). Le dimanche matin, le marché campagnard se tient autour de l'église St-Aubin : c'est le rendez-vous des petits producteurs. Un marché biologique se tient le mardi et le samedi matin au pied du donjon du Capitole.

Pause sucrée. Bapz, installé près de la Fondation Bemberg, est réputé pour être l'un des meilleurs salons de thé de la ville ! La desserte avec les pâtisseries du jour donne envie de tout goûter. Muffins, scones, tartes variées accompagnent un large choix de thés. Possibilité de déjeuner, brunch tous les jours. Le tout dans une décoration à l'esprit british.
Bapz - 13 r. de la Bourse - ✆ 05 61 23 06 63 - www.bapz.fr - 11h30-19h - fermé dim.-lun.

L'heure de l'apéro. Sur la place de la Daurade, coup de cœur pour cette grande terrasse donnant directement sur le fleuve, dans une belle maison à colombages. L'endroit est parfait pour une pause après avoir arpenté les bords de la Garonne.
Le Café des Artistes - 13 pl. de la Daurade - ✆ 05 61 12 06 00 - tlj.

2 ST-SULPICE-TARN

➔ Peu d'hébergements. Le temps d'un arrêt et d'un tour dans la bastide avec ou sans la visite des souterrains (1h). Côté restauration, pizzerias et brasseries caleront une petite faim.

Se sentir à la pointe. À la confluence du Tarn et de l'Agout, St-Sulpice-la-Pointe a pris le nom de la forme de son territoire. L'église du 14e s. en brique possède le plus haut clocher-mur (40 m) du Tarn et un gracieux pont suspendu qui enjambe le Tarn depuis 1931. Cette bastide est dominée par les ruines du château du Castela. Sous ces vestiges, on peut visiter les 142 m de galeries et ses quatre salles où est retracée l'histoire de ceux qui l'utilisèrent au cours des siècles, tels les faux-monnayeurs ou les fileurs de laine.

Lisle-sur-Tarn, bastide du 13e siècle.

Souterrain du Castela - rue du 3-Mars-1930 - visite guidée uniquement - de Pâques au 1er Nov. - 7,50 € - sur réserv. en ligne : www.tourisme-tarnagout.com.

3 LISLE-SUR-TARN

Louer un vélo. VTT et VTC électriques, à côté de la gare. La véloroute de la vallée du Tarn entre St-Sulpice-Tarn et Albi (63 km) passe par Lisle-sur-Tarn et Gaillac.
Les vélos de Léonce - 8 quai Pasteur - 05 63 33 35 06 - lesvelosdeleonce.com - 30/49 € la demi-journée.

Sur une île. Posée sur le Tarn, la bastide, édifiée en 1229, devint une véritable île lorsqu'un fossé fut creusé pour assurer sa défense. D'où son nom. Cette grosse bourgade de l'Albigeois a conservé de son passé une vaste place à couverts ornée d'une fontaine. Une flânerie dans le centre historique permet de découvrir quelques vieilles maisons en brique et bois des 16e, 17e et 18e s. Certaines sont reliées à leurs dépendances par des *pountets* (petits ponts couverts) enjambant les ruelles au niveau de l'étage. L'église N.-D.-de-la-Jonquière possède un portail roman et un clocher de type toulousain. Du pont, vue agréable sur la ville et ses jardins étagés.

Pour la nuit. À 10mn à pied de la gare, sur une propriété de 3 ha aux cèdres centenaires, cette belle demeure aux volets bleus propose de très belles chambres confortables et élégantes, certaines avec un salon privatif. Spa, jacuzzi, piscine et salle de billard.
Domaine Christanna - 1325 rte de Toulouse - 06 85 64 52 01 - domaine-christanna.com - - 4 ch. 95/115 € - table d'hôtes 35 €.

À table ! Dans la salle rustique, les poutres au plafond et la belle cheminée où le feu crépite l'hiver font écho à une cuisine traditionnelle et régionale réconfortante à base de produits frais. Belle terrasse très agréable aux beaux jours.
Le Romuald - 6 r. du Port - 05 63 33 38 85 - www.restaurant-leromuald-lislesurtarn.fr - fermé lun. et le soir mar. et dim. - formules déj. 15,50/16,50 € - menu 33 €.

Vue aérienne du village médiéval de Najac et son château.

4 GAILLAC

Un air de dolce vita. Posée au bord du Tarn, la prospérité de cette petite cité fut longtemps liée aux activités batelières. Aujourd'hui, elle a la fierté de représenter l'AOP gaillac, qui existe majoritairement en rouge, mais également en blanc, rosé, vin blanc doux et effervescent. Profitez du lacis de ruelles étroites bordées de maisons anciennes du vieux Gaillac, où la brique et le bois se mêlent avec harmonie. L'église St-Pierre, de style gothique et habillée de briques et de pierres, est ornée d'un superbe portail du 14e s. Descendez vers la place du Griffoul, agréable avec ses arcades et sa fontaine du 16e s. Parc de Foucaud, les beaux jardins à la française et à l'italienne du 17e s, s'étagent en terrasses au-dessus du Tarn.

Pour la nuit. Dans une ancienne verrerie du 19e s. entourée d'un parc, cet hôtel de charme est une étape idéale, à proximité de la gare (7mn). Au restaurant, tendance bistronomique.

Hôtel-restaurant La Verrerie - 1 r. de l'Égalité - 05 63 57 32 77 - www.laverrerie81.com - -

14 ch. 97/132 € - 12/15 € - fermé vend., sam. midi et dim. soir - plats 15/30 €.

À table ! Un sympathique bar-restaurant où la vigne règne en maître : près de 300 références sont inscrites sur la carte des vins ! Ils accompagnent des assiettes modernes et gourmandes, avec un menu du jour imposé au déjeuner et un choix plus étoffé le soir. Agréable terrasse.
Vigne en foule *- 80 pl. de la Libération - 05 63 41 79 08 - www.vigneenfoule.com - fermé dim. - déj. sem. 22 € - menu 35 €.*

Découvrir les vins de Gaillac. Cette maison des vins bordée par le Tarn présente la production de 95 domaines viticoles et de 3 caves coopératives. Dégustations et vente directe, présentation du vignoble et initiation à la dégustation.
Maison des vins de Gaillac *- caveau St-Michel - Abbaye St-Michel - 05 63 57 15 40 - www.vins-gaillac.com - fermé dim. hors saison - initiation dégustation 2h 25/30 €.*

5 CORDES- VINDRAC

➔ La gare est située à Vindrac-Alayrac. Pour rejoindre Cordes-sur-Ciel (4,5 km en pente raide) : bus 707 ou taxi à la demande.
Infos : mairie.cordessurciel.fr (onglet « Vie pratique », rubrique « Au quotidien »).

Un peu plus près des étoiles. Perchée au sommet du puëch de Mordagne, dans un site de toute beauté, Cordes-sur-Ciel est une ville médiévale qui domine la vallée du Cérou. Celle que l'on appelle aussi la « ville aux mille ogives » est une cité hors du temps, échouée, selon Camus, « à la frontière d'un autre univers », où la lumière vient jouer sur les tons roses et gris des façades en grès. Visiter Cordes ? Il s'agit surtout de flâner dans la ville haute, au hasard des ruelles empierrées, parmi un exceptionnel ensemble de maisons gothiques (13e-14e s.), en admirant le décor sculpté de leurs façades et en s'attardant devant les vitrines des artisans dont certains font preuve de beaucoup d'originalité !

Pour la nuit. Dans une belle bâtisse de la cité médiévale, un petit hôtel intimiste et charmant. Certaines chambres offrent une belle vue.
Hôtel Raymond VII *- 19 Grand rue Raimond VII - 05 63 60 02 80 - 7 ch. 90/115 € - 10 €.*

Pause sucrée ou salée. Entremets, tartes aux fruits, spécialités locales (croquant et pavé de Cordes), glaces maison (parfums traditionnels ou plus originaux) et autres gourmandises vous attendent dans cette pâtisserie qui fait également salon de thé et propose une petite restauration à l'heure du déjeuner (tartes salées, tourtes, pizzas, etc.).
Maison Moulin *- 1 av. du 8-Mai-1945 - 05 63 56 00 41 - fermé merc. de nov. à mars.*

Musique céleste. Durant la 2e quinzaine de juillet, régalez-vous de musique classique. Le festival Musique en Ciel organise, autour des concerts,

des rencontres de jeunes solistes, mais aussi de luthiers et d'archetiers.
Infos : www.festivalcordessurciel.com.

6 NAJAC

➔La gare étant située sur l'autre rive de l'Aveyron, il vous faut 20mn à pied pour rejoindre le vieux bourg. La ville est tout en hauteurs et en pentes, prévoyez des baskets !
Service transport à la demande - lio.laregion.fr/transports-aveyron-tad - sur réserv. au 08 05 60 81 00 - lun.-vend.9h-12h,13h30-16h30.

Quel site ! Campé sur son promontoire surplombant un méandre de l'Aveyron, le vieux bourg (13ᵉ-16ᵉ s.) semble assoupi sous ses toits d'ardoises que dominent encore les tours de son formidable château fort. Chef-d'œuvre de l'art militaire du 13ᵉ s., la forteresse de Najac a conservé un incroyable système fortifié flanqué de grosses tours rondes. La plus puissante des tours, au sud-est, constituait le donjon d'où la vue est magnifique. Les parties ruinées sont essentiellement dues à la transformation de l'édifice en carrière au 19ᵉ s.
***Forteresse** - rue du Château -*
05 65 29 71 65 - fermé nov.-mars - 6,50 €.

À table et au lit ! À 4mn de la gare, au bord de l'Aveyron, l'hôtel Belle Rive, dominé par le château, est idéal pour une halte paisible. Les chambres sont fonctionnelles et bien tenues. Salle à manger avec grande terrasse ombragée. Cuisine traditionnelle. Si vous préférez être au cœur du village, faites halte à L'Oustal del Barry, établissement bordant la place centrale. Le patron concocte une fine cuisine aux accents régionaux que vous pourrez savourer dans la salle à manger de style « rustique chic ». Belles terrasses d'été et chambres confortables.
***Hôtel Belle Rive** - 4 r. Roc-du-Pont -*
05 65 29 73 90 - www.le-belle-rive.fr - - fermé nov.-mars - 17 ch. 84 € - 12,50 € - menu 29 €.
***L'Oustal del Barry** - 2 pl. Sol-del-Barry -*
05 65 29 74 32 - www.oustaldelbarry.com - fermé de fin déc. à mi-fév. - 17 ch. 83 € - 10 € - formule déj. 16,50 € - menus 37/42 €.

Pour le pique-nique. Elle s'appelle épicerie et on y vend de tout, bio de préférence et produit localement : fruits, légumes, œufs, viande, fromage, pain.
***L'Épicerie du coin** - 33 pl. du Faubourg -*
05 65 65 84 86 - Facebook - avr.-sept. : horaires variables.

7 VILLEFRANCHE-DE-ROUERGUE

Villa Franca, la « ville franche ». Elle doit son nom au fait qu'elle accordait autrefois des franchises et privilèges aux nouveaux habitants. Blottie aux confins du Rouergue et du Quercy, la bastide de Villefranche, construite en 1252, est une ville dont les toits se pressent au pied de la puissante tour de la collégiale Notre-Dame (13ᵉ-15ᵉ s.) et dont les étroites ruelles se prêtent admirablement à la promenade... Si Villefranche a perdu aujourd'hui une partie de son aspect médiéval avec la destruction de ses fossés, de ses remparts et de ses portes fortifiées, ses maisons en pierre et torchis, son plan en damier, avec des rues qui conduisent à la place centrale à couverts et dont les arcades protègent les activités marchandes, en font définitivement toujours une bastide.

Pour la nuit. Ce bâtiment en pierre est devenu un hôtel raffiné au style contemporain marqué par des lignes épurées, un confort réel et une ambiance cosy. Sa proximité avec la gare (10mn) et avec la chapelle des Pénitents-Noirs en plein centre-ville en fait un lieu privilégié.
***Les Fleurines** - 17 bd de Haute-Guyenne -*
05 65 45 86 90 - www.lesfleurines.com - 21 ch. 126/207 € - 14 €.

À table ! À deux pas de la collégiale, des pierres au mur, du bois au plancher, une terrasse pour l'été, des sourires à l'accueil : asseyez-vous et dégustez. Tout est simple (salade de mesclun, assiette de Serrano ou poulet et piperade), tout est frais.
***Gaya** - pl. André-Lescure - 05 65 45 25 95 - restogaya.fr - fermé dim. soir et lun.-mar. (sf mar. en été) - menu du chef 22,50 € - plats 19,50/24,50 €.*

Pour le pique-nique. Outre le grand marché du jeudi matin, voici le temple des produits locaux, où les fameux jambons du Causse, qui pendent au-dessus de l'entrée, donnent le ton. On apprécie les beaux rayons charcuterie, fromagerie et conserverie.
***Pavillon du Causse** - allée Aristide-Briand -*
05 65 81 25 11 - fermé dim.

Porte médiévale de Cordes-sur-Ciel.

Train passant à Port-la-Nouvelle.

AU DÉPART DE MONTPELLIER

Vous pourrez rejoindre Montpellier en TGV direct au départ de Paris-Gare-de-Lyon, Lyon-Part-Dieu, Dijon, Lille, Strasbourg ou en Intercités de Bordeaux, Marseille et Paris-Austerlitz.

MONTPELLIER - BÉZIERS

Voyage au cœur de l'Hérault, à la découverte de ses perles occitanes : Montpellier, Sète, Béziers... voici pour le patrimoine culturel, d'une richesse et d'une variété hors pair. Côté plage, c'est Frontignan, Marseillan ou le Cap d'Agde, selon que vous recherchez la quiétude ou la fête. Quant aux plaisirs de la table, les vignobles délicats et les traditions culinaires régionales vous assurent autant d'étapes sous le signe du bien-vivre... et au soleil.

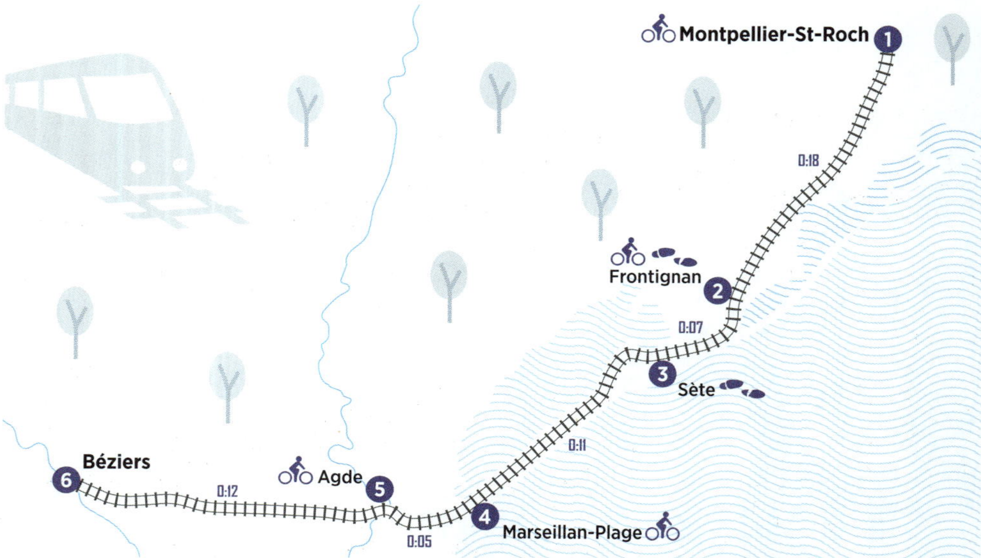

DE MONTPELLIER À BÉZIERS - 6 JOURS

- Trajet sans escale : 50mn
- Fréquence : un TER par heure dont environ 5 trains quotidiens, qui desservent également Marseillan-plage
- Horaires : www.ter.sncf.com/occitanie
- Tarif sans escale : 14,90 €
- Services à bord : transport de vélo autorisé ; réservation obligatoire en juillet-août

Où se placer pour admirer le paysage ? Côté gauche dans le sens de la marche.

Place de la Comédie à Montpellier.

1 MONTPELLIER-ST-ROCH

➔ Départ de la gare Montpellier-St-Roch. La nouvelle gare TGV « Montpellier-Sud de France » se trouve à 6 km du centre-ville. Une navette assure la liaison avec la place de France, arrêt de tram Ligne 1 (la ville compte 4 lignes) qui, elle, dessert la gare St-Roch.
Infos : www.tam-voyages.com.

Louer un vélo. Le service Vélomagg (accessible avec l'appli M'Ticket - 0,50 €/h dès la première heure d'utilisation) permet de louer un vélo, tlj et 24h/24, grâce aux 57 stations automatiques réparties dans la ville, dont 4 à proximité directe de la gare.

La capitale du Languedoc ! Une métropole dynamique et vibrionnante, mêlant avec bonheur quartiers anciens et résolument contemporains... Le Vieux Montpellier recèle des espaces piétonniers où il fait bon se poser après avoir déambulé dans ses ruelles animées : entre la place de la Comédie et l'arc de triomphe du Peyrou, de part et d'autre de la trouée de la rue Foch, s'étendent les vieux quartiers de la ville, lacis de rues tortueuses et étroites caractéristiques des cités médiévales. Ne manquez pas de faire une pause, en journée, sur la charmante place Ste-Anne, baignée des envolées musicales du Conservatoire voisin. En soirée, on préférera l'animation de la place St-Roch.

Pour la nuit. À 4mn à pied de la gare St-Roch, l'hôtel d'Aragon est un petit établissement de charme aux chambres très bien tenues et agréablement décorées. Véranda lumineuse pour prendre le petit-déjeuner à base de produits locaux et bio si possible.

Vous cherchez un hôtel historique? Derrière la majestueuse façade du Métropole, les prestigieux salons, les fresques, les parquets en bois massif ont retrouvé tout leur caractère. Les chambres, modernes, avec de belles hauteurs sous plafond, s'enveloppent de tons chaleureux. À 3mn à pied de la place de la Comédie et de la gare St-Roch.

***Hôtel d'Aragon** - 10 r. Baudin - ✆ 04 67 10 70 00 - www.hotel-aragon.fr - 12 ch. 102/142 € - ☕ 14 €.*
***Hôtel Océania Le Métropole** - 3 r. Clos-René - ✆ 04 67 12 32 32 - www.oceaniahotels.com - 96 ch. 116/143 € - ☕ 18 €.*

Maturation du muscat dans des bouteilles dame-Jeanne à Frontignan.

Plonger dans l'« outrenoir ». La collection Pierre Soulages du musée Fabre constitue l'un des fonds les plus importants de l'artiste après celui du musée de Rodez. Donation exceptionnelle du peintre, elle réunit une trentaine d'œuvres, des premiers tableaux de 1952 à ses célèbres « outrenoir ». Le musée Fabre est aussi le plus important musée du Sud-Est, et l'un des plus riches de France. Il s'organise en trois grandes sections : la période ancienne, la période moderne, et les arts décoratifs qui sont installés dans l'hôtel Cabrières-Sabatier d'Espeyran (rue Montpelliéret).

Musée Fabre - 39 bd Bonne-Nouvelle - ✆ 04 67 14 83 00 - www.museefabre.fr - 10h-18h - fermé lun. - collection permanente 9 €.

À table ! Le Pré Vert, c'est une terrasse aux couleurs flashy à l'ombre de l'église Ste-Anne et une petite salle à la déco tout aussi peps. Dans l'assiette, des plats plutôt inventifs ou des salades-repas. Service efficace et enjoué. Les samedi et dimanche, les habitués du quartier s'attablent devant le brunch du week-end. Dans le très animé quartier St-Roch, Rosemarie, une sympathique cantine, propose une savoureuse cuisine méditerranéenne. Sur l'agréable terrasse au mobilier chiné et vintage, les plats font la part belle aux poissons. Le soir, toutes les entrées peuvent être servies en mode tapas pour tout goûter et partager !

***Le Pré Vert** - 10 r. Ste-Anne - ✆ 04 67 02 72 81 - Facebook - fermé dim. apr.-midi et lun. - salade ou assiette repas 16/17 €.*

***Rosemarie** - 3 r. des Sœurs-Noires - ✆ 04 67 66 15 95 - rosemarie-montpellier.fr - tlj - plats 15/26 €.*

Pour le pique-nique. Tous les jours, les halles Castellane (r. de la Loge), ainsi que les halles Jacques-Cœur (bd d'Antigone) accueillent des marchés alimentaires. Un marché paysan se tient le dimanche matin dans le quartier Antigone (pl. du Nombre d'Or).

Pause sucrée ou glacée. Les Demoiselles de Montpellier, charmant petit salon de thé caché dans une ruelle de la vieille ville (près du musée Favre), revendique la gourmandise pour tous en proposant des douceurs sans allergènes (sans gluten, produits laitiers ou œufs).
Envie d'une glace? La Banquise confectionne chaque jour un large choix de glaces et de sorbets, des classiques chocolat-vanille aux parfums originaux comme citron-thym ou encore ricotta-orange.
Les Demoiselles de Montpellier - 2 r. de la Carbonnerie - ☏ 04 99 65 56 43 - www.lesdemoisellesdemontpellier.fr - tlj.
La Banquise - 2 r. du Petit-St-Jean - ☏ 04 67 86 45 94 - www.labanquisemontpellier.fr - tlj.

L'heure de l'apéro. C'est l'un des bars à cocktails en vogue de Montpellier. Ici, le cadre épuré et minimaliste cède la place à l'essentiel : des cocktails d'exception! À associer aux plats proposés par le chef ou à siroter simplement en admirant les voûtes de pierre de la salle.
Aperture - 2 r. des Trésoriers-de-la-Bourse - ☏ 09 87 17 44 33 - aperturemontpellier.com - fermé dim.-lun.

Plages du littoral montpelliérain. Une piste cyclable permet de rejoindre Palavas-les-Flots, Carnon et La Grande-Motte à partir de la place de la Comédie (comptez 50mn). À 4 km de Palavas-les-Flots, ne manquez pas la cathédrale-forteresse de la Maguelone, isolée sur une presqu'île au milieu des étangs. Émergeant d'un bouquet de pins parasols, de cèdres et d'eucalyptus, elle offre une image d'une insolite beauté.
Domaine de Maguelone - ☏ 04 67 50 49 88 - www.compagnons-de-maguelone.org - 9h-18h - gratuit - 4,50 € audioguide.

Fête patronale. Chaque année, le 16 août, la fête de la Saint Roch donne lieu à de grandes festivités et à une procession à travers la ville jusqu'au 19bis rue de la Loge, devant la maison natale de saint Roch.

2 FRONTIGNAN

→ La gare dessert le village. Frontignan-plage est à 30mn à pied ou 10mn à vélo.
Louer un vélo. À Frontignan-plage, une adresse livre ses vélos à la gare sur demande.
Galexia Bien-être - 104 av. Vauban - Frontignan-plage - ☏ 06 19 98 75 88 - galexiabienetre-deferlantes.fr - vélo musculaire à partir de 10 € la demi-journée, VAE 20 €.

Entre mer et muscat! Cette petite ville a donné son nom à un muscat aussi doré que réputé, dont le vignoble recouvre près de 800 ha au bord de l'étang d'Ingril. À un peu plus de 2 km de la gare, la petite station balnéaire de Frontignan-plage déroule plus de 7 km de littoral préservé et d'espaces naturels protégés. Outre son port de plaisance, elle offre un éventail complet d'activités nautiques et d'escapades diverses, sur les sentiers du massif de la Gardiole et autour de l'étang. Au village, l'église St-Paul (12e s.) fut reconstruite dans le style gothique méridional au 14e s. Intégrée dans les remparts, elle se repère à sa tour-clocher carrée (un ancien donjon) flanquée d'une échauguette.

À table et au lit! Ce restaurant-hôtel du centre de Frontignan se situe à tout juste 5mn à pied de la gare. Ses trois chambres sont agréables et lumineuses et sa table régionale vous servira une cuisine de qualité. La maison propose aussi de bons plats à emporter pour vos journées d'excursion dans les environs.
Le Goût des Hôtes - 18 bd Gambetta - ☏ 06 62 20 30 24 - www.restauranthotel-frontignan-legoutdeshotes.fr - 3 ch. 85/104 € - ✕ plats 17/25 €.

Pour le pique-nique. Sur la place du Château, sous les halles Baltard de Frontignan (1897) rénovées, vous trouverez des produits locaux et spécialités régionales (fermé lun.).

Les étangs, les anciens salins et la plage des Aresquiers. Ce sentier nature, sur terrain plat, fait le tour de l'étang d'Ingril. Un circuit idéal pour découvrir l'écosystème de la lagune, l'ancien salin et le bois des Aresquiers, qui constituent aujourd'hui une réserve Natura 2000. Vous pourrez faire halte à la belle plage des Aresquiers, isolée et tranquille, entre étangs et canal.
Accès : par le plan du Bassin, derrière la gare - 3h30 à pied, 1h45 à vélo - boucle facile. Plan en téléchargement sur www.archipel-thau.com.

L'heure de l'apéro. Achetez vos muscats de Frontignan à la cave coopérative de la ville. Un idée qu'on vous souffle au passage : emportez une bouteille pour votre apéro sur la plage!
Frontignan Muscat - 14 av. du Muscat - ☏ 04 67 48 93 20 - www.frontignanmuscat.fr - tlj.

Muscat en fête. Ce bon vin doux (que vous avez donc goûté sur la plage) est célébré tous les ans en juillet, à grand renfort de dégustations proposées par les vignerons de Frontignan.

3 SÈTE

Une terre de poètes. Sète s'étale au pied de la colline calcaire du mont St-Clair, entre l'étang de Thau et la Méditerranée. Port de pêche, de plaisance et de commerce, la ville doit sa réputation aux canaux qui la parcourent, mais aussi aux poètes et aux artistes qu'elle accueillit. À commencer par Paul Valéry, auquel on peut rendre hommage au cimetière marin, où il repose, et au musée Paul Valéry, perchés sur le mont St-Clair. Poursuivez le pèlerinage à l'Espace Georges Brassens, pour redécouvrir ce natif de Sète amoureux des mots. Enfin, baladez-vous du côté de la Pointe Courte sur les pas d'Agnès Varda, avant de rejoindre le Cadre Royal et les quais du vieux port, jalonnés de toutes sortes de bateaux.

Musée Paul Valéry - rue François-Desnoyer - ☏ 04 99 04 76 16 - museepaulvalery-sete.fr - 10h-18h - 6,20 € (9,90 € avec expo) - fermé lun.
Espace Georges Brassens - 67 bd Camille-Blanc - ☏ 04 99 04 76 26 - www.espace-brassens.fr - 10h-18h - 6 € - fermé lun.

Pour la nuit. Situé dans un quartier tranquille, à côté du théâtre Molière et à 6mn à pied de la gare, cet hôtel familial a été rénové avec goût. Chambres plaisantes et accueil très chaleureux. Un bon rapport qualité-prix.

Hôtel Le National - 2 r. Pons-de-l'Hérault - ☏ 04 67 74 67 85 - www.hotellenational.fr - 22 ch. 85/113 € - ☕ en sus.

Autour du Vieux Port. Avec ses canaux bordés de façades colorées, ses ponts, ses embarcations de plaisance, ses chalutiers et ses vieux gréements, c'est au vieux port que bat le cœur de la cité. Les restaurants et les terrasses s'alignent le long du canal de la Marine, jusqu'à la pointe sud que protège le môle St-Louis : construit en 1666, celui-ci offre une belle promenade balayée par la brise. Du quai Aspirant-Herber, on jouit d'une belle vue sur la ville qui s'étage au flanc du mont St-Clair. Le Quartier Haut, aujourd'hui quartier des pêcheurs et des artistes, est plus paisible, mais n'en demeure pas moins pittoresque.

À table ! Le jeune chef Romain Murat joue des saveurs et des textures, proposant une cuisine inventive dans un esprit ludique... jusque dans le nom des plats. Le menu du déjeuner change chaque semaine et la carte tous les deux mois. À découvrir en terrasse, le long du quai.

Quai d'en Face - 11 quai Aspirant-Herber ☏ 04 67 74 65 17 - www.restaurantquaidenface.com - fermé dim. et lun. midi - déj. sem. 29/37 € - plats 18/33 €.

Pour le pique-nique. Adrienne Verducci avait-elle imaginé que la tielle, chausson à base de poulpe et de tomate qu'elle créa en 1937, allait devenir une des spécialités de la ville ? Sa descendance continue de faire vivre avec talent cette savoureuse création.

Paradiso - 11 quai de la Résistance ☏ 04 67 74 26 48 - fermé lun.-mar.

Si vous avez le pied marin. Kayak Med propose des balades guidées en kayak au long des canaux ou à la découverte des criques et des falaises.

Joutes à Sète.

Kayak Med - base Mer Tabarly (au bout du môle Saint-Louis) - ✆ 06 95 63 12 75 - www.kayakmed.com - avr.-sept. - 40 € - à partir de 10 ans.

Pause sucrée. Dissimulée sous les arcades d'un bâtiment, cette biscuiterie réalise manuellement depuis 1913 les navettes « cettoises », de délicieux biscuits secs parfumés à l'anis, au citron, à la vanille, à la cannelle ou à la fleur d'oranger. Avis aux gourmands.

Biscuiterie Pouget - 47 quai de Bosc et dans les halles - ✆ 04 67 74 72 38 - fermé dim. apr.-midi et lun.

Plages et mont St-Clair. La plage du Lazaret, la plus proche du centre-ville, doit son nom à la pointe qui délimite sa petite rade. Au niveau du canal des Quilles, la plage de la Corniche, située à 2 km du centre-ville, accueille des aires de jeux pour les enfants, des bars et des restaurants. Ceux qui voudront marcher plus loin trouveront dans son prolongement la plage de Villeroy qui déroule jusqu'à Marseillan ses 12 km de sable blond dans un site naturel protégé. Si vous préférez les hauteurs à la plage, vous pourrez gravir à pied le magnifique mont St-Clair, en empruntant la rue Louis-Ramond, au bout de la rue Paul-Valéry, puis la rue de Belfort et le chemin de Biscan Pas (30-45mn aller). Cette colline, jadis couverte de forêts de pins et de chênes, s'élève à 183 m au-dessus de la mer et offre un belvédère de choix.

Parc à huîtres sur l'étang de Thau.

Fête patronale. Chaque année autour du 20 août, la fête de la Saint-Louis dure une semaine, en hommage au saint patron de la ville. C'est à cette occasion qu'est organisé le tournoi final des célèbres joutes nautiques de Sète, une tradition maritime qui remonte à 1666, année de sa création. Sur les eaux du Cadre Royal, les écoles de jouteurs rivalisent d'agilité et d'équilibre pour remporter le plus prestigieux des tournois, le lundi de la Saint-Louis. Feux d'artifice et traversées de Sète à la nage complètent le programme.

4 MARSEILLAN-PLAGE

➔De la gare, il faut compter 20mn de marche pour rejoindre Marseillan-Plage. De là, un bus rejoint le village toute l'année. En saison (avr.-sept.), la ligne 9 Sète-Marseillan passe par la gare SNCF.
Infos : www.mobilite.agglopole.fr.

Louer un vélo. Un large réseau de pistes cyclables est aménagé pour rejoindre Marseillan-Ville depuis Marseillan-Plage.
Artimon Bike - www.artimon-bike.fr - quai Toulon Rive droite - ☎ 04 82 29 87 70 - réserv. en ligne - location à la journée vélo classique/VTT 25 €, VAE 38 €.

Le pays de la... conchyliculture. Marseillan-Plage déroule des kilomètres de sable, tandis qu'à 6 km de là, Marseillan-Ville reste un village de pêcheurs qui garde le charme de ses cabanes cachées dans les roseaux en bordure de l'étang de Thau. C'est dans ce vaste étang, tenu à distance de la mer par l'isthme des Onglous, que se pratique depuis l'Antiquité l'élevage d'huîtres et de moules. Dans ce décor lagunaire, laissez-vous tenter par une dégustation de coquillages accompagnée d'un petit blanc frais du pays... un picpoul-de-pinet, par exemple ! C'est aussi le berceau du Noilly Prat, ce vermouth dry dont on peut visiter les chais au village.

Pour la nuit. À 20mn à pied de la gare, ce camping 5 étoiles (emplacements pour tentes et cabanons à louer) propose tous les plaisirs de l'eau avec un accès direct à la plage, un parc aquatique extérieur et un espace balnéo intérieur. Les équipements allient style et grand confort dans un site ombragé. Libre accès aux infrastructures et aux services des deux campings voisins (également 5 étoiles).
Camping Les Méditerranées Beach Garden - av. des Campings - ✆ 04 67 21 92 83 - www.lesmediterranees.com - avr.-sept. - bungalow 4-6 pers. 70/120 € la nuit.

À table ! À Marseillan-Ville, ambiance détente au coin du feu avec vue sur la lagune de Thau. Au menu, dégustation d'huîtres tout juste sorties de l'eau ou encore brasucade de moules cuites au barbecue devant vous.
La Cabane - 1 chemin de l'Étang - ✆ 06 11 17 23 50 - fermé dim. soir et lun. et mar. midi - 7/12 €.

Pour le pique-nique. Cette épicerie fine très orientée charcuterie regorge de produits locaux. Accueil enjoué en prime.
Le Moment gourmand - 22 bd Lamartine - Marseillan-Ville - ✆ 04 67 00 73 30 - 9h-13h, 15h30-20h sf lun. et dim. soir.

Découvrir l'étang de Thau. Embarquez pour une évasion d'une heure au cœur des parcs à huîtres, afin de découvrir les métiers passionnants de la conchyliculture et de la pêche.
L'Étoile de Thau IV - port de plaisance de Marseillan-Ville - ✆ 06 03 23 73 65 - promenade-bateau-marseillan.com - tte l'année sur réserv. - 1h : 15 €.

Pause sucrée. Ce salon de thé très anglais offre sa terrasse ombragée, au cœur du centre-ville, pour déguster scones, pancakes, cookies, lemon cake..., tous faits maison. Mention spéciale pour le café frappé relevé d'une pointe d'amande amère, un régal !
La Fabrique à goût-thé - 1 r. Achille-Maffre-de-Baugé - Marseillan-Ville - fermé merc.

5 AGDE

➔La gare d'Agde est à 5 km de la station balnéaire du Cap d'Agde. Le réseau de bus facilite les déplacements tout comme le vélo. Plan des « voies douces » à télécharger sur le site de l'office de tourisme : www.capdagde.com.
Infos : www.capbus.fr.

Louer un vélo. Artimon Bike (voir Marseillan) opère sur Agde.

La cité phocéenne et son Cap Seventies. Érigée au carrefour de l'Hérault et du canal du Midi, toute proche de la butte volcanique du mont St-Loup, Agde l'antique conserve un cœur de ville pittoresque, doté de beaux témoignages de son riche passé. Un tout autre univers à la station balnéaire du Cap d'Agde, tournée vers la fête et la modernité depuis son avènement dans les années 1970 : le lieu est devenu un pôle majeur d'attraction touristique sur le littoral méditerranéen.

Pour la nuit. Situé à moins de 10mn à pied de la gare, et à 100 m de la cathédrale, cet hôtel rénové offre des chambres modernes et confortables en plein cœur de la ville d'Agde.
Logis Hôtel Yseria - 2 pl. Jean-Jaures - ✆ 04 67 11 40 90 - www.yseria.fr - 16 ch. 72/108 € - ☕ 12 €.

Les trésors d'Agathé. Fondée vers 535 av. J.-C, la cité a légué une foule de trésors archéologiques

qui illustrent l'histoire de la navigation dans le delta de l'Hérault depuis l'Antiquité. Le musée est avant tout connu pour ses bronzes antiques, dont le magnifique Éphèbe, de style hellénistique repêché en 1964, représentant, selon certains spécialistes, Alexandre le Grand.
Musée de l'Éphèbe et d'Archéologie sous-marine - av. des Hallebardes - ✆ 04 67 94 69 60 - www.museecapdagde.com - juil.-sept. : 10h-12h30, 14h-18h; reste de l'année : fermé lun. - 6 €.

À table ! Dans un décor contemporain, on déguste une appétissante cuisine actuelle. Le bar à tapas se prête aux grignotages. Aux beaux jours, profitez de la terrasse.
Le Bistro d'Hervé - 47 r. Brescou - ✆ 04 67 62 30 69 - www.lebistrodherve.com - fermé dim.-lun. - déj. sem. 20 € - plats 24/29 €.

Loisirs nautiques au Cap d'Agde. Louez catamaran, canoë, planche à voile ou encore paddle pour voguer sur la Grande Bleue.
Centre nautique du Cap d'Agde - av. du Passeur-Challies (plage Richelieu-Est) - ✆ 04 67 01 46 46 - www.centrenautique-capdagde.com - juil.-août : tlj.

Joutes nautiques. De juin à septembre, les joutes d'Agde donnent lieu, comme à Sète, à des compétitions passionnantes.

6 BÉZIERS

Entre Méditerranée et montagnes du Haut Languedoc. Juchée sur un éperon dominant l'Orb, couronnée par une cathédrale fortifiée dont la silhouette constitue une vue emblématique de la cité, Béziers est également la capitale du vignoble languedocien, pour qui aime les petits vins charnus. Conservatoire de la culture occitane, la cité, qui s'enflamme en août pour la féria et cultive la nostalgie des grandes heures de sa légendaire équipe de rugby, ne tourne pas pour autant le dos à l'avenir : pour preuve, le « quartier latin », qui a vu le jour autour de la médiathèque conçue par Jean-Michel Wilmotte.

Pour la nuit. Chambres contemporaines et soignées dans ce petit hôtel confortable du centre (à 8mn de la gare). La salle des petits-déjeuners, réchauffée l'hiver par une cheminée, s'ouvre sur le parc des Poètes.
Hôtel des Poètes - 80 allées Paul-Riquet - ✆ 04 67 76 38 66 - www.hoteldespoetes.fr - 14 ch. 68/83 € - ☕ 8 €.

Cathédrale. Perchée sur une terrasse au-dessus de l'Orb, la cathédrale fut le symbole de la puissance des évêques du diocèse de Béziers de 760 à 1789. L'édifice roman, presque entièrement détruit en 1209, reçut des modifications dès 1215 et jusqu'au 15e s. Dans la façade occidentale flanquée de deux tours fortifiées (fin 14e s.) s'ouvre une belle rose. Au chevet, les fortifications sont un élément décoratif : les arcs entre les contreforts forment des mâchicoulis. Ne manquez pas la vue du haut du clocher central ainsi que le cloître, inachevé, qui donne accès au jardin des Évêques. De là, joli panorama sur l'église St-Jude et sur l'Orb qu'enjambe le Pont vieux du 13e s.

À table ! Posée au pied de la cathédrale, bercée par le son de l'eau de la petite fontaine, la terrasse de ce restaurant attire toutes les envies. L'accueil franchement souriant et les plats concoctés avec soin et inventivité en font une adresse convoitée.
Brasserie du Palais - 6 pl. de la Révolution - ✆ 06 42 93 46 83 - Facebook - tlj - plats 15,50/23 €.

Pause sucrée. Les glaces et sorbets artisanaux Menodiciotto viennent tout droit d'Italie avec des parfums très gourmands comme le gianduja (aux noisettes du Piémont), pamplemousse rose...
Glacier XIX - 20 pl. Jean-Jaurès - ✆ 04 67 48 04 00 - tlj.

Ouvrage d'art sur le canal du Midi. Les écluses de Fonseranes (1 km à l'ouest du centre en suivant les berges du canal) font partie des ouvrages d'art les plus impressionnants du canal du Midi, et sont classées au Patrimoine mondial de l'humanité par l'Unesco. Composée à l'origine de neuf écluses (seules sept sont encore en service), cette rare série de huit sas accolés présente l'aspect d'un escalier de 312 m de longueur qui permet de rattraper une différence de niveau de 21,50 m. Vous les visiterez à pied ou en péniche. Dans la maison de site vous pourrez assister à la projection « Voyage dans le temps sur le Canal du Midi » (14mn) ou louer un audioguide pour une balade instructive.
Écluses de Fonseranes - Maison du Coche d'eau - ✆ 04 99 41 36 36 - juil.-août : 10h-19h; de mi-fév. à fin juin et sept.-oct. : 10h-18h; reste de l'année : tlj 10h-13h, 14h-17h (nov.-mi-déc. le w.-end) - cinéma immersif 3 €, audioguide 2 €.

Les Bateaux du Soleil - *maison du Coche d'eau* - *✆ 04 67 94 08 79* - *www.bateaux-du-soleil.fr* - *réserv. en ligne* - *20/32 €.*

L'heure de l'apéro. Jolie décoration en bois clair pour ce bar à vins et à tapas. Vous pourrez déguster, en terrasse à l'ombre des palmiers et des platanes, une multitude de crus locaux et d'ailleurs, sélectionnés avec passion, et accompagnés de délicieuses assiettes charcutières ou fromagères.

Le Chameau Ivre - *15 bd Jean-Jaurès* - *✆ 04 67 80 20 20* - *fermé dim.-lun.* - *tapas 12 €.*

Feria. Autour du 15 août, la féria enflamme Béziers avec des animations musicales et taurines en ville, et des corridas aux arènes, dans une ambiance survoltée. Elle attire des milliers de personnes. Si vous êtes allergique aux foules, choisissez une autre période pour venir.

Infos : www.feriabeziers.fr.

Les neuf écluses de Fonseranes à l'aube.

BÉZIERS - ST-FLOUR

Cette ligne dite « des Causses » reliant la Méditerranée au Massif Central est emblématique du réseau ferroviaire français. Elle offre, pour un prix très modique, un parcours aux paysages remarquables, permettant d'accéder à des contrées superbes et préservées, entre Grands Causses, Margeride et Aubrac. Elle termine en beauté avec le franchissement de la Truyère par le viaduc de Garabit, ouvrage d'art remarquable que l'on doit à Gustave Eiffel.

DE BÉZIERS À ST-FLOUR - 11 JOURS

- Pour rejoindre Béziers depuis Montpellier-St-Roch : 1 TER/h (47mn)
- Trajet sans escale : 4h50
- Fréquence : 1 Intercités/j
- Horaires : www.ter.sncf.com/occitanie
- Tarif sans escale : 15 €
- Pour le retour à Montpellier : poursuivre la ligne jusqu'à Clermont-Ferrand, puis TER jusqu'à Lyon-Part-Dieu et enfin TGV jusqu'à Montpellier (entre 5 et 6h de trajet au total)

Où se placer pour admirer le paysage ? Côté droit dans le sens de la marche après Tournemire.

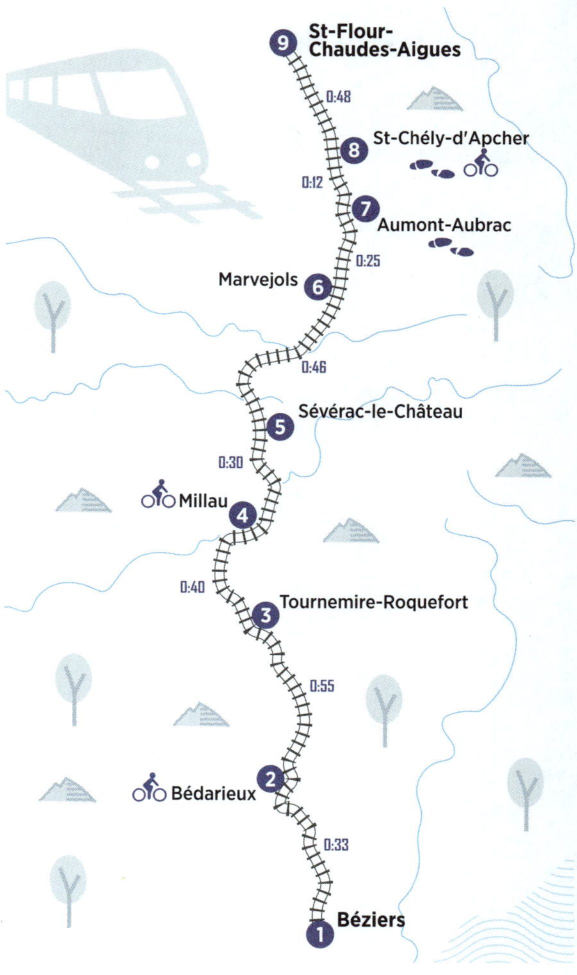

Roquefort.

1 BÉZIERS

Voir le voyage précédent (p. 176).

2 BÉDARIEUX

➔La gare. À 15mn à pied au sud du centre.
Louer un vélo. VTC, VTT et VAE auprès de Cycles Horizon.
Cycles Horizon - 13 av. Abbé-Tarroux - 04 67 95 34 25.
Profitez de la voie verte du Haut-Languedoc, la Passapaïs, qui court sur près de 75 km de Bédarieux à Mazamet.
Infos : passapaisveloccitanie.fr.

Viaduc emblématique. Cette ancienne ville industrielle et minière conserve quelques témoignages de ses activités d'antan (minoteries, tanneries, coutelleries, fabriques de draps, biscuiteries), ainsi qu'un spectaculaire viaduc (1853), le plus long pont (710 m) de la ligne de chemin de fer Graissessac-Béziers qui servait au transport du charbon. L'ancien hospice St-Louis (1828) abrite la Maison des Arts consacrée à des expositions temporaires d'art contemporain.

***Maison des Arts** - 19 av. Abbé-Tarroux - 04 67 95 48 27 - www.bedarieux.fr - vac. scol. : merc. et sam. 15h-18h; reste de l'année : sam. 14h-18h - gratuit.*

Pour la nuit. Hôtel simple installé à 5mn au sud de la gare et tout près de la voie verte, la Passapaïs. Il propose aussi des chambres triples et familiales (4 pers.).

***Hôtel de l'Orb** - rte de St-Pons - 04 67 23 25 84 - www.hotel-orb.com - 28 ch. 68/78 € - 12 € (buffet).*

À table. Cette épicerie bio, où vous trouverez des bons produits de la région, se double d'un espace restauration. À l'heure du déjeuner, on se restaure d'assiettes repas, de crêpes et d'omelettes élaborées avec des produits frais de l'épicerie.

***Le Local** - 3 r. de la République - 09 53 80 28 38 - restauration : lun.-sam. midi - 5/10 €.*

3 TOURNEMIRE-ROQUEFORT

➔La gare se trouve à Tournemire, petite commune au pied du Larzac, point de départ de nombreuses randonnées. Il faut env. 30mn de marche pour rejoindre Roquefort-sur-Soulzon. Commandez un taxi.
Taxi A2 - ✆ 06 08 76 66 45.

➔Pas d'hébergement à proximité de la gare ; vous pouvez faire étape pour la journée en logeant à Millau.

Le village aux caves naturelles. Au ras de Roquefort-sur-Soulzon, la corniche du Combalou s'est effondrée il y a bien longtemps, créant des fissures dans la roche souterraine, où s'infiltre le vent, les fleurines. C'est à elles que l'on doit le fameux roquefort, le « roi des fromages » que vantait déjà Diderot. Partez à la découverte du bourg et de ses célèbres caves, vous pourrez aussi entreprendre de belles randonnées dans les environs.

À table ! Pour savourer le roquefort dans tous ses états : en salade, sur plateau, en glace, caché dans une crêpe... Également des propositions d'autres produits aveyronnais. Le terroir, toujours le terroir!
Restaurant des Fleurines *- rue des Baragnaudes -*
✆ 05 65 62 38 94 ou 06 30 52 90 58 -
fermé lun. et le soir - plats 20/23 €.

Secret de fabrication du roquefort. Prévoyez des vêtements chauds, car la température dans les caves est de 10-12 °C. Ouvertes au public depuis 1957, les caves Société proposent une véritable découverte de l'univers du roquefort : fleurines, Penicillium, cabanières et affinage vous révéleront leurs mystères au cours d'une passionnante promenade exploratoire (maquette animée, son et lumière, film, espace muséographique, etc.). D'autres caves se visitent dont celles de la fromagerie centenaire fondée par Paul Alric (la fameuse marque Papillon) : on y découvre les différents stades d'affinages du roquefort, un parcours agrémenté par la projection d'un film et une dégustation gratuite.
Caves Société *- 2 av. François-Galtier -*
✆ 05 65 58 54 38 - www.roquefort-societe.com - visite guidée 1h - horaires sur Internet - 7,50 €.
Roquefort Papillon *- 8 bis av. de Lauras -*
✆ 05 65 67 23 50 - www.roquefort-papillon.com - visite guidée sur réserv. (45mn) 10h-18h (dernier dép. 16h30) - gratuit.

LE ROI DU FROMAGE

« Roquefort », en l'honneur du château fort qui existait sur le rocher de Combalou au 11e s. (« roque » pour le rocher et « fort » pour le château), a donné son nom au célèbre fromage. Si célèbre que la ville a également donné son nom au champignon grâce auquel le caillé devient fromage, le « Penicillium roqueforti ». On raconte que le roquefort serait né des amours d'un berger et d'une bergère, s'étant donné rendez-vous dans une des innombrables grottes du Combalou. Le jeune berger oublia son sac contenant un morceau de pain de seigle et du caillé de brebis. Quelques jours plus tard le berger retrouva son sac : il en sortit un morceau de pain et un fromage couverts de moisissures vert-bleu. Le fromage avait changé de goût et d'odeur, mais les deux amoureux le mangèrent avec délice. « Et roquefortum fiat ! »

Le viaduc de Millau, par les architectes Michel Virlogeux et Norman Foster.

④ MILLAU

Louer un vélo. À partir de la demi-journée, location de VTT, vélo de route et VAE auprès de Cycles Arcuri (à 300 m de la gare). Il est possible de se rendre sous le viaduc de Millau en VTT par la Trace verte le long du Tarn (attention : certaines portions présentent un fort dénivelé).
La place du vélo - 2 r. du Barry - ✆ 05 65 60 28 23 - fermé dim.-lun.

Une cité au cœur des Grands Causses. Carrefour stratégique au croisement des routes d'Albi, de Clermont-Ferrand et de Montpellier, la ville, qui s'est développée au cours des siècles autour de la poterie, puis de la mégisserie et de la ganterie, mérite une halte approfondie, car elle combine avec bonheur patrimoine culturel et activités de plein air. Millau est aussi célèbre grâce à son élégant viaduc (à 8 km), formidable atout pour la circulation et la communication, qui détient le record mondial de la plus haute pile ! Promenez-vous dans les ruelles médiévales et visitez la Tour des rois d'Aragon-Beffroi : du sommet, vous profiterez d'un superbe panorama sur le viaduc et sur la ville sertie dans les causses. Pour un autre beau point de vue sur le fameux viaduc, rejoignez le pont Lerouge en passant par les quais (15/20mn à pied de la gare).

Pour la nuit. À 8mn de la gare, cet hôtel, qui bénéficie d'une situation centrale, a profité d'une cure de jouvence. Style moderne.
Hôtel La Capelle - 7 pl. de la Capelle - ✆ 05 65 60 14 72 - www.hotel-millau-capelle.com - 40 ch. 73/95 € - 3 suites familiales 111/148 € - ☕ 12,50 €.

Mémoire des Grands Causses. Installé dans l'hôtel de Pégayrolles (18e s.), le musée abrite des collections riches et variées. La section de paléontologie abrite,

Le château de Sévérac-le-Château.

outre de nombreux fossiles de faune et de flore du secondaire, le squelette, presque complet, d'un élasmosaure de Tournemire. Les caves regroupent une remarquable collection de poteries gallo-romaines, trouvées sur le site de la Graufesenque. Et une partie de l'hôtel particulier est dédiée aux deux industries traditionnelles de Millau : la mégisserie, qui permet de transformer une peau périssable et brute en un produit imputrescible de haute qualité, et la ganterie.

Musée de Millau et des Grands Causses - pl. du Mar.-Foch - hôtel de Pégayrolles - ✆ 05 65 59 01 08 - www.museedemillau.fr - 10h-12h30, 14h-18h; juil.-août : mar.-dim.; mi avr.-juin, et sept. : merc.-dim.; oct. à mi-avr. : mar.-sam. - entrée libre.

À table ! Géré par deux amis de longue date, Des Potes au feu propose une cuisine maîtrisée et raffinée. Leur spécialité est… le pot-au-feu, merveilleusement concocté ici aux poissons et aux coquillages. La carte affiche aussi des plats à base de viande, également réussis. Plaisante terrasse. Dans la salle voûtée du Jeu de Paume se trouve une grande cheminée où le chef fait griller poissons et viandes. Bar et tables installés dans une agréable cour (ancien jeu de paume).

***Des Potes au feu** - 20 bd Richard ✆ 05 65 69 01 30 - fermé dim.-lun. - formules 32/34/38 €.*

***Au Jeu de Paume** - 4 r. St-Antoine - ✆ 05 65 60 25 12 - www.aujeudepaume-millau.com - fermé le midi et dim. - formules 30/33/36 €.*

Pour le pique-nique. Marché mercredi matin et vendredi matin (plus grand) pour déguster les saveurs locales et d'ailleurs.

***Halles** - pl. du Mar.-Foch et dans le centre ancien - matin : merc.-sam. (dim. en été); en juil.-août : nocturne 1 lun. sur 2.*

Pause sucrée ou salée. Un salon de thé joliment décoré (petites lampes, gravures, nappes à carreaux). Sucré ou salé, tout est fait maison. Les Millavois en raffolent ! Réservez pour la version tables d'hôtes le midi.
Cak'T - 1 r. de la Capelle - ✆ 05 65 60 13 82 - www.restaurant-salondethe-millau.com - fermé dim.

Se dépenser en pleine nature. Randonnée, escalade, via ferrata, spéléo, VTT, canyoning, canoë, aventure aquatique, hotdog, rafting, parcours aventure, saut à l'élastique, location de vélos électriques... Une quinzaine d'activités sont animées par des moniteurs diplômés d'État. Location de matériel.
Roc et Canyon - 55 av. Jean-Jaurès - base d'été : 155 av. de l'Aigoual - ✆ 05 65 61 17 77 - www.roc-et-canyon.com.

Millau Jazz Festival. À la mi-juillet, les rues résonnent de concerts et d'animations musicales.
Infos : millaujazz.fr.

5 SÉVÉRAC-LE-CHÂTEAU

➔ La gare dessert Sévérac-d'Aveyron, village composé de deux quartiers bien distincts : le quartier de la gare et le quartier médiéval du château, sur la colline. Comptez 15-20mn en montée pour rejoindre la cité médiévale et 5mn de plus pour le château. Le bus 214 rejoint le quartier du château (arrêt « Embranchement le Massegros ») depuis la gare SNCF.
Infos : www.lio-occitanie.fr.

Pour la nuit. Dans le quartier de la gare, et même juste en face de la gare, la longue bâtisse de pierre blonde date du 19e s. Depuis, l'hôtel s'est modernisé et abrite des chambres rénovées. Le service bar et restauration est tout aussi sympathique. Très bon rapport qualité prix.
Hôtel de la Gare - 1 av. Pierre-Semard - ✆ 09 83 61 95 56 - 8 ch. 79 € - 8 € - tlj menu 18 € - plats 14/20 €.

Sorti du Moyen Âge. À l'horizon, un rocher abrupt porte les vestiges d'un château imposant... Voici Sévérac-le-Château ! Ce bourg autrefois fortifié s'élève sur les flancs d'une colline isolée au milieu de la dépression qu'arrosent les sources de l'Aveyron et leurs affluents. Dans les ruelles et passages voûtés (les « crottes » enjambées par des « traversières ») conduisant au château s'élèvent des maisons anciennes (15e-16e s.) avec fenêtres à meneaux, tourelles en encorbellement et façades à pans de bois. Vous découvrirez également une belle fontaine d'époque romane. La maison de Jeanne daterait du 11e s. et serait la plus ancienne du Rouergue.

À l'assaut du château. L'entrée du 17e s. donne accès à la cour d'honneur. Au nord s'élèvent des constructions plus anciennes (13e et 14e s.) : vestiges de courtines, trois tours de guet et une chapelle ; au sud, la façade Renaissance et les restes d'un escalier monumental à double volée. De la terrasse, située à l'est de la cour d'honneur, panorama grandiose sur le bourg et la haute vallée de l'Aveyron, les causses de Sévérac et de Sauveterre et les contreforts des Cévennes. Depuis la tour de guet du rempart ouest, admirez la vue qui s'étend sur la vallée de l'Aveyron.
Château - ✆ 05 65 47 67 31 - www.tourisme-aveyron.com - accès libre à la cour d'honneur tte l'année.

À table ! Vous avez envie de manger de la bonne viande de l'Aubrac ? La Bergerie sera votre restaurant ! Il est réputé pour sa côte de bœuf servie sur pierre chaude. Un régal à déguster en salle ou sur la terrasse.
La Bergerie - 24 r. du Barry - ✆ 05 65 60 22 42 - www.hotellabergerie.fr - fermé dim. soir et lun. - menu du jour en sem. 18 € - menus 33/36,50 €.

Pour le pique-nique. Marché traditionnel le jeudi matin place de la gare.

Art dans la cité. Durant l'été, artistes et artisans d'art présentent leurs créations dans des boutiques éphémères.

Spectacle son et lumière. Fin juillet-début août, le son et lumière donné dans la cour d'honneur du château sublime le site.
Infos : www.spectacle-son-lumiere-aveyron.fr.

6 MARVEJOLS

➔ La gare se trouve à 15mn de marche du centre.

Ville royale, ancienne capitale du Gévaudan. Si la petite cité médiévale de Marvejols a aujourd'hui retrouvé le sourire, ses portes fortifiées semblent encore retentir des cris de son passé tourmenté. Faite ville royale en 1307 par Philippe le Bel, Marvejols abrita les protestants en 1586, ce qui entraîna sa destruction par l'amiral de Joyeuse. L'époque est aujourd'hui plus clémente, et la cité se niche sereinement dans la jolie vallée de la Colagne, au carrefour des grands espaces naturels de la

Lozère, et porte d'entrée du Parc naturel régional de l'Aubrac, du massif granitique de la Margeride et de la vallée du Lot.

À table et au lit ! À 18mn de la gare, à l'entrée de centre-ville, un hôtel-restaurant bien pratique aux chambres fonctionnelles. Honnête cuisine régionale et bon accueil.
Hôtel de l'Europe - ✆ 04 66 47 16 35 - www.hotel-marvejols.fr - 35 ch.70/80 € - ☕ 10/15 € - ✂ fermé dim. - menus 27/34 €.

Portes fortifiées. Marvejols compte trois portes fortifiées qui commandent les entrées nord, sud et est de la vieille ville. La porte du Soubeyran (nord), gardée par la statue d'Henri IV, qui a aidé à la reconstruction de la ville, se visite : du haut de ses 68 marches, vue exceptionnelle sur les toits de lauze de la cité. La statue de la bête du Gévaudan, œuvre du sculpteur Emmanuel Auricoste (1908-1995), également auteur de la statue d'Henri IV, trône sur la place des Cordeliers. Les deux autres portes sont celles du Théron et de Chanelles, autrefois appelée porte de l'Hôpital. Promenez-vous entre ces trois portes, à la découverte des ruelles et placettes bordées de maisons anciennes, certaines abritant des boutiques.

Pour le pique-nique. Marché le samedi matin sur la place du Soubeyran.

Pause sucrée. Cet artisan pâtissier confectionne de bonnes glaces artisanales en été et des gâteaux et chocolats toute l'année. Parmi les spécialités, goûtez le gâteau du Gévaudan.
Pâtisserie Malafosse - 8 r. Sadi-Carnot - ✆ 04 66 32 11 79 - fermé dim. apr.-midi et lun.

7 AUMONT-AUBRAC

À la croisée des territoires. Carrefour entre la Margeride et l'Aubrac, Aumont-Aubrac est connue pour ses chemins de grandes randonnées traversant de splendides territoires : le village constitue une étape du chemin de St-Jacques-de-Compostelle (GR 65) et du tour des monts d'Aubrac (180 km), il est aussi le point de départ de la randonnée vers St-Guilhem-le-Désert (240 km). Vous pouvez en parcourir un bout à pied. Dans le centre du bourg, voyez la maison du Prieuré (17e s.) et ses belles caves voûtées, l'église St-Étienne (12e s.), la statue de la bête du Gévaudan (c'est dans ce territoire que le mystérieux monstre fit nombre de victimes au 18e s.), qui trône au-dessus de la fontaine place du Portail et la pierre mystérieuse. Pour une vue panoramique sur le village, grimpez au Truc Del Fabre, un monticule en haut de la place du Foirail, couronné par la statue du Christ Roi.

Pour la nuit. Ce petit établissement à 5mn de la gare abrite 3 chambres contemporaines et confortables dont une pouvant accueillir 3 à 4 pers. Le restaurant propose une cuisine maison simple et savoureuse : pizzas, plats faisant honneur à la fameuse vache de l'Aubrac (hamburgers, parmentier de bœuf aligoté, etc.).
Hôtel-restaurant Linette - 10 rte du Languedoc - ✆ 04 66 42 85 88 - www.hotel-restaurant-linette.com - 3 ch. 82 € - ☕ 10 € - ✂ déj. sem. 15/18 € - menu 26 €.

À table ! Formule idéale pour goûter à la cuisine du terroir de Cyril Attrazic à prix modérés, la brasserie Le Gabale se pare d'un décor moderne avec des photos panoramiques des paysages de l'Aubrac. Jolie terrasse. Et si le cadre vous plaît, pourquoi ne pas dormir dans l'une des chambres contemporaines de l'hôtel attenant *Chez Camillou* ?
Le Gabale - 10 rte du Languedoc - ✆ 04 66 42 86 14 - cyrilattrazic.fr - menu à partir de 23 €; Chez Camillou - www.camillou.com - 37 ch. 103,50/135 € - ☕ 16,50 €.

Pour le pique-nique. Vous privilégierez le marché le vendredi matin place du Foirail, mais vous trouverez aussi tout ce qu'il faut dans les différents commerces du bourg les autres jours pour faire le plein de bonnes spécialités locales.

Sur le mythique GR65. D'Aumont-Aubrac, lancez-vous sur le chemin de St-Jacques-de-Compostelle en direction de Nasbinals. Peu après avoir quitté La Chaze-de-Peyre (à 4,5 km d'Aumont), de nombreux pèlerins font une halte à la petite chapelle qui se dresse, solitaire, en bordure de la route. Fondée en 1525, elle était à l'origine dédiée à la Sainte Croix et les pèlerins venaient s'y recueillir et y puiser force et courage avant d'affronter les rigueurs hivernales du plateau de l'Aubrac. Depuis 1868, l'édifice est placé sous la protection de la Vierge de la Salette. De là, vous pourrez poursuivre vers le sublime plateau de l'Aubrac : faible dénivelé mais longue étape jusqu'à Nasbinals (6h30 depuis Aumont-Aubrac).

Plateau de l'Aubrac.

8 ST-CHÉLY-D'APCHER

➔La gare. À moins de 10mn du centre. Passez par le parc du Péchaud, petit écrin de verdure agréable pour le pique-nique.

Louer un vélo. Passion Vélo loue VTT et VAE.

Passion Vélo - 42 av. de la République - 04 66 31 18 15 - www.passion-velo-lozere.fr - VTT musculaire 50 €, électrique 75 €/j.

Depuis St-Chély-d'Apcher, on peut rejoindre la GTMC à VTT (Grande traversée du Massif central) à travers forêts de pins et pâturage de la Margeride (liaison balisée).

Infos : www.la-gtmc.com.

Entre Auvergne et Languedoc. Cette ville industrielle (fabrication de tôles magnétiques pour transformateurs) très bien rénovée présente un joli centre historique animé par de nombreux commerces. Vous y découvrirez le mur d'enceinte (13e s.), la fontaine des Aniers, la place du Foirail, la tour de Guet et la maison Bonnet, à colombages, l'une des plus anciennes habitations de la cité... Le patrimoine industriel est à découvrir au musée de la Métallurgie, où d'anciens métallurgistes vous raconteront, de façon ludique et passionnante, les outils de production, la vie des ouvriers et l'histoire de cette cité industrielle toujours très active. Enfin, les alentours offrent de multiples possibilités de balades dans une nature grandiose et préservée entre Margeride et plateau de l'Aubrac.

Musée de la Métallurgie - rte de Fournels - 04 66 31 03 67 - avr.-sept. : horaires se rens. - visite guidée (1h) 7 €.

À table et au lit. Adresse centrale (à 11mn de la gare), familiale et conviviale pour une étape simple et confortable. La table est réputée pour sa cuisine traditionnelle et généreuse élaborée à base de produits locaux et renouvelée au fil des saisons.

Le Lion d'Or - 132 r. Théophile-Roussel - 04 66 31 00 14 - liondor48.fr - 24 ch. 70/90 € - 8 € - fermé dim. soir - menus 16/25 €.

Pour le pique-nique. Marché le jeudi matin, avec de nombreux producteurs locaux. La place du Marché est à côté de l'office de tourisme, profitez-en aussi pour faire le plein d'infos !

Patrimoine et nature. Plusieurs randonnées de durées et niveaux variés (7,5 à 24 km) sont balisées

St-Flour, cité médiévale.

depuis le centre-ville. L'une d'entre elles vous mène au château d'Apcher, l'un des points culminants de la Margeride.
Infos : fiches itinéraires sur le site de l'office de tourisme www.margeride-en-gevaudan.com.

9 ST-FLOUR-CHAUDES-AIGUES

➔La gare dessert les deux villes. Chaudes-Aigues est à 28 km (nous n'en parlons pas ici).

Cité perchée. St-Flour occupe une table basaltique aux grandes orgues dominant la vallée de l'Ander. La ville dresse vers le ciel les tours carrées de sa cathédrale St-Pierre, qui veillait sur la voie menant du Languedoc à l'ancien royaume de France. Cette cité médiévale animée possède beaucoup de charme, en particulier dans sa partie haute. Vous cheminerez rue Marchande le nez en l'air pour voir quelques vieilles maisons remarquables avant de rejoindre la cathédrale. Derrière son chevet, la terrasse des Roches, située sur les anciens remparts, offre un beau point de vue sur la ville basse, la vallée de l'Ander et les monts de la Margeride.

LE VIADUC DE GARABIT

Entre St-Chély et St-Flour, vous aurez le bonheur de passer à 95 m au-dessus des eaux de la Truyère par le célèbre viaduc de Garabit. Cet ouvrage exceptionnel, repeint en rouge (sa couleur d'origine), tranche sur le vert des versants encaissés, tantôt couverts de bois, tantôt hérissés de rochers. Son plan est dû à l'ingénieur Léon Boyer et sa construction à Gustave Eiffel. C'est grâce à l'expérience acquise à Garabit (1880-1884) qu'Eiffel put concevoir et réaliser à Paris sa fameuse Tour, pour l'Exposition universelle de 1889.

Pour la nuit. Depuis trois générations, le Grand Hôtel de l'Étape, à 5mn de la gare, défend vaillamment sa partie. Les chambres sont vastes et impeccables. Pour la vue, préférez celles sur la montagne. Au restaurant, vous dégusterez de généreux plats régionaux.
Cit' Hôtel L'Étape - 18 av. de la République - ✆ 04 71 60 13 03 - www.hotel-etape.com - 22 ch. 121/131 € ☕ - ✕ déj. sem. 18/23 € - menus 38/44 €.

À table ! Chez Geneviève, on joue souvent à guichets fermés. Les raisons du succès de ce petit restaurant, situé dans la ville haute : une ambiance conviviale et une généreuse cuisine du terroir, inventive, avec une carte courte qui change à chaque saison. En été, bar à vins en terrasse.
Chez Geneviève - 25 r. des Lacs - ✆ 04 71 60 17 97 - www.restaurant-saint-flour.com - fermé dim. (sf juil.-août)-lun. - plats 17/20 € - menu 31,50 €.

Histoire et matériaux. Dans la ville haute, l'ancien hôtel de ville-caisse d'Épargne, spectaculaire édifice de la fin 17ᵉs., abrite une passionnante exposition sur l'habitat et l'architecture cantaliens. Outre la présentation des différents matériaux de construction, une immense maquette numérique explique la formation du territoire et des paysages.
Maison de l'Habitat et du Patrimoine - 17 bis pl. d'Armes - de déb. juil. à mi-sept. : 10h-13h, 15h-19h - gratuit.

Pour le pique-nique. Vous trouverez ici un grand choix de fromages d'Auvergne AOP provenant directement du producteur, mais aussi, côté épicerie, des produits cantaliens, jus de pommes et cidre de la haute Auvergne, confitures. Accueil souriant !
Crémerie des Lacs - 53 r. des Lacs - ✆ 04 71 60 08 20 - fermé lun.

LA LIGNE DES CÉVENNES

Construite au milieu du 19e s., cette ligne ferroviaire emblématique a été tracée là où aucune route ne passait... Projet titanesque qui suit la tumultueuse rivière Allier, franchit ses gorges par moult viaducs et prend des raccourcis grâce à maints tunnels... Le voyage promet des vues remarquables et préservées sur les gorges, les causses désertiques, les massifs forestiers et de hautes vallées ponctuées de villages historiques où le temps semble s'être arrêté.

DE NÎMES À BRIOUDE - 9 JOURS

- Pour rejoindre Nîmes depuis Montpellier-St-Roch : TER (35mn) ou TGV (20mn) directs environ ttes les 30mn
- Trajet sans escale : 5h15
- Fréquence : 3 TER/j, 1 suppl. le w.-end
- Horaires : www.ter.sncf.com/occitanie
- Tarif sans escale : 36 €
- Pour le retour à Montpellier, faire le chemin en sens inverse
- Bon à savoir : en saison, un train touristique circule entre Langeac et Langogne (voir encadré p. 194)

Où se placer pour admirer le paysage ? Côté droit dans le sens de la marche.

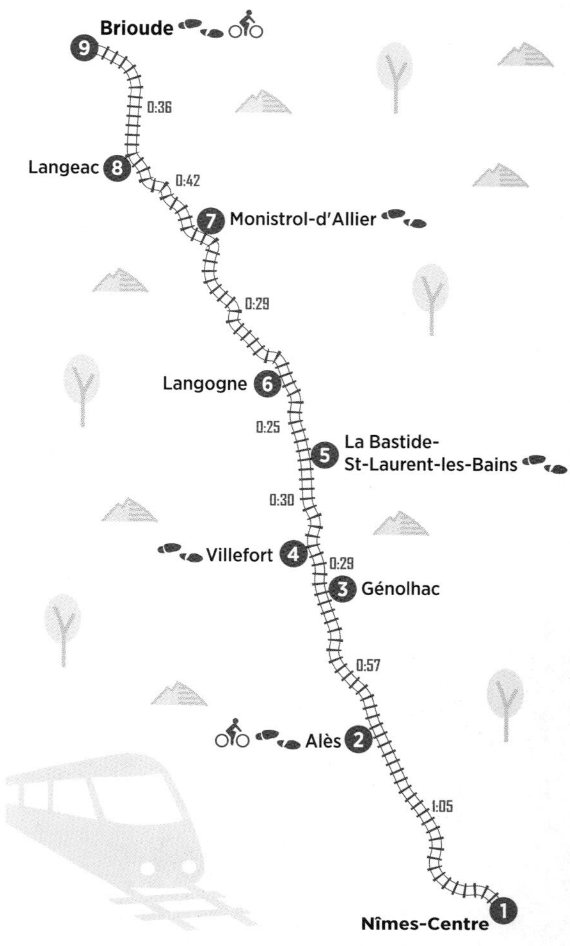

Les arènes de Nîmes.

1 NÎMES-CENTRE

➔La gare Nîmes-Pont-du-Gard, à l'extérieur de la ville, est reliée à la gare Nîmes-centre par des liaisons TER régulières (9mn).

Une ville aux mille facettes. Catholique ou protestante, tiraillée entre Cévennes et Camargue, austère autant que débridée lorsque les ferias endiablent son magnifique amphithéâtre et que mille bodegas envahissent ses rues, cette Rome française s'enorgueillit à juste titre de ses prestigieux monuments antiques : les arènes et la Maison Carrée, mais aussi la tour Magne qui, dans son nid de verdure, la domine comme un fanal. On n'oubliera pas de se perdre dans le quartier de l'« Écusson », ce lacis de ruelles du quartier médiéval, serré entre les boulevards ombragés de micocouliers et ponctué de beaux hôtels particuliers.

Pour la nuit. À 10mn à pied de la gare, le charme de l'hôtel Côté Patio tient justement à son patio, où le petit-déjeuner est servi à l'ombre des parasols, ainsi qu'à ses chambres colorées et personnalisées. Plus fonctionnel, l'hôtel des Tuileries est situé dans une rue assez calme, à deux pas de la vieille ville et 5mn à pied de la gare. Il propose des chambres rénovées et joliment décorées, bien équipées et dotées d'un petit balcon.

Hôtel Côté Patio *- 31 r. de Beaucaire - ☎ 04 66 67 60 17 - www.hotel-cote-patio.com - 17 ch. 91 € - ☕ 10 €.*

Hôtel des Tuileries *- 22 r. Roussy - ☎ 04 66 21 31 15 - www.hoteldestuileries.com - 11 ch. 79/98 € - ☕ 11 €.*

Nîmes romaine. En 31 av. J.-C., les Romains s'installent dans la cité, qu'ils entourent d'une enceinte de 16 km de long, dont la tour Magne (aujourd'hui dans les jardins de la Fontaine) est le plus imposant vestige : depuis sa petite plate-forme, superbe vue. Une table d'orientation y présente Nîmes telle

Le Pont Vieux enjambe le Gardon à Alès.

qu'elle était à l'époque romaine. La ville se couvre alors de splendides édifices dont Nîmes a su garder des vestiges remarquablement conservés, comme la Maison Carrée, temple probablement voué au culte impérial, qui bordait le forum, et un amphithéâtre (les majestueuses arènes).
En face, le musée de la Romanité est le sésame pour comprendre Nîmes et son histoire. Il présente notamment les riches collections de l'ancien Musée archéologique.
Visite des monuments romains - ✆ 04 66 21 82 56 - www.arenes-nimes.com - horaires sur le site Internet - pass arènes, Maison carrée et tour Magne (achat dans le premier monument visité) : 13 €.
Musée de la Romanité - 18 bd des Arènes - ✆ 04 48 21 02 10 - museedelaromanite.fr - 9 €.

À table ! La Piazzetta est idéalement installée à côté de la grande fontaine. Sa terrasse attire une clientèle nombreuse, venue profiter des grands classiques de la *cucina italiana*, élaborés ici avec honnêteté. La maison ne prenant pas de réservation, il vaut mieux arriver tôt si l'on veut éviter l'attente ! Adresse populaire du centre-ville, La Marmite propose, à l'ardoise, une cuisine du terroir savoureuse à base de produits de saison. L'ambiance est bon enfant et les prix sont doux. Réservation conseillée.
La Piazzetta - 2A pl. du Chapitre - ✆ 04 66 84 93 15 - restaurant-lapiazzetta.com - fermé dim.-lun. - pizzas 11,50/16,50 € - plats 18,50/25,50 €.
La Marmite - 13 r. de l'Agau - Facebook - ✆ 04 66 29 98 23 - fermé dim.-lun., mar.-merc. soir - formule déj. 18 € - plats 18/35 €.

Pour le pique-nique. En centre-ville, deux grands marchés alimentaires de produits régionaux vont éveiller vos papilles : le marché des Halles et celui des producteurs !
Marché couvert des Halles - 5 r. des Halles - leshallesdenimes.fr - 7h-19h (sam.-dim. 7h-14h).
Marché de producteurs - bd Jean-Jaurès-Sud - vend. 7h-13h.

Pause sucrée. Au 3e étage du musée Le Carré d'art, un salon de thé, que l'on peut fréquenter sans visiter le musée, a établi ses quartiers. On y jouit d'une superbe vue sur les toits de tuile et les monuments émergeant des frondaisons des micocouliers.
Le Ciel de Nîmes - Carré d'art (3e étage) - 16 pl. de la Maison-Carrée - ✆ 04 66 36 71 70 - fermé lun.

L'heure de l'apéro. Classée monument historique, cette brasserie édifiée en 1813 reste un grand classique pour une pause ou pour boire un verre en grignotant. Il faut dire que c'est le plus beau café de Nîmes !

Le Napo - 46 bd Victor-Hugo - ✆ 04 66 05 98 25 - www.le-napo.fr - tlj - grignotages 6/8 € - formules déj. 13,90/16,90 €.

Apercevoir Ben Hur. Au printemps, Nîmes célèbre sa romanité avec diverses animations, culminant aux arènes avec une grande reconstitution : jeux équestres, courses de chars, combats de gladiateurs.

Les Grands Jeux romains - www.arenes-nimes.com - avr.-mai.

Goûter l'effervescence des ferias. Elles sont au nombre de deux : la plus connue, celle de Pentecôte (du mercredi au lundi), avec pégoulade sur les boulevards, abrivados, novilladas et corridas matin et soir, concerts et animations diverses dans la ville. Tout aussi cotée, celle des Vendanges se déroule le 3e week-end de sept. (du jeudi au dimanche).

Bureau de location - 4 r. de la Violette - ✆ 0 891 701 401 - www.arenesdenimes.com.

2 ALÈS

Louer un vélo. Le service de la ville « Ales'y à vélo » met à disposition des VAE. Les 7 km de voie verte, séparés de la chaussée, permettent de traverser Alès du nord au sud.

Point de location : gare routière (à côté de la gare SNCF) - 15 av. Gén.-de-Gaulle - ✆ 04 66 52 31 31 - lun.-vend. 8h45-12h et 13h45-17h15 - 15 €/j.

Le Midi à la porte des montagnes cévenoles. S'il subsiste quelques ruelles anciennes typiques, une grande partie du centre-ville d'Alès a été reconstruite dans les années 1960 et offre un ensemble quelque peu déroutant, entre la cathédrale et le Gardon d'Alès (la rivière). En période estivale, le marché du lundi se peuple d'artisans d'art et les festivals assurent une animation culturelle de qualité dans cette ville qui se révèle attachante par ses musées et son atmosphère méridionale.

Pour la nuit. Un hôtel bien pratique, situé à deux pas de la gare. Les chambres sont petites mais fonctionnelle ; elles s'agrémentent d'un patio où il fait bon s'attabler pour un bon petit-déjeuner tout en laissant le temps filer.

Hôtel Durand Le Patio - 3 bd Anatole-France - ✆ 04 66 86 28 94 - www.hotel-durand-ales.com - 17 ch. à partir de 65 € - ☕ 9,90 €.

À table ! Le petit restaurant Le Ricochet élabore une cuisine traditionnelle avec des produits locaux et de saison. Les plats sont copieux et pleins de saveurs. Service très sympathique. Un bon rapport qualité-prix.

Le Ricochet - 12 bd Louis-Blanc - ✆ 04 66 24 38 31 - fermé dim.-lun. - déj. sem. 14/17 € - plats 22/29 €.

Pour le pique-nique. Le marché d'Alès regorge de bons produits de la région, qui constitueront des pique-niques de qualité !

Marché alimentaire - lun.-sam. matin aux halles de l'abbaye.

Prendre de la hauteur sur la promenade de l'Ermitage. Depuis la gare, rejoignez le pont de Rochebelle (16mn) puis montez au sommet de la colline de l'Ermitage (290 m - 20mn d'ascension), jusqu'au sanctuaire Notre-Dame des Mines, pour profiter d'un large point de vue sur la région d'Alès (table d'orientation).

3 GÉNOLHAC

Une coquette cité médiévale. Dominés par le mont Lozère, son église romane au curieux « clocher peigne » et son temple de belles dimensions attestent des guerres de religion qui ont ravagé la région au fil des siècles. Aujourd'hui paisible, la ville promet des promenades ombragées dans ses ruelles tortueuses, des pauses toutes méridionales sur ses placettes et des bains de fraîcheur au bord de la rivière.

Pour la nuit. Comme un doux présage, la piscine chauffée qui trône au milieu d'un jardin bien arboré laisse deviner que l'on va vite se sentir très bien dans cette belle maison de maître du 19e s. À 10mn à pied de la gare, les chambres d'hôtes du Temps des Cerises sont spacieuses et personnalisées et ne manquent pas de caractère. Bibliothèque et vélos à disposition.

Chambres d'hôtes Le Temps des Cerises - 14 av. de la Libération - ✆ 06 47 14 89 96 - 🏊 - www.tempsdescerises.com - 🚭 - fermé déc.-mars - 5 ch. 115/128 € ☕.

À table ! Ne vous étonnez pas si des senteurs exotiques s'exhalent de la cuisine. Cet hôtel-restaurant est tenu par une sympathique famille réunionnaise qui s'est établie dans ce coin des Cévennes. Chambres simples, mais confortables, pour une étape haute en couleurs.

Le Chalet - 28 av. de la Gare - Génolhac - ✆ 04 66 61 11 08 - tlj - menu du jour 22 € - plats 14/20 € - 9 ch. 60 € - 9 €.

Pour le pique-nique. Fière de son label « Boutique paysanne », La Lausète propose, dans sa toute petite boutique, des produits issus de producteurs locaux et bio à prix doux : pain, fromage, viande, yaourts, fruits et légumes, friandises...
La Lausète - 10 r. Pasteur - ✆ 04 66 54 02 38 - fermé dim.

4 VILLEFORT

➔La gare est à 12mn à pied du village.

Le temps suspendu. Dans ce bourg accueillant, tout de schiste et de granit, le temps semble s'être arrêté. Ses ruelles pavées et ses allées ombragées de platanes sont nichées au creux des collines cévenoles et des châtaigneraies.

Pour la nuit. Perchée à flanc de montagne au-dessus du village de Villefort, cett maison d'hôtes respire la douceur. À 10mn à pied de la gare, les chambres au charme rustique et la table conviviale mettant à l'honneur les produits du terroir composent, avec la petite piscine chauffée, le sauna et le Jacuzzi, un refuge très appréciable. La propriétaire propose aussi des soins reiki et des massages.
Le Mas de l'Affenadou - 4 r. de l'Affenadou - ✆ 04 66 46 97 23 - www.gite-lozere.com - - 5 ch. 72/82 € .

À table ! Carte de brasserie, à l'ardoise, dans cette adresse tout de bois revêtue : viandes grillées, salade du pêcheur, pizzas, burgers. Les produits sont frais et de bonne qualité.
La Brindille - 10 av. des Cévennes - ✆ 09 88 47 62 47 - 10/25 €.

Un après-midi au bord de l'eau. Au nord du village (37mn depuis le centre), le lac de Villefort, vaste plan d'eau de 27 ha, est cerné par un sentier de randonnée. Après le barrage, s'élevant à 70 m au-dessus du lit du torrent, une base nautique et une plage, très fréquentées en été, ont été aménagées pour la baignade (surveillée en juil.-août) et la pratique d'activités nautiques (canoë, paddle, planche à voile...).
Grandeur Nature - ✆ 04 66 46 80 62 (base de plein air) ou 04 66 46 83 39 (base nautique) - www.grandeurnature48.com - base nautique ouv. juil.-août : tlj.

5 LA BASTIDE- ST-LAURENT-LES-BAINS

➔La gare dessert la commune de La Bastide-Puylaurent.

Étape nature. À la frontière de l'Ardèche et de la Lozère, La Bastide-Puylaurent a été créée au 19e s. lors de la construction de la ligne de chemin de fer Paris-Nîmes. C'est une agréable et fraîche station estivale située dans la haute vallée de l'Allier dont les versants sont couverts de bois et de pâturages.

À table et au lit ! Ancien relais de diligence, à proximité de la gare et au cœur du village, la Grand'Halte est un hôtel-restaurant familial, sans prétention mais sympathique. Chambres simples, un peu vieillottes mais propres et correctement équipées. Restaurant traditionnel.

Le lac de Villefort.

Hôtel-Restaurant La Grand'Halte - rue des Tilleuls - ✆ 04 66 46 00 35 - de Pâques à la Toussaint - www.hotel-lagrandhalte.fr - 20 ch. 70/76 € - ☕ 9,50 € - ✕ 20/30 €.

Rando jusqu'à N.-D.-des-Neiges. À l'entrée du village, prenez le sentier de randonnée « Le Cévenol », puis celui à droite vers l'abbaye de N.-D.-des-Neiges (2h AR). Ça grimpe mais une belle vue vous attend à l'entrée de la trouée de la Borne ! L'abbaye cistercienne, fondée en 1850, est isolée au milieu des résineux et de hêtres, dans un cirque de montagnes, à l'abri des vents qui balaient les hauts plateaux du Vivarais. C'est ici que Charles de Foucauld, explorateur et religieux (1858-1916), fit son noviciat, en 1890. Stevenson, lors de son célèbre voyage avec son âne, y a aussi fait étape.

6 LANGOGNE

La « perle du Gévaudan ». Tandis que le Moyen Âge se dévoile dans la petite église nichée dans un entrelacs de ruelles et de maisons basses, le 18e s. s'affirme dans les hautes halles à grains, aux piliers ronds et aux toits de lauze, abritant aujourd'hui le marché. Située au confluent de l'Allier et du Langouyrou, Langogne s'est développée au fil de l'eau.

Pour la nuit. À 7mn à pied de la gare, cet établissement confortable et convivial réserve de jolies chambres en bois clair rénovées et une brasserie où il fait bon déguster un café, une bière ou un plat du jour à toute heure.

Hôtel-brasserie Le Beausejour - 22 av. Mar.-Foch - ✆ 04 66 69 01 18 - lebeausejour48.fr - 59,50/69,50 € - ☕ 8,90 € - ✕ 15/30 €.

À table ! Un endroit sympathique pour déguster, en salle ou en terrasse, de délicieuses galettes et crêpes. À moins d'opter pour le plat du jour.
Les Délices de la Tour - 1 pl. de la Halle - ✆ 04 66 69 03 72 - fermé dim.-lun. - galettes 11/12 € - menu 14,90 €.

Pagayer sur le lac de Naussac. Afin de contrôler l'Allier, un barrage a été construit et a enseveli le vieux village de Naussac. Désormais, un vaste plan d'eau de 1080 ha accueille une importante base nautique où vous pourrez pratiquer de multiples activités de plein air (randonnée, VTT, tennis, golf, pêche), profiter de la piscine chauffée, mais aussi vous adonner à des sports nautiques sur le lac de Naussac ou en eaux vives (rafting, canyoning, kayak). L'établissement, qui domine le lac de Naussac, fait également hôtel-restaurant. Les chambres, d'un confort simple, sont impeccables. Le restaurant, qui propose une cuisine locale, dispose d'une agréable terrasse avec vue sur le lac.
Les Terrasses du Lac - 35mn à pied depuis la gare - ✆ 04 66 69 29 62 - www.naussac.com - de mi-avr. à mi-oct. - 17 ch. 75/99 € - ☕ 11 € - ✕ menus 14/24 € - tarifs base nautique, se rens.

➔Entre Langogne et Monistrol-d'Allier, vous franchirez l'Allier en empruntant le viaduc de Chapeauroux peu après la gare du même nom : long de 433 m, c'est le 2e viaduc en courbe de la ligne, belle prouesse technique.

7 MONISTROL-D'ALLIER

➔L'offre d'hébergement est limitée. Vous ferez un arrêt pour la vue ou une activité sportive avant de repartir.

Un pont entre deux rives. Profondément encaissé entre des pentes de lave abruptes, ce pittoresque village occupe un site remarquable de la vallée. Depuis le Moyen Âge, c'est une halte sur le chemin du Puy à St-Jacques. Au nord, plaquée contre la falaise, la chapelle Ste-Madeleine date de la fin du 18e-début du 19e s. Elle perpétue le culte de la sainte dont les origines remontent ici à l'époque médiévale. On accède à ce petit édifice religieux troglodyte par un agréable sentier balisé GR65 (25mn depuis la gare) offrant de très belles vues sur le village, le magnifique pont métallique d'Eiffel et la rivière en contrebas.

En eaux vives sinon rien. Amateurs de sensations fortes, rendez-vous avec Tonic Rafting qui vous attend pour dompter l'une des plus belles rivières sauvages de France. Rafting, canyoning, escalade, randonnées en canoë ou en kayak ou mélange de genres avec des programmes enchaînant l'une ou l'autre des disciplines sur la journée : laissez-vous porter par le courant de l'aventure !
Tonic Rafting - Le Vivier - ✆ 04 71 77 25 64 - tonic-aventure.fr - fermé de mi-oct. à fin mars.

➔Après Monistrol-d'Allier, le train franchit l'Allier sur un pont métallique construit par l'atelier Eiffel en 1887-1888.

ÉTAPE VERS LANGEAC PAR LE TRAIN TOURISTIQUE !

Ceux qui aiment les gorges de l'Allier prendront le train ! Sur la même ligne ferroviaire que le TER régulier, ce train touristique roule doucement et ralentit fortement à l'approche de panoramas exceptionnels. Évasion garantie dans ce train qui prend le temps d'offrir le magnifique spectacle d'une nature restée sauvage, de Langogne à Langeac : en 2h, il lui faut enfiler 51 tunnels et affronter des pentes et des tournants difficiles.
Train touristique des gorges de l'Allier - ✆ 04 71 77 70 17 - www.train-gorges-allier.com - mai-août - sur réserv.

8 LANGEAC

➔Ici encore, l'offre d'hébergement est limitée, une étape à faire à la journée.

De sel et d'ogives. Située à la sortie des gorges de l'Allier, Langeac est devenue un centre touristique important. Ouverte sur le Languedoc et le Sud méditerranéen, cette ancienne « bonne ville » fut le siège de la gabelle. Les greniers à sel, situés en face de l'hôpital, ont été reconstruits au 18e s. La collégiale St-Gal, de style gothique languedocien (14e et 15e s.), abrite des stalles du 16e s. Dans une chapelle à gauche du chœur, remarquez les fonts baptismaux du 12e s. ; dans une autre, des tableaux du 15e s. Notez aussi la grille en fer forgé du 14e s.

Un amour d'île. Grand rendez-vous estival et familial à deux pas du bourg, la base de loisirs de l'île d'Amour se niche dans un massif épais de grands chênes et peupliers, accessible par une petite passerelle en bois. Pour une baignade rafraîchissante, une promenade au vert ou un concert (tous les dimanches d'été en fin d'après-midi), les amoureux de la nature y trouveront leur compte. Ceux

Le lac de Naussac près de Langogne.

qui préfèrent s'activer se rendront directement à la base nautique, où Tonic Aventure propose des locations de canoës et de kayaks pour filer sur la rivière.
Tonic Aventure *- base de l'île d'Amour - ✆ 04 71 77 25 64 - tonic-aventure.fr - fermé de mi-oct. à fin mars - canoë et kayak 17/30 €.*

9 BRIOUDE

Louer un vélo. À 20mn à pied de la gare, location de VAE.
Stations Bee's - 31 av. de Lamothe - ✆ 06 80 83 68 59 - www.stationsbees.com - sur réserv. - VAE 25/36 € la demi-journée.
Carte des circuits à l'office de tourisme et en téléchargement sur son site Internet.
Infos : www.ot-brioude.fr.

Brioude la Douce. Appelée dès le 4e s. *Benigna Brivas*, la ville porte en elle toute la clémence de son climat. Construite sur une terrasse dominant la plaine, Brioude est une cité animée et coquette du val d'Allier, aux couleurs méridionales et au riche patrimoine. Prenez le temps de flâner dans les ruelles pour admirer les façades restaurées des maisons canoniales et aristocratiques qui datent, pour les plus anciennes, du 12e s. De l'esplanade des Remparts, la vue est belle sur la Limagne de Brioude et les monts du Livradois. Ne manquez pas une visite édifiante à l'hôtel de la Dentelle ni à la Maison du saumon et de la rivière pour parfaire votre passage dans la ville.

Pour la nuit. À 15mn à pied de la gare vous attend une adresse familiale bien connue de la région ! Les chambres sont spacieuses, modernes et confortables. Au coin de la rue, le restaurant de la maison propose une cuisine de terroir de saison fort copieuse. Accueil exquis.
Hôtel de la Poste et Champanne *- 3 av. Paul-Chambriard - ✆ 04 71 50 14 62 - www.hotel-de-la-poste-brioude.com -*

fermé lun. - 16 ch. 94/105 € - ☕ 14 € -
✕ menus déj. 24 €, soir 38/54 €.

Basilique aux mille couleurs. Chef-d'œuvre architectural, la basilique St-Julien (12e-13e s.) est un harmonieux mélange d'art roman et gothique. Ses pierres polychromes et ses tuiles de tradition bourguignonne lui confèrent tout son charme. Faites le tour de la basilique, particulièrement imposante de la rue du Chapitre et de la place Grégoire-de-Tours, pour admirer le magnifique chevet, dont la belle ordonnance concentrique en fait la partie la plus remarquable du monument. À l'intérieur, l'ampleur du vaisseau et sa chaude coloration, due aux grès rouges des murs et des piliers, sont frappantes. Le remarquable pavage polychrome de galets (16e s.) fait écho aux vitraux contemporains de l'artiste Kim En Joong. De couleurs vives, ces vitraux se marient harmonieusement avec les pierres naturelles, provoquant des jeux de lumière sur les murs et les piliers et conférant à la basilique une atmosphère douce, propice au recueillement.

À table ! Près de la basilique, Lard dans l'Assiette mitonne une cuisine du jour avec un plat qui change au gré des saisons, du marché et de l'inspiration. Beau choix d'entrées et de desserts. Un vrai régal, et un accueil chaleureux.
Lard dans l'Assiette *- 27 r. du 4-Septembre -*
✆ 04 71 74 82 76 - fermé le soir et dim. - menus 20/30 €.

Escapade vers Vieille-Brioude. Le GR 470 qui va jusqu'aux sources et aux gorges de l'Allier part de Brioude. Les premiers kilomètres le long de la rivière sur un chemin balisé sont l'occasion d'une belle balade jusqu'à Vieille-Brioude (10 km - 2h30 AR). Ce charmant bourg très fleuri se serre sur un éperon rocheux de part et d'autre de l'avenue du Pont, ancienne voie romaine. Jusqu'au siècle dernier, Vieille-Brioude fut la commune viticole la plus importante de la région. Véritable réseau de caves creusées sur plusieurs niveaux, son sous-sol et ses maisons de vignerons témoignent encore de cette activité. Faites un tour au musée-jardin de la Vigne (pl. de l'Église) dont le jardin de curé (fleurs et plantes médicinales) constitue une agréable halte. Rentrez par le même chemin le long de l'Allier.
GR 470 Sources et Gorges de l'Allier *- www.rando-hauteloire.fr - application mobile (gratuite).*

La basilique de Brioude.

NARBONNE - PORTBOU

La Grande bleue tout du long ! Entre Narbonne et la petite ville de Portbou, déjà en Catalogne espagnole, le train longe le littoral comme un fil épousant les contours de la Méditerranée. Étangs semés de flamands roses, villages et pins maritimes... Puis viennent les premières collines annonçant les Pyrénées et la Côte Vermeille, avec ses vignes en terrasses écrasés de soleil. De ville en ville, le patrimoine raconte une histoire haute en couleurs... Des couleurs et une lumière qui séduisent toujours les artistes.

DE NARBONNE À PORTBOU - 12 JOURS

- Pour rejoindre Narbonne depuis Montpellier-St-Roch : 1 à 2 TER/h (1h)
- Trajet sans escale : 1h40
- Fréquence : env. 5 TER/j
- Horaires : www.ter.sncf.com/occitanie
- Tarif sans escale : 20,60 €
- Services à bord : transport de vélo autorisé ; réservation obligatoire en juillet-août
- Pour le retour à Montpellier, 6 TER quotidiens directs (3h) ; autres TER avec correspondance à Perpignan ou Narbonne

Où se placer pour admirer le paysage ? Côté gauche dans le sens de la marche.

Place de l'Hôtel-de-Ville à Narbonne.

1 NARBONNE

Louer un vélo. À 3mn de la gare, location de vélos, tandems et VAE, avec accessoires.
Paulette location de vélos - 11 bd Condorcet - 05 61 53 29 06 - paulette.bike/fr - fermé dim. - VTC/VTT à partir de 18 €/j, VAE 30 €/j - réserv. en ligne.

Un patrimoine millénaire. Capitale de la Gaule narbonnaise, résidence des rois wisigoths, cité archiépiscopale, port de commerce animé… La balade dans le Vieux Narbonne commence par la place de l'Hôtel-de-Ville, dominée par le palais des Archevêques (*voir ci-contre*). Elle se poursuit vers la place du Forum (site du forum et du capitole antiques) et de l'église St-Sébastien. L'Horreum, entrepôt romain bien mis en valeur, mérite une halte. Continuez jusqu'à la basilique St-Paul-Serge (crypte paléochrétienne), la chapelle des Pénitents Bleus (18e s.) et l'ancienne poudrière (17e s). S'il vous reste du temps, flânez du côté de la promenade des Barques (cours de la République) et la passerelle qui la relie au cours Mirabeau, sur la rive droite. Non loin se trouvent le Pont des Marchands, ouvrage romain surmonté d'une double rangée de maisons colorées, et les Halles, pavillon de style Baltard de 1901.

Pour la nuit. Un hôtel intime et moderne aux chambres douillettes et à la déco tendance, dans une rue très calme à deux pas du centre historique et à 12mn à pied de la gare. Terrasse solarium pour lézarder en journée ou observer les étoiles le soir ! Accueil très sympathique.
Le C Boutique Hôtel - 15 r. Suffren - 09 67 17 56 54 - www.cboutiquehotel.fr - 10 ch. 129/149 € - 14 €.

Un tour au palais. Avec la cathédrale, le palais des Archevêques compose un remarquable ensemble architectural, à la fois religieux, militaire et civil, où les siècles ont laissé leur empreinte, du 12e s. (Palais vieux) au 19e s. (Hôtel de ville). Sa façade comporte trois tours carrées : le donjon Gilles-Aycelin, la tour St-Martial et la tour de la Madeleine

L'étang de Leucate.

(la plus ancienne). Entre les deux premières, Viollet-le-Duc a construit l'hôtel de ville dans un style néogothique. La première pierre de la cathédrale St-Just-et-St-Pasteur fut posée le 3 avril 1272, envoyée de Rome par le pape Clément IV, ancien archevêque de la cité.
Palais-Musée des Archevêques - pl. de l'Hôtel-de-Ville - ✆ 04 68 90 31 34 - www.narbonne.fr/palais-archeveques - juin-sept. : 10h-18h; reste de l'année : tlj sf mar. 10h-12h45, 14h-17h - 6 €.

À table ! Un bistrot au cachet 1930 où l'on célèbre les bons produits (charcuterie et poissons notamment) et la cuisine... bistrotière. La riche cave et le bar à vins (belle carte de tapas pour l'apéro) feront le bonheur des amateurs de nectars !
Le Petit Comptoir - 4 bd du Maréchal-Joffre - ✆ 04 68 42 30 35 - www.petitcomptoir.com - fermé dim. - menu 35 €.

Pour le pique-nique. Une grande animation règne dans les larges allées des Halles, où sont réunis environ 70 commerçants dont les étals colorés sont garnis de produits frais.
Les Halles - cours Mirabeau - www.narbonne.halles.fr - tous les matins.

Et vogue la gabare ! Visitez Narbonne autrement, à bord d'une gabare (bateau traditionnel de transport de marchandises) sur le canal de la Robine, inscrit au Patrimoine de l'Unesco.
Le Solal - dép. promenade des Barques - ✆ 07 69 98 95 15 - www.petittrain-narbonne.fr - durée 1h - avr.-juin et sept. : 14h, 15h30 et 16h45; juil.-août : 11h, 13h, 14h, 15h30, 16h45 et 18h - fermé dim. - 10 €.

Festival Barques en Scène. Dernier week-end d'août : bodegas, concerts et arts de la rue.

🚲 **La Méditerranée à vélo.** L'EuroVelo 8 relie Narbonne et Argelès. De Narbonne à Leucate (40 km - 2h40), vous pédalerez sur le chemin de halage, puis à travers les étangs. De Leucate à Argelès (51 km - 3h25), le parcours est balnéaire : n'oubliez pas votre serviette de plage!
Infos : www.lamediterraneeavelo.com.

2 LEUCATE-LA FRANQUI

➔ La gare de Leucate-La Franqui est située à 2 km de Leucate-village et 15 km de Port Leucate. Une navette (Ligne 15) dessert les différentes entités qui constituent Leucate.
Horaires sur le site de l'office de tourisme : www.tourisme-leucate.com.

Étang et plages. Sur le cordon littoral qui sépare l'étang de Leucate de la Méditerranée, des kilomètres de plages et des infrastructures touristiques attirent en saison des milliers d'estivants. Si l'activité conchylicole et la pêche ont longtemps prédominé, elles se partagent désormais l'étang avec les activités nautiques (planche à voile, kite-surf, navigation de plaisance) qui se sont développées dans les années 1970. De quoi satisfaire tout le monde!

Pour la nuit. Dans le joli village de pêcheur de la Franqui, à 30mn de marche de la gare ou 5mn en navette, cette agréable maison d'hôtes propose une poignée de chambres colorées, avec vue sur mer ou jardin. Le bar-restaurant est également réussi, et vous pourrez y louer des vélos (sur réserv.).
La Stregheria - 18 av. de la Méditerranée - La Franqui - ✆ 09 81 93 93 25 - www.la-stregheria.com - 4 ch. - 110/200 € ☕.

À table ! À première vue une simple paillote, mais c'est aussi une institution et un lieu où règnent l'art et l'inspiration. Biquet propose une cuisine de la mer à base de poissons du jour, de fruits de mer et de tellines poêlées à l'ail et au persil, volontiers agrémentée de touches exotiques.
Biquet-Plage - chemin du Mouret - Leucate-Plage - ✆ 04 68 33 00 64 - biquet.kards.fr - tlj - plats 16/27 €.

Port Leucate : piquer une tête. Au cap Leucate, profitez des immenses plages et si vous avez un peu de temps, pourquoi pas louer un paddle, une pirogue ou un canoë? Location et cours d'Optimist, catamaran, planche à voile ou encore char à voile.
Cercle de voile du cap Leucate - base de la Marina *- av. de la Pinède - ✆ 04 68 40 72 66 - www.cercledevoile.com.*

L'heure de l'apéro. Dégustez une assiette d'huîtres, accompagnée d'un verre de vin blanc de pays, dans l'une des « cabanes » typiques tenues par les producteurs du centre ostréicole de Port-Leucate. Laissez-vous tenter par la fameuse huître « Caramoun », élevée en « suspension », ce qui la rend plus ferme et plus croquante.
Cabane à huîtres - Port Leucate - selon la taille de l'huître : 6/15 € les 9.

👣 **Panoramas et falaises au cap Leucate.** Du belvédère aménagé près du sémaphore du cap Leucate, vue sur la côte, du Languedoc aux Albères. En suivant le sentier en corniche (soyez prudent, et gare aux éboulements), les falaises barrent, au nord, l'étang de Leucate. Elles offrent de belles vues sur tout le golfe du Lion. On atteint La Franqui, petite

station balnéaire, où l'écrivain Henri de Monfreid (1879-1974), né à Leucate, aimait se retirer. La plage des Coussoules, vaste espace encore sauvage, invite à la baignade après une agréable randonnée.
Sentier du guetteur - dép. du sémaphore du cap à Leucate-Plage - 2h30 AR - plan à télécharger sur le site de l'office de tourisme : www.tourisme-leucate.fr.

3 SALSES

Pour la nuit. Cette ravissante chambre d'hôtes située à 5mn à pied de la gare vous accueille en toute intimité dans 1200 m² de jardin. Les propriétaires de la villa, antiquaires, ont su marier pièces d'époque et art contemporain pour un séjour tout en confort et élégance.
Casa Montes - 1 Clos des Abricotiers - ✆ 06 11 10 90 28 - www.casa-montes.com - 3 ch. 100/150 € ☕.

Gardienne des Corbières. Émergeant des vignes, la forteresse de Salses se dresse entre l'étang de Salses et les montagnes. Le grès rose des pierres et le rouge patiné des briques adoucissent un peu la sévérité du bâtiment dont les dimensions sont impressionnantes. Élevé au 15e s., ce fort en forme d'étoile constitue un exemple unique d'architecture militaire médiévale espagnole en France, que Vauban adapta ensuite aux exigences de l'artillerie moderne. On circule encore sur les parties hautes de l'enceinte (dont les murs atteignent 9 m de hauteur en moyenne), qui permet de voir la crête arrondie des courtines. Le sous-sol voûté, autour de la cour centrale, était occupé par les écuries qui pouvaient abriter 100 chevaux et 1500 hommes environ. Le donjon, divisé en sept niveaux, accueillait le logement du gouverneur et servit de poudrière au 19e s.
Forteresse de Salses - à 15mn à pied de la gare - ✆ 04 68 38 60 13 - www.forteresse-salses.fr - avr.-sept. 10h-18h30; reste de l'année 10h-12h45, 14h-17h15 - 9 €.

À table ! Ce sympathique restaurant propose une expérience intéressante : un menu surprise unique, constitué de plusieurs petits plats à découvrir selon les produits du moment et à accompagner de vins naturels du domaine. Tout est frais et ultra-local, préparé par cette maison jeune et dynamique. Accueil convivial et musique live certains soirs.
Domaine La Marche - 15 av. Armand-Claret - ✆ 06 72 70 96 14 - ouv. le soir jeu-sam.

Pour le pique-nique. Le marché de Salses se tient tous les mercredis matin sur la place de la République.

4 RIVESALTES

➔Il n'y a pas d'hébergement à proximité de la gare : une étape à faire à la journée.
➔Pour se rendre au mémorial du camp de Rivesaltes situé à 7 km de la gare, taxi A2R (✆ 04 68 64 08 00) ou bus ligne 16 (www.sankeo.com) ; de l'arrêt Rivesaltes, direction Cap Roussillon, descendre à l'arrêt Espace Entreprises (15mn de bus et 20mn de marche).

Mémoires de Rivesaltes. Sur la rive droite de l'Agly, Rivesaltes est l'une des capitales viticoles du Roussillon. Elle a vu naître le maréchal Joffre (1852-1931), dont la statue équestre se dresse sur l'allée-promenade. La maison natale de Joffre abrite un musée évoquant sa vie et sa carrière. Mais la mémoire de Rivesaltes est aussi celle, douloureuse, du camp de Rivesaltes (*voir ci-dessous*).
Musée du Maréchal Joffre - de déb. juillet à mi-sept. : mar.-sam. 10h30-12h30, 15h-18h30 - 3 €.

Une page d'histoire. Le camp de Rivesaltes rappelle une page d'histoire nationale, peu glorieuse : celle de l'un des plus importants camps d'internement de l'Europe occidentale. Républicains espagnols, juifs, tziganes, prisonniers de guerre, harkis, tirailleurs guinéens... plus de 60000 personnes « indésirables » furent enfermées ici en 1941-1942, 1945-1948 et 1962-1966 dans des conditions de vie abominables. Créé en 2015, le mémorial comprend un parcours de visite extérieur, avec les vestiges des baraquements, ainsi qu'un musée souterrain conçu par Rudy Ricciotti, tel un long couloir enterré s'ouvrant peu à peu vers la lumière.
Musée-mémorial du camp de Rivesaltes - av. Christian-Bourquin - ✆ 04 68 08 39 70 - www.memorialcamprivesaltes.eu - avr.-oct. : 10h-18h; reste de l'année : tlj sf sam. 10h-18h - 9,50 €.

À table ! Ce restaurant au cœur du Domaine Cazes propose des accords mets-vins associant les vins de la propriété à une cuisine d'inspiration catalane et méditerranéenne.
La Table d'Aimé - 4 r. Francisco-Ferrer - ✆ 04 68 34 35 77 - www.latabledaime.com - fermé dim.-lun. - menus 33/43 €.

Fête de l'abricot et du muscat. Début juillet, animations autour de l'abricot et concours du plus gros

La cathédrale St-Jean-Baptiste à Perpignan.

mangeur de ce fruit emblématique du Roussillon et de Rivesaltes ! Également dégustations de muscats, abricotade et bal catalan.

5 PERPIGNAN

➔La nouvelle gare s'ouvre sur le centre-ville d'une part, et sur le quartier de St-Assiscle d'autre part. Prenez la sortie Centre-ville.

Fierté catalane. Comtes de Roussillon, rois de Majorque, Catalans et Aragonais se sont disputé la ville au fil des siècles et ont laissé nombre d'empreintes. Le Castillet (*voir p. 204*) marque le cœur médiéval, aux influences bien catalanes avec ses rues pavées de marbre rose de Villefranche-de-Conflent. Très animée, la place de la Loge, avec sa jolie *Vénus* d'Aristide Maillol (sculpteur natif de Banyuls-sur-Mer), doit son nom à l'ancien tribunal de commerce maritime, que jouxte la mairie. Construit en 1397, il fut remanié et agrandi au 16e s. Vers le nord, on rejoint la cathédrale St-Jean-Baptiste, reconnaissable à ses murs en « cayroux » (briques et galets) typiquement catalans. Elle est flanquée à droite d'une tour-horloge carrée coiffée d'une belle cage en fer forgé (18e s.) abritant deux cloches du 15e s. Au sud du centre-ville, enfin, on débouche sur l'énorme palais des Rois de Majorque (1276-1344), d'architecture romane et gothique, qui occupe toute la colline du Puig del Rei. Des remparts de sa citadelle espagnole on jouit d'une belle vue sur la côte.

Pour la nuit. L'Hôtel de France est historique puisqu'il a ouvert ses portes en 1833 et a reçu nombre de célébrités parmi lesquelles le fameux Salvador Dalí. Son atout reste sa situation, très centrale, et à moins de 20mn à pied de la gare.
Moins prestigieux mais idéalement placé entre le centre-ville et la gare (à 6mn à pied de celle-ci), Nvx Hotel est un petit établissement familial à la décoration soignée. Les chambres sont irréprochables, certaines avec terrasse et balcon. Accueil souriant et attentionné.

***Hôtel de France** - 28 quai Sadi-Carnot - ✆ 04 68 84 80 35 - www.hoteldefrance-perpignan.fr - 24 ch. 64/75 € - ☕ 10 €.*
***Nyx Hotel** - 62 bis av. du Gén.-de-Gaulle - ✆ 04 68 34 87 48 - nyxhotel.fr - 17 ch. 69/89 € - ☕ 14 €.*

En-haut du Castillet. L'emblème de Perpignan porte les couleurs sang (prononcez « sank ») et or de la Catalogne. Il domine la place de la Victoire de ses deux grosses tours couronnées de créneaux et de mâchicoulis exceptionnellement hauts. À l'intérieur, le musée Casa Pairal présente des collections d'archéologie, d'arts et de traditions populaires, et détaille l'histoire du bâtiment. De la tourelle (142 marches), vue sur les monuments de la ville, le Canigou, les Albères au sud et les Corbières au nord.
***Castillet** - pl. de Verdun - ✆ 04 68 35 42 05 - juin-sept. : 10h30-18h30 ; oct.-mai : tlj sf lun. 11h-17h30 - 2 €.*

À table ! On célèbre ici les traditions culinaires de la Catalogne avec les plats typiques de la région : bolets de *picolats* (boulettes de viande), *galtes* (joues) de porc au Maury, morue à la catalane...Et pour commencer un joli choix de tapas. La maison a sa clientèle d'habitués. Juste à côté de la cathédrale St-Jean, Le 17 attire une clientèle qui ne s'y trompe pas... Le chef, un passionné, privilégie les produits du terroir extra-frais pour concocter des plats raffinés et pleins de saveurs, où le poisson est à l'honneur. Un régal pour les yeux et les papilles ! Belle sélection de vins à déguster sur la terrasse. Réservation recommandée.
***L'Assiette catalane** - 9 r. de la République - ✆ 04 68 34 77 62 - www.assiettecatalane.com - fermé dim.-lun. - menus 27/31 €.*
***Le 17** - 1 r. Cité-Bartissol - ✆ 04 68 38 56 82 - fermé mai-sept. : dim.-lun. ; oct.-avr. : dim. et le soir lun.-merc. - formules déj. 20/25 € - carte 35/60 €.*

Pour le pique-nique. La famille Sala est aux commandes de cette épicerie depuis 1913. Deux spécialités ont fait sa renommée : les anchois de Collioure, salés ou boquerones, et la morue sauvage. On y trouve aussi de quoi faire une cargolade, c'est-à-dire des escargots grillés dans leur coquille. Également des fruits et légumes secs, des olives et des épices.
***Maison Sala** - 1 r. René-Paratilla - ✆ 04 68 51 03 75 - fermé dim.-lun.*

L'heure de l'apéro. La rue Paratilla est un haut lieu des tapas à Perpignan. Chez L'Émile, on se régale d'assiettes de jambon, de croquettes et de plats réalisés au moment comme les couteaux à la plancha. Les Halles couvertes réunissent plus d'une vingtaine d'artisans de bouche et stands de street-food où l'on se retrouve à l'heure de l'apéro pour boire un verre de vin en grignotant des petits plats de qualité.
***L'Émile** - 9 r. Paratilla - ✆ 06 65 67 92 99 - Facebook - tlj sf lun - plats 10,20 €.*
***Halles Vauban** - quai Vauban - fermé dim. soir et lun.*

6 ELNE

Héritage épiscopal. Cernée de collines couvertes d'abricotiers et de pêchers, la ville haute se protège encore derrière ses remparts. La cité la plus ancienne du Roussillon fut aussi sa capitale spirituelle : elle eut le grand privilège d'héberger le siège épiscopal de la région, du 6e au 17e s., volant ainsi à Perpignan une part de son prestige. Aujourd'hui, Elne est une petite ville endormie, mais le cloître de la cathédrale Ste-Eulalie-et-Ste-Julie, magnifique témoignage de l'art roman catalan, témoigne de sa puissance passée. Prenez le temps d'admirer les chapiteaux, où griffons, béliers, paons et lions côtoient des personnages de la Genèse ; pièce maîtresse : le chapiteau n° 12, qui montre Adam et Ève. La cathédrale, commencée au 11e s. et complétée aux 14e-15e s., montre les phases d'évolution de l'art gothique. Un escalier à vis monte à une terrasse d'où l'on découvre les clochers de la cathédrale, les Albères et la Méditerranée.
***Cathédrale Ste-Eulalie-et-Ste-Julie** - plateau des Garaffes - ✆ 04 68 22 70 90 - avr.-sept. : 9h30-18h (19h en été) ; reste de l'année : tlj sf lun. 10h-12h30, 14h-17h - 4,50 €.*

À table et au lit ! Sur les hauteurs d'Elne, à 10mn de la gare, un hôtel charmant propose des chambres impeccables avec vue panoramique sur le massif des Albères et le Canigou. Au restaurant, cuisine à base de produits frais et vins locaux. Aux beaux jours, les repas sont servis sur la terrasse qui domine la vallée.
***Hôtel Cara Sol** - 10 bd Illiberis - ✆ 04 68 22 10 42 - www.hotelcarasol.com - 15 ch. 73/92 € - ☕ 11 € - ✕ tlj - plats 19/28 €.*

Pour le pique-nique. Un marché sommaire se tient tous les lundis et mercredis, mais le grand jour de marché est le vendredi, sur la route nationale.

7 ARGELÈS-SUR-MER

➔ La gare d'Argelès-sur-Mer se situe à 2 km de la plage. Une navette petit train (d'avr. à sept.) relie les différents quartiers.
Infos : www.trainbus.fr.

Louer un vélo. À Argelès-Plage, vous aurez le choix entre vélos musculaires et électriques.
Argelès vélos - 30 allée Jules-Aroles - ✆ 06 19 76 27 51 - www.argelesvelos.fr - à la demi-journée 14/35 €.

Camping, plage et souvenir. Grande station balnéaire, Argelès déroule sa plage et ses campings à perte de vue, ce qui lui vaut d'être aujourd'hui la capitale européenne du camping. Mais elle ne se réduit pas à son effervescence estivale et festive : elle porte les marques d'une histoire tragique. En 1939, au cours de la Retirada, des milliers de Républicains fuyant les troupes franquistes ont été internés dans ce qui fut le premier camp de réfugiés espagnols. Son Mémorial rend compte de cette histoire, ainsi que de celle des 160 000 hommes, femmes et enfants qui passèrent par le camp d'Argelès-sur-Mer, de février 1939 à début 1942.
***Mémorial du camp d'Argelès**-sur-Mer - 26 av. de la Libération - ✆ 04 68 95 85 03 - www.memorial-argeles.eu - juil.-sept. : 10h-18h; oct.-juin : mar.-sam. 10h-13h, 14h-18h - 2 €.*

Pour la nuit. Situé à 6mn de la gare, L'Hostalet est une maison d'hôtes de charme à l'accueil chaleureux et aux chambres confortables. Le matin, une délicieuse odeur de gâteaux maison vous réveillera, sonnant l'heure du petit-déjeuner, que l'on prend en terrasse sur la place de la République, à l'ombre des mûriers platanes. Délicieux à tout point de vue !
***L'Hostalet** - 32 r. de la République - ✆ 04 68 95 76 54 - hostalet.fr - 5 ch. 91/163 € - ☕ 12,50 €.*

À table ! C'est une adresse que les amoureux de bonne chère s'échangent avec gourmandise. Et pour cause : le chef, Thibaut Lesage, et son épouse Stéphanie, pâtissière, enchantent les papilles en revisitant les classiques avec une inspiration constante. Un régal ! Réservation indispensable.
***La Bartavelle** - 24 r. de la République - ✆ 06 19 25 70 13 - www.restaurant-labartavelle.fr - fermé dim.-lun. et mar. midi - menus 46/56 €.*

Les abricots du Roussillon.

Pour le pique-nique. Marché hebdomadaire rue et place de la République le mercredi et le samedi matin au village et sur le parking des Platanes en saison (de mi-juin à mi-sept.) les lundi, mercredi et vendredi matin.

Mer et tramontane. Profitez des vents qui soufflent sur ce littoral pour vous initier à la voile, sous toutes ses formes. Location de catamaran, planche à voile, paddle et balades en kayak de mer.
***Central Windsurf** - plage des Pins - ✆ 07 50 60 57 61 - www.centralwindsurf.com - de mai à mi-sept. : tlj.*

L'heure de l'apéro. Ode à la mer et aux vins du terroir dans cet établissement charmant et sympathique, situé en retrait de la plage du Racou. Le chef concocte de délicieux plats pour la partie restaurant, mais on peut aussi s'accouder au comptoir pour déguster vins et entrées à l'heure de l'apéro.
***Le Menje Ecaille** - 29 av. de la Torre-d'en-Sorra - Le Racou - ✆ 04 68 81 41 23.*

Sardane. C'est sous l'égide du musicien argelésien Jordi Barre (1920-2011) qu'a été fondé, en 1958,

L'anchois de Collioure fait recette.

le Foment de la Sardana. Depuis 1976, celui-ci organise l'*aplech*, rassemblement champêtre de danseurs et de musiciens, chaque 1er dimanche de septembre au parc de Valmy.

8 COLLIOURE

➔Collioure marque la porte de la magnifique Côte Vermeille, qui s'étire jusqu'à la frontière espagnole, entre vignes en terrasse et Méditerranée : la ligne TER traverse ces paysages en longeant le littoral ou en perçant les collines en une succession de tunnels.

Les couleurs de Collioure. Son église fortifiée avance si près de la mer qu'on la croirait surgie des flots... Son clocher, d'un cachet si particulier avec son dôme rose, servait de phare au vieux port. Séparés par le vieux château royal, les deux petits ports sont animés par les barques catalanes, reconnaissables à leurs couleurs vives et à leur mâture typique. Le château fortifié se développe sur l'éperon rocheux séparant les deux anses, autour du donjon carré élevé par les rois de Majorque. Charles Quint et Philippe II le transformèrent en citadelle, renforcée par le fort St-Elme (*voir p. ci-contre*) et le fort Miradou. De vieilles rues aux balcons fleuris, entrecoupées d'escaliers, une promenade en bord de mer, des terrasses de cafés et des boutiques aux vitrines colorées complètent le tableau de cette petite cité médiévale qui a attiré nombre de peintres au 20e s., dont les artistes fauves, Matisse en tête, qui cherchaient à capter sa palette lumineuse.

Pour la nuit. Niché au cœur du village, à 5mn à pied de la gare et à 200 m de la plage, cet établissement propose d'agréables chambres rénovées et fonctionnelles.

Hôtel Princes de Catalogne - rue des Palmiers - ✆ 04 68 98 30 00 - www.hotel-princescatalogne.fr - 30 ch. 59/100 € - ☕ 10 €.

À table ! Chez Paco, vous goûterez les délicieuses tapas élaborées avec des produits frais, vins locaux bien choisis, accueil chaleureux... Un incontournable à Collioure ! À La Cuisine Comptoir, la chef Victoria Robinson a fait de la slow food son credo. Rien d'étonnant, donc, à trouver dans l'assiette

une majorité de produits frais provenant de petits producteurs locaux, aussi bien pour ce que l'on y mange que pour ce que l'on y boit. La chef est également soucieuse de sélectionner du bio, de la pêche durable ou des produits issus d'animaux nourris éthiquement.
Paco - 18 r. Rière - ✆ 04 68 82 90 91 - fermé merc. soir et jeu. - tapas 8/16 €.
La Cuisine Comptoir - 2 r. Colbert - ✆ 04 68 81 14 40 - lacuisinecollioure.com - tlj - menus 25/40 €.

Souvenir de choix. Depuis 1870, la maison Roque perpétue la préparation traditionnelle des anchois. Boutique au rez-de-chaussée et atelier au 1er étage pour observer les mains expertes préparant les petits poissons emblématiques de Collioure.
Anchois Roque Collioure - 17 rte d'Argelès - ✆ 04 68 82 04 99 - anchois-roque.fr - boutique : tlj - visite : lun.-vend. 8h15-11h45, 14h05-16h45.

Plonger dans le bleu marine de la Côte Vermeille ! Ce centre de plongée fournit un équipement et un encadrement professionnel pour l'apprentissage et la pratique de ce sport.
CIP-Collioure - 24 r. Ravin-du-Coma-Xeric - ✆ 04 48 89 19 99 - www.cip-collioure.com - fermé de déb. sept. à fin juin - baptême 80 €, excursion palmée 55 €.

L'heure de l'apéro. Les plus grands artistes (Derain, Picasso, Matisse) sont descendus dans ce bar devenu mythique : les toiles qui couvrent les murs en témoignent. Un lieu authentique où l'on pourra déguster un bon vin AOC collioure accompagné de tapas.
Bar des Templiers - 12 quai de l'Amirauté - ✆ 04 68 98 31 10 - www.hotel-templiers.com - tlj.

Fête patronale. Les fêtes de la St-Vincent, événement attendu dans toute la région, se tiennent du 14 au 18 août. On se presse à la corrida, aux bals et à la procession des reliques de saint Vincent sur la mer, le 16 août, qui se termine par un magnifique spectacle son et lumière.

Monter au fort St-Elme. La vocation défensive de cette haute colline, à 1h de marche de Collioure (difficulté moyenne), remonte à près de 1000 ans. Coiffant le sommet, le fort occupe une position stratégique, dominant Collioure et Port-Vendres, et contrôlant la route de Barcelone. C'est l'empereur Charles Quint qui décida de l'édification de la forteresse actuelle, en forme d'étoile à 6 branches, dont les murailles ont près de 8 m d'épaisseur. Elles pouvaient résister à tous les tirs d'artillerie. Pris par les troupes de Louis XIII en 1642, le bastion resta un point de contrôle de la frontière jusqu'à la Révolution. Remarquablement mis en valeur et animé toute l'année, il recèle une belle collection d'armes à feu de toutes les époques, présentée dans les salles voûtées, et réserve un magnifique panorama sur les alentours.
Fort St-Elme - www.fortsaintelme.fr - horaires : se rens. - 8 €.

9 PORT-VENDRES-VILLE

Le port de Vénus. Port-Vendres (*Portus Veneris*, le « port de Vénus ») est né autour d'une anse où les galères trouvaient abri. À partir de 1679, le bourg s'est développé sous l'impulsion de Vauban comme port militaire et place fortifiée. C'est aujourd'hui le port de pêche le plus actif de la côte roussillonnaise. On aime s'y rendre pour sa criée, ou pour profiter d'une langueur réconfortante après de belles randonnées sur la Côte Vermeille.

Pour la nuit. Ce charmant hôtel situé sur les quais du port, à tout juste 5mn à pied de la gare, propose des chambres rénovées, dont certaines avec vue sur mer afin de profiter pleinement de l'activité du port.
Hôtel sur le Quai - 2 quai Pierre-Forgas - ✆ 04 11 96 00 80 - hotelsurlequai.fr - 22 ch. 75/104 € - ☕ 10 €.

À table ! Un restaurant sur le port : le chef n'a que deux pas à faire pour trouver à la criée le meilleur de la marée du jour, qu'il accommode aux saveurs méditerranéennes. On aime particulièrement la terrasse en surplomb de la mer, à l'ambiance plus décontractée qu'à l'intérieur.
La Côte Vermeille - quai Fanal - dir. la criée - ✆ 04 68 82 05 71 - www.restaurantlacotevermeille.com - fermé dim. soir et lun. (hors saison) - plats 26/32 € - menus dégustation 56/74 €.

À la découverte de la réserve marine. Ce centre de plongée fournit un équipement et un encadrement professionnel pour pratiquer ce sport en toute sécurité : l'occasion de découvrir la réserve naturelle marine de Cerbère-Banyuls, protégée depuis 1974 pour sa biodiversité exceptionnelle. Possibilité de rando palmée pour ceux qui préfèrent rester en surface.

Centre d'Activité Plongée Port-Vendres - anse Gerbal (ancienne criée) - ✆ 07 80 97 46 38 - www.plongee66.com - tlj - baptême 85/190 €, rando palmée 35 €.

Plus près du ciel. La randonnée qui monte à la tour Madeloc vous mène depuis la gare de Port-Vendres à travers vignes et garrigue de l'arrière-pays, jusqu'à 652 m au-dessus de la mer (6h - 950 m de dénivelé, ardu par endroits). Cette tour en schiste, ronde et couronnée de mâchicoulis, est une ancienne tour à signaux qui, avec celle de la Massane à l'ouest, faisait partie d'un réseau de guet au temps de la souveraineté aragonaise et majorquine. La tour de la Massane surveillait la plaine du Roussillon, tandis que la tour Madeloc observait la mer. En route, le sentier passe par d'anciennes batteries, dont la batterie 500, vestige des fortifications de Port-Vendres pour contrôler l'arrière-pays. Arrivé sur le belvédère qui précède la tour, vos efforts seront récompensés par un panorama absolument spectaculaire sur la mer, la Côte Vermeille, le Roussillon et une partie des Albères.

10 BANYULS-SUR-MER

➔La gare est perchée tout en haut du village ; on y descend (et en remonte) par les ruelles en escaliers. Comptez 20mn pour la regagner si vous ne voulez pas manquer votre train !

Mer, bronzes et vins. La paisible station balnéaire de Banyuls s'enroule au bord d'une jolie baie, à l'abri de la tramontane et dominée par un beau paysage de vignobles en terrasses, d'où l'on tire

La réserve naturelle marine de Cerbère-Banyuls.

ce fameux vin doux naturel AOC, le banyuls. La plage principale (galets) est longée par une promenade en bois où l'on déambule parmi des statues d'Aristide Maillol, enfant du pays. Face au port de plaisance se dresse la façade du premier aquarium de France, le Biodiversarium (1885). Banyuls est aussi le site de la première Réserve naturelle marine de France (1974), la seule à ce jour à être exclusivement marine. Sur une longueur de 6,5 km de côte entre Banyuls et Cerbère, elle couvre une superficie de 650 ha de mer, destinée à protéger les espèces menacées, tant par une pêche intensive que par la pollution et la fréquentation touristique.

Pour la nuit. Accueillant hôtel situé en bord de mer, sur la plage des Elmes, et à 10mn à pied de la gare. Chambres rénovées dans un style marin. Poissons et coquillages en vedette au restaurant (La Littorine) avec terrasse ouverte sur la mer. Espace soins, détente et fitness.

***Hôtel Les Elmes** - plage des Elmes -*
04 68 88 03 12 - www.hotel-des-elmes.com -
34 ch. 115/328 € - 20 € - menu 35 €.

À table ! Au Quintessence, au calme d'une rue piétonne du centre ancien, on se régale d'une cuisine méditerranéenne volontiers créative, travaillée avec des produits frais et locaux. La qualité et les saveurs sont indéniablement au rendez-vous. La carte est courte et change régulièrement. Service très agréable.

Les 9 caves se cache dans le village, en retrait du front de mer. L'équipe, jeune et dynamique, propose un espace caviste faisant la part belle aux vins naturels locaux, une épicerie de produits régionaux issus de l'agriculture bio et un restaurant à la carte délicieuse, l'ensemble dans une ancienne bâtisse à l'architecture ravissante. À ne pas rater.

Le Quintessence *- 2 r. Edouard-Branly - ✆ 04 68 82 91 35 - le-quintessence.business.site - fermé dim. soir et lun. - plats 18 € - menu déj. 22 €.*
Les 9 caves *- 56 av. du Gén.-de-Gaulle - ✆ 04 68 36 22 37 - 9caves.com -fermé dim. soir et lun.-mar. - menus 24/49,50 €.*

AOC à rapporter. La plus ancienne coopérative vinicole de la ville (1921) s'est spécialisée dans le vieux banyuls et produit une douzaine de variétés reconnues. Également des collioures AOC rosés et rouges.

Cave L'Étoile *- 26 av. du Puig-del-Mas - ✆ 04 68 88 00 10 - www.banyuls-etoile.com - tlj.*

L'heure de l'apéro. Savoureuse cave à vin et bar à tapas avec une cuisine mitonnée au gré des saisons et de l'humeur du chef. Manu élabore avec passion des plats à base de produits ultra frais, à partager entre amis : charcuterie, carpaccio ou tartares de poisson... Très belle sélection de vins naturels, notamment de la région. Coup de cœur garanti ! Il n'y a que quelques tables, pensez à réserver.

El Xadic del Mar *- 11 av. Puig-del-Mas - ✆ 04 68 88 89 20 - tlj - tapas 9-23 €.*

Sentier du littoral. Cette randonnée côtière relie Banyuls au cap Béar, en passant par le site de Paulilles. Au départ de la plage des Elmes, vous voilà parti pour une délicieuse journée de marche, de baignade et de culture, entre les vignes en terrasse, les figuiers de barbarie, la garrigue et partout, la mer ! À mi-parcours, à peu près, vous pourrez visiter le site de Paulilles, dans la magnifique baie du même nom, connu pour son usine de dynamite, créée en 1875 en liaison avec le grand fabricant d'explosifs et père d'un prix de la paix... Alfred Nobel. Après une plongée dans le passé industriel de ce site classé, retour à la marche tranquille : vous pourrez vous arrêter au passage dans l'une des jolies criques isolées que vous rencontrerez sur votre chemin, au-delà de la plage Bernardi. Au bout du sentier (clairement marqué) vous atteindrez l'anse Santa Catarina et ces quelques « baraquettes ». Le sentier grimpe ensuite jusqu'au phare du cap Béar, construit en 1905 en marbre rose de Villefranche, où l'on enregistre les vents les plus violents de la région.

Itinéraire : *10 km - env. 3h30 aller - pas de difficulté particulière, mais à éviter en cas de vent violent.*

Festival de la Sardane. 2e week-end d'août. Danses et concerts sur la place face à la plage.

11 CERBÈRE

➔Cerbère est la dernière gare française du TER, qui poursuit ensuite sa course jusqu'au village espagnol de Portbou.
Autre option (si vous avez vos chaussures de randonnée) pour rejoindre Portbou : le sentier pédestre qui relie Cerbère à Portbou en 1h30 en passant par le col des Balitres et l'ancien poste frontière (voir p. 212).

Dernier arrêt avant l'Espagne. À la frontière entre la France et l'Espagne, Cerbère est desservie par

La gare de Portbou.

une gare internationale. Celle-ci a connu des heures de gloire depuis son inauguration en 1878, et pendant une grande partie du 20e s., malgré les tragédies de la guerre d'Espagne et de la Seconde Guerre mondiale. Étape obligée entre la France et l'Espagne pour le transbordement (les rails des deux pays n'ont pas les mêmes écartements), elle est longtemps restée une escale incontournable pour attendre visas et laissez-passer nécessaires à l'entrée en Espagne, avant l'adhésion du pays à la CEE (1986). Sans le viaduc du chemin de fer et ses remarquables infrastructures, Cerbère ne serait qu'un petit port isolé, enclavé entre les montagnes. Bien abritée au fond de son anse, la plage de galets de schiste est agréable. Dans les ruelles du village, terrasses de cafés et allées piétonnières annoncent déjà l'Espagne.

Pour la nuit. Entièrement modernisé, cet hôtel coquet à 14mn à pied de la gare, porte bien son nom puisqu'il bénéficie d'une situation unique à flanc de falaise, en surplomb de la mer. Chaque chambre jouit ainsi d'une vue panoramique sur la Méditerranée. Et pour rejoindre la plage, il n'y a que quelques marches à descendre! Le Belvédère du Rayon Vert aussi domine la mer et le chemin de fer. Cet hôtel Art Déco est le bijou patrimonial de Cerbère. Avec son architecture unique en forme de paquebot, il voit le jour en 1932, dans le prolongement de la gare, alors que le trafic commercial et ferroviaire connaît son apogée à Cerbère.

Son fondateur décide d'en faire un lieu de luxe avec salle de cinéma dans un théâtre à l'italienne, restaurant, bar et salle de jeux, tandis que les chambres, spacieuses et modernes, reçoivent les stars de l'époque, dont Orson Welles et Michèle Morgan. L'établissement (classé) retrouve peu à peu sa magnificence grâce à l'actuel propriétaire : 9 appartements avec kitchenette, la plupart avec vue sur mer, ont été réaménagés, associant confort moderne et élégance désuète.
Hôtel La Vigie - 3 rte d'Espagne -
04 68 88 41 84 - www.hotel- lavigie.com -
20 ch. 122/168 € - 12 €.
Hôtel Le Belvédère du Rayon Vert -
av. de la Côte-Vermeille - 04 68 88 41 54 -
hotel-belvedere-cerbere.fr - 9 studios - 130 €
(3 nuits mini).

À table ! Sur la plage de Peyrefite, cet agréable restaurant porte bien son nom : on a effectivement la sensation d'être au bout du monde sur ce dernier morceau de France, entre mer et montagnes. Sous les canisses, presque les pieds dans l'eau, on déguste tartares de poissons ou seiches à la plancha en sirotant un bon verre. Attention, en saison mieux vaut réserver car le lieu est prisé.
Le bout du monde - plage de Peyrefite -
04 68 88 47 33 - tlj sf lun. - menus 13/25 €.

Des plages et un sentier sous-marin. Si la plage du village est plaisante, l'idéal est de rejoindre celles de la zone protégée de la réserve marine nationale : au nord du village, par le sentier qui longe le littoral, les plages de Terrimbo et Peyrefite vous attendent (20 et 35mn de marche). Depuis celle de Peyrefite, explorez le sentier sous-marin de la réserve, munis de plaquettes d'informations submersibles et d'un tuba FM : le parcours, d'une longueur de 250 m, est ponctué de cinq stations d'observation. Matérialisée par une bouée, chacune vous permettra d'observer un biotope différent, qu'il s'agisse d'herbiers de posidonie, de roches ou de galets. Avec un peu de chance, outre les sars, loups, girelles et rougets, vous apercevrez un dauphin, une tortue caouanne, ou encore un hippocampe moucheté !
Sentier sous-marin - plage de Peyrefite -
04 68 88 09 11 - juin-sept. : 9h-12h, 14h-17h -
location palme-masque-tuba 5/7 €.

Au bout du Bou. Cette boucle de 3 km (comptez 2h) va frayer avec la frontière espagnole. Au départ du centre-ville, longez le front de mer sur le chemin piétonnier jusqu'à hauteur du cimetière, puis continuez à gauche pour rejoindre le cap Cerbère où se dresse le phare solaire. De là, le panorama sur la côte espagnole se déroule à l'infini, avec les hautes falaises de Bou Fallut. En longeant cellesci, bifurquez vers la piste qui monte au col des Balistres. L'ancien poste frontière est marqué par un monument aux exilés de la Retirada, ces Républicains espagnols qui se réfugièrent en masse à Cerbère. Pour redescendre, empruntez l'escalier près du poste frontière et retrouvez le sentier qui mène au village. Autre option : empruntez ce sentier pour rejoindre Portbou, côté espagnol, en 1h30 de marche, au-delà du col des Balistres.

12 PORTBOU

➔ La gare espagnole de Portbou est le terminus de la ligne TER. Pour les excursions à la journée entre Cerbère et Portbou, le train fait 7 AR quotidiens.

Terminus catalan. La petite ville espagnole de Portbou est à découvrir à la journée, en excursion depuis Cerbère, son pendant français, mais vous pourrez également opter pour une nuit sur place afin de profiter de l'animation locale en soirée. En journée, baladez-vous sur la promenade qui longe la plage ou sur la rambla ombragée, avec vue sur les falaises environnantes. L'imposante église néogothique Santa-Maria domine l'incroyable réseau de lignes ferrées : elle fut érigée pour les travailleurs ferroviaires au moment de la construction de la gare. Portbou est également le lieu de repos du philosophe Walter Benjamin.

Pour la nuit. L'Hotel Comodoro, charmant et agréablement ombragé, se situe à tout juste 50 m de la plage et 5mn à pied de la gare. On apprécie l'accueil chaleureux, les chambres à la propreté impeccable et l'ambiance un peu surannée que l'on y trouve.
Hotel Comodoro - carrer Mendez Nuñez, 1 -
(+34) 609 47 15 04 - 16 ch. 69/81 €.

Passages. L'histoire dit que le philosophe allemand Walter Benjamin, exilé juif à Paris, ami intime de Hannah Arendt et Adorno, se jeta à la mer depuis le promontoire où se dresse aujourd'hui le mémorial Passages. Fuyant les Nazis et les collaborateurs français, acculé à Portbou sans laissez-passer du gouvernement franquiste, Walter Benjamin

Saveurs catalanes.

se suicida le 26 septembre 1940. 50 ans après sa mort, un mémorial est commandé à l'artiste israélien Dani Karavan. Son couloir de verre et d'acier qui plonge vers la mer est une allégorie poignante de ce qui pousse certains exilés à choisir les flots pour ultime refuge. Un lieu fort, à la mémoire de tous les passages et passagers.
Accès : au niveau du cimetière de Portbou - passeig de la Sardana - gratuit.

À table ! Posé sur la promenade qui longe la mer, ce restaurant bénéficie d'une seconde jeunesse, grâce à la nouvelle génération aux commandes et à son offre plus gastronomique. Qualité des produits et tour de main du chef en font une adresse recherchée : mieux vaut réserver, notamment en soirée.
Voramar - passeig de la Sardana 6 - ✆ (+34) 972 39 00 16 - fermé mar.-merc. - menus 78/120 €.

Pour le pique-nique. Si vous êtes de passage à Portbou, le marché des halles passeig Enric Granados est ouvert tous les matins (sf dim.) et propose tous les produits frais de la région (fruits et légumes, spécialités locales).

L'heure de l'apéro. Sur la place du marché, les tapas catalanes de la Casa David sont réputées dans toute la région : on s'y retrouve à toute heure, entre villageois de tous âges, pour partager une *caña* fraîche (bière), des calamars juste pêchés et de la charcuterie locale qui fond dans la bouche.
Casa David - plaça del Mercat, 2 - ✆ (+34) 972 39 00 06 - fermé dim. - tapas 4/10 €.

Festa Major de Sant Jaume. Cette grande célébration traditionnelle se tient fin juillet et dure trois jours. Elle culmine le dernier jour avec le correfoc catalan au cours duquel des hommes déguisés en diables lancent feu et pétards dans la foule.

LE TRAIN JAUNE

« Le Canari » traverse les hauts de la Cerdagne depuis près d'un siècle : entre Villefranche-de-Conflent et Bourg-Madame, il révèle un patrimoine ferroviaire unique et des paysages somptueux. Entre places fortes historiques, villages paisibles et stations aux multiples activités de plein air, le Train Jaune et ses escales vous promettent un périple haut en couleur.

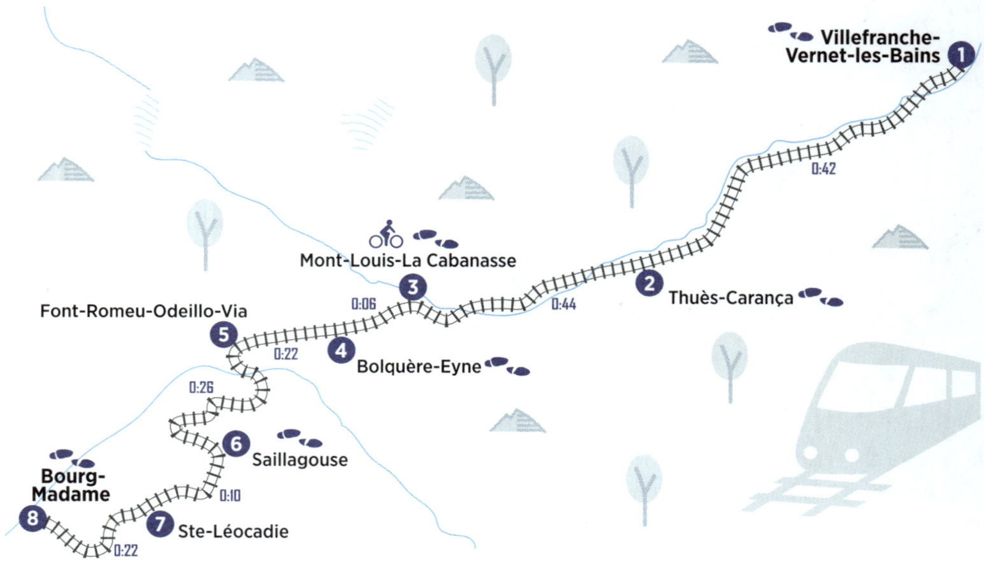

DE VILLEFRANCHE-DE-CONFLENT À BOURG-MADAME - 8 JOURS

- Pour rejoindre Villefranche depuis Montpellier-St-Roch : TER jusqu'à Perpignan (2h), puis correspondance pour Villefranche (50mn)
- Trajet sans escale : 2h52
- Fréquence : 7 TER/j selon la saison ; 8 trains suppl. entre Villefranche et Font-Romeu
- Horaires : letrainjaune.fr
- Tarif sans escale : 21,80 € - billets en vente uniquement en gare de Villefranche, Mont-Louis, Font-Romeu et Bourg-Madame, selon dispo ; pour les autres gares, billets directement auprès des contrôleurs, à bord du train
- Bon à savoir : en été, les disponibilités sont limitées réservez en ligne sur www.ter.sncf.com/occitanie. Les 1er week-end du mois (sf juil.-août), trajet à 1 € !

Où se placer pour admirer le paysage ? Où que vous soyez, les vues sont à 180° !

Sur le quai à Villefranche-de-Conflent.

1 VILLEFRANCHE- VERNET-LES-BAINS

Le « verrou » stratégique des Pyrénées. Villefranche-de-Conflent servit longtemps de poste avancé au royaume d'Aragon : fortifiée dès l'origine, complétée au 17ᵉ s. par Vauban avec le fort Libéria qui la surplombe, la cité est une merveille d'architecture militaire, classée au Patrimoine mondial de l'Unesco au titre des Sites majeurs de Vauban. Pénétrez dans l'enceinte de la ville forte par la porte de France, ouverte sous Louis XVI, ou par la porte d'Espagne, réaménagée en entrée monumentale en 1791 et où subsiste la machinerie de l'ancien pont-levis. On déambule avec plaisir dans les rues St-Jacques et St-Jean, dont les maisons des 13ᵉ et 14ᵉ s., colorées du marbre rose de Villefranche-de-Conflent, ont souvent gardé leur porche et de belles enseignes de corporations en fer forgé.

Pour la nuit. Quel bonheur de profiter de la cité fortifiée quand elle s'endort ! Occupant le bâtiment historique de l'ancienne poste, cette maison d'hôtes propose quatre chambres de caractère, à moins de 10mn à pied de la gare. Salle de bains avec bains à remous. Sauna et petite cuisine en gestion libre. Copieux petit-déjeuner et accueil très sympathique.

Chambres d'hôtes de l'Ancienne Poste *- 31 r. St-Jacques - ✆ 07 71 86 76 57 - www.anciennepostedelacite.com - 4 ch. 130/150 €.*

Double-tour des remparts. Le circuit des remparts permet de découvrir leurs deux étages de galeries : un étroit chemin de ronde voûté, aménagé dans l'épaisseur du mur au 11ᵉ s., et une galerie supérieure abritée (17ᵉ s.), percée de larges meurtrières donnant sur l'extérieur. Aux 13ᵉ et 14ᵉs., on a flanqué les courtines de tours rondes, puis au 17ᵉ s., de six bastions (à partir de la porte de France et dans le sens des aiguilles d'une montre : Corneilla, la Montagne, la Reine, le Roi, la Boucherie et le Dauphin). Entre ces derniers, un chemin de ronde à ciel ouvert, ponctué d'arches, permet de découvrir le front nord, le long de la Têt.

Les remparts *- 2 r. St-Jean (près de la porte d'Espagne) - ✆ 04 68 05 87 05 - www.villefranchedeconflent.fr - juil.-août : 10h-20h ; juin et sept. : 10h-19h ; avr.-mai et oct. : 11h-18h ; nov.-mars : 13h-17h - fermé janv. - 5 €.*

Lac des Bouillouses, rando de la boucle des étangs du Carlit.

À table ! Le chef, Julian Blaya, préside aux fourneaux de cette jolie table de la cité fortifiée. Cuisine volontiers créative, élaborée avec de bons produits de la région, et jolies présentations. La carte change régulièrement.
La Senyera - 81 r. St-Jean - ✆ 04 68 96 17 65 - fermé dim. soir et lun.-merc. - menus 36/40 €.

Pour le pique-nique. Sur la très animée rue St-Jean, vous trouverez des épiceries à foison pour vos achats salés (charcuterie, fromages, champignons) comme sucrés (telles que les rousquilles, le miel).

Prendre de la hauteur. Du petit pont fortifié St-Pierre (1263) jeté sur la Têt, montez au fort Libéria par l'escalier des « mille marches », ou par le sentier (20mn - attention, ascension ardue). Bâti sur la montagne de Belloc sous la direction de Vauban, le fort épouse parfaitement le relief grâce à ses trois enceintes établies l'une au-dessus de l'autre. Remanié au 19ᵉ s., c'est à cette époque qu'il se dote du fameux escalier (qui comprend en réalité 734 marches), tout en marbre rose. Du fort, vues impressionnantes sur les vallées en contrebas et sur le Canigou.
Fort Liberia - ✆ 04 68 96 34 01 - www.fort-liberia.com - juil.-août : 9h-20h; mai-juin : 10h-19h; reste de l'année : 10h-18h - 7 €.

2 THUÈS-CARANÇA

➔Pas d'hébergement à proximité de la gare : une étape à faire à la journée depuis Villefranche.
➔L'arrêt étant facultatif sur la ligne du Train Jaune, il faut faire signe au conducteur pour descendre ou embarquer ici.

Les gorges de la Carança. À 5mn à pied de la gare (accès par le parking), elles offrent un large choix de promenades balisées, d'une durée d'1h à plusieurs jours. Entre rocs, ponts suspendus, passerelles et corniches vertigineuses, il y en a aussi pour tous les niveaux. Une petite boucle (env. 1h30)

longe les gorges, passant par une cascade et une passerelle. Le chemin, assez raide, grimpe sur l'autre rive jusqu'à un croisement où l'on prend à droite (fléché « parc auto par chambre d'eau »). Après un passage étroit en corniche, le chemin redescend le long d'une conduite forcée vers le parking. Une grande boucle (3h) est réservée aux bons randonneurs, bien équipés et peu sujets au vertige : longez là aussi la rivière jusqu'à la première passerelle mais au lieu de la traverser, continuez tout droit par un chemin qui monte sur les hauteurs. La principale difficulté est le retour sur l'autre rive : pont de singe et parcours sur une corniche assez vertigineuse, équipée de mains courantes.

➔Au-delà de Thuès-Carança, le Train Jaune reprend sa route sur le tronçon le plus spectaculaire et vertigineux de la ligne. On passe par l'élégant viaduc Séjourné, à 2,50 km à l'ouest de Thuès. Au fur et à mesure que le paysage se fait plus grandiose, le train semble devenir liliputien. À gauche, au milieu des cultures en terrasses, s'étagent les hameaux de St-Thomas-les-Bains et de Prats-Balaguer. Plus loin, le pont Gisclard, suspendu à 80 m au-dessus de la rivière, donne carrément le vertige.

③ MONT-LOUIS-LA CABANASSE

➔La gare se situe à environ 20mn à pied du village de Mont-Louis.

Louer un vélo. Location de VTT, VTC et VAE dans toute la région Cerdagne-Capcir. Divers points relais pour retirer son équipement, dont un à la gare du Train Jaune de Mont-Louis/La Cabanasse.

Eco Bike - 2 r. des Fontêtes - 07 87 71 64 72 - www.ecobike.fr - à partir de 39 €/4h ou 59 €/jour - sur réserv.

Place forte solaire. Le Louis qu'honore la cité fortifiée, édifiée par Vauban, est évidemment Louis XIV. Bel hommage au Roi-Soleil, la ville est aussi connue aujourd'hui pour son four solaire, installé en 1953 ! Sa structure, faite de près de 1400 miroirs, concentre le rayonnement solaire en son foyer, pouvant ainsi obtenir des températures de 3000 à 3500 °C. Avancée prometteuse vers l'exploitation des énergies nouvelles, ce four solaire est notamment utilisé, depuis juillet 1993, pour la production de céramique d'art. Vous découvrirez ses applications concrètes et, selon les conditions météorologiques, vous pourrez assister en direct à une cuisson de céramiques ou à une fusion de bronze.

Four solaire - bd Vauban - 04 68 04 14 89 - visite guidée uniquement (1h) - 5-7 visites guidées quotidiennes - 10h30-17h - fermé de nov. à mi-avr. - 8,90 €.

Pour la nuit. Située à moins de 15mn à pied de la gare, avant l'entrée dans la cité fortifiée, cette massive bâtisse en pierre abrite un complexe hôtelier et un centre de balnéothérapie qui offrent une belle vue sur la vallée. Les chambres, correctes, ont un atout non négligeable : l'accès gratuit aux installations de l'espace Aquaforme (piscine chauffée, Jacuzzi, hammam, sauna...). Différentes formules de soins en option.

Le Clos Cerdan - RN 116 - 04 68 04 23 29 - www.lecloscerdan.com - 60 ch. 85/126 € - 13 €.

La Citadelle. Construite en 1679, cette citadelle a toujours eu une vocation militaire et pouvait accueillir jusqu'à 2500 soldats. Elle abrite depuis 1964 le Centre National d'Entraînement Commando-1er Choc (CNEC). Elle adopte un plan carré dont les angles coupés sont prolongés par des

bastions. Trois demi-lunes protègent les courtines. Remarquez le puits des Forçats, ouvrage en bois du 18e s., qui servait à alimenter en eau la citadelle.
Accès : dans le cadre de visites guidées (1h) organisées par l'office de tourisme - 04 68 04 21 97 - juil.-août : 10h, 11h, 14h et 15h, dim. 10h30 et 14h; reste de l'année : tlj sf dim. 11h et 14h - 7 € - prévoir une pièce d'identité.

Pour le pique-nique. En prévision de vos randonnées, vous pourrez acheter produits frais et de pays (fromages, charcuterie) au marché de Mont-Louis le jeudi matin, sur la place de l'Église.

À la croisée des chemins de VTT. Au carrefour du Capcir et de la Cerdagne, Mont-Louis est le point de départ idéal pour explorer ces majestueuses montagnes à vélo. En Cerdagne, profitez-en pour respirer ! Ici, l'air est pur et, pour ne rien gâcher, l'ensoleillement optimal. Côté Capcir, recouvrant des versants plus ou moins accidentés, les massifs boisés, peuplés de pins à crochets, pins sylvestres ou sapins, sont desservis par des routes forestières offrant de multiples itinéraires d'excursions.

Randonner au lac des Bouillouses. Situé à 2017 m d'altitude, au cœur d'un site classé parsemé de 27 lacs naturels, le lac des Bouillouses s'inscrit dans un cadre de toute beauté. Un barrage l'a transformé en un impressionnant réservoir de 180 ha permettant d'alimenter les canaux d'irrigation et les usines hydroélectriques de la vallée de la Têt. Plusieurs itinéraires balisés (de 6,5 km à 9,7 km - comptez de 2h20 à 3h30 - fiche gratuite disponible au Point Info) invitent naturellement à la randonnée, dont la boucle des étangs du Carlit (dép. du parking du refuge des Bones Hores).
Accès : en juil.-août et w.-end de juin et sept., l'accès se fait en bus depuis la gare de Mont-Louis jusqu'au Pla de Barrès puis à pied ou en navette (ttes les 15mn de 7h à 19h, ttes les 30mn de 19h à 21h - 7 €).

À table au lac des Bouillouse. Un cadre fort plaisant que cette grande terrasse panoramique dominant le lac ! Ce vaste restaurant de montagne propose une cuisine simple mais correcte, composée de nombreuses grillades. Idéal pour un déjeuner avant ou après une randonnée. Possibilité de passer la nuit en refuge.
Hôtel-restaurant Les Bones Hores - 04 68 04 24 22 - www.boneshores.com - fermé nov.-avr. - menu 27 €.

4 BOLQUÈRE-EYNE

➔La gare se situe à 15mn du village de Bolquère à pied. Il s'agit d'un arrêt facultatif sur la ligne du Train Jaune : faites signe au conducteur pour descendre ou embarquer ici.

La plus haute gare de France... mais pas que ! Perchée à 1592 m, Bolquère détient le record national d'altitude pour une gare ferroviaire ! Le joli village de montagne est agréable toute l'année : l'hiver on y skie à la station Pyrénées 2000, et l'été on prend le temps de découvrir le terroir raffiné des environs. De fait, Bolquère reste très attachée aux traditions du pastoralisme, typique de la région, et à la haute qualité de ses produits : vous en ferez l'expérience auprès des restaurants, hôteliers et producteurs locaux. Destination sports de plein-air et dégustation gastro, Bolquère est bien plus que la plus haute gare de France !

Pour la nuit. À 25mn à pied de la gare mais à 5mn du centre-ville, d'anciens greniers d'alpages regroupés en hameau ont été transformés en élégants chalets, avec cuisine équipée. Décoration raffinée et service soigné. Le plus : tous se partagent un chalet-Spa (sauna, hammam, Jacuzzi), où il est bien agréable de venir se ressourcer après une journée au grand air. Idéal pour un séjour authentique en montagne !
Les Chalets Secrets - 2 bis chemin de Font-Romeu - 06 13 03 86 61 - www.leschalets-secrets.com - 10 chalets (2/13 pers.) à partir de 140 € la nuit (2 nuits mini en haute saison).

Pour le pique-nique. En hiver et en été, un marché se tient tous les lundis matin au pied des pistes de Pyrénées 2000.

Un séjour aventure. Au-delà du domaine skiable de Pyrénées 2000, Bolquère offre de multiples occasions de vivre des sensations fortes en montagne, été comme hiver : canyoning, balades en raquettes ou à cheval, hydrospeed et rafting sont au rendez-vous.
Bureau Montagne Nature - av. du Serrat-de-l'Ours - 06 16 23 38 01 - www.aventurine-rando.com.

Que la montagne est belle ! Serge Rossell, guide de montagne et moniteur de ski basé à Bolquère, pourra vous mener sur tous les sentiers de randonnées de la région, selon vos envies et aptitudes physiques. Particulièrement attaché au pastoralisme et au patrimoine agricole de Bolquère, il pourra vous

organiser des sorties auprès des fermes et bergers de la région. En hiver, sorties glisse à la carte.
Serge Rossell - pl. de la Mairie - ✆ 06 08 33 78 72.

5 FONT-ROMEU-ODEILLO-VIA

➔ À 45mn à pied de Font-Romeu, la gare de Font-Romeu-Odeilla-Via dessert ces trois villages. En saison (déc.-mars et juil.-août), navettes gratuites entre la gare et l'office du tourisme. Sinon, en taxi.
Infos : font-romeu.fr.

La capitale des activités en plein-air. Font-Romeu occupe un site admirable en Cerdagne, protégé des vents du nord, à la lisière d'une forêt de pins. Son altitude, son ensoleillement, la qualité exceptionnelle de son air, tout a concouru à ce qu'elle soit choisie pour accueillir une station de ski. Ses imposantes installations sportives permettent aux athlètes du monde entier de s'y entraîner tout en s'oxygénant. Pas de complexe, les sportifs du dimanche trouveront tout autant leur bonheur grâce à une offre variée d'activités de montagne tous niveaux : escalade, alpinisme, spéléologie, mais aussi rafting, hydrospeed, etc. En hiver, randonnées en raquettes et canyoning dans des cascades d'eau chaude.
Aventure Pyrénéenne - maison de la Montagne - 41 av. Emmanuel-Brousse - ✆ 04 68 30 58 54 - aventure-pyreneenne.com. Guides professionnels proposant de multiples activités de plein air.

Pour la nuit. Au cœur de la station, ce plaisant hôtel familial propose des chambres décorées dans un esprit contemporain et montagnard, certaines avec balcon et vue sur les Pyrénées... Jacuzzi extérieur, sauna et piscine couverte sur le toit.
Le Grand Tétras - 14 av. Emmanuel-Brousse - ✆ 04 68 30 01 20 - www.hotelgrandtetras.fr - 29 ch. 116/131 € - 11 €.

À table ! Rangez les skis ou les chaussures de marche ! À l'entrée de la station, on ne résiste pas à cette sympathique chaumière où le bois domine. Au menu : une belle sélection de mets catalans et de vins régionaux. Le patron est un amoureux des bonnes choses (viandes de choix, légumes locaux) et a même créé une cave à jambons !.
La Chaumière - 96 av. Emmanuel-Brousse - ✆ 04 68 30 04 40 - www.restaurantlachaumiere.fr - fermé lun.-mar., mai-juin et oct.-nov. - déj. sem. 20 € - menus 35/38 €.

Les activités sont multiples à Font-Romeu.

Pour le pique-nique. Quatre adresses en une, puisque c'est à la fois un fromager affineur, une épicerie fine (légumes et fruits bio), une cave-bar à vins et un restaurant. Vous y découvrirez donc un large choix de délicieux fromages, de la charcuterie de qualité et d'autres produits régionaux. On retrouve tous ces bons produits à la carte du restaurant, où l'on vient se régaler de spécialités fromagères comme la fondue ou la raclette.
La Ferme des Lloses - 3 av. du Mar.-Joffre - ✆ 04 68 04 79 51 - fermé dim.-merc.

Musée en plein-air. La forêt communale de Font-Romeu sert d'écrin à un musée en extérieur rassemblant une vingtaine d'œuvres contemporaines réalisées par des artistes de la région. Cet agréable sentier culturel, jalonné de sculptures de toutes

tailles, en bois, en pierre, en résine, en bronze ou en métal, offre également une vue imprenable sur la vallée. Le long du parcours, profitez des bancs originaux, réalisés avec de vieux skis ou snowboards.
Musée sans murs - museesansmurs.e-monsite.com - dép. à côté du Casino - dépliant à l'office de tourisme - accès libre.

6 SAILLAGOUSE

Il est bon mon jambon ! Le village de Saillagouse se niche au cœur de la Cerdagne, dans un cadre paisible et bucolique, qui invite à lever le pied. C'est surtout l'un des centres de production des célèbres charcuteries cerdanes. *Butifarre*, *foet* et *llonganisse* : vous en conserverez un souvenir impérissable ! Pour les amateurs, ne manquez pas de visiter le séchoir naturel aux 1500 jambons du musée de la charcuterie cerdane. Pour tout savoir cet artisanat de bouche traditionnel.
Musée de la charcuterie cerdane - rte d'Estavar - 04 68 30 14 27 - juin-sept. : mar.-sam. 10h-12h, 15h-19h - accès libre.

À table et au lit ! L'hôtel-restaurant Planes est un ancien relais de diligence aux chambres rénovées, situé à 10mn à pied de la gare. Son annexe, le Planotel, date des années 1970. À votre disposition : piscine avec toit coulissant et parc de 1400 m^2. Le restaurant propose une généreuse cuisine de montagne dans un décor rustique. Les pièces de gibier, chassées et cuisinées par la maison, sont particulièrement réputées dans la région.
Hôtel Planes et Planotel - 6 pl. de Cerdagne - 04 68 04 72 08 - www.chezplanes.com - - 18 ch. 71/90 € - déj. sem. 19/23 € - menus 39/54 €.

Pour le pique-nique. Voici, au cœur de l'un des centres de production de charcuterie catalane, une boutique où vous trouverez de quoi remplir votre besace : jambons, saucissons secs, *boles de picolat*, *foets*, pâtés... Il est également possible de se restaurer sur place d'assiettes de charcuterie et de fromage, accompagnées d'un verre de vin.
Charcuterie Bonzom - rte Nationale - 04 68 30 14 27 - www.charcuterie-catalane-bonzom.com - fermé dim. apr.-midi et lun.

Sur les terres rouges de Saillagouse. Un sentier de randonnée facile (boucle au dép. de la mairie - balisage bleu - 1h30) sur des terres de limons rougeâtres, d'argiles et de débris de schiste, granites et sables qui donnent cette teinte si particulière à la région de Saillagouse, et longtemps appréciée des potiers du village. Cette marche, d'un dénivelé inférieur à 250 m, est agréable et accessible à tous.

7 STE-LÉOCADIE

➔ Il n'y a pas d'hébergement à proximité de la gare : une étape à faire à la journée depuis Saillagouse ou Bourg-Madame.
➔ L'arrêt étant facultatif sur la ligne du Train Jaune, il faut faire signe au conducteur pour descendre ou embarquer ici.

Cerner la Cerdagne. La ferme Cal Mateu abrite le musée de Cerdagne qui retrace l'histoire du rattachement de la Cerdagne à l'État français. Ce beau bâtiment des 17e-18e s. sert d'écrin à des expositions (sur les bergers, les laboureurs, la fenaison ou la fabrication des gourdes en peau) qui racontent l'histoire locale, celle d'une zone frontalière, et la vie de cet ancien domaine agricole en activité jusqu'en 1952. Le verger et le potager-conservatoire abondent en variétés locales anciennes, en plantes fourragères et en céréales nécessaires à l'autosubsistance et le nourrissage des animaux.
Musée de la Cerdagne - à côté de la mairie - 04 68 04 08 05 - www.museedecerdagne.com - juil.-août : 10h-13h30, 14h30-18h30 ; oct.-mars. : lun.-vend. 14h-17h ; reste de l'année 10h-12h30, 14h-17h30 - 6,50 €.

8 BOURG-MADAME

➔ Avant-dernier arrêt sur la ligne du Train Jaune, qui poursuit sa route jusqu'à Latour-de-Carol, c'est ici notre terminus.

D'Hix à Madame Royale. Au carrefour de la France, de l'Espagne et de l'Andorre, Bourg-Madame est le dernier village français avant la frontière : le bourg espagnol de Puigcerdà n'est qu'à une poignée de minutes à pied ! Ancienne résidence des comtes de Cerdagne et capitale commerciale du pays jusqu'au 12e s., Hix fut rétrogradée au rang de simple hameau en 1177, lorsque le roi Alphonse II d'Aragon fit transférer sa capitale (et ses habitants) sur le site moins vulnérable du « mont Cerdan » (Puigcerdà). Bourg-Madame, qui s'est développé juste à l'ouest du hameau, sur le site des Guinguettes d'Hix, ne prit son nom actuel qu'en 1815, en l'honneur de

Madame Royale, fille de Louis XVI. Aujourd'hui, on s'y arrête pour goûter à sa tranquillité, et pour aller voir la ravissante église romane St-Martin d'Hix. Elle conserve deux très belles statues : un Christ en bois du 13e s. et une Vierge du 12e s., ainsi qu'un retable du 16e s. caractéristique de l'art cerdan.
***Église St-Martin d'Hix** - visite sur RV 48h à l'avance à la mairie de Bourg-Madame - ✆ 04 68 04 52 41 - lun.-vend. 9h-12h, 14h-17h.*

Pour la nuit. À 5mn à pied de la gare, ce tranquille hôtel familial propose des chambres au charme suranné. Vue dégagée sur le parc et les montagnes.
***Hôtel Celisol** - 1 av. des Guinguettes - ✆ 04 68 04 53 70 - www.hotelcelisolcerdagne.fr - 13 ch. 65/77 € - 8 €.*

Pause sucrée. Cette boutique toute en douceur vous propose de délicates rousquilles artisanales

Rousquilles.

(biscuit traditionnel catalan à base d'anis), à accompagner d'une sélection de thés bio, rooibos et tisanes. Une pause paisible et gourmande.
***Les Rousquilles du Palais** - 20 av. Porte-de-France - ✆ 06 48 55 28 60 - rousquillesdupalais.fr - fermé dim.*

La seconde capitale cerdane. De l'autre côté de la frontière (20-25mn à pied de Bourg-Madame), perchée sur une terrasse dominant le Segre, Puigcerdà est la capitale de la Cerdagne et l'un des principaux centres touristiques des Pyrénées de Catalogne. Ses rues bordées de vieux édifices et de boutiques traditionnelles convergent vers la vaste plaça Santa-Maria, piétonne et agréablement animée à toute heure de la journée. Imposant symbole de la ville et dernier vestige de l'église gothique détruite en 1936, le clocher de Santa-Maria domine la place : du sommet, vous jouirez d'une vue à 360° sur toute la plaine de la Cerdagne. À quelques minutes de là, l'étang artificiel de Puigcerdà est bordé de charmantes villas datant, pour la plupart, du début du 20e s. Vous prendrez plaisir à flâner sur ses rives fréquentées par les cygnes et ombragées de saules pleureurs ou de conifères. En été, vous pouvez y louer des barques.
***Campanar de Santa Maria** - pl. Santa Maria, 46 - Puigcerdà - lun.-vend. 9h30-13h (dernière montée), 16h-18h30, sam. 10h-13h, 16h39-19h, dim. 10h-13h - 1,50 €.*

À table ! Quoi de mieux que d'aller côté espagnol (20-25mn à pied de Bourg-Madame) pour se régaler de tapas le temps d'un déjeuner ou d'un dîner sur la place Santa-Maria ? Pour un repas complet, la jolie brasserie de la Taverna del Call, installée sur une place piétonne, propose des spécialités à la braise. N'hésitez pas si la carte du jour présente les plats typiques de *tiró amb naps* (oie aux navets de Cerdagne) et de lapin aux célèbres poires de Puigcerdà.
***Taverna del Call** - pl. del Call s/n - Puigcerdà - ✆ (+34) 972 14 10 36 - fermé lun. - formule déj. 22 € - carte 25/42 €.*

Le cami de Caldegues. Cette boucle facile au départ de la placette d'Hix (2h) offre de très beaux panoramas à 360° sur le plateau cerdan et les montagnes environnantes, et elle vous mènera jusqu'à la belle chapelle romane St-Romain de Caldégas (11e s.), aux délicates peintures murales (13e s.).

Gare de Marseille Saint-Charles.

AU DÉPART DE MARSEILLE

Vous pourrez rejoindre Marseille-St-Charles en TGV direct au départ de Paris-Gare-de-Lyon, Dijon, Lyon-Part-Dieu, Lille, Strasbourg ou en Intercités depuis Bordeaux via Toulouse et Montpellier.

LA CÔTE BLEUE

A priori, les wagons ressemblent à tous les TER qui démarrent de la gare St-Charles à Marseille. Le train commence à douce allure, longeant les quartiers nord de la cité phocéenne, puis le port autonome. Prenant de la vitesse, il se lance à partir de la gare de l'Estaque dans un impressionnant périple à flanc de falaise, ponctué par le passage des tunnels et des viaducs construits au début du 20e s. Vues plongeantes sur mer garanties !

DE MARSEILLE À MIRAMAS - 7 JOURS

- **Trajet sans escale : 1h25**
- **Fréquence : env. 8 TER/j (4 le matin et 4 l'après-midi)**
- **Horaires : www.ter.sncf.com/sud-provence-alpes-cote-d-azur**
- **Tarif sans escale : 12,20 €**
- **Services à bord : transport de vélo autorisé**
- **Bon à savoir : l'été, la ligne est très fréquentée**

Où se placer pour admirer le paysage ? Côté gauche dans le sens de la marche.

TER sur un viaduc près de Niolon.

1 NIOLON

Tapi au fond de la calanque. Ce minuscule port, avec ses eaux d'un bleu intense, et l'à-pic impressionnant sur lequel ses maisons sont accrochées, a su conserver un parfum d'authenticité. Centre réputé de plongée, le hameau attire aussi les baigneurs, nombreux aux beaux jours sur les rochers du port, profitant d'une belle vue sur la rade marseillaise.

À table et au lit ! À 4mn à pied de la gare. Décorées comme des cabines de bateau avec hublots, lambris au mur et bois vernis, les chambres de cette auberge (aussi réputée pour ses spécialités de poisson) dominent le port de Niolon en contrebas.
Auberge du Mérou - ✆ 04 91 46 98 69 - www.aubergedumerou.fr - fermé lun. soir et dim. soir hors saison - 5 ch. 59 € - ☕ 9 € - ✕ menus 41/51 € - bouillabaisse 71 €.

Sentier des douaniers. La gare de Niolon est le point de départ d'une très belle randonnée côtière (GR 51), qui court de sentiers en escaliers jusqu'à la calanque de Méjean, via la jolie calanque d'Érevine (2,1 km), et réserve de magnifiques vues sur les îles du Frioul et la rade de Marseille. Du cap Méjean, possibilité de prolonger la rando jusqu'au port de Carry-le-Rouet (*voir p. 226*), via le port de La Redonne, La Madrague-de-Gignac et la plage du Rouet (gros galets), jolie crique, bordée d'élégantes demeures disséminées dans la pinède.
Niolon-Méjean : 6 km - 1h30/2h aller - niveau moyen.
Méjean-Carry : 7 km - 2h aller - niveau moyen.

À table ! Il est vraiment mignon ce cabanon planté sur le port de la calanque de Méjean. Les Marseillais viennent le week-end se régaler sur la terrasse : fritures de mange-tout (petits poissons), girelles et calamars...
Le Mange-Tout - 8 chemin Tire-Cul - ✆ 04 42 45 91 68 - fermé le soir en avr. et oct.; lun.-vend. le soir en mai; nov.-mars - plats 12/20 € - réserv. conseillée.

Rougets.

2 CARRY-LE-ROUET

Un port, des plages. Cet ancien port de pêche est devenu la plus importante station balnéaire de la Côte Bleue. On apprécie son port de plaisance bordé de bars et de restaurants animés. Côté mer, la plage Fernandel est au bout du port (non surveillée), celle du Cap Rousset (surveillée en juil.-août) se niche dans la calanque du même nom, à l'abri du vent et des vagues.

Pour la nuit. À 6mn de la gare. On aime l'élégante façade de cet hôtel et ses chambres rénovées au goût du jour. Sa situation centrale est un atout mais aussi son restaurant proposant une cuisine tout en fraîcheur.

Villa-Arena - 1 pl. Camille-Pelletan - ✆ 04 42 45 00 12 - www.villa-arena-hotel.com - 19 ch. 112/146 € - ☕ 10 € - ✕ menus soir 24/65 €.

À table ! La Villa Madrigal invite à la romance avec sa terrasse qui offre une vue superbe sur la Grande Bleue ! Dans l'assiette, soupe de poisson ou poissons grillés... On se régale.

La Villa Madrigal - 4 av. Gérard-Montus - ✆ 04 42 44 58 63 - www.lavillamadrigal.fr - fermé lun. (et dim. soir de sept. à avr.) et de mi-nov. à déb. déc. - déj. sem. 24,50 € - menu 45 €.

Pour le pique-nique. Marché hebdomadaire les mardi et vendredi matin sur la place Alfred-Martin.

Sentier sous-marin de la Côte Bleue. Au départ de la plage du Cap Rousset, découverte en palmes, masque et tuba, accompagnée ou non.

Accompagnement : sur inscription au ✆ 04 42 13 20 36.

L'heure de l'apéro. La belle terrasse idéalement située sur le port fait de cette brasserie-restaurant une étape parfaite pour une glace de fin d'après-midi ou à l'heure de l'apéritif, pour y grignoter des tapas de la mer.

L'Amiral - 15 quai Émile-Vayssière - ✆ 04 42 45 13 51 - www.brasserielamiral.fr.

Rejoindre Sausset-les-Pins à pied. Depuis la plage Fernandel, on peut suivre le GR 51 (balisage rouge et blanc - 2h), qui longe la côte jusqu'à Sausset, exception faite entre l'anse du Grand Rouveau et la plage des Beaumettes où des maisons interdisent le passage. Belles vues sur Marseille et le massif des Calanques.

3 SAUSSET- LES-PINS

Un autre port, d'autres plages. Cette station balnéaire à l'ambiance familiale a longtemps vécu de la pêche, notamment de la seinche au thon. Cette extraordinaire partie de pêche rassemblait chaque année tous les hommes du village, qui encerclaient les bancs de thon avec leurs bateaux pour les canaliser dans un filet rond. Sausset est aujourd'hui plus réputée pour ses criques et ses plages, en partie situées le long de l'agréable promenade de la Corniche et de l'avenue du Gén.-Leclerc.

Pour la nuit. Trois belles et spacieuses chambres d'hôtes vous attendent dans une maison moderne et design, à 5mn à pied de la gare. Vous serez bien, au soleil ou sous les arbres, allongés dans un transat dans le jardin de Franck et Hélène ou au bord de la piscine. Réservez la chambre Stella : vous aurez un Jacuzzi pour vous tout seul !

L'Escale Côte Bleue - 5 r. Gounod - 06 19 90 11 39 - lescale-cotebleue.fr - - 3 ch. 107/201 €.

À table ! Les gens d'ici aiment la terrasse de ce restaurant en bordure de plage et les grandes baies vitrées pour profiter du spectacle. Les produits de la mer sont bien sûr ici à l'honneur.

Les Girelles - 15 r. Frédéric-Mistral - 04 42 45 26 16 - www.restaurantlesgirelles.fr - fermé dim. soir-lun. (et merc. hors saison) - déj. sem. 35/40 € - menus 50/75 €.

Pour le pique-nique. Marché hebdomadaire les jeudi et dimanche matin, quai du Port.

ÇA PIQUE MAIS C'EST BON !

Rien de tel qu'un beau week-end d'hiver pour aller sacrifier au rite de l'oursinade, qui a lieu les trois derniers dimanches de janvier à Sausset et les trois premiers dimanches de février à Carry. Ces jours-là, les rues et les abords des ports sont envahis de tables sur lesquelles on déguste oursins et autres fruits de mer, accompagnés de vin blanc. Ambiance garantie !

4 LA COURONNE - CARRO

→Attention, pas d'hébergement à la nuitée à proximité de la gare. Une étape à faire sur la journée, en dormant à Sausset.

La plage du Verdon. La Couronne est connue pour sa plage, la plus grande plage de sable de la Côte Bleue, bien équipée mais bondée en été (surveillée mi-juin-août - WC - location de pédalo). Elle est appréciée des familles pour ses eaux peu profondes et ses aires de jeux, et des jeunes pour ses nombreux bars, glaciers et terrains de beach-volley.

Pour le pique-nique. Marché hebdomadaire à La Couronne mercredi et samedi matin, pl. du Marché.

Petite rando facile. À l'extrémité du cap Couronne (20mn), le phare offre un beau point de vue sur Marseille et ses îles. Depuis le phare, descendez à droite dans l'anse de la Couronne-Vieille et suivez le sentier qui longe la côte (40mn) : une très belle promenade en corniche au-dessus de la mer, qui permet de voir une ancienne carrière de pierre submergée par les flots, et vous mène aux jolies anses de la Baumaderie et de Ste-Croix. Cette dernière cache une agréable plage (surveillé mi-juin-août - WC - location de transat et pédalo).

À table ! Depuis la terrasse surplombant la plage de Ste-Croix, belle vue sur l'anse de la Beaumaderie, fermée à gauche par la chapelle romane de Ste-Croix et à droite par le phare de la Couronne. Un résumé de votre petite rando en somme ! Cuisine de brasserie.

Les Ombrelles - plage de Ste-Croix - 04 42 80 77 61 - les-ombrelles.com - fermé de mi-nov. à mi-fév. - pizzas 16/20 € - menu 45 €.

La plage de Carro. Au bout du port de Carro, la longue plage de sable bordée de rochers (surveillée juil.-août, WC, douches) est très appréciée des surfeurs et des véliplanchistes. À découvrir bien évidemment les jours de mistral ! C'est également un spot de plongée de bord : une carrière antique, à peine immergée, donne accès à un siphon qui vous propulse dans les profondeurs...

Il est frais mon poisson ! Le coquet petit port de Carro, bien abrité dans une anse rocheuse, est le dernier bastion de la pêche sur la Côte Bleue. C'est le 2e port de Méditerranée occidentale pour la capture du thon selon la méthode artisanale. Chaque matin, sur le port, a lieu le marché aux poissons. Un véritable spectacle !

5 MARTIGUES

➔Le centre-ville est à 45mn à pied de la gare, mais le bus 23 (1/h) vous y amènera en 15mn.

🚲 Louer un vélo : si vous logez au Clair Hôtel, on pourra vous en prêter (sur réserv.).

Trois quartiers pour une ville. Le centre-ville de celle qu'on surnomme la Venise provençale, se découpe en trois quartiers, reliés par des ponts : vous traversez d'abord Jonquières (commercial avec ses ruelles bordées de boutiques), puis l'Île et Ferrières. Une navette maritime relie les trois quartiers par les canaux. Le jeudi et le dimanche, elle marque aussi un arrêt près de la place du marché. *Navette maritime - 7h-19h (19h30 de juin à sept.), dim. 8h-13h - gratuit.*

Pour la nuit. Quartier Jonquière (bus 23, arrêt Lucien Degut). Meubles chinés et fauteuils en cuir donnent à la décoration une atmosphère cossue et la modernité des équipements (climatisation, Internet) participe au confort. Tout au long de l'année, on apprécie la terrasse et les salons chaleureux. *Clair Hôtel - 57 bd Marcel-Cachin - ✆ 04 42 13 52 52 - www.clair-hotel.fr - 31 ch. 111/126 €* ☕.

L'Île et ses canaux. C'est là que vous trouverez le « cœur historique » de Martigues. Quel plaisir de

La vieille ville de Martigues.

flâner à l'ombre de ses ruelles, de s'attarder sur la place Comtale ou la place Mirabeau, le long des quais où dansent voiliers, barques et bateaux de pêche ! Arrêt selfie sur le pont St-Sébastien ou le long du quai Brescon : c'est de là que vous aurez la plus belle vue sur le Miroir aux oiseaux, le long plan d'eau qui traverse l'île, avec ses maisons chaudement colorées et ses barques aux teintes vives.

Ferrières et son musée. Dernier-né des quartiers de la ville, Ferrières a vu pousser des réalisations architecturales modernes – hôtel de ville, office de tourisme, halle, théâtre –, gagnées sur d'anciens salins. Mais c'est surtout pour le musée Ziem que vous vous déplacerez. Le peintre Félix Ziem (1821-1911), tenant de l'école de Barbizon, s'installa à Martigues à partir de 1860 et consacra à la ville de nombreux tableaux. La plupart d'entre eux sont aujourd'hui ici. Également diverses toiles de peintres provençaux (Émile Loubon, Paul Guigou), une collection de fauves (Raoul Dufy, André Derain, Francis Picabia, Henri Manguin), des œuvres signées Paul Signac, Auguste Rodin ou Camille Claudel, ainsi que quelques pièces d'art contemporain.

Musée Ziem *- 9 bd du 14-Juillet - ✆ 04 42 41 39 60 - juil.-août : tlj sf mar. 10h-12h, 14h-18h; reste de l'année : tlj sf lun.-mar. 14h-18h - gratuit.*

À table ! Une adresse qui ne déçoit pas ses fidèles, habitués à venir y déguster poissons et crustacés. Service efficace et sympathique.
***Restaurant Pascal** - 3 quai Lucien-Toulmond - quartier de l'Île - ✆ 04 42 42 16 89 - restaurant-pascal.com - fermé merc.- jeu., et le midi lun.-mar. et vend. - menus 35/38 €.*

Pour le pique-nique. Marché hebdomadaire les jeudi et dimanche matin, dans le quartier de Jonquières. Vous y trouverez la poutargue, la spécialité martégale, des œufs de poisson salés et séchés. Elle se déguste en fines tranches sur du pain ou râpée sur des pâtes.

Spectacle vivant. De juin à mi-septembre, les mardi et vendredi à partir de 17h30, entraînement de l'équipe locale de joutes provençales sur le canal Galliffet.

Rejoindre Carro à vélo. Une piste cyclable rejoint la plage de Carro (*voir p. 227*),

6 ISTRES

Trésors cachés. Le vieux village d'Istres (derrière l'office de tourisme) a gardé son cachet provençal que vous apprécierez en déambulant à travers un maillage de ruelles étroites enroulées autour de l'église N.-D.-de-Beauvoir. Au nord de la ville, un chemin revêtu mène à la pointe d'une avancée rocheuse qui domine l'étang. C'était le siège d'un oppidum, dit « du Castellan ». Reculez de quelques milliers d'années en suivant le sentier de découverte, Dinosaur'Istres, qui a été aménagé sur cette colline : une quarantaine de dinosaures grandeur réelle illustre l'arrivée sur terre de ces espèces aujourd'hui disparues (panneaux explicatifs).

Pour la nuit. Un hôtel simple et pratique, à 9mn de la gare, avec une piscine, au calme, à deux pas de l'étang de l'Olivier. L'accueil chaleureux et l'ambiance familiale vous plairont certainement.
***Hôtel Le Castellan** - 15 bd Léon-Blum - ✆ 04 42 55 13 09 - www.hotel-lecastellan.com - - 17 ch. 82/85 € - 9 €.*

Les plages. La grande plage de la Romaniquette (30mn de la gare), située à proximité du centre historique, est « la » plage d'Istres, entre esprit guinguette et spot de jet-ski. Elle est reliée à la plage du Ranquet, petit paradis perdu, par le GR 2013 longeant de près l'étang de Berre (4 km - 2h30).

Rendez-vous avec l'art contemporain. Istres a été investie par des artistes contemporains de renommée internationale dont les œuvres sont disséminées dans la ville : Grande diagonale de Daniel Buren et bestiaire artistique de l'Art'zoo sur l'esplanade de l'hôtel de ville, oursins flottants de Daniel Zanca, abris bus transformés en œuvres d'art… Prolongez par Polaris - Centre d'art qui propose d'intéressantes expositions d'art contemporain.
***Polaris** - pl. Patricia-Tranchand - ✆ 04 42 55 17 10 - centredartcontemporainintercommunalistres.business.site - mar.-sam. 10h-19h, dim. 14h-19h - gratuit.*

À table ! Cette adresse discrète, nichée au pied de la vieille ville, se distingue par son cadre élégant et sa cuisine soignée. Gardez une place pour les desserts, car le chef, formé à l'école Lenôtre, ne manque ni de créativité ni de maîtrise.
***Le Pilon** - 13 bd Frédéric-Mistral - ✆ 04 90 57 01 12 - www.lepilon.fr - fermé dim.-lun. - plats 19/28 €.*

Vue sur mer depuis le train de la Côte Bleue.

Pour le pique-nique. Le marché provençal s'installe dans le centre-ville tous les mardis matin.

7 MIRAMAS

➔La gare de Miramas permet de rejoindre Miramas-le-Vieux, à ses pieds. Il vous faut marcher 45mn pour l'atteindre, mais la grimpette vaut le coup !

➔Là encore, pas d'hébergement ! Une visite à faire la journée à partir d'Istres.

Un incontournable de l'étang de Berre. Bâti sur une table rocheuse, le vieux village de Miramas a conservé son enceinte et les ruines d'un château du 13e s. Dotée d'une très belle unité architecturale, cette micro-cité est aussi un magnifique belvédère au-dessus de la partie la plus sauvage de l'étang. C'est le moment de savourer une glace (*voir ci-contre*).

À table ! Des plats frais et gourmands à déguster en salle ou sur la jolie terrasse donnant sur le lac. Au menu, brochette de bœuf marinée, ail, romarin et sa crème de morilles, filet de turbot rôti et son risotto aux asperges vertes et blanches. Une belle parenthèse !

Aux Berges du Lac - av. Daniel-Paul - ✆ 04 90 45 89 38 - Facebook - fermé lun. - plats 17/29 €.

Pause glacée. Plus de vingt-huit ans que ce glacier fait figure d'institution, avec une cinquantaine parfums au choix pour composer une centaine de coupes, dans un cadre exceptionnel, face au château de Miramas-le-Vieux.

Le Quillé - rue Frédéric-Mistral - ✆ 04 90 50 18 18 - www.glacierlequille.com - de mi-juin à fin août : tlj; avr. et sept. : tlj sf lun.; de déb. à mi-avr. et oct. : le w.-end.

MARSEILLE - HYÈRES

L'unique ligne desservant le littoral entre Marseille et Vintimille est inchangée depuis son ouverture en 1860. Ou presque. Entre Marseille et Aubagne, une 3e voie a été mise en service en 2015 pour améliorer la desserte locale... Entre Aubagne et Toulon, le long des 50 km sur deux voies, se succèdent des zones péri-urbaines. La bifurcation qui dessert Hyères offre une échappée verte, entre champs d'oliviers, rangs de vignes et palmiers, pour finir en beauté.

DE MARSEILLE À HYÈRES - 7 JOURS

- TER au départ de la gare Marseille-St-Charles et retour en sens inverse
- Trajet sans escale : 1h21
- Fréquence : TER ttes les heures ; ttes 30mn aux heures de pointe
- Horaires : www.ter.sncf.com/sud-provence-alpes-cote-d-azur
- Tarif sans escale : 18,40 €
- Service à bord : transport des vélos en dehors des heures de pointe (lun.-vend. 7h-9h,16h30-18h30) dans les emplacements dédiés sans réservation ni supplément tarifaire

Où se placer pour admirer le paysage ? Côté droit dans le sens de la marche.

Aubagne, terre d'argile.

1 AUBAGNE

➔La gare d'Aubagne se trouve au bout de l'artère principale de la ville.

Au pays de Pagnol et de la poterie. La déambulation dans les ruelles escarpées de la petite ville de Marcel Pagnol (1895-1974), dont on peut visiter la maison natale à l'intérieur reconstitué, est d'autant plus agréable qu'Aubagne préserve sa tradition de village de potiers. Ses ateliers encore en activité lui assurent son titre de capitale du santon de Provence. Dans le centre historique qui occupe l'ancienne cité fortifiée dont seule subsiste la porte Gachiou (14e s.), entre boutiques et ateliers, vous remarquerez le clocher triangulaire de la chapelle de l'Observance (fin 17e s.), le campanile en fer forgé coiffant la tour de l'Horloge ou la façade baroque de la chapelle des Pénitents noirs, aujourd'hui centre d'art contemporain. De l'église St-Sauveur (11e s.), vue panoramique sur les collines de St-Cyr jusqu'à la chaîne de la Ste-Baume, en passant par le Garlaban.

Maison natale de Marcel Pagnol *- 16 cours Barthélémy - ✆ 04 42 03 49 98 - avr.-oct. : 9h30-12h30, 14h-18h; reste de l'année : tlj sf dim. 9h-12h30, 14h-17h30 - 3 €.*

Pour la nuit. À 4mn de la gare, cet hôtel Best Western, rénové dans un style contemporain, abrite des chambres épurées. Le petit-déjeuner est servi sur le *rooftop* de l'hôtel. Une option sympathique pour séjourner au cœur de la capitale du santon.

Best Western Hôtel Linko *- 4 cours Voltaire - ✆ 04 42 18 64 40 - www.bestwestern.fr - 72 ch. 90/127 € - ☕ 14 €.*

Le port de Cassis.

Céramistes. La Faïencerie Sicard, inventeur de la fameuse cigale provençale en 1895, est l'un des plus emblématiques représentants de la tradition céramiste d'Aubagne.

Dans un autre style mais avec un même savoir-faire, la célèbre famille de potiers aubagnais Ravel fabrique depuis 1837 des poteries de jardin (une référence en la matière) et de la vaisselle. En plus, la manufacture se visite.

Faïencerie Sicard - 2 bd Émile-Combes - ✆ 04 42 01 39 62 - www.louis-sicard.com - fermé dim. et j. fériés.

Poterie Ravel - 8 av. des Goums - ✆ 04 42 82 42 00 - www.poterie-ravel.com - visite guidée gratuite (30mn) jeu. 10h.

À table ! Sur une jolie placette du vieil Aubagne, l'agréable terrasse ombragée est l'atout majeur de cette adresse sans prétention. Cuisine simple et copieuse aux accents provençaux. Accueil sympathique.

Grains de Siècle - 14 bd Jean-Jaurès - ✆ 09 83 52 30 78 - grains-de-siecle.com - plats 12,50/25 €.

Pour le pique-nique. Marché le matin mardi et le week-end, sur le cours Voltaire.

L'argile à l'honneur. Le Marché aux santons et à la céramique rassemble les artisans du Pays d'Aubagne et de l'Étoile sur le cours Foch de mi-novembre à fin décembre. Les années paires, la Biennale Internationale de l'Art santonnier a lieu le 1er week-end de décembre du cours Barthélemy au cours Foch. Les années impaires, le temps d'un week-end en août, Argilla réunit les artisans représentant toutes les techniques de la céramique.

« Souvenirs de l'enfance ». L'office de tourisme propose une randonnée pédestre commentée de 9 km dans les pas de Marcel Pagnol dans le massif de Garlaban, qui servit de décor à ses films. Prévoyez un pique-nique.

Office de tourisme - 8 cours Barthélemy - ✆ 04 42 03 49 98 - www.tourisme-paysdaubagne.fr - dernier dim. du mois (sf juil.-août et déc.-janv.) : dép. 9h de l'office de tourisme - 24 €.

❷ CASSIS

➔ La gare est à 3,5 km au nord. Le bus de la Marcouline ligne M1 relie au centre-ville (terminus Casino).
Infos : www.lepilote.com.

Un décor naturel exceptionnel. À l'extrémité d'un vallonnement débouchant au fond d'une baie, entre les hauteurs arides du massif de Puget, à l'ouest, et les escarpements boisés du cap Canaille, à l'est, Cassis occupe un superbe site. Posté sur les hauteurs, le château (propriété privée) est une ancienne place forte médiévale, transformée en fort militaire au 16e s. quand le bourg se développa au bord de l'eau. L'ancien village de pêcheurs s'est mué en une agréable station balnéaire, les estivants ayant succédé aux hivernants du début du 19e s. Sur les quais du port de plaisance où sont amarrés les bateaux colorés, les visiteurs viennent déambuler ou s'asseoir à la terrasse d'un café. Les ruelles, derrière le port et autour de la belle église St-Michel (1875) réservent une facette plus authentique.

Pour la nuit. À 3mn de l'arrêt de bus Casino cet établissement près du port possède de sobres chambres confortables; certaines profitent de la vue sur la mer, mais celles donnant sur le village sont plus au calme.
Hôtel Cassitel - 3 pl. Georges-Clemenceau - ☎ 04 42 01 83 44 - www.cassitel.com - 32 ch. 98/129 € - ☕ 10 €.

Bronzette sur le sable (ou les galets). Cassis compte deux plages : celle de la Grande Mer, qui déroule son tapis de sable et de galets à l'extrémité ouest du port et celle du Bestouan, une petite anse de galets en direction de la presqu'île.

Découvrir les calanques. Classé Parc national, ce massif calcaire de plus de 5000 ha s'étire sur près de 20 km entre Marseille et Cassis. Ses roches d'une blancheur éclatante piquetées de garrigue odorante plongent en de vertigineuses falaises dans les eaux turquoise de la Méditerranée. Pour une vue depuis la mer, optez pour une excursion en bateau ou, plus écolo, en kayak de mer ou paddle. Pour une approche terrestre, suivez les sentiers balisés au départ du parking de la presqu'île. La toute proche Port-Miou (15mn) est la plus longue des calanques provençales et l'une des plus accessibles. Bien abritée, elle accueille une flottille de bateaux de plaisance qui la rend peu propice à la baignade. Plus loin, Port-Pin (45mn) est moins encaissée, plus spacieuse et ombragée. Elle séduit les familles casidiennes qui apprécient sa petite plage de sable et de galets.
Infos : www.calanques-parcnational.fr. Accès réglementée du 1er juin au 30 septembre inclus.
Les Bateliers de Cassis - quai St-Pierre - ☎ 06 86 55 86 70 - www.calanquesdecassis.com - circuits de 3 calanques (45mn - 21 €) à 9 calanques (2h - 33 €).
Cassis Sport Loisirs Nautique - plage de la Grande-Mer - ☎ 04 42 01 80 01 - cassis-kayak.com - fermé nov.-mars - location kayak et paddle à partir de 20 €/1h; randonnées avec guide : 4h en kayak 50 €, 2h en paddle 25 €.

À table ! Une adresse conviviale où l'on se transmet de père en fils les recettes à la fois traditionnelles et provençales. Agréable véranda tournée vers le port et terrasse d'été.
La Vieille Auberge - 14 quai J.-J.-Barthélemy - ☎ 04 42 01 73 54 - fermé merc. - formule déj. 29 € - menus 37/54 €.

Pour le pique-nique. Le marché provençal s'installe les mercredi et vendredi matin sur la place Baragnon.

L'heure de l'apéro. Dans une ruelle derrière le port, voici la bonne adresse pour apprécier les nectars des 12 domaines viticoles que compte Cassis. Ce bar à vin est tenu par un sommelier qui vous fera partager ses découvertes. Bien sûr, la dégustation s'accompagne de fromages, charcuterie ou tartines.
Divino - 3 r. Alexandre-Rossat -
04 42 98 83 68 - fermé dim.-lun.

Sentier du Petit Prince. Situé sur la presqu'île de Cassis, juste avant Port-Miou, ce joli sentier balisé (boucle 1h30) sans difficulté particulière est Jalonné de 11 panneaux explicatifs décryptant le milieu des calanques.

3 LA CIOTAT

➔La gare est à 5 km au nord-est du centre-ville. La ligne 40 du Ciotabus assure la liaison (terminus gare routière, près du Port Vieux).
Infos : www.ciotabus.fr.

Un nouveau souffle balnéaire. Depuis la fin des chantiers navals, des yachts de luxe et une flottille de bateaux de pêche ont remplacé les paquebots. Fière de son identité et d'un passé marqué par la naissance du cinéma et de la pétanque, elle se rêve désormais un avenir en « Technicolor ». Le centre-ville s'organise autour du Port Vieux aux quais bordés de façades aux teintes chaudes et de restaurants animés. Peu après l'église N.-D.-du-Port, à la belle façade de style roman aux tons rosés évoquant l'Italie, se trouve le Musée ciotaden, installé dans l'ancien hôtel de ville de style néo-renaissance. Sa quinzaine de salles rassemble plus de 1500 objets retraçant l'histoire locale, de l'Antiquité à nos jours. Le centre ancien conserve un intéressant patrimoine architectural, à découvrir en flânant de ruelles ombragées en placettes, au détour desquelles de superbes portes témoignent de la richesse des hôtels construits pour les armateurs et négociants des 17e et 18e s.
Musée ciotaden - 1 quai Ganteaume -
04 42 71 54 27 - www.museeciotaden.org - juil.-août : 14h-18h; reste de l'année : 15h-18h - fermé dim.-lun. et j. fériés - 5 €.

Pour la nuit. Un petit hôtel familial pimpant et bien tenu dans une vénérable bâtisse à 6mn du Port Vieux. Les chambres sont simples mais confortables et le petit-déjeuner se prend sous une agréable véranda au-dessus du jardin. Accueil sympathique. La plage est à 500 m.
Les Lavandes - 142 bd de la République -
04 42 08 42 81 - www.hotel-les-lavandes.com - 15 ch. 69/102 € - 9 €.

Calanques au pied d'un jardin remarquable. Le parc du Mugel de près de 12 ha recèle des merveilles botaniques. Forêt de bambous, collection de cactées, jardin de plantes aromatiques... à 50 m de la mer ! Un chemin abrupt conduit au sommet, où un belvédère (alt. 85 m) offre une vue imprenable sur la baie de La Ciotat et ses environs. Surplombée par le rocher du cap de l'Aigle, la calanque du Mugel offre une belle vue sur l'île Verte. À l'est, un sentier descend dans la calanque de Figuerolles (5mn à pied). Nichée au fond d'un vallon verdoyant, sertie de spectaculaires falaises de poudingue percées d'alvéoles et de rochers aux formes étranges, cette belle calanque invite au farniente et à la baignade. Elle est vite bondée, aussi mieux vaut la découvrir hors saison.
Parc du Mugel - avr.-sept. : 8h-20h; reste de l'année : 9h-18h.
Expénature - 168 av. du Prés.-Wilson -
04 42 83 64 46 - expenature.fr - randonnée palmée 48 € la demi-journée - location de kayak à partir de 28 € les 3h.

À table ! Près du port, Kitch & Cook propose une cuisine imaginative à l'accent provençal. La carte change tous les jours selon le marché et l'humeur du chef. Idéal pour un déjeuner en terrasse. Dans un autre esprit, L'Assiette O'Naturel propose des plats végans de saison. Tout y est frais et goûteux. Une belle découverte !

ÉDEN THÉÂTRE

Séquence nostalgie... C'est dans ce petit théâtre qu'à l'automne 1895 Auguste et Louis Lumière organisèrent la première séance publique du cinématographe et projetèrent « L'Arrivée du train en gare de La Ciotat ». Dès lors, l'Éden Théâtre proposa des séances régulières et payantes, devenant la première salle de cinéma du monde.
25 av. Georges-Clemenceau - 04 88 42 17 60 - edencinemalaciotat.com - possibilité de visite guidée (1h) - 5 €.

L'Île Verte, au large de La Ciotat.

Le quartier des Arts à Toulon.

Kitch & Cook - *4 pl. Esquiros* - *☏ 04 42 03 91 36* - *www.kitchandcook.com* - *fermé dim.-lun., mar.-merc. soir* - *formules déj. 16/20 €* - *menu soir 37 €.*
L'Assiette O'Naturel - *4 pl. Sadi-Carnot* - *☏ 04 42 71 65 71* - *fermé lun.-mar.* - *plats 21/13,90 €.*

Pour le pique-nique. Au Port Vieux, marché des producteurs bio le samedi matin et LE marché, le dimanche matin. Autre marché le mardi matin place Évariste-Gras.

Plages. Au-delà du port de plaisance, le long de l'avenue Franklin-Roosevelt, offrant une agréable promenade, et du boulevard Beaurivage, se déroulent près de 6 km de plages de sable fin (Capucins, Cyrnos, Grande Plage, Lumière) ou de galets (St-Jean, Fontsainte, Arène Cros) de faible déclivité.

④ ST-CYR - LES LECQUES

➔St-Cyr-sur-Mer compte trois quartiers : au nord, la voie ferrée longe le centre-ville ; une longue avenue flanquée de lotissements mène au bord de la mer avec, à l'ouest, Les Lecques (1,8 km), à l'est, La Madrague (4 km). Navette inter quartiers les mardis, jeudis et vendredis matin ; en juillet-août, la navette estivale dessert le front de mer (tlj sf dim. matin).

Côté littoral. La baie des Lecques se courbe entre les sombres collines du cap de l'Aigle et la montagne des Baumelles. Au programme : plage, activités nautiques et marche. Au bout des 1,4 km de sable des Lecques, la pinède abrite les vestiges de Tauroentum, unique villa romaine de bord de mer sur la côte méditerranéenne française (*actuellement fermé au public*). Plus loin, La Madrague, joli petit port avec un aquarium en accès libre, est encadrée par deux plages.

Société Nautique du Golfe des Lecques - *Vieux Port* - *☏ 07 64 71 77 44* - *www.sngl.fr* - *juin-oct. : tlj* - *location kayak et paddle 15 €/h, pédalo 30 €/h.*
Saint-Cyr Kayak - *plage de la Madrague* - *☏ 06 76 85 07 76* - *www.saint-cyr-kayak.com* - *juin-oct. : tlj* - *location kayak et paddle 15/h €.*

Pour la nuit. Palmiers, pins et fleurs volubiles bordent les allées d'un parc luxuriant : un bel écrin de verdure pour cet hôtel logé dans une bâtisse de

la fin du 19e s., à 26mn de la gare. Chambres très calmes et soignées, un restaurant avec terrasse et un autre au bord de la piscine, salon bar et tennis.
Grand Hôtel Les Lecques - Les Lecques - 24 av. du Port - ✆ 04 94 26 23 01 - bestwestern-ghl.com - 🏊 - 60 ch. 150/295 € ☕ - 🍴 49 €.

À table ! Un bistrot sobre, aux grandes baies vitrées donnant sur une terrasse et au-delà sur le port de plaisance. Des légumes et des fruits de saison locaux, des poissons sauvages tout frétillants, une petite carte des vins naturels du coin judicieusement pensée : voilà qui ouvre l'appétit. Dans l'assiette, tout a du goût et il n'y a que ça qui compte.
es/pacìo - 201 nouveau port des Lecques - ✆ 06 88 46 33 37 - fermé merc. - plats à partir de 26 €.

Pour le pique-nique. Marché aux Lecques le lundi et à la Madrague le vendredi.

Au départ du port de la Madrague. Deux options : le sentier du littoral jusqu'à la pointe Grenier (30mn) ou le sentier des vignes jalonnée de tables d'explication qui aboutit au port Port d'Alon (1h30) où une calanque réserve de jolis fonds marins. Dans tous les cas, pensez au maillot.

5 BANDOL

➔La gare se situe à 1 km du port.

Ivre de mer. C'est du port qu'étaient expédiées les barriques, le vin en a naturellement tiré son nom. Aménagé dans une anse, le port de plaisance est bordé d'allées plantées de pins, de palmiers et de fleurs. Des bateaux proposent des balades en mer, dont une excursion à la découverte des cétacés (mais oui !). Les trois principales plages de sable sont : la plage Centrale, la plage Casino (les plus fréquentées) et la plage de Renécros à l'ouest du port. Les belles villas des années 1920-1930 qui surplombent la baie ajoutent une touche de charme à ce site particulièrement bien protégé des vents.
Atlantide 1 - quai d'Honneur - ✆ 04 94 32 51 41 - atlantide1.com - avr.-nov. : tlj - observation des dauphins juil.-sept. - 79 €.

Pour la nuit. Une adresse conviviale dans un quartier calme à 6mn de la gare et près de la plage de Renécros. Chambres fonctionnelles.
Bel Ombra Hôtel Bandol - rue de la Fontaine - ✆ 04 94 29 40 90 - www.hotelbelombra.fr - fermé nov.-mars - 19 ch. 68/82 € - ☕ 11,50 €.

Le vignoble de Bandol. AOC depuis 1941, il est cultivé sur près de 1400 ha, principalement sur La Cadière-d'Azur, St-Cyr-sur-Mer, Le Castellet et Ollioules. Un fort ensoleillement, une bonne pluviométrie et un sol calcaire orienté vers le sud bénéficiant de l'air doux marin expliquent le caractère particulier de l'appellation. Outre les rosés et blancs, ce sont les rouges qui ont fait la réputation des vins de Bandol. Leur cépage majoritaire, le mourvèdre, peu planté en France, se plaît ici. Pour le découvrir, rendez-vous à l'œnothèque dans le centre-ville.
Œnothèque des vins de Bandol - pl. Lucien-Artaud - ✆ 04 94 29 45 03 - www.maisondesvins-bandol.com - fermé dim. apr.-midi.

À table ! En retrait de l'agitation touristique, une table bandolaise incontournable tenue par un couple charmant, elle en salle, lui en cuisine. Plats finement travaillés où explosent les parfums et les couleurs. Accueil attentif.
L'Espérance - 21 r. du Dr-Louis-Marçon - ✆ 04 94 05 85 29 - www.lesperance-bandol.com - fermé lun.-mar - déj. sem. 38 € - menus 48/60 €.

Pour le pique-nique. Tous les matins, marché provençal sur la place de l'Église.

6 TOULON

➔La gare se situe à 400 m de la place de la Liberté. Des bus permettent de rejoindre les plages du Mourillon ou le téléphérique du mont Faron.
Infos : www.reseaumistral.com.

La mutante. Sortant de la gare, il faut traverser la place de la Liberté, cœur du Toulon haussmannien, clair et aéré, dans la partie haute pour rejoindre le centre historique dans la partie basse. La vieille ville se serre de la place d'Armes à l'ouest, conçue par Colbert pour la revue des troupes, à la Porte d'Italie à l'est, unique vestige des fortifications de Toulon. Ponctué de placettes et fontaines, bordé de petites boutiques, cafés et adresses gourmandes, et traversé par le cours Lafayette où se tient le marché, le centre historique se refait peu à peu une beauté, notamment autour de la rue des Arts.

Pour la nuit. À 9mn de la gare, au cœur de la vieille ville, un hôtel à la déco arty offrant de belles vues sur les toits, depuis sa piscine sur le rooftop. Délicieux et copieux petit-déjeuner.
Grand Hôtel du Dauphiné - 10 r. Berthelot - ✆ 04 94 92 20 28 - www.grandhoteldauphine.com - 🏊 - 52 ch. 99/151 € - ☕ 15 €.

Vue d'en bas ou d'en haut. Outre l'historique de la rade, le tour commenté d'une heure en bateau offre une vue imprenable sur le port et la ville. Encore plus spectaculaire, la montée en téléphérique en 6mn au mont Faron (alt. 584 m), massif calcaire qui domine Toulon.

Bateliers de la Rade - quai Cronstadt - ✆ 04 94 46 24 65 - www.bateliersdelacotedazur.com - d'avr. à fin oct. : horaires sur le site Internet et billetterie en ligne - 16,50 €.

Téléphérique du mont Faron - gare de dép. bd Amiral-Vence - bus ligne 40 - ✆ 04 94 92 68 25 - www.telepherique-faron.fr - fév.-nov. : 10h-16h30 /19h45 selon la saison; reste de l'année : se rens. - 9 € AR - dép. ttes les 10-20mn env. - fermé j. de grand vent.

À table ! Dans une ruelle du vieux Toulon, une taqueria (spécialité de tacos) à la carte locale, bio et végétale. Une cuisine inspirée au fil des saisons alliant saveurs méditerranéenne et mexicaine.

Santa Rosalia - 36 r. Charles-Poncy - ✆ 04 94 64 11 58 - www.santa-rosalia.fr - fermé dim.-lun. et le soir du mar. au jeu. - moins de 20 €.

Pour le pique-nique. Hormis le lundi, un marché haut en couleur anime le cours Lafayette tous les matins. Parmi les étals, la cade à Dédé, galette de farine de pois chiche cuite au feu de bois, fait toujours recette ! Non loin, les Halles municipales de style Art déco fraîchement rénovées accueillent des artisans et commerçants de bouche.

Plage. Côté Grande Rade, le quartier du Mourillon (bus ligne 3) abrite la grande plage artificielle de Toulon, séparée de la route par un vaste jardin botanique, et constituée de quatre anses de sable fin ou de galets, selon les endroits.

L'heure de l'apéro. Dans le quartier des Arts, l'enseigne annonce l'ambiance. Ce bar-restaurant propose bières et cocktails à siroter dans une déco 1930.

Barrio Chicago - 1 r. de l'Équerre - ✆ 06 61 12 07 72 - tlj.

Sentier des Crêtes. Près du parking du Mémorial du Débarquement de Provence démarre cette agréable promenade balisée (1h30 AR) qui mène au fort de la Croix-Faron (ne se visite pas). Belle vue sur la côte, la presqu'île de Giens, Bandol. Une centaine de mètres au nord du fort, vue sur les Alpes de Provence.

7 HYÈRES

➔ La gare se trouve entre le centre-ville et la presqu'île de Giens. La ligne de bus 67 relie le centre (arrêt près de l'office de tourisme) à la tour Fondue (point d'embarquement pour Porquerolles), en passant par le port et les plages. *www.reseaumistral.com.*

Louer un vélo. Près du port, pratique pour rejoindre la piste cyclable du littoral ou la presqu'île de Giens. *Amotos - 10 av. Jean-d'Agreve - ✆ 04 94 38 79 45 - www.amotos.fr - fermé dim.-lun. d'oct. à mars - location à la journée VTC 15 €, VTT 35/50 €, VAE 30/50 €.*

Ville haute historique, jardin remarquable et villa moderne. Passé la porte Massillon (15e s.), à l'arche ornée d'une horloge, l'ancienne grand-rue, ponctuée de portes Renaissance est animée par les commerces, tandis que la place Massillon, bordée de maisons aux façades colorées, invite à une pause. La place St-Paul, à l'emplacement de l'ancien cloître de la collégiale St-Paul, offre un beau point de vue sur la ville et la presqu'île. Dans le parc St-Bernard, en contrebas de la villa de Noailles, une grande variété de fleurs méditerranéennes pousse sur une cascade de restanques touffues et odorantes. Les amateurs d'architecture poursuivront jusqu'à la villa (1923) due à l'architecte français Mallet-Stevens, qui abrite un centre d'art contemporain.

Villa Noailles - montée Noailles - ✆ 04 98 08 01 98 - www.villanoailles-hyeres.com - de mi-oct. à fin juin : merc.-dim. 13h-18h; juil.-sept. : tlj sf lun. 14h-19h.

Pour la nuit. Cet immeuble du 19e s. tout près de la gare abrite un hôtel de chaîne aux chambres rénovées et à la déco design. Localisation pratique, terrasse panoramique et accueil sympathique.

Ibis Styles Hyères Centre Gare - 45 av. E.-Cavell - ✆ 04 94 00 67 77 - www.accorhotels.com - 41 ch. 107/203 €.

CRÉATEURS DE DEMAIN

Dans l'écrin moderniste de la villa de Noailles, deux manifestations majeures mettent un coup de projecteur sur les talents émergents et à l'honneur des créateurs reconnus. Mi-octobre, le Festival international de mode et de photographie fait défiler de jeunes créateurs. Les expositions de photos et d'accessoires de mode durent jusqu'en janvier. De fin juin à fin septembre, place à la Design Parade avec 10 projets en compétition.

Porquerolles : petit coin de paradis.

À table ! Un petit coin de parapluie en terrasse dans le quartier de la gare. Au-delà de la déco contemporaine et décalée, c'est la bonne franquette et les assiettes fraîches sans chichis qui enthousiasment. La cuisine maison se décline en salades, burgers ou plats (celui du jour est conseillé !).
Le People - 11 av. Pierre-Renaudel - ✆ 04 94 57 45 07 - fermé dim.-lun. - burger 19 € - plats 18/28 €.

Pour le pique-nique. Marchés paysans toute l'année, mardi et samedi matin sur l'avenue Gambetta.

Pause sucrée. Derrière la devanture rétro, petits sablés, croquants, navettes, moelleux attirent l'attention. Difficile de choisir entre ces appétissants biscuits et gâteaux faits maison avec de produits locaux. En prime, des glaces et sorbets également artisanaux. Incontournable !
La Biscuit'Hyères - 10 r. de Limans - ✆ 04 94 65 28 41 - www.labiscuithyeres.fr - fermé lun.

Plages. Bordant la presqu'île de Giens (bus ligne 39), l'Almanarre offre 5 km de sable pour étendre votre serviette. Lorsque le vent est de la partie, les planches à voile et les kitesurfs fleurissent, le site étant un « spot ». Près du port (accès bus ligne 67), la plage Bona et celle des Pesquiers abritées se prêtent au farniente et à la baignade en famille.

L'heure de l'apéro. Impossible de passer à côté de ce bar à vins animé de la vieille ville. Salle chaleureuse ou terrasse conviviale, et assiette de charcuterie ou de fromages, tapas ou foccacia pour accompagner la dégustation. Sympathiques soirées concerts.
Cave Massillon - 12 r. Massillon - ✆ 04 94 65 24 33 - fermé dim.-lun.

Porquerolles. Après 20mn de traversée, partez à bicyclette le long des quatre circuits qui sillonnent cette île paradisiaque. Sa côte nord est festonnée de plages de sable bordées de pins, bruyères, myrtes et arbousiers; sa côte sud est abrupte, avec quelques criques d'accès facile. À l'intérieur, une forêt de pins et de chênes verts, des vignobles. En été, afin de préserver l'île, le nombre de visiteurs est limité. Réservez à l'avance votre billet en ligne.
TLV - www.tlv-tvm.com - horaires sur le site - 22 € AR - loueurs de vélo près du port *(voir p. 240).*

AIX-EN-PROVENCE - BRIANÇON

Voici un itinéraire de nuances, où les frontières entre deux territoires très marqués vont se fondre au fur et à mesure des étapes. Peu à peu, les collines provençales se mêlent aux montagnes des Alpes du Sud, au fil de la tumultueuse Durance que le train suit jusqu'à Sisteron, puis à travers le doux Gapençais, dont la joyeuse lumière méridionale joue avec la majesté des sommets de l'Embrunais et des Écrins en toile de fond.

D'AIX-EN-PROVENCE À BRIANÇON - 11 JOURS

- Pour rejoindre Aix-en-Provence depuis Marseille : TGV Méditerranée (20mn)
- Trajet sans escale : 4h20
- Fréquence : 3 TER/j, 1 train suppl. en fin de journée du vend. au dim.
- Horaires : www.ter.sncf.com/sud-provence-alpes-cote-d-azur
- Tarif sans escale : 36,80 €
- Services à bord : transport des vélos gratuit
- Pour le retour à Marseille, reprendre le TER en sens inverse (env. 5h)

Où se placer pour admirer le paysage ? Côté droit dans le sens de la marche.

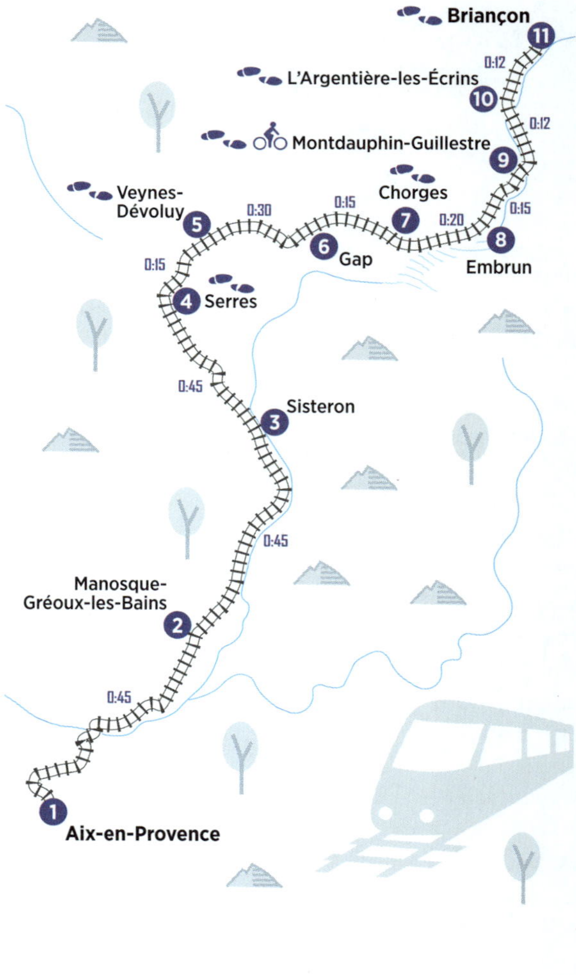

La fontaine des Quatre-Dauphins, Aix-en-Provence.

1 AIX- EN-PROVENCE

➔La gare de départ est celle du centre-ville. Le bus ligne 40 assure la liaison avec la gare TGV (à 12 km).
Lecar - ✆ 080 713 137 - www.lecaraixmarseille.com - 4h50-23h25 (ttes les 15mn).

Ville d'eau, ville d'art. Depuis des siècles, Aix-en-Provence compose sans fausse note sur cette même partition : murmure de ses fontaines distillant une fraîcheur bienfaisante, chant de ses vieilles pierres célébrant les fastes du passé, symphonie de ses marchés colorés et de ses terrasses de café animées. Fière de son exceptionnel patrimoine, cette élégante bourgeoise n'en compose pas moins avec les habits neufs d'une ville en mutation. Les hôtels particuliers, les placettes pavées et les ruelles ombragées, la cathédrale St-Sauveur et son cloître roman, le cours Mirabeau et les musées d'art (musée Granet, Caumont Centre d'Art) font tout le charme de cette cité élégante.

Pour la nuit. Dans un immeuble du 18e s., en plein quartier Mazarin et à 10mn de la gare, l'hôtel Cardinal, calme et aménagé avec goût, marie l'élégance d'hier au confort d'aujourd'hui.

SUR LES PAS DE CÉZANNE

Paul Cézanne (1839-1906) est né et s'est éteint à Aix. Après des études au collège de Bourbon où il se lie d'amitié avec Émile Zola, il débute son droit en 1859 tout en commençant à peindre dans la campagne du Jas de Bouffan, demeure aux portes d'Aix achetée par son père. Dès 1861, il abandonne ses études et travaille dans la banque paternelle tout en faisant des séjours à Paris où il côtoie les peintres impressionnistes. À partir de 1862, il se consacre à la peinture et s'installe un temps à L'Estaque avant de regagner Aix.
Un circuit balisé (3,3 km - 2h) mène sur les lieux en lien avec sa vie. Le livret est en téléchargement sur le site de l'office de tourisme. Autrement, vous aurez le choix entre trois visites guidées différentes (12 €) sur l'artiste, dans la ville.
Infos : www.aixenprovencetourism.com.

L'hôtel Escaletto abrite, à 15mn de la gare et à proximité immédiate du vieil Aix, des chambres agréables, bien insonorisées, rigoureusement tenues et plutôt bon marché.

Sisteron sur la route Napoléon.

Hôtel Cardinal *- 4 r. Cardinale - ✆ 04 42 38 32 30 - www.hotel-cardinal-aix.com - 29 ch. 96/133 € - ☕ 9 €.*
Hôtel Escaletto *- 74 cours Sextius - ✆ 04 42 26 03 58 - www.hotel-escaletto.com - fermé de mi-déc. à mi-janv. - 45 ch. 115/186 € - ☕ 13 €.*

Égrener l'art au musée Granet. Dans l'ancien palais de Malte, le musée Granet expose une magnifique collection de peintures et de sculptures européennes (14e-19e s.) et met savamment en lumière le 20e s. avec un parcours « De Cézanne à Giacometti ». Au sous-sol, une rare collection d'archéologie donne à voir, entre autres, les célèbres têtes coupées celto-ligures. Ne manquez pas l'annexe du musée, aménagée dans l'écrin d'une ancienne chapelle du 17e s. pour accueillir la collection Jean Planque, principalement des peintures du 20e s. signées Picasso, Van Gogh, Monet, Braque...

Musée Granet *- 13 pl. St-Jean-de-Malte - ✆ 04 42 52 88 32 - www.museegranet-aixenprovence.fr - fermé lun. - 9 €.*

À table ! La Tomate verte est une adresse sympathique dans une rue animée du centre-ville. En cuisine, le chef globe-trotter Sébastien Jacquet s'inspire de ses voyages pour concocter des plats de saison à base de produits locaux. Brunch servi tous les jours.

Au détour d'une ruelle du vieil Aix, Drôle d'endroit est pris d'assaut par les habitués. L'ardoise, à l'esprit bio généreux, change quotidiennement, au gré des saisons et des envies. Alléchant assurément !

La Tomate verte *- 15 r. des Tanneurs - ✆ 04 42 60 04 58 - www.latomateverte-restaurant.com - fermé dim.-lun. - formule déj. 35 € - menu soir 46 € - brunch 28 €.*

Drôle d'endroit - 14 r. Annonerie-Vieille - ✆ 04 42 38 95 54 - fermé dim.-lun. et merc. midi - plats 17/30 € - réserv. conseillée.

Pour le pique-nique. De beaux produits provençaux vous attendent sur les marchés du centre-ville pour remplir votre besace.
Marchés - tous les matins sur la place Richelme; mar., jeu. et sam. sur les places des Prêcheurs, de la Madeleine et de Verdun.

Tea time. Un amour de librairie internationale, où les tables et fauteuils invitent à une pause à l'anglaise, au milieu d'étagères de livres écrits dans toutes les langues. Les gâteaux et boissons maison sont *delicious* !
Book in Bar - 4 r. Joseph-Cabassol - ✆ 04 42 26 60 07 - www.bookinbar.com - fermé dim.

Pause glacée. Une glacier réputé pour la qualité de ses glaces et sorbets 100 % naturels. Vous aurez le choix entre 36 parfums, sucrés et salés.
Philippe Faur - 57 cours Mirabeau - ✆ 04 42 38 24 62 - www.philippefaur.com - fermé lun.

L'heure de l'apéro. Bondée au premier rayon de soleil, cette agréable terrasse voisine une jolie fontaine moussue. Notez la belle Vierge nichée dans l'angle du bâtiment qui lui fait face.
Café des Cardeurs - 18 pl. des Cardeurs - ✆ 04 42 21 56 79 - tlj.

2 MANOSQUE- GRÉOUX-LES-BAINS

➔La gare est située à 20mn à pied du centre de Manosque. La plupart des bus passant par la gare desservent le centre historique.

Une cité labyrinthique. À deux pas de la Durance, cette vieille cité toute ronde est couchée sur les derniers coteaux du Luberon. Ses étroites rues provençales sont bordées de hautes maisons dont les toitures semblent encore parcourues par le célèbre hussard de Jean Giono. Passé la porte Saunerie, vous pénétrez dans la Rue Grande qui recèle de belles portes, cages d'escalier et cours intérieures. Poussez jusqu'à la somptueuse porte Soubeyran du 12e s. Mais, surtout, flânez à votre gré dans le lacis de ruelles pour apprécier tout le charme de la Provence !

Pour la nuit. L'hôtel du Terreau, situé sur une jolie place du centre ancien de Manosque non loin du boulevard circulaire qui entoure la ville, n'a de cesse d'améliorer son confort. Chambres correctement insonorisées; certaines arborent un décor provençal. Accueil sympathique.
Hôtel du Terreau - 21 pl. du Terreau - ✆ 04 92 72 15 50 - hotelmanosque.fr - 18 ch. 63/70 € - ☕ 9 €.

À table ! Poussez la porte de ce restaurant à la façade discrète, une institution de la ville récemment reprise par un enfant du pays, et attablez-vous autour d'une cuisine créative fort bien tournée. Les gens d'ici y ont leurs habitudes. Accueil sympathique.
Chez Bastien - Le Petit Lauragais - 6 pl. du Terreau - ✆ 04 92 72 13 00 - midi et soir - fermé mar.-merc. - plats 21/23 €.

Pour le pique-nique. Vous trouverez votre bonheur sur les marchés provençaux du centre-ville, le samedi matin, place du Dr-Joubert, la promenade Aubert-Millot, la place de l'Hôtel-de-Ville et la place Marcel-Pagnol; le mercredi matin sur la promenade Aubert-Millot (marché de producteurs).

Hum, ça sent bon la Provence ! Manosque et les plantes aromatiques comme la lavande, le romarin ou encore la verveine ont toujours vécu une histoire d'amour. Pas étonnant que le créateur de la marque L'Occitane en Provence ait décidé de s'installer ici ! On trouvera ses produits cosmétiques à tarif préférentiel à la boutique du centre-ville.
L'Occitane en Provence - 21 r. Grande - ✆ 04 92 72 41 02 - fr.loccitane.com - fermé dim.-lun.

3 SISTERON

« Sûre entre ses montagnes et ses fleuves ». Telle est la devise de la ville, portée haut par la tour de l'Horloge et son campanile de fer forgé. L'admirable citadelle jalonnant la route Napoléon aurait fait frémir l'Empereur de retour d'exil. Pourtant, il ne séjourna dans la ville que le temps d'un déjeuner. Il vous en faudra bien plus pour en appréhender la richesse historique. Entre la rue Droite et les bords de la Durance se blottit la ville ancienne aux ruelles étroites qui dégringolent vers la rivière, bordées de hautes maisons aux élégantes portes sculptées des 16e, 17e et 18e s.

Pour la nuit. Tenu par la même famille depuis 1900, le Grand Hôtel du Cours se trouve en plein centre historique à 10mn à pied de la gare, entre deux tours d'enceinte du 14e s. Préférez les chambres sur l'arrière du bâtiment, plus calmes et spacieuses.

Grand Hôtel du Cours - 2 allée de Verdun - ✆ 04 92 61 04 51 - fermé nov.-mars - 40 ch. 81/105 € - ☕ 12 €.

« C'est la plus puissante forteresse de mon royaume ». Ainsi Henri IV décrivait-il la citadelle de Sisteron (12e s.-17e s.). Par une série d'escaliers et de terrasses, vous parviendrez au chemin de ronde, puis au donjon d'où la vue plonge sur la ville basse, le lac du barrage et, au nord, jusqu'aux montagnes. Gagnez la face nord de la citadelle et la guérite du Diable d'où la vue sur le rocher de la Baume, ce « cauchemar pétrifié », est ahurissante. Descendez alors les premières marches d'un grand escalier souterrain creusé dans le roc en 1841 pour relier la forteresse à l'ancienne porte du Dauphiné (détruite en 1944).

Citadelle - montée de la Citadelle - ✆ 04 92 61 27 57 - www.citadelledesisteron.fr - fermé de mi-nov. à mi-mars - 7,30 €.

À table ! Ambiance intimiste sous de jolies voûtes pour ce restaurant qui fait la part belle aux produits locaux, notamment à l'agneau. Un joli choix de poissons frais est aussi à l'honneur.

Au Romarin - 103 r. Saunerie - ✆ 04 92 34 88 04 - fermé mar. - plats 18,50/24 €.

L'heure de l'apéro. La rue Saunerie regorge de petits bars logés sous des voûtes de pierre très animés en fin de journée !

Les Nuits de la citadelle. Théâtre, musique classique et opéra investissent le temps d'un été les murs de Sisteron. Trois lieux magiques pour accueillir ces différents spectacles : la citadelle, bien sûr, avec son théâtre de verdure, le cloître St-Dominique et la cathédrale.

Les Nuits de la citadelle - juil.-août - rens. et location pavillon ATM - 1 allée de Verdun - ✆ 04 92 61 06 00 - www.nuitsdelacitadelle.fr.

4 SERRES

➔La gare est située à 10mn à pied du centre-ville, de l'autre côté de la rivière Buëch.

Au cœur des Baronnies. À l'abri sous le rocher pointu de la Pignolette, d'où la vue porte loin, Serres étage ses façades colorées. En arpentant son dédale de ruelles, ses placettes ornées de fontaines et ses passages sous voûtes, on replonge dans le passé mouvementé de ce bastion du protestantisme. Quelques points de repère lors de votre visite : les belles arcades de la placette de la Fontaine, la façade Renaissance de la mairie, avec son parement de galets roulés tirés du Buëch, et, au 39 rue Henri-Peuzin, l'incontournable maison de Lesdiguières. Face à l'église, un passage s'enfonce sous les maisons et se ramifie. C'est l'ancien quartier juif, presque souterrain et bordé de hautes maisons.

Pour la nuit. À 10mn à pied de la gare, nichée dans un bâtiment fin 14e s., en haut d'un escalier en colimaçon, cette maison d'hôtes répond aux critères des écogîtes : matériaux naturels, décoration élaborée avec des objets recyclés ou récupérés, cuisine à base de produits locaux et faits maison. Accueil soigné.

Le Soustet des Auches - 58 r. Henri-Peuzin - ✆ 04 92 51 31 63 - 3 ch. 99 € ☕ - ✕ 28 €.

À table ! Ce bistrot (et boutique) mitonne une cuisine traditionnelle, à base de produits locaux. Belle salle de style industriel.

Restaurant Clara - rte de Sisteron - ✆ 04 92 54 07 94 - Facebook - fermé dim.-mar. et sam. midi - plat du jour 20 € - menus 25/30 €.

Balades sur les hauteurs de Sisteron. De l'église, continuez la montée pour atteindre le haut du village (15mn). Passé la chapelle de Bonsecours, vous arrivez au tombeau du Juif (14e s., inscription en hébreu : « Rabbi Joseph, fils de Rabbi Natanel, d'heureuse mémoire. ») En poursuivant (30mn), vous accédez au rocher de la Pignolette, d'où la vue porte au loin. Ceux qui souhaitent prolonger la promenade pour profiter du panorama suivront le Sentier des moines (2h15 - fiche à l'office de tourisme).

Pause sucrée. À la fois boutique et café associatif, ce lieu sympathique dédié à la création propose une chouette pause à base de jus, thés, chocolats, bières et pâtisseries issus de productions locales. Une vingtaine d'artistes et artisans locaux y présentent leurs œuvres et produits : meubles design, céramiques, bijoux, sacs en cuir. En sus, le Hang'Art propose une programmation culturelle avec un tarif « au chapeau ».

Le Hang'Art - rue Roger-Tessé - ✆ 04 92 21 43 30 - lehangartdeserres.fr - fermé dim. (et lun. hors juin-sept.).

5 VEYNES- DÉVOLUY

➔La gare se trouve à 10mn à pied de Veynes.

La Provence au cœur des montagnes. Cette ancienne place forte aux accents méridionaux souffrit beaucoup des passages successifs des huguenots et

Le Grand Ferrand, dans le massif du Dévoluy.

des troupes du duc de Savoie. En 1875, l'arrivée du rail fait de Veynes un nœud ferroviaire important dans le réseau alpin et favorise le développement industriel de la localité. Un circuit ponctué de 20 panneaux « Suivez le rail » vous guide à travers les ravissantes ruelles du vieux village, ponctué de façades peintes et perché en lisière de garrigue. L'écomusée du Cheminot retrace l'histoire ferroviaire de Veynes, de 1850 à nos jours.
Écomusée du Cheminot veynois - 3 r. du Jeu-de-Paume - ✆ 04 92 58 98 32 - juin-sept. et vac. scol. (sf Noël) : merc.-sam. 14h-18h - 4 €.

Pour la nuit. Au cœur du village et à 10mn à pied de la gare, cet hôtel un brin désuet propose des chambres propres et confortables. Petit-déjeuner copieux.
Hôtel Le Moderne - 18 pl. de la République - ✆ 07 81 70 47 51 - 7 ch. 68 € - ☕ 6 €.

À table ! À deux pas de la gare, ce restaurant familial sans prétention propose une cuisine traditionnelle et simple. Avec un plat qui vous réjouira : aoli le premier vendredi du mois !
La Tête Ail'Heur - 31 bd Gambetta - ✆ 04 92 58 18 40 - fermé dim. soir et lun. soir - 11/17 €.

Pour le pique-nique. Privilégiant les circuits courts et les produits locaux, cette boutique propose les produits des fermes environnantes : confitures, produits laitiers des Alpes, viande, pains bio, eaux florales et huiles essentielles, savons, fruits et légumes du pays.
Mon Paysan Alpin - av. Cdt- Dumont - ✆ 07 78 84 46 74 - juil.-août : tlj; sept.-juin : mar.-sam.

Un air de plage. Juste à la sortie de la ville (35mn à pied), le plan d'eau des Iscles (5,5 ha) est le but d'une agréable pause baignade (surveillée en juil.-août), dans un cadre joliment arboré et avec vue sur la montagne de Bure.

Le col de Cuberselle. Prenez un peu de hauteur et faites le plein de nature en suivant cette boucle

Marché à Gap.

de 8 km. Le printemps est la meilleure saison pour admirer la flore méditerranéenne.
Accès : dép. parking de la piscine au nord du village - 2h30 - niveau moyen.

6 GAP

➔La gare est à 10mn de marche au nord-est du centre-ville.

Entre sommets enneigés et champs de lavande. Dans cette cité animée, la neige brille longtemps sur les hauts sommets alentour tandis que les horizons bleutés s'éloignent presque à l'infini vers la Provence. Les rues médiévales tortueuses, les façades aux teintes chaudes et les places animées créent cette atmosphère toute méridionale. Édifiée en marbre rose de Guillestre, la cathédrale est une parfaite copie 19e s. du style roman provençal, avec une flèche haute de 77 m. Dans le parc de la Pépinière, faites une agréable visite au Muséum des Hautes-Alpes qui raconte la région depuis l'Antiquité à travers de belles collections.
Muséum départemental des Hautes-Alpes - 6 av. du Mar.-Foch - ✆ 04 92 51 01 58 - museum.hautes-alpes.fr - juil.-août : 9h-11h45, 14h-17h45; sept.-juin : tlj sf lun. 14h-16h45 (17h45 le w.-end) - gratuit.

Pour la nuit. Installé tout près du centre piétonnier et à 15mn à pied de la gare, cet hôtel rénové se distingue par une décoration sobre et soignée : teintes unies et mobilier en bois de mélèze. Les chambres donnent sur la cathédrale et les montagnes. Accueil agréable et excellent petit-déjeuner.
Mon Hôtel à Gap - 4 pl. Frédéric-Euzières - ✆ 04 92 51 04 13 - www.monhotelagap.com - 30 ch. 81/90 € - ☕ 11 €.

À table ! Yann, le chef de cet établissement familial, privilégie les produits en circuit court, donc de saison, et bio si possible. Un beau présage de qualité dans votre assiette. Le restaurant est réputé pour ses profiteroles géantes; gardez une place pour le dessert!
La Maison jaune - 18 r. Pasteur - ✆ 04 92 50 88 15 - www.lamaison-jaune-gap.fr - fermé lun. et dim. - plats 15/27 € - menu 46 €.

Pour le pique-nique. Ambiance méditerranéenne oblige, les marchés animés regorgent de victuailles pour agrémenter vos pique-niques. Rue Carnot et alentour, il est essentiellement alimentaire le mercredi matin et plus diversifié le samedi matin. Marché bio vendredi après-midi dans la contre-allée Albert-Laty.

L'heure de l'apéro. Avec sa terrasse très agréable aux beaux jours, le Fameux Café est une adresse très fréquentée en fin de journée. À l'intérieur, plaisant décor de boiseries égayé de portraits de famille, et, au sous-sol, ambiance plus jeune.
Le Fameux Café du Lycée - 41 bd de la Libération - ✆ 04 92 51 53 36 - fermé mar. sf en saison.

7 CHORGES

De vieilles pierres et de montagnes. Ce village conserve quelques maisons anciennes (circuit balisé). De la place Lesdiguières, ornée d'une jolie fontaine du 16e s., vous accédez à l'église St-Victor érigée sur une butte. Elle se distingue par sa nef rectangulaire et son chœur à cinq pans. À droite du porche du 12e s., une très imposante stèle de marbre rose, dite « pierre de Néron », aurait été le socle d'une statue romaine. Chorges fait partie du site Natura 2000 « Piolit-Pic de Chabrières », zone de montagnes qui abrite des habitats naturels remarquables favorisant l'existence d'espèces animales et végétales particulières.

À table et au lit ! Certes à l'écart du centre-ville (20mn à pied de la gare), mais vous ne le regretterez pas ! Cet édifice, habillé de bois clair, se situe au calme. La décoration contemporaine est rehaussée d'illustrations révélant la beauté des montagnes environnantes. Le superbe Spa ajoute à l'intérêt de l'établissement. Au restaurant, belle cuisine actuelle.
Ax'Hôtel - ZA La Grande-Île - ✆ 04 92 21 45 17 - www.ax-hotel.com - - 39 ch. 119/144 € - 14 € - fermé midi et dim. - menus 32/38 €.

Randonner sur les hauteurs du Fein. Cet itinéraire cheminant au milieu des peupliers vous emmène, par les hameaux alentour, du marais humide des Olliviers, où la faune et la flore préservées sont riches (peut-être croiserez-vous des chevreuils), à l'impressionnant torrent d'Addos. Les vues ménagées sur l'azur du lac de Serre-Ponçon en contrebas sont magnifiques.
Boucle du Fein - 3h - 12 km - niveau moyen - départ et arrivée gare SNCF - plan téléchargeable sur www.rando-serreponcon.com/a-pied/boucle-du-fein.

8 EMBRUN

La « Nice des Alpes ». Il ne manquait que la mer à Embrun pour lui donner ses lettres méditerranéennes… et elle est arrivée avec l'une des plus importantes retenues d'Europe, l'immense lac de Serre-Ponçon. Avec ses placettes et fontaines, tours médiévales, crépis colorés, profusion de balcons et d'ouvertures, la vieille ville donne vraiment une impression de Provence. La rue de la Liberté et la rue Clovis-Hugues, piétonnes et commerçantes, sont particulièrement animées en été et offrent quelques belles façades. Une fontaine du 16e s. en marbre rose se tient sur la place St-Marcellin ainsi que d'intéressantes maisons à encorbellement du 14e s. rue Caffe. Juchée sur le Roc, promontoire de 80 m de haut, la superbe cathédrale noire et blanche est le point de mire des kayakistes sur la Durance ou des skieurs des Orres ou de Crévoux.

Pour la nuit. Il y a quelque chose d'intemporel et de réconfortant dans l'ambiance villageoise que crée la façade ancienne de cet hôtel situé sur une jolie place, au cœur du centre historique (et à 5mn de la gare !). Derrière se cachent des chambres simples au confort moderne et récemment rénovées.
Hôtel-restaurant de la Mairie - pl. Barthelon - ✆ 04 92 43 20 65 - www.hoteldelamairie.com - ch. 106/135 € - 12 €.

À table ! Nappes à carreaux et esprit bistrot caractérisent ce restaurant sur la place de la mairie. On y déguste des spécialités locales (ravioles, gratins d'oreilles d'ânes, boîtes chaudes, saucisse du Champsaur) et de généreuses assiettes composées. Service agréable.
L'Épicerie - pl. Barthelon - ✆ 04 92 43 37 14 - fermé le soir dim., lun. et mar. - plats 18/22 €.

Se sentir pousser des ailes. Envolez-vous en parapente depuis le mont Guillaume (1 603 m), survolez le lac de Serre-Ponçon et posez-vous sur les berges. Un sacré bol d'air et des vues à couper le souffle !
Jennif'air - 54 r. de la Liberté - ✆ 04 92 43 37 80 - www.jennifair.com - 115/200 € selon l'option. Dép. en 4x4 depuis Embrun (40mn).

Pause sucrée. Fondée en 1902 par l'arrière-grand-père de Luc Eyriey, la maison a conservé la fabrique et la chocolaterie sur place. Tout est à déguster les yeux fermés et vaut bien une petite pause.
Pâtisserie-chocolaterie Luc Eyriey - pl. Barthelon - ✆ 04 92 43 01 37 - 10h30-19h - fermé dim. apr.-midi.

L'heure de l'apéro. Petit bar à vin sympathique où la caviste passionnée, Stéphanie, sélectionne de beaux crus pour toutes les bourses, que l'on peut déguster sur de grandes tablées dans la salle voûtée. Chouette ambiance.

La Buvette - 12 r. des Fontaines - ✆ 04 92 51 67 70 - Facebook - fermé dim.

9 MONT-DAUPHIN - GUILLESTRE

➔ La gare est située à Eygliers, à 38mn à pied de Mont-Dauphin (2,3 km) et à 55mn de Guillestre (4 km). Des cars mènent à la gare routière de Guillestre.
Infos : www.autocars-imbert.com.

Louer un vélo. Guil-Ebike loue un large choix de VTC et VTT électriques ou non.
Guil-Ebike - avr.-juin et sept.-oct. : imp. St-Guillaume à Eygliers (14mn à pied de la gare) ; juil.-août : pl. Salva à Guillestre - ✆ 06 95 07 29 61 - www.guil-ebike.com - 25/50 € la demi-journée.

Tout guilleret à Guillestre. Le superbe cirque montagneux qui entoure Guillestre est une double chance pour la ville : ses montagnes la protègent des pluies. Au centre de ce carrefour naturel, la ville accueille chaque lundi le principal marché du Queyras, témoin depuis le Moyen Âge des échanges entre les vallées voisines. Franchissez l'une des quatre portes et musardez le long des rues étroites et des petites places. Du système défensif de l'enceinte médiévale, seule subsiste la tour d'Eygliers. L'église Renaissance possède un beau porche à quatre colonnes dont deux prennent appui sur des lions accroupis, vestiges d'un prieuré de l'an mil et témoins de l'influence lombarde. Ne manquez pas l'étonnante rue des Masques, phénomène naturel qui a creusé la roche sur 5 m de large et 600 m de long. Elle est tapissée d'un gazon que le soleil n'éclaire jamais : cela plaisait aux sorciers d'Eygliers qui venaient y danser leur sabbat !

Pour la nuit. Un hôtel simple et bien tenu, à 10mn à pied de la gare routière de Guillestre. On apprécie la piscine et l'espace balnéo, autant en été après les visites et les balades à vélo, que l'hiver après le ski.

Le Catinat Fleuri - 100 chemin d'Eygliers - ✆ 04 92 45 07 62 - www.catinat-fleuri.com - 21 ch. 66/87 € - 9 €.

À table ! Une ruelle, quelques tables dehors, une salle voûtée... voilà le cadre de ce petit restaurant où vous goûterez une cuisine traditionnelle (ris de veau, tournedos) au gré d'une carte qui change avec les saisons.

Le Guillestrin - rue Ste-Catherine - proche gare routière de Guillestre - ✆ 04 92 50 48 32 - fermé dim., lun. midi et mar. soir - plats 15/28 € - menu 34 €.

Excursion d'une journée à Mont-Dauphin. Comptez 2h de marche AR. Quittez Guillestre par la D 902 (direction Briançon) jusqu'au quartier des Chapelles. Traversez le plateau de la Chalp, puis le Guil sur une passerelle. Le vaste promontoire surmonté d'une place forte édifiée par Vauban n'est autre que Mont-Dauphin. Dans ses rues larges ou son plan en damier, tout ici a une fonction défensive et une architecture remarquable : de la Poudrière à l'Arsenal, de la Caserne Rochambeau à l'église aux curieuses proportions et à l'incroyable souterrain reliant la place forte à la lunette d'Arçon. Et, surtout, la vue y est absolument royale... Pour reprendre des forces, rendez-vous au restaurant

La place forte de Mont-Dauphin.

Le Galet, très agréable, surtout en été, pour le calme et la fraîcheur du jardin, où les légumes sont cueillis tout frais !

Centre des monuments nationaux *- pavillon de l'Horloge - ✆ 04 92 45 42 40 - www.place-forte-montdauphin.fr - visite guidée du fort 7 €.*

Le Galet *- rue Col.-Cabrié - ✆ 06 89 18 55 40 - restaurant.le.galet.free.fr - fermé de fin sept. à fin mai et lun. - 18/27 € - réserv. conseillée.*

10 L'ARGENTIÈRE-LES-ÉCRINS

➔ Il s'agit de la gare de L'Argentière-la-Bessée, en centre-bourg.

Nature, culture, industrie. L'Argentière-la-Bessée offre plusieurs visages. D'abord celui de son passé industriel, commandé par la grosse horloge dominant les usines et le siphon et qui culmine dans la mine d'argent, qui comprend à la fois un intéressant musée des Mines et la visite de l'ancienne mine d'argent, située dans le vallon du Fournel (navettes). Ensuite celui d'une des portes d'entrée du Parc national des Écrins. Enfin celui d'un patrimoine architectural riche : la chapelle St-Jean (12e s.), l'un des rares édifices romans des Hautes-Alpes, fut élevée par les hospitaliers de St-Jean-de-Jérusalem, tandis que l'église St-Apollinaire possède une porte ornée d'un magnifique verrou à tête de chimère du 16e s. et, à l'extérieur, des fresques (1516) des Vertus, des Vices et des Châtiments.

Mine d'argent *- château St-Jean - ✆ 04 92 23 02 94 - www.mines-argent-fournel.com - visite guidée sur demande (2h) - fermé de mi-nov. à fin mars - à partir de 16 € - 5 ans mini - prévoir chaussures et vêtements adaptés (10 °C).*

Le lac de Serre-Ponçon.

Pour la nuit. Face à la gare et au pied de la tour de l'horloge des Hermes, ce petit hôtel propose des chambres modestes, au mobilier un peu dépassé. Cependant, c'est propre, lumineux, pas cher et proche du centre. Bar à cocktails.
Hôtel de la Gare *- 48 av. Charles-de-Gaulle - ✆ 04 92 23 10 02 - 8 ch. 65/76 € - ☕ 7,50 €.*

À table ! Ici, on se croirait presque invité chez des amis tant la salle est petite (20 couverts !)... Au menu, un plat unique à base de produits frais de saison composé avec imagination. C'est simple et bon. Un « mimiresto », comme dit la patronne !
Autour du Four *- 8 r. de Portin - suivez les panneaux « Musée des Mines », puis continuez sur 200 m - ✆ 04 92 23 00 69 - déj. sem 17 € - menus 20 € (soir et w.-end)/25 € (j. fériés) - sur réserv.*

À la rame. L'école de kayak propose de multiples formules guidées pour s'initier ou progresser en kayak en eaux calmes ou vives dans les torrents, rivières et plan d'eau alentour.
Vagues à bonds *- complexe du Quartz (proche du stade d'eaux vives) - ✆ 06 50 40 76 51 - www.canoe-kayak-alpes.com - tarifs et horaires : se rens.*

Rando au vallon du Fournel. Comptez 2h30 AR. Sortez de L'Argentière par la D 423 qui remonte l'étroite vallée du Fournel. Gagnez les hauteurs de L'Argentière jusqu'à l'Eychaillon, d'où vous aurez un joli point de vue sur les gorges du Fournel et les ruines du château médiéval. La réserve biologique des Deslioures, au fond de la vallée, vous réserve d'autres émotions dans son sanctuaire européen des chardons bleus (cueillette interdite) qui fleurissent la deuxième quinzaine de juillet.
Réserve biologique des Deslioures *- vallon du Fournel - www.paysdesecrins.com - fermé en hiver.*

11 BRIANÇON

➔ La gare est à 30mn à pied du centre-ville. Bus 1 et 3 depuis la gare.
Infos : bustub.com/fr.

Au carrefour de cinq vallées. Idéalement située, Briançon a toujours été convoitée : jadis par les soldats, aujourd'hui, plus pacifiquement, par les touristes et les skieurs, qui accèdent directement aux pistes de Serre-Chevalier Vallée depuis le centre-ville. Ignorant toute cette effervescence, la cité Vauban, auréolée de ses fortifications classées au Patrimoine mondial de l'Unesco, conserve une délicieuse allure de village médiéval, avec son dédale de ruelles étroites et ses jardinets pimpants à 1326 m d'altitude. Le centre-ville se développe autour de l'église Ste-Catherine. Entre les deux parties de la ville, sur la rive gauche de la Durance, s'étend le parc de la Schappe où vous pourrez découvrir un verger et parcourir un sentier de découverte sylvicole (1h).

Pour la nuit. D'emblée, on se sent bien dans cet hôtel familial transformé en « refuge montagnard » (à 10mn de la gare) : vieux meubles, objets anciens, chambres coquettes et douillettes, belles salles de bains. Harmonie parfaite entre le décor du restaurant et la cuisine locale.

Hôtel de la Chaussée - 4 r. Centrale - 04 92 21 10 37 - www.hotel-de-la-chaussee.com - 14 ch. 131/178 € - 14 € - fermé dim. et midi - 32/40 €.

À table ! Cette jolie maison à la façade colorée porte bien son nom : vénérable plancher, objets paysans traditionnels et traîneau ancien personnalisent la salle à manger voûtée. Spécialités savoyardes, fondue aux morilles et truites.

Le Rustique - 36 r. du Pont-d'Asfeld - 04 92 21 00 10 - www.restolerustique.fr - fermé lun. et mar. (sf juil.-août) - menus 38,50/45 €.

Pour le pique-nique. Cette épicerie fine vend les produits d'une cinquantaine d'artisans locaux. Les rayons sont garnis de charcuteries de montagne, fromages fermiers, bière de Briançon, biscuits...

Le Panier alpin - 48-50 Grande Rue - 04 86 99 57 13 - www.lepanieralpin.com - fermé de mi-oct. à fin nov. et dim.-lun. hors sais.

Rando au pont d'Asfeld et au fort des Têtes. Boucle de 2h30, de la porte de la Durance, par le chemin du fort des Têtes, puis le pont d'Asfeld, et les chemins de Fontchristiane et de la Croix-du-Frêne jusqu'au parc de la Schappe. Le pont d'Asfeld, achevé en 1731, permet de relier Briançon aux forts. Son arche de 40 m de long franchit la Durance. Le fort des Têtes constitue le cœur du système des fortifications à la Vauban. Il est plus grand à lui seul que la vieille ville. Il est protégé à l'est par le fort Dauphin et au sud-ouest par celui du Randouillet. Le fort et le pont sont inscrits au Patrimoine mondial. Pour les amateurs de sensations fortes, il est possible de sauter à l'élastique du haut du pont d'Asfeld, pour voir la citadelle de Vauban la tête à l'envers !

Saut à l'élastique Adrenaline Bungee - pont d'Asfeld - cité Vauban - 06 03 80 21 76 - www.adrenaline-bungee.fr - de mi-juin à mi-sept. : sur réserv. - 50-110 kg - 75 €.

Entre ciel et terre sur la via ferrata. Pour avoir de superbes vues aériennes sur la vieille ville de Briançon et sur les fortifications des alentours, attaquez-vous à la paroi ! Cette via ferrata est l'occasion d'une belle balade, de points de vue

Rue de Briançon.

uniques et d'un peu d'adrénaline! L'arrivée s'effectue juste à l'est de la Croix de Toulouse. Vous pouvez redescendre par le sentier du fort des Salettes.

***Via Ferrata de la Croix de Toulouse** - au dép. du Champ-de-Mars, prenez la ruelle face au parking (15mn) - durée de l'escalade : env. 4h AR - dénivelé de 400 m - gratuit.*

Festival Forts en Fête. Début août, grand spectacle théâtral son et lumière dans les fortifications Vauban.

***Infos :** www.ville-briancon.fr.*

CANNES - MENTON

Du bleu plein les yeux! Entre Cannes et Villeneuve-Loubet, puis entre Villefranche-sur-Mer et Menton, voici la plus jolie partie. Cette ligne de TER de bord de mer dessert nombre de plages et de villes, alliant détente et découverte, et une diversité à couper le souffle. À peine le temps de se poser entre deux stations qu'il faut se remettre en marche, car ici tout se parcourt à pied : le top!

DE CANNES À MENTON - 13 JOURS

- Pour rejoindre Cannes depuis Marseille : TER et TGV directs (env. 2h) ; idem pour revenir de Menton
- Trajet sans escale : 1h20
- Fréquence : env. un TER ttes les 30mn
- Horaires : www.ter.sncf.com/sud-provence-alpes-cote-d-azur
- Tarif sans escale : 12,60 €
- Services à bord : vélos autorisés (emplacements dédiés : logo vélo sur la porte) en dehors des heures de pointe (lun.-vend. 7h-9h, 16h30-18h30)
- Bon à savoir : la ligne est très fréquentée en semaine

Où se placer pour admirer le paysage ? Côté droit dans le sens de la marche pour la vue sur mer.

Le Suquet surplombe le port de Cannes.

1 CANNES

➔Seulement 500 m séparent la gare du boulevard de la Croisette, long de 2,5 km. Entre les deux, le centre, dans un mouchoir de poche. Cannes déroule 6 km de piste cyclable en double sens de la plage du Midi pour la bronzette (en direction de La Bocca) à la plage Gazagnaire (après le cap de la Croisette) pour les activités nautiques. Attention à la traversée des piétons le long de la Croisette.

Louer un vélo. Plusieurs loueurs, dont un en face de la gare.

Bike Trip - 10 pl. de la Gare - 04 93 99 39 93 - www.rent-bike.fr - fermé dim. de sept. à mai - vélo 18 €/j et VAE 30 €/j - casque et antivol inclus.

Prendre de la hauteur. La Croisette reste sous les feux des projecteurs, mais Cannes ne se limite pas au selfie sur les marches du Palais des Festivals. Une grimpette au Suquet, colline surmontée de l'église N.-D.-d'Espérance (16e-17e s.), réserve une vue plongeante sur la ville, les îles de Lérins et une partie de la baie. Au bout de la terrasse se trouve l'ancien château de Cannes (11e et 12e s.) qui abrite le musée des Explorations du monde ainsi que le Suquet des artistes, consacré à des expositions d'artistes locaux. Après avoir apprécié le charme des ruelles de la vieille ville, reste à redescendre pour prendre le pouls du centre. Déjà principale artère de la cité au 18e s., comme en témoignent quelques demeures aux portes anciennes, la populaire rue Meynadier constitue le trait d'union entre le Suquet et la ville moderne. Un peu plus loin, les amateurs de shopping arpentent la rue d'Antibes. Le marché aux fleurs le matin et les parties de pétanque l'après-midi animent les Allées de la Liberté. Cette place ombragée par des platanes est agrémentée d'un kiosque à musique. En face, le vieux port où mouillent petits bateaux de pêche et navires de plaisance, est l'épicentre de Cannes. Sur les bornes de rechargement du quai St-Pierre, des photos relatent son histoire. Autres légendes, celles du cinéma qui ont laissé l'empreinte de leurs mains sur l'esplanade du Palais et la fameuse Croisette. Au long de la promenade se succèdent les témoins grandioses de l'essor de la station aux 19e et 20e s. : le Majestic de style Art déco et le Carlton, Belle Époque, avec ses deux coupoles en hommage à la poitrine de la Belle Otéro. Après La Malmaison, demeure accueillant des expositions d'art moderne et contemporain (*fermé jusqu'en 2025*), s'impose le Martinez, Art déco. Un parc de jeux et de manèges, puis une roseraie précèdent le moderne port Canto. Enfin, à la pointe de la Croisette, le Palm Beach de 1929 fait peau neuve jusqu'en 2025.

Musée des Explorations du monde - *1 pl. de la Castre* - ✆ *04 89 82 26 26* - *www.cannes.com* - *juil.-août : 10h-19h; reste de l'année : tlj sf lun. 10h-13h, 14h-17h (18h juin et sept.); merc. nocturne 21h* - *6,50 €.*
Le Suquet des Artistes - *7 r. St-Dizier* - ✆ *04 97 06 45 21* - *juil.-août : 10h-18h; sept.-juin : mar.-dim. 10h-13h, 14h-18h* - *4,50 €.*

Pour la nuit. À 3mn de la gare, entre la Croisette et la rue d'Antibes, cet hôtel de poche abrite des chambres contemporaines aux touches colorées. Bon petit-déjeuner buffet, tarifs raisonnables, mais encore? Accueil sympathique!
Le Mistral - *13 r. des Belges* - ✆ *04 93 39 91 46* - *www.mistral-hotel.com* - *10 ch. 104/209 €* - ☕ *11 €.*

À table! Vous dégusterez ici de bons plats concoctés à partir de produits du marché, dans une déco moderne et une ambiance chaleureuse. Une excellente table agrémentée d'une belle cave. À noter : le soufflé au Grand Marnier fait l'unanimité.
L'Affable - *5 r. Lafontaine* - ✆ *04 93 68 02 09* - *www.restaurant-laffable.fr* - *fermé dim.-lun.* - *formule déj. 28 €* - *menus 33 (déj.)/55 €.*

Pour le pique-nique. Le marché couvert de Forville, tous les matins sauf le lundi qui cède la place aux brocanteurs, compte de beaux étals de primeurs et de produits régionaux. Autour et dans la rue Meynadier parallèle s'alignent d'autres commerces tout aussi appétissants.

Prendre le large. Une courte traversée (15mn), offrant une vue de la côte du cap Roux au cap d'Antibes, et c'est le dépaysement assuré. L'île de Ste-Marguerite, réserve biologique de 3 km de long sur 900 m de large, est surtout boisée. Depuis le débarcadère, un chemin botanique dans les sous-bois mène au fort, bâti par Richelieu et renforcé par Vauban en 1712. L'impressionnante allée des Eucalyptus traverse l'île du nord au sud, aboutissant à une petite plage. En face, séparée par le Plateau du Milieu prisé des plaisanciers en saison, se dessine la monastique St-Honorat, l'autre île de Lérins. Le chemin de ceinture fait le tour de Ste-Marguerite (2h). La côte est souvent assez abrupte, mais ponctuée de criques pour une petite baignade.
Ste-Margerite - *Riviera Lines* - ✆ *04 92 98 71 31* - *www.riviera-lines.com* - *tte l'année dép. du port de Cannes (quai Laubeuf)* - *18 €.*
Ste-Honorat - ✆ *04 92 98 71 38* - *www.cannes-ilesdelerins.com* - *17,50 €.*

Entre bronzette et sports nautiques. Le sable règne sur 7,5 km de long et les plages ne sont pas toutes payantes (prestations affichées à l'entrée des escaliers) ou privées (hôtels en regard). La plus centrale des plages publiques se trouve derrière le Palais des Festivals. À l'ouest du vieux port, les plages du Midi et de la Bocca, dans son prolongement, offrent un beau panorama sur l'Esterel qui découpe ses roches rouges sur le ciel bleu. À l'est, au-delà de la pointe de la Croisette s'ouvre une jolie vue sur l'île Ste-Marguerite juste en face, mais aussi sur le golfe Juan et le cap d'Antibes, que vous aurez tout le loisir de contempler de la plage ou de la mer, en réservant un paddle ou un kayak. À votre pagaie, prêt, partez!
Les Bases nautiques de Cannes Jeunesse - *port du Mourre Rouge* - ✆ *06 23 83 07 19* - *www.cannes-jeunesse.fr/nautisme/points-location/paddle.html* - *juil.-août : tlj; mai-juin et sept. : vend.-lun.* - *paddle 15 €/1h, kayak 17 €/1h.*

L'heure de l'apéro. Entièrement relooké par le designer Tristan Auer, avec un bar en céramique Raku, le bar du célèbre palace est un incontournable pour déguster un des cocktails imaginés par les mixologues maison. Soirée jazz le vendredi.
Bar °58 - *Carlton* - *58 bd de la Croisette* - ✆ *04 93 06 43 00* - *www.carltoncannes.com.*

❷ JUAN-LES-PINS

➔Trois minutes de TER séparent les gares de Juan-les-Pins et Antibes, qui forment une seule municipalité. Vous poserez vos bagages dans l'une ou l'autre, selon votre préférence.
🚲 Louer un vélo. Un loueur se situe sur l'artère reliant Juan à Antibes.
Booking Bikes - 93 bd Wilson - ✆ 04 93 61 51 51 - www.loca-bike.fr - tlj sf dim. 9h30-12h30, 14h30-18h30 (juin-août : dim. 10h-12h, 17h-18h30) - vélo de ville ou VAE à partir de 20 ou 36 €/j - casque et antivol inclus.

Balnéaire en un mot. L'aventure nocturne et musicale de Juan-les-Pins débute dans les années 1920, lors de l'arrivée des premiers touristes américains. Par leur exubérance, ils révolutionnent le séjour balnéaire : on bronze sur les plages, on fait du ski nautique et on écoute une étrange musique composée par les Noirs américains, le jazz. Finies les Années folles, l'imposant hôtel Le Provençal (1926) qui accueillit nombre de célébrités est à l'abandon depuis une trentaine d'années... Non loin, la villa Belles-Rives des années 1930, que fréquentèrent

Scott et Zelda Fitzgerald, est devenue un palace. La station s'est assagie, mais l'été une certaine insouciance demeure, celle du temps des vacances. La familiale promenade du Soleil sur le front de mer rejoint le centre semi-piéton où se concentrent restaurants, bars et discothèques prisés des noctambules. La Pinède repaysagée, entre cheminements de sable et jardin d'essences méditerranéennes, est un havre de fraîcheur. Les majestueux pins parasols participent à la féerie de la nuit et l'esplanade ouvrant sur la mer offre un superbe cadre au festival Jazz à Juan.

Pour la nuit. À 6mn de la gare, la grande bâtisse blanche aux volets bleue se dresse au calme tout en étant proche du centre et de la plage. Piscine entourée de transats et agréable terrasse où s'installer aux beaux jours pour le petit-déjeuner buffet. Un aimable hôtel à taille humaine.
Le Pré Catelan - 27 av. des Palmiers - 04 93 61 05 11 - www.precatalan.com - 24 ch. 141/222 € - 16 €.

À table ! Toutes les cuisines du monde sont présentes à Juan, le Cap Riviera joue la carte française classique, maîtrisée. Les plus? le cadre cosy avec vue sur mer et le personnel attentionné pour une addition raisonnable.
Cap Riviera - 13 bd Édouard-Baudoin - 04 93 61 22 30 - www.cap-riviera.fr - déj. sem. 38 € - menu carte 56 €.

Farniente sur la plage. L'effort se limitera à marcher un peu avant d'étaler votre serviette. De mai à octobre, les transats des plages privées prennent leur quartier sur le sable du centre de Juan, mais le cordon long de 3 km, de la sortie de Golfe-Juan à la Pinède, réserve de belles étendues publiques que les familles apprécient (surveillance en saison).

L'heure de l'apéro. L'endroit est couru et on viendra vous chercher pour vous placer. La rhumerie Pam Pam propose des cocktails mais aussi des coupes glacées. L'ambiance et le volume sonore sont à leur comble en soirée, quand musiques et danses brésiliennes font leur entrée.
Pam Pam - 137 bd Wilson - www.pampam.fr - fermé nov.-mars.

FestivalJazz à Juan. Créé en 1960, ce festival a accueilli les plus grands noms du jazz. À présent, durant 10 jours autour de la mi-juillet, divers genres musicaux sont représentés par des artistes

Le vieil Antibes, place Mariejol.

prestigieux et des révélations. Pour le swing, le Jammin'Summer Session propose chaque soir un concert gratuit (19h30-20h30).
Infos et réserv. : www.jazzajuan.com.

Un tour à vélo. Si vous envisagez de faire le tour du cap d'Antibes, ça grimpe un peu et ça circule le week-end (prudence). Pour le plat, direction le port Vauban d'Antibes (en remontant le bd Wilson jusqu'à la place Gén.-de-Gaulle et en poursuivant rue de Vauban - 1,8 km), où passe la piste cyclable de l'Eurovelo 8 qui file jusqu'à Nice le long du littoral (17 km).

3 ANTIBES

Louer un vélo. Voir Juan-les-Pins (voir p. ci-contre).

Charmante à tous points de vue. Du vieux port, une courtine mène à l'esplanade du bastion St-Jaume offrant un panorama jusqu'à Nice, avec les Alpes enneigées une partie de l'année en toile de fond. Comme le *Nomade*, sculpture monumentale de Jaume Plensa, vous contemplerez d'un côté le

CANNES - MENTON

Le verre bullé de Biot.

fort Carré dans son écrin de verdure, de l'autre la vieille ville derrière son rempart, et au-delà le cap d'Antibes d'où émerge le phare de la Garoupe. La Promenade Amiral-de-Grasse se déroule sur la partie des remparts restée intacte depuis le 17e s., et longe en contrebas la cathédrale et le château Grimaldi, devenu le musée Picasso, riche de 23 tableaux et 44 dessins du maître. Au terme de la promenade, la terrasse du bastion St-André, qui abrite le musée d'Archéologie retraçant l'histoire de la ville fondée dans l'Antiquité, offre une jolie vue sur le cap d'Antibes. À l'intérieur des remparts s'entrelacent les ruelles de la vieille ville, calmes et fleuries autour de la place du Safranier, animées autour du marché couvert et en descendant vers la porte Marine qui ouvre sur le vieux port. Là commence le boulevard d'Aguillon qui longe d'anciennes casemates, reconverties en ateliers d'artistes et d'artisans, en face d'une succession de terrasses de restaurants et bars. Sur la rue de la République, artère principale de la vieille ville, alternent commerces de bouches, boutiques, cafés et restaurants entre deux places rénovées. D'un côté, la place Nationale agrémentée d'un kiosque à musique de style début 20e s. où sont donnés des concerts en été, et où se trouve le musée Peynet et du Dessin humoristique ; de l'autre, la verdoyante place des Martyrs-de-la-Résistance précédant le nouveau quartier Marenda-Lacan.

Musée Picasso *- château Grimaldi - ✆ 04 92 90 54 26 - www.antibes-juanlespins.com - de mi-juin - à mi-sept. : 10h-18h ; reste de l'année : 10h-13h, 14h-18h - fermé lun. - 8 €.*

Musée d'archéologie *- bastion St-André - ✆ 04 93 95 85 98 - www.antibes-juanlespins.com - mars-oct. : mar.-dim. 10h-13h, 14h-17h30 ; reste de l'année : mar.-sam. 10h-13h, 14h-17h30 - 3 €.*

Musée Peynet et du Dessin humoristique *- pl. Nationale - ✆ 04 92 90 54 30 - www. antibesjuanlespins.com - tlj sf lun. : horaires variables, se rens. - 3 €.*

Pour la nuit. Une position centrale, à 6mn de la gare, près du port et de la vielle ville, pour cet établissement flambant neuf au cachet contemporain, d'un grand confort et aux prestations soignées.

La Villa Port d'Antibes & Spa *- 6 av. Frédéric-Mistral - ✆ 04 22 58 04 10 - www.villa-port-antibes. com - 56 ch. 105/311 € - ☕ 19 €.*

À table ! C'est tout d'abord une très agréable terrasse sur la jolie place du Safranier. Ensuite, la

cuisine se révèle à la hauteur avec une déclinaison de spécialités provençales modernisées (daube de joue de boeuf, poisson du jour).
Le Safranier - 1 pl. du Safranier - Facebook - fermé lun. - plats 24/31 €.

Pour le pique-nique. Il se tient tous les matins (sf le lun. hors saison) le long du cours Masséna. Les producteurs, pour la plupart de la région, vendent fruits et légumes, fromages, charcuterie, olives.... Mais il n'est pas très bon marché. Perpendiculaire, la rue de Sade qui débouche sur la place Nationale compte une boulangerie, un fromager et un traiteur italien à se pâmer.

Pause café. Un barista est aux commandes des manettes de la machine à expresso (mais aussi d'autres étonnantes cafetières) dans ce petit café boutique, avec quelques tables à l'intérieur et en terrasse. Torréfaction sur place. Café bu, vous repartirez à coup sûr avec un paquet.
La Torref de Fersen - 10 r. de Lacan - fermé dim.-lun.

Du Square Albert-1er au phare de la Garoupe. Une balade de 2 km en deux temps que vous pourrez ponctuer d'une baignade. Jusqu'à mi-parcours, une promenade plane aménagée le long des plages de sable du Ponteil, en anse entre deux pointes, puis de la Salis après la base nautique. Au bout du port débute la partie en montée, mais en sous-bois ! Le Chemin du Calvaire mène au sanctuaire de la Garoupe où une table d'orientation permet de se repérer à 360°. Des grilles en fer forgé donnent accès à deux chapelles contiguës, unies par deux larges arcades. L'une renferme une collection d'ex-voto.

4 BIOT

➔ **La ligne 10 de l'Envibus (www.envibus.fr) relie la gare, en bord de mer, au village sur les hauteurs (4 km).**

Un vieux village autrefois fortifié. S'étirant sur un promontoire, il a gardé son authenticité comme vous le découvrirez en suivant le parcours fléché qui part de l'office de tourisme, passe sous la porte des Migraniers et la porte de Tines, toutes deux du 16e s., et suit une série de ruelles. L'itinéraire débouche sur la belle place des Arcades dont les galeries s'ouvrent en plein cintre ou en ogive. L'église surmontée d'un campanile, reconstruite au 15e s., renferme le retable du Rosaire, chef-d'œuvre attribué à Louis Brea. Dans le musée d'Histoire et de Céramique biotoises, aménagé dans les vestiges de la chapelle des Pénitents-Blancs, vous verrez notamment des jarres. Car si dans les années 1950 le verre soufflé à bulles a contribué à la renommée de la petite cité, elle était connue dans l'Antiquité pour sa production de céramiques. Labellisée « Ville et Métiers d'Art », Biot compte nombre d'ateliers d'artisans qui vous ouvrent leur porte ; n'hésitez pas à entrer poussé par la curiosité.
Musée d'Histoire et de Céramique biotoises - 9 r. St-Sébastien - ✆ 04 93 65 54 54 - www.musee-de-biot.fr - juin-sept. : 10h-18h ; reste de l'année : 14h-18h - fermé lun.-mar. - 4 €.

À table ! Au cœur du village, un restaurant aux airs de bistrot fondé en 1885. Dans une ambiance décontractée, vous apprécierez une cuisine traditionnelle aux saveurs méditerranéennes. La séduisante terrasse est très prisée.
Le Café de la Poste - 24 r. St-Sébastien - ✆ 04 93 65 19 32 - www.cafedelapostebiot.com - fermé lun. - plats 20/34 €.

Pour le pique-nique. Tous les mardis matin, de l'entrée du village à la place des Arcades, s'alignent les étals du marché.

Des bulles dans le verre. Biot est connu pour ses objets en verre soufflé et bullé. Vous pourrez en suivre le processus de fabrication artisanale à la Verrerie de Biot, un peu à l'écart du centre du village (10mn à pied).
La Verrerie de Biot - chemin des Combes - ✆ 04 93 65 03 00 - www.verreriebiot.com - été : 10h-19h, dim. et j. fériés 10h30-13h30, 14h30-19h ; reste de l'année : 10h-18h, dim. et j. fériés 10h30-13h30, 14h30-18h - fermé une sem. fin janv.

5 VILLENEUVE-LOUBET-PLAGE

Une Marina qui a fait couler de l'encre. On ne voit qu'elle, de loin, de jour comme de nuit, ses quatre pyramides blanches aux terrasses végétalisées ondulant le long du littoral. Marina Baie des Anges, dessinée par André Minangoy à la fin des années 1960, a été reconnue par le ministère de la Culture « Patrimoine architectural du 20e s. ». L'office du tourisme organise des visites guidées de cette curiosité, mais vous pourrez vous contenter de lever les yeux au ciel en vous promenant le long du port (en cours de modernisation) avant de prolonger votre déambulation le long des plages jusqu'à l'embouchure du Loup (950 m) aux portes de Cagnes-sur-Mer.

Pour la nuit. À 4mn de marche de la gare, sur la plage à côté du port de plaisance, vous vous sentirez bien sur la grande terrasse avec ses chaises longues comme sur le pont d'un navire. Toutes les chambres de cet hôtel décoré dans un style moderne sont dotées d'un balcon, le côté mer étant le must. Au menu du restaurant, une cuisine franco-italienne.

Villa Azur *- 1399 av. de la Batterie - ✆ 04 93 73 08 88 - www.villa-azur.com - 24 ch. 105/340 € ☕ - ✂ fermé de mi-oct. à mi-avr., dim. soir et lun. - plats 24/42 € - menu du jour 34 €.*

À table ! Envie d'une expérience gastronomique étoilée? Rendez-vous au pied de Marina Baie des Anges. Face au port, l'adresse a été entièrement repensée, depuis le décor (fauteuils modernes, cave à vins vitrée) jusqu'à la cuisine où le chef Xavier Burelle joue une partition gastronomique et contemporaine.

La Flibuste-Martin's *- 1001 av. de la Batterie - ✆ 04 93 20 59 02 - www.restaurantlaflibuste.fr - fermé dim.-lun. - formules déj. 85/125 € - menus 105/145 €.*

6 CAGNES-SUR-MER

➔Entre l'hippodrome (à 13mn de la gare)et le port (3,5 km), piétons et cyclistes se partagent la Promenade de la Plage (galets).

La navette nº 44, gratuite, relie la gare routière, située square Bourdet (à 11mn à pied de la gare en suivant l'av. de la Gare), au Haut-de-Cagnes (ttes les 15mn - 7h-22h30/0h30 en juil.-août).

🚲 La Métropole de Nice dispose d'un parc de vélos en libre-service (voir p. ci-contre). Stations de location entre Nice et Cagnes-sur-Mer, à 6 km de la Promenade des Anglais par la piste cyclable du littoral.

Un village historique sur la colline. Les Hauts-de-Cagnes se voient de loin! Entouré de remparts et dominé par le château médiéval, le bourg invite à flâner par les calades, escaliers et passages sous voûte. Près de la tour de l'église St-Pierre s'ouvre une porte ogivale, dite porte de Nice, datant du 13e s. Le château fort fut élevé en 1310 par Rainier Grimaldi, souverain de Monaco et seigneur de Cagnes, puis transformé en 1620 en demeure somptueuse. Il abrite à présent un musée de l'Olivier, la donation Suzy Solidor (40 portraits de la chanteuse de cabaret) et des expositions. Une fois redescendu dans le centre-ville, enfourchez un Vélo Bleu (borne à l'office de tourisme) pour rejoindre le bord de mer par la piste cyclable le long de la Cagnes (1,5 km). Le Cros, petit village de pêcheurs à l'origine, a gardé ses traditions avec son petit port et sa chapelle des Pêcheurs, qui côtoient les loisirs nautiques.

Château-musée Grimaldi *- pl. du Château - ✆ 04 92 02 47 35 - tourisme.cagnes.fr - juil.-août : 10h-13h, 14h-18h; avr.-juin et sept.-oct. : 10h-12h, 14h-18h (17h nov.-mars) - fermé mar. - 4 €.*

Pour la nuit. À 14mn à pied de la gare, une bâtisse des années 1960 rénovée dans un style contemporain, proche de la plage et de l'hippodrome. Chambres de tailles diverses, dont certaines bénéficient d'une vue sur la mer.

Tiercé Beach *- 33 bd J.-F.-Kennedy - ✆ 04 93 20 02 09 - www.hoteltiercebeach.com - 23 ch. 95/224 € - ☕ 12 €.*

Un après-midi chez Renoir. Tout comme Auguste Renoir (1841-1919) qui y passa les douze dernières années de sa vie, vous succomberez au charme du domaine des Collettes, planté de vénérables oliviers et au splendide panorama sur les Hauts-de-Cagnes et la mer. Après la visite de la maison où l'atelier est reconstitué et où sont exposées 15 toiles, parcourez le jardin comprenant une orangeraie et un potager.

Musée Renoir *- chemin des Collettes (15mn à pied de la gare) - ✆ 04 93 20 61 07 - tourisme.cagnes.fr - juin-sept. : 10h-13h, 14h-18h (jardin 10h-18h); avr.-mai : 10h-12h, 14h-18h; reste de l'année : 10h-12h, 14h-17h - fermé mar. - 6 €.*

À table ! Une petite (par la taille) adresse sympathique du Haut-de-Cagnes, voisine de l'église St-Pierre. Le chef expérimenté et inspiré concocte une cuisine méditerranéenne fraîche, colorée et généreuse.

Fleur de Sel *- 85 montée de la Bourgade - ✆ 04 93 20 33 33 - www.restaurant-fleurdesel.com - fermé merc. et jeu. - menus 45/89 €.*

Pour le pique-nique. Dans la zone piétonne du centre-ville, une halle alimentaire regroupe des producteurs et des artisans de bouche.

Cité marchande *- rue J.-Raymond-Giacosa - tous les matins sf lun.*

La Promenade des Anglais à Nice.

7 NICE-VILLE

➔ Nice compte 3 gares, Nice-Ville étant la principale. L'avenue Jean-Médecin, où se trouve la station Gare Thiers de la ligne 1 du tram, descend tout droit vers la Promenade des Anglais via la place Masséna, d'où vous pourrez bifurquer dans la vieille ville. Et ce en 20mn de marche seulement. Mais si vous avez un petit coup de fatigue, la ligne 1 vous y mènera, et de l'arrêt Garibaldi/Le Château vous pourrez rejoindre le port en 10mn à pied. Du port au Parc Phœnix, comptez 7,5 km par la Promenade des Anglais, mais là encore vous pourrez monter dans le tram, ligne 2 cette fois, qui circule en parallèle.
Infos : www.lignesdazur.com.

Nice affiche 34 km de pistes cyclables. Bien sûr, c'est la Promenade des Anglais qui enchante les cyclistes. Elle est ponctuée de stations de vélos en libre service mis en place par la Métropole de Nice. Location via les applications mobiles dédiées de Lime et Pony.
Infos : www.nicecotedazur.org.

Entre Baie des Anges et colline du château. Cœur du centre-ville, la place Masséna est encadrée d'un bel ensemble d'arcades ocre rouge de style turinois contrastant avec le damier noir et blanc de l'esplanade, point de départ du célèbre Carnaval de Nice. Sous la place coule le Paillon qui se jette dans la Baie des Anges. Représentant un danger permanent par ses crues soudaines, il fut recouvert à partir de 1867. C'est à présent un cheminement végétal continu du jardin Albert-Ier jusqu'au MAMAC (et son prolongement va se poursuivre jusqu'en 2025), ponctué de miroirs d'eau dans lesquels se reflètent la ville, le ciel et les collines à l'horizon. Autre grande place incontournable : la place Garibaldi. Avec ses élégantes façades ocre jaune à arcades, elle affiche une uniformité parfaite. Depuis 1891, le partisan de l'unification italienne campe fièrement sur la place devenue piétonne, où l'on vient paresser à la terrasse d'un des cafés ou restaurants. Derrière, se dresse la colline du Château qui offre une vue quasi circulaire sur Nice, à commencer par la vieille ville blottie juste en bas. Son dédale de venelles, abrité du vent en hiver, procure une délicieuse sensation de fraîcheur en été et son charme tout méridional vous séduira à coup sûr. Outre ces nombreux édifices religieux, le palais Lascaris attire l'attention. De style génois, il

INDÉMODABLE PROMENADE

Jusqu'en 1820, la côte était à cet endroit d'accès difficile, mais la colonie anglaise, nombreuse depuis le 18e s., prit à sa charge la création de la Strada del Littorale, que la population s'empressa de surnommer « Camin dei Ingles », autrement dit la Promenade des Anglais. Au 19e s., la promenade élargie et éclairée aux becs de gaz devient le centre de la vie mondaine. C'est le temps de la villa Masséna (fin 19e s.) et de l'hôtel Negresco (1913). Dès les années 1920, avec ses nouveaux loisirs balnéaires, la saison d'été prend le pas sur l'hivernage. Un siècle plus tard, ayant fait peau neuve, la promenade est plus que jamais un pôle d'attraction toute l'année.

fut construit en 1665, selon les codes de l'architecture baroque. Il présente une somptueuse façade parée de balcons à balustres sur consoles de marbre sculpté et pilastres avec chapiteaux à guirlandes de fleurs; un fronton brisé à volutes surmonte la porte. L'intérieur, tout aussi fastueusement décoré, abrite un exceptionnel fonds d'instruments de musique anciens. Tôt ou tard, le parcours mène au cours Saleya. Face à la chapelle de la Miséricorde, chef-d'œuvre du baroque niçois (17e s.), le musée de la Photographie Charles Nègre propose des expositions temporaires allant des débuts de la photographie à nos jours. Si vous n'avez pas encore pris le temps d'une pause, vous pourrez ici souffler en regardant l'animation alentour. Car le « vieux » Nice reste bien vivant avec ses bars animés et ses adresses gourmandes florissantes.

Promenade du Paillon - 7h-21h (23h avr.-sept.).
Palais Lascaris - 15 r. Droite - ✆ 04 93 62 72 40 - www.nice.fr - 11h (10h de fin juin à mi-oct.) - 18h - fermé mar. - 5 €.
Musée de la Photographie - 1 pl. Pierre-Gautier - ✆ 04 97 13 42 20 - museephotographie.nice.fr - 10h-18h - fermé lun. - 5 €.

Pour la nuit. À 10mn de la gare et à deux pas de la Promenade des Anglais, l'hôtel-galerie Windsor loge dans une bâtisse du 19e s. La moitié des chambres a été décorée par des artistes contemporains. Nuits arty garanties. Jardin luxuriant et petit bassin pour se rafraîchir, sauna, hammam. Le Nice Garden Hôtel, petit établissement central, à 10mn également, dissimule un beau jardin planté d'orangers, de rosiers, de jasmins, de lierre couvrant le muret... À l'intérieur, décoration d'inspiration british, avec chambres parquetées et salles de bains modernes : l'une d'elles (la n° 4) a conservé des restes de fresque aux murs et un joli sol en mosaïque.

Hôtel Windsor - 11 r. Dalpozzo - ✆ 04 93 88 59 35 - www.hotelwindsornice.com - 58 ch. 124/260 € - ☕ 18 €.
Nice Garden Hôtel - 11 r. du Congrès - ✆ 04 93 87 35 62 - www.nicegardenhotel.com - 9 ch. 77/162 € - ☕ 9 € - 2 nuits mini en été.

À table ! Ce Canon vaut le coup! Sans fanfare ni trompette pour une adresse située dans le Carré d'Or, un duo de passionnés de bons produits propose une cuisine à la fois simple et exigeante. Des fournisseurs locaux triés sur le volet, de jolis vins 100 % nature conseillés par le patron, un séduisant cadre de bistrot vintage : on se régale. Autre adresse à fréquenter, derrière la place Masséna, côté vieille ville : dans la jolie petite salle épurée au carrelage blanc et bleu de Peixes se dévoile une carte iodée qui décline ceviche, tartare et mijoté. Laissez-vous tenter aussi par les desserts...

Le Canon - 23 r. Meyerbeer - ✆ 04 93 79 09 24 - www.lecanon.fr - fermé w.-end - 29/32 €.
Peixes - 4 r. Jacques Médecin - ✆ 04 93 85 96 15 - www.peixes.fr - fermé dim. - déj. sem. 20 € - plats 21/30 €.

Pour le pique-nique. Direction le cours Saleya, artère mondaine au 18e s. Du mardi au samedi s'y tient un marché qui rassasie le flâneur d'odeurs et de couleurs, tandis que le lundi les chineurs viennent dénicher l'objet insolite.

Sur la plage et sous l'eau. Avis aux pieds sensibles : les 7 km de plage sont de galets. Les dos fragiles opteront pour l'une des 15 plages privées où d'avril à octobre matelas et parasols payants fleurissent. Pour l'exploration de la faune aquatique, rendez-vous au port où le CIP propose randonnée palmée ou baptême de plongée.

Centre international de plongée - 2 ruelle des Moulins (sur le port) - ✆ 04 93 55 59 50 - www.cip-nice.com - réserv. la veille av. 18h - sorties tlj à 8h30 et 13h30 - matériel fourni - 30 € la rando palmée, 80/160 € le baptême de plongée.

Pause glacée. Dans le Vieux-Nice, sur la place où se dresse la cathédrale Ste-Réparate, le maître glacier Fenocchio se repère à l'attroupement autour de ses vitrines réfrigérées. Comme tous les gourmands,

Villefranche-sur-Mer.

vous hésiterez entre les classiques vanille et chocolat ou un parfum plus original comme la tourte de blettes. Mais la queue vous pressera de choisir !
Fenocchio - 2 pl. Rossetti - tlj.

L'heure de l'apéro. Une cave à vin qui fait honneur aux productions des Alpes-Maritimes (Bellet, Villar, St-Jeannet, Tourettes...), à découvrir à l'heure de l'apéro. On peut aussi s'y attarder le midi et y manger très honnêtement.
Cave de la Tour - 3 r. de la Tour - ☏ 04 93 80 03 31 - cavedelatour.com - fermé dim. apr-midi et lun.

Carnaval de Nice. Sa Majesté Carnaval entre place Masséna autour de Mardi gras. Le corso carnavalesque, composé de 17 chars et de grosses têtes, défile en soirée ou en journée, accompagné d'une cohorte de danseurs et de musiciens assurant l'animation. Sans oublier les batailles de fleurs.
Infos et réserv. : www.nicecarnaval.com.

8 VILLEFRANCHE-SUR-MER

➔ En 5mn vous aurez rejoint le quai de l'Am.-Ponchardier et en 15mn vous atteindrez la citadelle !

Une rade abritée entre la presqu'île du cap Ferrat et les hauteurs du mont Boron. La vieille ville s'ouvre sur le charmant port de pêche par un front de hautes façades vivement colorées. La rue du Poilu forme l'artère principale de ce bel enchevêtrement de ruelles, parfois en escalier ou voûtées, comme la curieuse rue Obscure, dont les fondations remontent au 13e s. ; elle longeait à l'origine les remparts médiévaux. Ceux qui aiment le trait de Jean Cocteau (1889-1963) visiteront la chapelle St-Pierre qu'il décora en 1957. Plus loin, la citadelle (*fermée pour travaux jusqu'en 2026*) élevée en 1557 par le duc de Savoie pour protéger la rade, abrite désormais l'hôtel de ville, l'ancienne chapelle St-Elme, qui accueille des expositions temporaires, un auditorium, un théâtre de verdure et des musées.
Chapelle St-Pierre - quai de l'Am.-Courbet - ☏ 04 93 76 90 70 - 9h30-12h30, 14h-18h - fermé lun.-mar. - 4 €.

Pour la nuit. La voie ferrée passe tout près (à 1 km de la gare de Beaulieu-sur-Mer), mais cet hôtel affichant l'écolabel se trouve à 5mn de la plage. Les petites chambres sont aménagées avec goût. On préfère celles de l'étage, qui offrent une vue sur mer. Bon accueil.
Hôtel La Villa Patricia - 310 av. de l'Ange-Gardien - ☏ 04 93 01 06 70 - 10 ch. 105/185 € - ☕ 13 €.

À table ! Une enseigne qui cache bien ses assiettes ! Ici les portions sont généreuses, les produits 100 % frais et la convivialité de mise. La cuisine franco-italienne est rapide à midi et terroir le soir.
La Grignotière - 3 r. du Poilu - ☏ 04 93 76 79 83 - fermé le midi nov.-mars - plats 19/27 € - menu 35 €.

Pour le pique-nique. Marché samedi et mercredi matin autour du Jardin François-Binon.

Plage à paddle. La plage de gravier des Marinières s'étire sur 700 m en contrebas de la voie ferrée. Outre la beauté du cadre, elle est idéale pour s'initier où s'adonner au paddle car à l'abri du vent et des vagues.
SUP in Villefranche - plage des Marinières - ☏ 06 43 87 52 78 - avr. à mi-mai et oct. : w.-end et j. fériés; de mi-mai à mi-juin et de mi-sept. à déb. oct. : tlj sf mar.; de mi-juin à mi-sept. : tlj - location 1h 15 €.

9 BEAULIEU-SUR-MER

➔ De la gare, vous rayonnerez entre le centre-ville au nord (5mn), le port des Fourmis à l'ouest (5mn) et le port à l'est (10mn).

La bien nommée. Au pied d'une ceinture de collines, cette station balnéaire est appréciée depuis l'Antiquité pour la douceur de son climat. Le cadre enchanteur attira la bonne société de toutes nationalités au tournant du 19e s. comme en témoignent les villas, le casino et la Rotonde.

Pour la nuit. Un bel immeuble ancien abrite cet hôtel moderne du centre-ville, à 2mn de la gare. Chambres impeccables, doubles vitrages et climatisation.
Hôtel Le Sélect - 1 r. André-Cane - ✆ 04 93 01 05 42 - www.hotelselect-beaulieu.com - fermé de mi-nov. à mi-fév. - 19 ch. 90/157 € - ☕ 11 €.

Une villa grecque. À la pointe de la baie des Fourmis, dans un site semblable aux rivages de la mer Égée, cette villa évoque une maison de la Grèce antique. Et pour cause, c'est un archéologue passionné de cette civilisation, Théodore Reinach, qui en 1902 en commanda l'édification à l'architecte Pontremoli. Il la légua à l'Institut de France à sa mort en 1928. De l'agencement à l'ameublement, en passant par le choix des matériaux précieux alliés au confort moderne, l'ensemble ne laisse pas de marbre.
Villa Kérylos - imp. Gustave-Eiffel - ✆ 04 93 01 01 44 - www.villakerylos.fr - mai-août : 10h-19h; reste de l'année : 10h-17h - 13 €.

À table ! Une cuisine classique vouée à la Méditerranée. Le tout servi dans une salle à manger-véranda lumineuse ou sur la terrasse face au port de plaisance.
La Maison de Beaulieu - port de plaisance - ✆ 04 93 01 06 50 - www.lamaisondebeaulieu.fr - plats 21/42 €.

Pour le pique-nique. Le marché aux fruits et légumes colore la place Marinoni tous les matins. Le samedi, d'autres étales s'ajoutent pour former un délicieux marché provençal.

Sable ou gravillon ? Deux petites plages bien protégées des vents : côté casino, la plage de sable de la baie des Fourmis et côté est contre la falaise, la plage de gravillon de la Petite Afrique.

Promenade Maurice-Rouvier. Cette superbe promenade (1,3 km) longe le rivage jusqu'à St-Jean-Cap-Ferrat entre les villas et la mer. Belles vues sur la presqu'île de la pointe St-Hospice.

10 CAP-D'AIL

➔ Pas d'hôtel à proximité de la gare. Soit vous ferez un aller-retour en TER depuis Beaulieu, puis marcherez jusqu'à la plage Mala (15mn). Soit vous partirez à pied de Monaco, la plage Marquet étant près du port du Cap-d'Ail qui jouxte la Principauté (15mn du port de Fontvieille). Vous trouverez des restaurants, sur les plages, le sentier et au port, mais vous pouvez aussi prévoir un pique-nique.

Belle échappée. Dominé par l'escarpement de la Tête de Chien (500 m), dont elle occupe les dernières pentes, le Cap-d'Ail étage jusqu'à la mer ses propriétés fleuries, noyées de palmiers, cyprès et pins. Nombre de célébrités y résidèrent : Sacha Guitry (villa les Funambules), Greta Garbo (villa le Rock)... Côté baignade, la plage Marquet, proche du

Plage Mala au Cap-d'Ail.

port, est accessible à tous. Les plages Mala, nichées dans la roche, et Les Pissarelles, bordée de rochers, malgré leur accès difficile, attirent les amoureux de cadres exceptionnels.

À table ! Posé tel un navire sur le port de plaisance, ce restaurant doté de grandes ouvertures et de terrasses-cabines pour deux donnant sur le large a été designé par Philippe Starck. Côté cuisine, du poisson bien sûr et de belles pièces de viande également. La promesse d'un moment hors du temps. *L'A'trego - port de plaisance de Cap-d'Ail - ✆ 04 93 28 58 22 - www.restaurantatrego.com - plats 19/35 €.*

Sentier du littoral. Long de 3,5 km, doté d'une remarquable flore méditerranéenne et ponctué de panneaux explicatifs, il sinue le long de la plage Marquet à la plage Mala. Vous profiterez de belles vues sur les jardins et les façades des villas Belle Époque, et à l'horizon, Beaulieu et le cap Ferrat.

11 MONACO-MONTE-CARLO

➔Six accès relient la gare souterraine de Monaco-Monte-Carlo à la ville. Le parvis Ste-Dévote, dans le quartier de la Condamine abritant le port, est le plus central. La place du Palais sur le Rocher est à 15mn de marche. Des ascenseurs de grande capacité permettent de traverser les quartiers à la verticale.

Entre ultra modernité et théâtralité. À l'ouest de la Principauté, Fontvieille, quartier d'affaires et d'habitations gagné sur la mer, tout comme à l'est, le

Larvotto qui lui déploie ses luxueuses installations balnéaires et 400 m de plages artificielles de gravier. Au centre, le port abrité entre le rocher de Monaco et le plateau de Monte-Carlo. La vieille ville, avec ses charmantes maisons 16e-18e s. serrées dans un lacis de ruelles, se blottit sur le promontoire couronné des remparts. Sur la place du Palais, où le spectacle de la relève de la garde se déroule précisément à 11h55, une rangée de canons des 17e-18e s. semble protéger le palais princier. Construit sur l'ancienne forteresse génoise du 13e s. soudée au rocher à pic, ce palais somptueux est précédé d'un portail (16e- 17e s.) aux armes des Grimaldi. Le nord-est de la place, délimité par un parapet, offre une vue étendue jusqu'à la pointe de Bordighera en Italie. Sur le côté sud-ouest, la promenade Ste-Barbe, au-dessus du port de Fontvieille, donne sur le cap d'Ail. Non loin du palais, la cathédrale fin 19e s., édifiée dans un style roman-byzantin alors en vogue, abrite un bel ensemble de primitifs niçois. ***Palais princier*** *- ✆ (+377) 93 25 18 31 - www.palais.mc - avr.-oct. : 10h-18h (19h juil.-août) - fermé nov.-mars - 10 €.*

Pour la nuit. À 15mn de la gare, dans le quartier de la Condamine, le quartier commerçant entre le rocher de Monaco et Monte-Carlo, un petit hôtel

Le Rocher de Monaco.

aux chambres modernes et bien insonorisées. Une adresse simple bien pratique.
Hôtel de France - 6 r. de la Turbie - ✆ (+377) 93 30 24 64 - www.hoteldefrance.mc - 26 ch. 135/175 € - 10 ☕.

20 000 lieux sous les mers. Dans un bâtiment à la gloire du monde marin, à flanc de rocher, ce musée créé en 1910 par le prince Albert Ier, grand explorateur des océans, propose une plongée éblouissante sous les mers. Au sous-sol, l'aquarium est l'un des plus remarquables au monde avec 6 000 spécimens évoluant dans leur milieu naturel fidèlement reconstitué. Dans le Lagon, autour d'un récif corallien, cohabitent requins, tortues, murènes et raies guitare. Au 1er étage sont exposées les collections (maquettes, photos, instruments...).
Musée océanographique - av. St-Martin - ✆ (+377) 93 15 36 00 - www.oceano.org - juil.-août : 9h30-20h ; avr.-juin et sept. : 10h-19h ; reste de l'année : 10h-18h - 14 € (-12 ans 7 €) - 19 €.

À table ! Dans une ruelle piétonne du rocher, à deux pas du palais princier, un petit restaurant familial accueillant. En toute simplicité, le chef signe une cuisine soignée et goûteuse, parfois mâtinée d'influences asiatiques.

Le village de Roquebrune et la vue vers le Cap Martin.

La Montgolfière-Henri Geraci - 16 r. Basse - ✆ (+377) 97 98 61 59 - lamontgolfiere.mc - fermé merc. et dim. - déj. plats 16/31 € - menus 59/69 €.

Pour le pique-nique. Tous les jours, le marché de La Condamine accueille une vingtaine de commerçants dans la halle, ainsi que des maraîchers et petits producteurs locaux sur la place du Marché. Il propose aussi quelques tables et comptoirs où manger des spécialités et des plats à base de produits de qualité (pâtes fraîches, salades...). Une restauration sur le pouce généreuse et savoureuse.
Marché de La Condamine - 11 r. Terrazzani - tlj 7h-15h30.

L'heure de l'apéro. Mythique ! Premier casino d'Europe, les salons de jeux majestueux valent le coup d'œil, tout comme la terrasse donnant sur la mer qui offre une quiétude incomparable et une vue de Monaco à Bordighera. Vous pourrez boire un cocktail au Café de la Rotonde situé dans l'atrium du casino.
Casino de Monte-Carlo - pl. du Casino - www.montecarlosbm.com.

12 CAP-MARTIN-ROQUEBRUNE

➔ La gare de Cap-Martin-Roquebrune est pratique pour accéder au site Cap Moderne et suivre la partie du sentier du littoral jusqu'à Monaco.

Architecture contemporaine. Les amateurs d'architecture apprécieront les trois édifices de Cap Moderne. Bâti en 1952, le cabanon Le Corbusier est situé en contrebas du sentier qui longe le bord de mer entre le cap Martin et Cabbé. L'architecte vécut chaque été, jusqu'à sa mort en 1965, dans cette construction constituée d'une simple pièce de 10 m² et d'un couloir orné d'une fresque. C'est l'unique exemplaire appliquant au cabanon marseillais traditionnel des dimensions calculées selon son système de modulor. Autre cabanon, L'Étoile de mer était un petit restaurant populaire dans les années 1950. Quant à la villa E-1027 de la designer irlandaise Eileen Gray (1878-1976), construite entre 1926 et 1927 avec l'architecte Jean Badovici, elle illustre sa réflexion sur le fonctionnalisme du mobilier.

Cap Moderne - ✆ 04 92 15 01 41 - www.capmoderne.monuments-nationaux.fr - visite guidée (2h) sur réserv. sur le site Internet, 12 pers. maxi - dép. au niveau de l'accueil sur le parking de la gare Cap-Martin-Roquebrune : 10h et 14h - fermé lun. en oct. et nov.-mars - 19 €.

13 CARNOLÈS

➔Pour gagner votre hôtel sans trop marcher, puis parcourir le cap Martin, descendez à la gare de Carnolès, à 300 m du bord de mer.

L'annexe aristocratique de Menton. La presqu'île du cap Martin a conservé intact son visage Belle Époque, avec ses somptueuses résidences cachées dans une luxuriante végétation. À l'est, le quartier Carnolès concentre l'animation de la station balnéaire avec ses hôtels, restaurants et sa plage de galets qui court sur 1 km jusqu'à Menton dans son cadre de montagnes. La vue porte sur la rive italienne jusqu'à Bordighera. À l'ouest se trouvent deux plages de galets de chaque côté de la pointe de Cabbé que vous atteindrez via la promenade Le Corbusier ou la gare de Cap-Martin-Roquebrune.

Pour la nuit. À 8mn de marche de la gare de Carnolès, au sein d'un immeuble du front de mer, cet hôtel propose des chambres rénovées au style moderne. Préférez celles avec un balcon ouvrant sur la mer, plutôt que côté cour et jardinet. Petit déjeuner buffet, bar lounge, et en face la plage de galets qui court sur 1 km jusqu'à Menton.
Hôtel Victoria - 7 prom. du Cap-Martin - ✆ 04 93 35 65 90 - www.hotel-victoria.fr - 32 ch. 114/208 € - 14 €.

À table ! Cet établissement familial « les pieds dans l'eau » réserve à midi l'une de ses terrasses aux baigneurs. Cuisine traditionnelle tournée vers la mer. De la qualité à prix raisonnable, voilà qui est assez rare sur la Riviera pour être mentionné.
L'Hippocampe - 44 av. W.-Churchill - ✆ 04 93 35 81 91 - www.hippocampe-restaurant.com - fermé le soir hors saison, dim. soir et lun. - menus 34/51 €.

Promenade Le Corbusier. De la pointe du cap Martin à la gare de Cap-Martin-Roquebrune (3 km), l'ancien sentier des douaniers qui serpente dans une végétation méditerranéenne sauvage mêlant espèces exotiques importées par les hivernants, ménage de belles perspectives sur la mer et les villas du début du 20e s. Du haut de certains rochers culminants, tout l'amphithéâtre de Monaco se découvre peu à peu, avec la pointe du cap Ferrat, la Tête de Chien, le mont Agel, La Turbie, le vieux village de Roquebrune et son château.

14 MENTON

➔Le front de mer est à 700 m de la gare, via les jardins Biovès joliment fleuris et arborés.

Dernière ville avant l'Italie. Menton, ville balnéaire dans un majestueux cadre montagneux, ressemble à une vaste serre à ciel ouvert depuis la fin du 18e s. Les Anglais qui s'y pressèrent l'hiver y créèrent de véritables jardins d'acclimatation. La promenade du Soleil s'étire sur 2,5 km depuis Carnolès (gare précédente) jusqu'au Vieux Port, avec d'un côté la mer et une longue plage de galets gris, et de l'autre la façade littorale de la ville moderne puis la vieille ville. Tout le long, des terrasses de cafés et de restaurants invitent à contempler la Méditerranée. Dans le centre, la rue piétonne St-Michel, bordée de boutiques et de glaciers, est toujours animée. Elle traverse trois agréables places colonisées par les terrasses de restaurant et conduit au cœur du vieux Menton, De la basilique baroque St-Michel au cimetière, c'est un enchevêtrement de ruelles en escaliers profondément enfoncées entre les maisons qui semblent s'appuyer les unes sur les autres par-dessus des arches de pierre. Du cimetière du Vieux-Château, vue panoramique sur la vieille ville, la mer et la côte, de la pointe Mortola en Italie jusqu'au cap Martin.

L'OR JAUNE DE MENTON

Comme l'atteste l'IGP qui lui vaut la majuscule, le Citron de Menton est un fruit d'exception, non traité et récolté à la main. À l'intérieur de sa peau épaisse se cache une pulpe doucement acidulée. La production, limitée et précieuse, est réservée aux grands chefs et à la confection de produits artisanaux. Les citrons (et autres agrumes), nécessaires à la décoration des chars qui paradent lors de la Fête du Citron sont importés d'Espagne ou du Maroc.
La boutique Au pays du citron propose des créations gourmandes et des déclinaisons cosmétiques d'après des recettes ancestrales.
Au pays du citron - 24 r. St-Michel - www.aupaysducitron.fr -tlj.

Pour la nuit. À 7mn de la gare et 25 m des plages, cet hôtel accueillant renferme des chambres climatisées, bien insonorisées et meublées dans un style moderne. Agréable-terrasse et lounge bar.
Hôtel de Londres - 15 av. Carnot - ✆ 04 93 35 74 62 - www.hotel-de-londres.com - fermé de déb. janv. à mi-fév. - 27 ch. 101/248 € - ☕ 17 €.

À table ! À côté des jardins Biovès, cet établissement s'épanouit depuis une vingtaine d'années. Le chef, homme de métier, sait cuisiner les produits et l'esprit du terroir méditerranéen ! Le repas est d'autant plus convivial en terrasse, aux airs de... jardin en ville.
Le Bistrot des Jardins - 14 av. Boyer - ✆ 04 93 28 28 09 - Facebook - fermé de mi-déc. à mi-janv., dim. soir-lun. - plats 25/35 € - menu 45 €.

Pour le pique-nique. Sur le quai de Monléon, entre la vieille ville et le port, le beau marché couvert décoré de céramiques colorées (1898) est ouvert tous les matins.

Un jardin exotique. À Garavan (26mn à pied de la gare), près de la chapelle St-Jacques (17e s.), se

Menton vue depuis la plage de Garavan.

cache un jardin botanique touffu comptant parmi les jardins remarquables qui font la réputation de Menton. Créée en 1905 par Percy Racliff autour d'une villa, cette antenne méditerranéenne du Muséum national d'Histoire naturelle depuis 1966 regroupe plus de 700 espèces végétales venant d'Australie, d'Asie et d'Amérique.

Jardin du Val Rameh - chemin de St-Jacques - ✆ 04 93 35 86 72 - nov.-mars : 9h30-17h; avr.-oct. : 9h30-18h - fermé mar. - 8 €.

Pause glacée. Impossible de passer à côté de cette petite devanture colorée dans la rue St-Michel et surtout de ne pas s'arrêter, car ce glacier artisanal vend ses délicieux parfums en toute saison. Et comme en Italie (toute proche), les glaces sont servies à la spatule.

Le Tutti-Frutti - 24 r. St-Michel - fermé de mi-nov. à mi-fév. sf fêtes de Noël - tlj.

Fête du Citron. Durant 15 jours, en février, c'est la fête du Citron : expositions de sculptures d'agrumes dans les jardins Biovès mis en lumière certains soirs et défilés de chars.

Infos et réserv. : www.fete-du-citron.com - sur réserv. au moins 2 mois à l'avance.

LE TRAIN DES PIGNES

Des villages perchés au-dessus des gares, un trajet ponctué d'ouvrages d'art, la ligne des Chemins de Fer de Provence reste à part, témoignant des prouesses techniques qui permirent de désenclaver des zones difficilement accessibles. Cette ligne métrique à voie unique, adaptée au relief escarpé, sinue de la Côte d'Azur aux Alpes-de-Haute-Provence. Un voyage époustouflant.

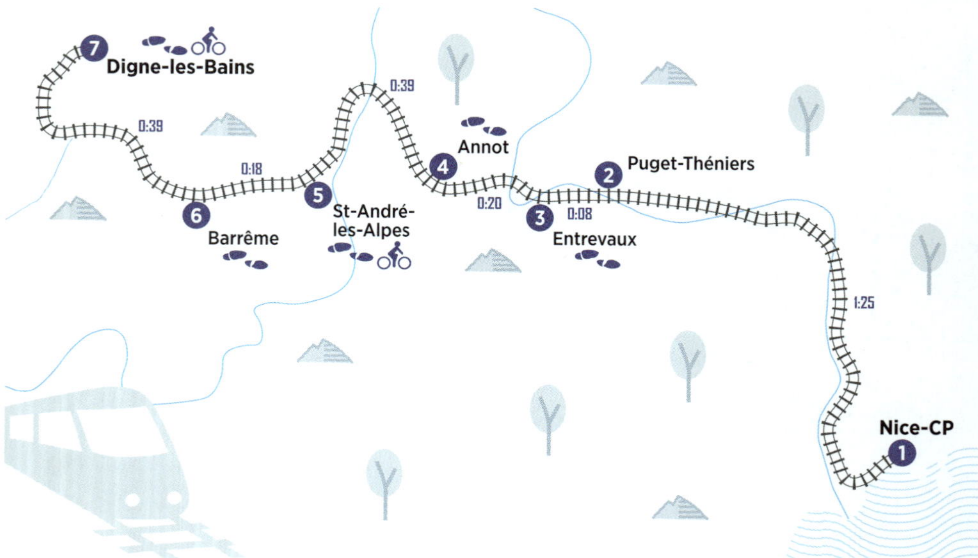

DE NICE À DIGNE-LES-BAINS - 7 JOURS

- Pour rejoindre Nice depuis Marseille : TER ou TGV jusqu'en gare de Nice-Ville. De là, rejoindre la gare de Nice CP, à 950 m au nord
- Trajet sans escale : 3h25
- Fréquence : 3 TER/j
- Horaires : www.cpzou.fr/telecharger-nos-horaires-et-plans
- Tarif sans escale : 22,50 €
- Services à bord : pas de transport de vélo
- Bon à savoir : la rubrique « Commentaires à bord » de l'appli gratuite des Chemins de Fer de Provence présente 8 villages du parcours Pour le retour à Marseille depuis Digne, TGV et TER avec correspondance à Aix-en-Provence ou Manosque

Où se placer pour admirer le paysage ? Côté gauche dans le sens de la marche.

Le Train des Pignes à quai.

❶ NICE-CP

➔La gare des Chemins de Fer de Provence (CP) est à 12mn à pied de la gare Nice-Ville (voir p. 263). Le bus 57 à la sortie de la gare (arrêt Gare Thiers) vous rapprochera (arrêt Gutenberg, à 350 m de la gare Nice CP).

À table ! Suite à la construction de l'actuelle gare de Nice CP ouverte en 1991, la halle de la Gare du Sud dessinée par Eiffel a été démontée en 2003… Mais en 2017, elle a été remontée et abrite à présent une halle gourmande et festive qui connaît l'animation tout au long de la journée. Le matin on vient prendre son café (de préférence sur la mezzanine) et à partir de 11h30 on peut piocher dans les différents stands qui proposent les cuisines de toute la Méditerranée : provençale, maghrébine,libanaise. Reste à trouver un coin où s'installer après un détour par le bar.

***Mediterraneo** - 35 av. Malaussena - www.mediterraneo-nice.com - tlj - à partir de 15 €.*

❷ PUGET-THÉNIERS

➔La gare se trouve le long du Var, au bord de la départementale, face à la Grand-Place où trône la statue « L'Action enchaînée », hommage d'Aristide Maillol au révolutionnaire Louis Auguste-Blanqui, enfant du pays.

Médiévale et méridionale. Un éperon rocheux portant les ruines d'un château des Grimaldi domine la ville. En bas, sur la rive droite de la Roudoule qui se jette ici dans le Var, s'étendent les vieux quartiers. Au bout du dédale de ruelles se dévoile une nature entre vergers, garrigue et torrent clair. Derrière la place Adolphe-Conil, sa jolie fontaine et ses grands platanes, les maisons anciennes conservent de beaux encadrements de porte. Plus loin, l'église renferme un expressif groupe sculpté (16e s.) et un beau retable.

Pour la nuit. En face de la gare, l'unique hôtel de la ville possède des chambres simples mais confortables et bien tenues. Piscine entourée de transats.

À TOUTE VAPEUR

Prenez place à bord d'un des wagons fin 19e s. tractés par une locomotive de 1909 pour un voyage spatio-temporel de Puget-Théniers à Annot, animé par une équipe de bénévoles passionnée. Pensez à réserver !
Train des Pignes à vapeur - ✆ 07 81 92 67 75 - www.traindespignes.fr - mai-oct. : dim. dép. 11h - retour 16h15 - 23 €.

Hôtel Les Alizés - 11 av. Alexandre-Barety - ✆ 04 93 05 06 20 - www.hotellesalizes.fr - 16 ch. 71/86 € - 12 €.

À table ! À l'entrée du village, au bord de la route, cette auberge toute simple bénéficie d'une terrasse couverte appréciée en toute saison. À l'intérieur, la salle a un côté gentiment désuet. Côté cuisine, on met en avant les plats régionaux tels la secca de bœuf ou l'agneau des Alpes.
Auberge des Acacias - chemin Planet - ✆ 04 93 05 05 25 - fermé merc. et le soir hors sais. (sf vend.-sam.) - plats 20/30 € - menu 20 € (midi en sem.).

Pour le pique-nique. L'ancienne halle de la gare transformée accueille désormais un regroupement de producteurs locaux. Fruits et légumes, fromages, charcuterie, pain... tout pour garnir un délicieux panier-repas.
Montagnes Paysannes - 19 r. Alexandre-Barety - www.montagnespaysannes.fr - fermé dim.-mar., jeu. soir et sam. soir en été; dim.-mar., merc. soir, jeu. et sam. soir en hiver.

Via ferrata. C'est l'une des voies les plus recherchées de la région avec un pont népalais surplombant une cascade, un pont de singe et deux tyroliennes de 70 et 450 m. Deux parcours possibles (1h30 et 3h).
Accueil Hôtel Les Alizès - ✆ 06 31 59 02 15 - www.via-ferrata-puget.com - sur réserv. - juin-sept. : tlj - 30/50 € avec location matériel/ avec accompagnement.

3 ENTREVAUX

Une citadelle en point de mire. Ceint de remparts dont un méandre du Var forme les douves, Entrevaux se blottit au pied d'une longue échine rocailleuse. Passé le pont-levis et les deux tours rondes, la porte Royale s'ouvre sur un réseau de ruelles sombres et fraîches. Quelques échoppes

Entre Puget-Théniers et Annot.

La porte Royale d'Entrevaux.

médiévales sont encore visibles, notamment dans la rue du Marché, mais la plupart des maisons datent des 17e et 18e s. La cathédrale de style gothique provençal, qui fut englobée dans les remparts de Vauban, surprend par sa décoration intérieure baroque (stalles sculptées, retable monumental...). Enfin, vous y voilà, presque... Faites une pause dans la poudrière qui abrite une exposition sur l'histoire de la citadelle avant de partir pour 20mn de montée ! La rampe fortifiée longue de 800 m qui mène au château, fièrement campé à 156 m de hauteur, dessine neuf zigzags ponctués d'une vingtaine de portes bastionnées. Reprenez votre souffle et admirez la vue panoramique.

Citadelle - ouv. en permanence - 5 €.

Pour la nuit. Cet hôtel a le mérite de se trouver à 8mn à pied de la gare et d'avoir une belle vue sur la citadelle. Le restaurant propose une carte classique terre/mer et des pizzas et dispose d'une terrasse ombragée avec vue. L'hôtel ne fait pas de petit-déjeuner mais une boulangerie est située sur la place pour le croissant du matin !

***Le Vauban** - 4 pl. Louis-Moreau - ✆ 04 93 02 13 05 - hotel-restaurant-levauban.com - plats env. 15/20 € - 8 ch. 75/90 € (pas de petit-déjeuner) - ✕ fermé dim. soir, lun.-mar. - plats 12/25 €.*

À table ! Dans l'enceinte de la ville, face à la mairie, une adresse bien agréable avec une sympathique terrasse ombragée. La cuisine met en valeur la secca (bœuf séché servi en carpaccio), l'agneau de Sisteron ou encore les rougets de la Méditerranée.

***Auberge du Planet** - pl. Charles-Panier - ✆ 04 93 05 49 60 - www.restaurant-leplanet-entrevaux.fr - tlj - plats 10/20 €.*

Pour le pique-nique. Le vendredi matin, d'avril à octobre, les producteurs locaux installent leurs étals place Louis-Moreau.

Les moulins d'Entrevaux. En face de la citadelle autrefois rythmée par la vie militaire, ce sentier d'interprétation (boucle d'1h) entre Var et Chalvagne permet de découvrir l'activité agricole qui entourait Entrevaux. Si le moulin à farine ne fonctionne plus, celui à huile est toujours en activité. À suivre smartphone en main de préférence (eh oui !), le parcours sera d'autant plus vivant.
***Site :** 10h-17h - application gratuite Les Moulins d'Entrevaux : borne de téléchargement Wifi au bureau d'accueil.*

4 ANNOT

➔ **La gare se situe à 550 m à l'est du centre-ville, près du sentier des Grès.**

Pierre taillée et rues pavées. La rue Basse, qui part du boulevard St-Pierre le long du cours provençal (Grand-Place du Marché) mène au centre ancien qui a conservé son cachet médiéval. Au cours de votre flânerie, vous lirez l'histoire du village sur les plaques apposées devant les principales curiosités : lavoir, four banal... La porte fortifiée de la Grand-Rue ouvre sur une ruelle bordée de jolies portes sculptées (16ᵉ-18ᵉ s.). Donnant sur une petite place : la maison des Arcades, bel hôtel particulier du 17ᵉ s., abrite le musée Regain qui présente des expositions sur le pays d'Annot. Plus loin, l'église romane a un drôle d'air avec son abside surélevée formant une tour de défense.
***Musée Regain** - rue Capone - juil.-août : tlj sf merc. - se rens. à l'office de tourisme pour les horaires - gratuit.*

À table et au lit ! L'établissement à la façade colorée, à 7mn à pied de la gare, abrite une salle à manger au mobilier rustique. La terrasse bien ombragée est très prisée aux beaux jours. Cuisine traditionnelle. À l'étage, chambres simples mais bien tenues (certaines avec balcon).
***Le Beauséjour** - pl. du Révelly - ✆ 04 92 83 21 08 - rest. fermé dim. soir et mar.-merc. - plats 15/25 € - 16 ch. 65/77 € - ☕ 11 €.*

Pour le pique-nique. La Grand-Place du Marché s'anime toute l'année le mardi matin, quand les producteurs s'installent sous les platanes centenaires.

L'heure de l'apéro. On vient à toute heure dans ce grand café à l'ombre des platanes où le tintement des boules de pétanque résonne dès le premier café avalé. C'est ici qu'habitants et visiteurs se retrouvent pour manger une bruschetta ou profiter de la fin de journée autour d'un apéro.
***Le Café du commerce** - Grand Place du Marché - ✆ 04 92 83 21 49 - tlj.*

Grès d'Annot. Dominant le village au milieu des terrasses cultivées, les rochers échappés des falaises façonnés par l'érosion surprennent et fascinent. Curiosités géologiques, biotope d'exception et légendes mystérieuses font la richesse de ce site.
***Boucle de 6 km** - dénivelé 350 m. Dép. à l'office de tourisme où vous trouverez un livret des sentiers de découverte. Des QR codes sont disposés tout au long de la randonnée.*

5 ST-ANDRÉ- LES-ALPES

➔ **Il suffit de suivre l'avenue de la Gare pour arriver au centre du village tout proche.**

Louer un vélo. Le seul loueur se partage entre les sites de St-André-les-Alpes et Castellane. Réservation en ligne.
E-Bike 04 - Imp. Notre-Dame - ✆ 06 72 92 63 40 - www.ebike04.fr - avr.-sept. : location à la demi-journée et journée - VTT 14/25 €, VTTAE 49/65 €.

Un carrefour touristique. Au confluent de l'Issole et du Verdon, le bourg apparaît dans un petit bassin. La Grand-Rue commerçante affiche des façades colorées et la place de la Fontaine offre sa fraîcheur. La petite cité est jalonnée de neuf panneaux permettant de découvrir le passé drapier de St-André, qui connut ses heures de gloire au 19ᵉ s. (brochure disponible à l'office de tourisme).

Pour la nuit. Un petit hôtel à 7mn à pied de la gare, logé dans une jolie bâtisse et entièrement rénové en 2021. Les chambres sont décorées avec goût et certaines disposent d'un balcon. L'agréable terrasse

ALERTE TRAFIC

Inaugurée en 1911, la ligne Nice-Digne n'est plus toute jeune et nécessite des travaux de sécurisation et de modernisation. En 2019, au cours du chantier de consolidation du tunnel de Moriez, une partie s'est effondrée, tuant un ouvrier. Suite à ce drame, les travaux ont été un temps suspendus et le trafic ferroviaire interrompu entre Digne-les-Bains et St-André-les-Alpes. Un service d'autocar a pris le relais en attendant la réouverture complète de la ligne. Infos sur la circulation sur le site www.cpzou.fr dans la rubrique « Infos Trafic temps réel ».

donnant sur le jardin vous donnera peut-être envie de tester la cuisine traditionnelle proposée au restaurant.
Hôtel Le Bel Air - rte de Nice - 04 92 89 17 91/ 06 80 70 55 19 - hotel-belair.com - 8 ch. 76/94 € - 11 € - ouv. le midi lun., merc., vend. - formules 18/23 € - menus 23/26 €.

À table ! Une adresse avec terrasse au cœur du village. Couscous de poisson, rillettes de lapin ou burger, le point commun de ces plats : fraîcheur de la cuisine, produits locaux, créativité et bon goût !
L'Ardoise - pl. Charles-Bron - 06 22 51 88 02 - fermé jeu.- plats du jour 12/16 €.

Pour le pique-nique. Pour l'ambiance et la production locale, rendez-vous place Marcel-Pastorelli où se tient le marché les mercredi et samedi matin. Amateur de saucissons artisanaux, vous serez servis dans une boutique qui leur est consacrée dans le village ! Au passage, vous pourrez aussi craquer pour des produits régionaux.
Maison du saucisson - pl. de Verdun - fermé lun. (sf juil.-août).

Comme un oiseau. Cette commune du Parc naturel régional du Verdon offre une palette d'activité nature. C'est aussi un site de notoriété internationale pour le vol libre qui accueille de nombreuses compétitions de parapente. Un baptême ça vous tente ?
Aérogliss parapente - base de loisirs des Iscles - 04 92 89 11 30 - www.aerogliss.com - 90 € le vol découverte (10-15mn).

Sentier des Pêcheurs. Au départ du village, il rejoint la plage du Plan au bord du lac de Castillon (1,5 km). Outre la baignade (surveillée en juil.-août), vous pourrez y louer toutes sortes d'embarcations. Buvette et petite restauration sur place. Les marcheurs qui veulent prendre de la hauteur suivront le circuit des belvédères de la Dindière (boucle de 7 km), avec vue panoramique sur le lac et St-André-les-Alpes.
Bike Beach - plage du Plan - 06.58.65.53.59 - www.bike-beach.com - juil.-août : tlj - pédalos 4/5 pl. : 15 €/h, canoë 2 pl. : 10 €/h, bateau sans permis 2/6 pl. : 60 €/h.

St-André-les-Alpes - Castellane. Ce tronçon de la TransVerdon (24 km) offre de beaux points de vue sur le lac de Castillon et un dénivelé modéré.
Itinéraire : trace en téléchargement : www.veloloisirprovence.com/page/transverdon-troncon-8.

6 BARRÊME

→La gare est à 350 m du village, de l'autre côté de la rivière.
→Hébergement, restauration et possibilités de visite sont limités. Optez éventuellement pour une étape à la journée, en dormant à St-André-les-Alpes ou à Digne-les-Bains.

Sur la Route Napoléon. Le 3 mars 1815, comme le rappelle une inscription sur une maison au bord de la D 4085, Napoléon fit halte ici. Autre époque, le village est aussi connu pour ses ammonites et fait partie de l'Unesco Géoparc de Haute-Provence. La mairie abrite un musée dédié aux fossiles, rassemblés par une figure locale, Louis Maurel. En face de la gare, vous pourrez aller humer d'agréables fragrances au musée de la Distillerie, installé dans l'ancienne distillerie (1905) qui a gardé son énorme chaudière et ses alambics. Une Fête de la lavande anime le site un dimanche en juillet.
Musée - 04 92 34 20 04 - 8h-12h, 14h-17h, merc. 8h-12h - fermé w.-end - gratuit.
Parc de la Distillerie - 06 79 01 78 25 - www.secrets-de-fabriques.fr - de déb. juil. à mi-sept. : tlj sf lun. 10h-13h, 14h30-18h ; reste de l'année sur réserv. - 6 €.

Pour la nuit. Sur la Route Napoléon, à 2mn de la gare, la façade ocre rouge de cet hôtel-restaurant se voit de loin. Chambres très simples et cuisine familiale.
Alpes hôtel - N 85 - 04 92 31 18 06 - 4 ch. 70/85 € - 7,50 € - fermé dim. soir et lun. - plats 9/23 €.

Chapelle St-Jean. Un prétexte pour une petite balade bucolique qui monte à cet édifice du 10e s. à l'emplacement de l'ancien village.
Boucle de 2 km au dép. de l'église.

7 DIGNE-LES-BAINS

→La gare se situe à 800 m de l'office de tourisme (à côté de la gare routière), à l'entrée du centre-ville au débouché du Grand Pont qui enjambe la Bléone. La ville est étendue et les curiosités aux quatre coins de Digne ! Des bus circulent régulièrement facilitant les déplacements (sf dim. - plan en téléchargement sur le site de l'office de tourisme).
Office de tourisme - www.dignelesbains-tourisme.com.

Louer un vélo. Piste cyclable le long de la Bléone, du Palais des Congrès au nord au plan d'eau des Ferréols au sud.
Gallardo Bike Shop - 8 r. Denis-Papin - ZA St-Christophe (bus 1, arrêt Centre Commercial) - 04 92 31 05 29 - www.gallardo-bike-shop.fr - fermé dim. et lun. matin - sur réserv. - vélo musculaire 27 €/j, VAE 48 €/j.

Musée Alexandra David Neel à Digne-les-Bains.

Entre Alpes et Provence. Aux portes des Préalpes, au cœur de l'Unesco Géoparc de Haute-Provence, la ville s'étend de part et d'autre de la Bléone dans un écrin de nature exceptionnel. Le large boulevard Gassendi commerçant, ombragé de platanes et entrecoupé par la place Charles-de-Gaulle où se tient le marché, constitue l'artère principale. Au nord, la cathédrale N.-D.-du-Bourg, église romane provençale, abrite une crypte de 870 m² à l'emplacement originel de la ville. Au sud se déroule un réseau de ruelles tortueuses coupées d'escaliers, autour de la butte que dominent la cathédrale St-Jérôme et sa tour de l'Horloge, coiffée d'un campanile provençal. C'est au 14e s. que Digne se déplaça ici, autour d'un château aujourd'hui disparu (à l'emplacement de la prison actuelle). Les rues piétonnes et commerçantes à ses pieds arborent de jolies teintes pastel. Au cours de votre balade, vous passerez devant le musée Gassendi qui allie sciences, peinture, art contemporain et histoire locale dans une mise en scène originale. Plus intimiste, la Maison Alexandra David-Neel, que l'exploratrice acheta en 1928, renferme des objets rapportés de ses voyages en Asie. Ce fut la première femme occidentale à pénétrer dans Lhassa, la capitale du Tibet, en 1924.

Circuit « Promenade dans le centre ancien » *- à télécharger sur www.cirkwi.com/fr/circuit/19751-promenade-dans-le-centre-ancien.*
Musée Gassendi *- 64 bd Gassendi - ✆ 04 92 31 45 29 - www.musee-gassendi.org - de mi-mai à fin sept. : 10h-18h; reste de l'année : 9h-12h, 13h30-17h30 (fermé dim. matin) - 6 €.*
Maison Alexandra David-Neel *- 27 av. du Maréchal-Juin - ✆ 04 92 31 32 38 - www.alexandra-david-neel.fr - 10h-18h (14h-17h déc.-mars) - visite guidée de la maison (30mn) sur réserv., avr.-nov. : 10h30-16h30; déc.-mars : 14h-17h - fermé lun. - musée et jardin 6 €, maison 8 €.*

Pour la nuit. Au calme, à côté du centre ancien et proche de la Bléone, une situation idéale, à 13mn de la gare. Cet ancien couvent transformé en hôtel abrite des chambres simples.
Hôtel de Provence - Adonis *- 17 bd Thiers - ✆ 04 92 31 32 19 - www.hotel-digne.com - fermé dim. de déb. oct. à mi-avr. - 18 ch. 84/90 € - ☕ 10 €.*

Musée au grand air. Installé dans le parc St-Benoît, il domine Digne. À l'entrée, le centre d'Art contemporain Cairn accueille des expositions temporaires. Quatre sentiers le parcourent, dont celui de l'eau, jalonné d'une dizaine d'installations d'artistes internationaux (Joan Fontcuberta, Curt Asker, Fabien Lerat...) et le sentier des cairns, créé autour de l'œuvre d'Andy Goldsworthy, spécialiste du land art. La Maison des remparts présente plusieurs expositions retraçant le riche passé géologique de la région.
Unesco Géoparc de Haute-Provence - Musée Promenade *- ✆ 04 92 36 70 70 - www.geoparchauteprovence.com - juil.-août : 9h-19h; avr.-juin et sept.-nov. : 9h-12h, 14h-17h30 - 8 €.*
Le sentier de Caguerenard *- au départ de l'office de tourisme, le long de la rive droite de la Bléone, mène au Musée Promenade (5 km).*

À table ! Une carte courte privilégiant les produits frais et locaux (crème de Banon, épeautre, agneau...). Burger, tartare ou risotto : des classiques goûteux à savourer dans la salle voûtée ou en terrasse.
Bleu cerise *- 16 pl. du Gén.-de-Gaulle - ✆ 04 92 32 31 24 - Facebook - fermé dim.-lun. - plats 17/23 €.*

Pour le pique-nique. Marché de primeurs place Charles-de-Gaulle mercredi et samedi. On y trouve aussi de nombreux produits régionaux (miel de lavande, tissus provençaux).

Un peu de frais. Pour vous rafraîchir tout en contemplant la vue sur les sommets, rendez-vous au bord du plan d'eau des Ferréols qui jouxte la Bléone. Deux petits lacs ont été aménagés pour la baignade et pour la pêche. Le lieu propose toutes sortes d'activités. Pour les plus sportifs, la via ferrata du rocher de Neuf Heures offre un panorama à couper le souffle. Au départ du centre-ville, 45mn de marche conduisent à la première portion du circuit. À l'issue de celle-ci, un deuxième tronçon est accessible. Les habitués pourront louer leur matériel auprès de l'office de tourisme. Pour les débutants, il est possible de se faire accompagner par un guide assermenté.
Plan d'eau des Ferréols *- rte de Nice - ✆ 04 92 32 42 02 - juil.-août : tlj; mai-juin et sept. : dim. et j. fériés 14h-19h - accès libre.*
Via ferrata du rocher de Neuf Heures *- ✆ 04 92 36 62 62 - www.dignelesbains-tourisme.com - location du matériel 17 € - circuit guidé 45 €.*

L'heure de l'apéro. Dans une rue piétonne du centre ancien, Le 28 est le repère des amateurs de vins, à accompagner de tapas inspirées de toutes les saveurs du monde. Les cocktails ne sont pas en reste et l'ambiance sympa de mise.
Le 28 *- 28 r. de l'Hubac - ✆ 04 92 35 23 38 - Facebook - juin-sept. : ts les soirs; reste de l'année : jeu.-sam. soir.*

Corso de la lavande. Digne-les-Bains est la capitale historique de la lavande. Fin juillet-début août, elle est à l'honneur durant 5 jours. Défilé de chars fleuris, marché provençal, concerts, bals populaires, feu d'artifice et démonstrations de distillation. La fête bat son plein et enivre de son parfum !
Infos : *www.cdf-dignelesbains.fr.*

Récolte de lavande.

LE TRAIN DES MERVEILLES

C'est l'un des plus beaux trajets ferroviaires d'Europe. Partant du niveau de la mer, la ligne Nice-Tende s'élève à plus de 1000 m d'altitude dans des paysages grandioses. Véritable prouesse dans une région accidentée où s'égrènent des villages perchés ou nichés au creux des vallées du Paillon, de la Bévéra et de la Roya, elle a donné lieu à une impressionnante succession d'ouvrages d'art : viaducs enjambant les canyons et tunnels innombrables.

DE NICE À TENDE - 10 JOURS

- Pour rejoindre Nice depuis Marseille : TER ou TGV jusqu'en gare de Nice-Ville
- Trajet sans escale : 2h20
- Fréquence : 3 TER/j de fin mai à fin sept., ts les w.-ends d'oct. et le 1er nov.
- Horaires : www.ter.sncf.com/sud-provence-alpes-cote-d-azur
- Tarif sans escale : 15,80 € AR
- Bon à savoir : sur le TER régulier qui part de Nice-Ville à 9h15, un(e) guide conférencier(ère) est présent(e) à bord d'une rame pour commenter le parcours ; rapprochez-vous de lui (d'elle) avant l'embarquement

Où se placer pour admirer le paysage ? Côté droit dans le sens de la marche.

1 NICE-VILLE

Voir p. 263.

2 PEILLON-STE-THÈCLE

➔La gare dessert Peillon, village perché à 45mn à pied. Un sentier permet de rejoindre le village (200 m de dénivelé). L'unique manière d'y accéder sans marcher est de faire appel à un taxi.
Infos : www.peillon.fr.

Village médiéval en hauteur. Ce village, juché en nid d'aigle sur un rocher étroit et abrupt, est l'un des plus spectaculaires de la Côte d'Azur. Une rigoureuse unité architecturale, imposée par le site et les nécessités de la défense, en compose harmonieusement les formes jusqu'au sommet occupé par l'église romane du 12e s. Ici, les noms de rue, gravés sur des morceaux de pierre, sont uniquement en nissart. De la plaça dei Gleia, admirez le panorama sur le massif de l'Esterel, le mont Massourda, les vallons de St-Martin et de Longa. Partout, des escaliers en calade serpentent parmi les maisons fleuries et on croise de nombreux passages voûtés. À l'entrée subsistent les vestiges d'une partie de tour carrée (ancienne porte d'accès à la forteresse). Dans le prolongement sud, sur la place Arnulf, à l'ombre des platanes, trône une fontaine datée de 1800. La chapelle des Pénitents-Blancs abrite des fresques de Jean Canavesio, datées de la fin du 15e s. Au fond, la Crucifixion, avec les portraits de saint Antoine et de sainte Pétronille. Les murs et les voûtes sont peints des scènes de la Passion, remarquables par la vigueur de leur mouvement et le goût de l'anecdote. La parenté avec les fresques de N.-D.-des-Fontaines (*voir p. 291*) est évidente. Sur l'autel, remarquez une belle pietà de bois polychrome.

À table et au lit ! Au milieu de vergers et d'oliviers, l'annexe de l'Auberge de la Madone est une maison ancienne pleine de charme : murs chaulés, voûtes ou hauts plafonds et mobilier campagnard. Petit-déjeuner et restauration à l'auberge aux saveurs niçoises.
Auberge de la Madone *- 3 pl. Auguste-Arnulf - à l'entrée du village - ✆ 04 93 79 91 17 - www.aubergedelamadone-peillon.com - fermé de mi-nov. à déb. déc., de janv. à mi-fév., et merc. sf de juin à sept. - 16 ch. 88/140 € - ☕ 14 € - ✕ bistrot : formules déj. 27/37 € - restaurant gastronomique : menus 65/82 €.*

Peillon, village perché.

3 PEILLE

➔Un autre village perché, à 1h30 à pied de la gare par la route ou faites appel à un taxi.
Taxi JBC - ✆ 06 21 68 22 39 - taxijbc.free.fr.

Authentique, calme et sauvage. Son nom d'origine ligure, Pilia, signifiant « hauteur nue et herbeuse », Peille est en parfait accord avec sa situation. Ce bourg médiéval de caractère s'étage dans un site exceptionnel, à la fois désolé avec ses montagnes escarpées, vert avec ses oliveraies, et sauvage, surplombant le profond ravin du Faquin. Tout respire le calme dans ce village dont certains habitants

Sospel et son vieux pont.

parlent encore un dialecte à eux, le « pelhasque », à mi-chemin entre nissart et gavouot du haut-pays. Depuis la place de la Tour du 13e s., les marches descendent la rue de la Sauterie, rocailleuse, entrecoupée d'escaliers et de passages voûtés; la rue dégringole ensuite vers la place A.-Laugier. À droite, la rue Centrale mène à la mairie sise dans l'ancienne chapelle St-Sébastien du 13e s., couronnée d'un dôme. En tournant deux fois à gauche, on tombe sur la rue St-Sébastien : à gauche se dresse l'ancien hôtel de la Gabelle, restauré après les tremblements de terre de 1909. Sur la place A.-Laugier, admirez l'ancien hôtel des Consuls ou « palais du juge Mage » avec ses portails et ses fenêtres géminées. Derrière une fontaine gothique, sous une maison, deux demi-arches s'appuient sur un pilier roman. Celle de droite conduit à la rue Lascaris, puis vers le monument aux morts, d'où le point de vue est superbe. Celle de gauche ouvre sur l'Arma, le plus vieux quartier qui présente encore l'ancien portail d'entrée du village lorsque celui-ci était ceinturé d'un solide rempart.

Pour la nuit. À la sortie de Peille, cette maison en bois écologique posée dans un écrin de verdure dispose de 2 chambres, une piscine et un grand jardin en restanque. Après avoir gravi 45 marches, on atteint ce petit promontoire dominant la baie de Nice et le massif de l'Esterel.

La Vela - 16 bd du Gén.-de-Gaulle - 04 92 10 88 44 - www.peillelavela.com - - 75/110 €.

À table ! Au cœur de la vieille ville, l'entrée de cette crêperie se loge sous une voûte de la rue principale : la petite salle rustique, chauffée en hiver par la cheminée, s'ouvre sur l'hôtel du Consul et la fontaine gothique attenante. Spécialité de la maison : la crêpe-pizza...

La Voûte - 42 r. Centrale - ✆ 04 93 04 56 85 - fermé mar.-merc. - service continu - moins de 20 € - le soir sur réserv.

❹ L'ESCARÈNE

➔Pas d'hôtel dans ce village où vous ferez une halte avant de rejoindre l'étape suivante.

Ancien relais muletier. Bâti à la croisée de l'accès à la station de Peïra-Cava et à l'amorce des lacets du col de Braus, ce gros bourg s'étend au fond d'une vallée parcourue par le Paillon. Dès 1591 et jusqu'au 19e s., il est un important relais muletier sur l'ancienne route de Nice à Turin, appelée la route du sel. L'ancien pont à arche unique et la place de la Gabelle en conservent le témoignage. Du pont de l'Armée-des-Alpes, qui enjambe le Paillon, le vieux village se profile élégamment. Flanquée de deux chapelles de Pénitents blancs et noirs, l'église St-Pierre (17e s.) est l'œuvre de l'architecte niçois Guibert, concepteur de la cathédrale de Nice. Elle est parée d'une intéressante façade baroque très ouvragée. L'intérieur, remarquablement grand, présente un décor de la même époque. À droite du vestibule, le bénitier est creusé dans un antique autel gallo-romain surmonté d'une statuette dorée du 17e s. L'orgue de 1791 est signé des frères Grinda, célèbres facteurs d'orgues niçois.

À table ! À deux pas du vieux village, cette enseigne rouge en bord de rue affiche une ardoise classique avec des spécialités de la cuisine nissarde (daube, farcis), des pâtes maison et des pizzas.
Auberge du Château - 26 r. du Château - ✆ 04 93 79 57 13 - fermé merc. - plats 16/18 €.

Visite oléicole. Possibilité de visiter l'ancien moulin à huile du 17e s. et de découvrir l'AOC olive de Nice.
Adolive - Domaine des Prés Fleuris - 3105 Chapelle St-Pancrace - ✆ 04 93 79 69 25 - www.adolive.com.

❺ SOSPEL

Cité épiscopale. Cette petite ville chargée d'histoire regarde aujourd'hui paisiblement la Bévéra couler face aux montagnes qui la cernent. Son site verdoyant d'oliviers fut un lieu de passage obligé sur la route du sel qui reliait le littoral à Turin, alors capitale du royaume de Piémont-Sardaigne. Trait d'union entre les deux rives depuis le 11e s., le vieux pont était le lieu idéal pour installer un péage dans sa tour reconstituée après la Seconde Guerre mondiale. De part et d'autre des rives, places, église, fontaines et maisons anciennes témoignent du passé de la cité. À 1 km du centre, sur la route de Nice, le fort St-Roch est une véritable ville souterraine à 50 m de profondeur. Il faisait partie de la ligne Maginot des Alpes construite pendant les années 1930 et a été conçu pour verrouiller la vallée de la Bévéra, couvrir le col de Brouis et la sortie du tunnel ferroviaire de Breil. Enfin, les nombreux sentiers de muletiers et routes en corniche font la joie des randonneurs.
Fort St-Roch - ✆ 04 93 04 14 41 - horaires se rens. - 9 €.

Pour la nuit. Ce petit hôtel-restaurant et salon de thé est situé en face du Pont Vieux (à 5 mn de la gare). Chambres fonctionnelles. Accueil chaleureux et cuisine traditionnelle faite maison.
Auberge du Pont Vieux - 3 av. Jean-Médecin - ✆ 06 72 52 25 20 - 7 ch. 85 €.

À table ! Au cœur de Sospel avec, en saison, une agréable terrasse au bord de la rivière, ce restaurant et pizzeria sert des assiettes bien travaillées à base de produits locaux. Quelques plats végétariens à la carte.
Sousper - pl. St-Nicolas - ☎ 04 93 87 93 75 - fermé merc. et jeu. (nov.-avr.) - plats 10/29 €.

Pour le pique-nique. Marché le jeudi matin sur la place des Platanes. Marché de produits régionaux le dimanche matin sur la place du Marché : fromages de chèvre, huile d'olive...

Sur les sentiers. Les itinéraires des sentiers pédestres au départ du village sont disponibles auprès de l'office de tourisme. Également possibilité de randonnées équestres, canyoning, parapente, voies d'escalade.

Les Baroquiales festival d'art baroque. Sospel accueille des concerts de musique baroque et des animations de rue durant la première quinzaine de juillet.
Infos : www.lesbaroquiales.com.

6 BREIL-SUR-ROYA

Un parfum d'Italie. Blotti entre le sommet de l'Arpette (1610 m) et la rivière, ce bourg n'est qu'à deux sauts de cabri de l'Italie, dont il a la couleur, le parfum et l'animation. Ses charmantes ruelles serrées de demeures anciennes, colorées parfois de fresques en trompe-l'œil, sa place à arcades, le clocher polychrome de l'église paroissiale et la façade Renaissance de la chapelle Ste-Catherine (qui accueille des expositions temporaires) dénotent l'ancienne appartenance italienne de la ville, autrefois étape de la route Vintimille-Turin. Ne manquez pas les vestiges de remparts et la porte de Gênes.

Pour la nuit. À 20mn à pied de la gare, voici un petit hôtel-restaurant traditionnel avec des chambres modernes et confortables pouvant accueillir jusqu'à 3 personnes. Bon restaurant avec cuisine maison. Loue également des gîtes.
La Bonne Auberge - 52 r. Pasteur - ☎ 04 93 04 41 50 - www.labonneaubergebreil.fr - 7 ch. 71/79 € - fermé dim. - plats 12/17,50 €.

À table ! Véritable institution dans le village, ce restaurant propose des pizzas et une carte de brasserie. Accueil sympathique.
Le Biancheri - 5 pl. Biancheri - ☎ 04 93 04 40 11 - plats moins de 15 €.

APRÈS LA TEMPÊTE...

La tempête Alex, qui a mis à mal de nombreux villages de la vallée de la Roya début octobre 2020, pourrait bien avoir sauvé le train des Merveilles, jusqu'alors critiqué pour son manque de rentabilité. Au lendemain des intempéries, alors que les routes étaient impraticables, le train des Merveilles a répondu présent pour acheminer vivres, matériels, habitants et bénévoles depuis la côte jusqu'à Fontan, puis Tende via un quai provisoire en amont de la gare de St-Dalmas-de-Tende, témoignant de son importance économique pour la région. Après une grande campagne de travaux, les sites et villages sont désormais tous accessibles et si des traces de la tempête subsistent dans la vallée de la Roya, la randonnée et les activités en eaux vives sont, fort heureusement, depuis, redevenues praticables.

Gorges de Saorge et de Bergue. La route longe le torrent, puis surplombe, en corniche étroite sous les rochers, les gorges parmi les plus belles de la région avec celles de Bergue. La voie ferrée de Nice à Cuneo a réussi aussi à s'y frayer un passage au prix de nombreux ouvrages d'art. Ces premières gorges s'interrompent par le fantastique tableau que compose Saorge parmi ses oliviers. Elles peuvent se découvrir en kayak, rafting ou canyoning.
AET Nature - 392 chemin du Foussa - www.aetcanyoning.com - tte l'année sur réserv.
Roya Évasion - 11 bd Rouvier - ☎ 04 93 04 91 46 - www.royaevasion.com - tte l'année sur réserv.

Canyon de Carleva. Cette descente sauvage et variée est composée de nombreux sauts, de rappels jusqu'à 25 m de haut. Ce canyon nécessite 2h de marche d'approche au départ de la gare.
Bureau des Guides du Mercantour - 6 bis r. Sébastien-Grandis - Tende ☎ 04 93 04 67 88 - www.mercantour-roya.com/canyoning/canyon-de-carleva.html - 75 € la journée.

7 FONTAN-SAORGE

➔Le village de Saorge se trouve à 15mn à pied de la gare par la route. Vous pouvez réserver la navette de transport à la demande 2h avant votre arrivée (lun.-sam. 7h30-19h30 - ☎ 0 800 740 538 - 7 places).

Tel un village tibétain. À la sortie de ses admirables gorges, le village de Saorge apparaît entre deux

La gare de Breil-sur-Roya.

falaises. Bâti en amphithéâtre comme les autres cités de la haute vallée de la Roya, Saorge a conservé intacte son architecture médiévale. L'importance stratégique de cette ancienne ville ligure, puis romaine, en fit une place forte invincible. Saorge céda tout de même aux Français commandés par Masséna en 1794, puis au cours des opérations d'avril 1945. Le village est construit sur trois niveaux : à chacun sa fontaine et sa place. Ses ruelles en dédale, presque toujours en escalier, souvent voûtées, sont amusantes à parcourir. On y découvre des maisons du 15e s. abritées de lauzes et des portes aux linteaux sculptés. Les fiers clochers des trois chapelles des Pénitents (l'une d'elles abrite la bibliothèque) dominent le village. Dans un bel environnement d'oliviers, le couvent des franciscains domine le village au sud. L'église du 17e s., de style baroque italien, possède un porche surmonté de balustres et un clocher à bulbe couvert de tuiles polychromes. On visite également le réfectoire orné de fresques du 17e s., ainsi qu'un petit cloître décoré de jolies peintures pieuses et rustiques. De la terrasse, la vue porte sur Saorge, la Roya et ses gorges.

Pour la nuit. Au cœur du village, cette demeure magnifiquement restaurée occupe le site de l'ancienne école communale. Chambres au charme discret de grand confort et balcon avec panorama sur la vallée.
Ca'Da'Barrera - 1 r. du Prés.-Doumergue - 06 11 54 43 84 - 5 ch. 90 € - repas sur réserv. 25 €.

À table ! Une épicerie-restaurant, adepte du mieux manger, qui sert toute l'année une cuisine bio et locale. La carte change tous les jours : focaccia, daube, tourte saorgienne... Personnel très avenant.
La Petite Épicerie - 68 r. Lt-Jean-Revelli - 04 93 82 10 83 - petite-epicerie-saorge.fr - tlj sf merc. midi et vend.-sam. soir - moins de 20 €.

Pause sucrée. Pause sucrée. Cette petite boutique, située au centre de Saorge, propose de savoureux biscuits cuits dans l'ancien four communal : navettes, croquants inspirés des biscuits du Piémont, biscuits corses.
Le Four Val Roya - 42 r. Louis- Périssol - 06 10 33 15 72 - fermé lun.-mar. hors saison.

8 ST-DALMAS- DE-TENDE

En route pour la vallée des Merveilles. À 5 km au sud de Tende, St-Dalmas constitue le point de départ des excursions pour la vallée des Merveilles. Agréable petite station de séjour pour rayonner à pied, à cheval, à vélo ou à ski, elle est entourée d'une belle forêt de châtaigniers. La gare, avec son immense et luxueuse façade à caractère néo-baroque, rappelle qu'elle fut dans les années 1930 l'important poste-frontière de la ligne Nice-Cuneo. Elle est devenue française avec le rattachement de Tende et La Brigue à la France en 1947.

À table et au lit ! Cet ancien prieuré (à 5mn de la gare), restauré et transformé avec goût dans un style actuel, abrite des petites chambres dotées de meubles rustiques. Salle à manger voûtée donnant sur un agréable patio; terrasse sous la treille. Cuisine traditionnelle.

Hôtel Le Prieuré - 31 r. Jean-Médecin - 04 93 04 75 70 - www.leprieure.org - 27 ch. 71/91 € - 9 € - formule déj. 20 € - menu 30 €.

Vallée des merveilles. Dans un spectacle grandiose, cirques, vallées, lacs glaciaires et moraines cernent le mont Bégo (alt. 2872 m) de leur allure minérale façonnée par les glaciations du quaternaire. Ce site du Parc national du Mercantour est réputé pour ses gravures rupestres, dont la plupart datent de l'âge du bronze ancien, entre 2800 et 1300 ans av. J.-C. Ces « merveilles » constituent le plus riche ensemble du genre connu en Europe. On peut rejoindre Casterino à pied par une piste (3h30). De là débute une visite guidée de la vallée des Merveilles (2h30 de marche).

Infos : www.vallee-merveilles.com/preparez- votre-visite.

Rejoindre La Brigue à pied. En venant de St-Dalmas-de-Tende, on peut rejoindre La Brigue à pied en suivant le chemin des Oratoires (1h, dépliant dans les offices de tourisme). Traversez le pont roman qui enjambe le torrent. Vous arrivez dans La Brigue et bénéficiez alors de la plus belle vue sur le mont Bégo.

9 LA BRIGUE

Un riche patrimoine architectural. Au pied des ruines du château (14e s.) et de la tour, de nombreuses maisons médiévales en pierre verte ou

schiste noir de la Roya présentent de remarquables linteaux armoriés ou historiés (notamment rue de la République). Sous les arcades de la place Vieille se déroulaient autrefois foires et marchés. De part et d'autre de l'église paroissiale, deux chapelles de pénitents du 18e s. : à droite, la chapelle de l'Assomption dresse une façade baroque flanquée d'un gracile clocher génois. Elle abrite le trésor de la collégiale. À gauche, la chapelle de l'Annonciation, de plan hexagonal, abrite un musée d'art religieux. La collégiale St-Martin, ornée de bandes lombardes et dominée par un beau clocher carré de la fin du 15e s. abrite un très bel ensemble de peintures de primitifs niçois.

À table et au lit ! Une rivière poissonneuse coule au pied de ce petit hôtel à 9mn de la gare. Chambres avec superbe vue sur les montagnes ou sur la rivière. Au restaurant, situé presque

N.-D.-des-Fontaines à La Brigue.

au-dessus de la rivière, une cuisine traditionnelle d'un très bon rapport qualité-prix.
Fleur des Alpes - 1 pl. St-Martin - ☎ 04 93 04 61 05 - 6 ch. 70 € - ☕ 10 € - fermé nov.-mars - menu 35 € - rest. fermé le merc.

Notre-Dame-des-Fontaines. Un sentier d'interprétation (3h AR) permet d'atteindre ce sanctuaire perché à 880 m d'altitude. Départ chemin St-Jean, à l'est du village, derrière le terrain de tennis. Évoluant dans les sous-bois et au bord de la Levenza, remarquez le pont du Coq, un peu plus loin l'ancien four à chaux et ses gorges, passez le moulin et continuez jusqu'à la balise 266. Aire de pique-nique à l'arrivée au bord de l'eau; les sept sources se trouvent un peu plus haut dans le vallon de la Madone. La chapelle est majestueuse avec ses fresques du 15e s. dédiées à la Vierge Marie et à Jésus.

10 TENDE

Terminus, tout le monde descend ! En montant à Tende, on passe d'un paysage de rocaille et d'oliviers à celui de prairies et de pommiers. Sévère avec ses hautes maisons aux toits de lauze, entre montagne et rivière, Tende compose un site surprenant. Commandant le principal col avec l'Italie, la petite ville ne devint française qu'en 1947, avec La Brigue. Comme St-Dalmas, c'est le point de départ des excursions pour la vallée des Merveilles, dont elle introduit la visite avec un musée fort intéressant (*voir p. suivante*). Les demeures, dont certaines datent du 15e s., sont souvent habillées des schistes verts et violets de la haute vallée de la Roya. Balcons à tous les étages pour profiter du soleil, larges toits débordants contre les chutes de neige, l'architecture est définie par le climat alpin. Dans le lacis des rues étroites ponctué de passages voûtés,

POINT D'ORGUE

Les vallées de la Roya et de la Bévéra possèdent un patrimoine organistique exceptionnel avec six instruments historiques, œuvres de facteurs italiens du 19e s., qui ont été classés et restaurés (Sospel, Breil-sur-Roya, Fontan, Tende, Saorge et La Brigue). Un festival permet de les entendre en août.
Festival international des orgues historiques de la Roya-Bévéra - www.royabevera.com.

de nombreux linteaux armoriés ou historiés rappellent un passé glorieux. Derrière la collégiale, on voit, au passage, les clochers Renaissance des chapelles des Pénitents-Noirs et des Pénitents-Blancs. Les vestiges du château des comtes Lascaris offrent un panorama sur le village perché et les sommets alentours.

Pour la nuit. Établi dans un bâtiment du 17e s., à quelques pas de la gare et dans le centre-ville, cet établissement familial dispose de chambres au calme. Accueil chaleureux.
Hôtel du Centre - 12 pl. de la République - ✆ 04 93 04 62 19 - www.hotel-du-centre-tende.fr 16 ch. 65/70 € - ☕ 9 €.

À table ! Un sympathique restaurant familial où on se régale de pizzas préparées à base de produits frais. Également des plats du jour d'inspiration italienne. Terrasse.
La Margueria - 19 av. du 16-Sept.-1947 - ✆ 07 76 14 90 79 - plats 15/20 €.

Incontournable musée. Les 12 colonnes de sa façade moderne et son parvis tapissé de motifs rupestres intriguent, mais c'est surtout le complément précieux de la randonnée autour du mont Bégo. Le contexte géologique régional est présenté à l'appui de maquettes en relief et de tables d'animation. La section archéologique évoque les croyances et explique la vie quotidienne des populations des Alpes méridionales à l'âge du cuivre et à l'âge du bronze ancien, notamment à partir de la stèle originale dite du « Chef de tribu », de dioramas et des vitrines d'objets. La partie des arts et traditions populaires de la vallée de la Roya décrit la vie économique de la région, aux activités pastorales continues depuis cinq mille ans. Un mannequin animé récite contes et légendes de la vallée de la Roya.
Musée départemental des Merveilles - av. du 16-Sept-1947 - ✆ 04 93 04 32 50 - www.museedesmerveilles.com - de mi-juin à mi-sept. : 10h-18h; reste de l'année : 10h-17h - gratuit.

Via ferrata. Le parcours est assez sportif (2h), mais il ménage en retour de belles vues sur les toits de lauze du village et offre un passage dans une grotte qui servit de lieu de culte et de refuge aux calvinistes du 16e s.
Bureau des Guides du Mercantour - 6 bis r. Sébastien-Grandis ✆ 04 93 04 67 88 - www.mercantour-roya.com/canyoning/canyon-de-carleva.html - 50 € la journée.

Fête des bergers de la St-Roch et fête paysanne. Autour du 15 août, cet événement rassemble tous les producteurs de la Roya, de la Bévéra et du Piémont italien. Dégustations, ateliers de démonstration et de fabrication de fromage, préparation de pâtes fraîches (sugelli), de bougies en cire d'abeille, de distillation de lavande, intermèdes musicaux, et, le dimanche, un troupeau de moutons traverse le village.

Randos. La petite route de la Pia mène à un espace bucolique et tranquille, proche de la rivière et surtout… (presque) plat ! La colline de l'Aigle constitue un petit parcours de 40mn (aller-retour) sur sentier pédestre. Pour les plus téméraires, la chapelle St-Sauveur, perchée sur une falaise, est accessible sur un sentier un peu escarpé en 1h aller. Attention, il ne faut pas avoir le vertige, mais la vue est à 360 degrés !

Partez à la recherche des gravures rupestres de la vallée des Merveilles.

U TRINIGHELLU

Bien qu'il soit robuste et puissant, U Trinighellu a gardé son surnom de « petit train ». Égrenant des petites gares au charme d'antan, il traverse les montagnes, se hisse sur des falaises abruptes, franchit les rivières grâce à des ponts vertigineux et longe les côtes de Balagne au plus près des eaux translucides, ménageant des panoramas extraordinaires et uniques. Cette voie ferrée qui sillonne la Corse en pleine nature est la promesse d'un périple exceptionnel.

D'AJACCIO À CALVI - 14 JOURS

- Traversée en ferry depuis Marseille pour Ajaccio : www.directferries.fr
- Trajet sans escale : 4h30
- Fréquence : 2 AR/j
- Horaires : cf-corse.corsica
- Tarif sans escale : 25,10 €
- Services à bord : baie panoramique, climatisation ; transport de vélo non autorisé
- Bon à savoir : pas de réservation, les billets s'achètent le jour du départ en gare ou dans le train ; le Pass Libertà (50 €) permet la libre circulation sur l'ensemble du réseau durant 7 jours consécutifs

Où se placer pour admirer le paysage ? Tout est beau. En Balagne, de L'Île-Rousse vers Calvi, côté droit dans le sens de la marche.

Le port d'Ajaccio.

❶ AIACCIU

➔ **La gare d'Ajaccio se trouve dans le centre (500 m env. de la vieille-ville).**

Blanche et impériale cité. Marquée par l'empreinte de son enfant belliqueux, la cité natale de Napoléon, avec ses grandes avenues commerçantes, ses belles villas fleuries et ses adresses branchées, a des allures de capitale. La ville occupe un site naturel d'une grande beauté au cœur d'un vaste golfe connu pour la douceur de ses rivages et l'harmonie de ses couleurs. Chaque matin, le marché anime les abords de l'hôtel de ville (*voir p. 296*) et sur le port, les pêcheurs écoulent leurs poissons frais. Promenez-vous cours Napoléon, principale artère commerçante, et dans les ruelles de la vieille ville, où vous ne manquerez pas la cathédrale et le Palais Fesch - musée des Beaux-Arts (*voir ci-contre*). Ensuite, direction la plage pour un farniente bien mérité (*voir p. 296*). La nuit venue, rendez-vous au bout de la jetée de la citadelle pour assister à un brillant spectacle : le port, la ville basse et les collines environnantes scintillent alors.

Pour la nuit. À 6mn à pied au sud de la gare, cet hôtel occupe une maison ajaccienne de 1864 au cœur de la ville. Avec sa belle façade colorée, son entrée voûtée et ses briques, elle a gardé tout son caractère. Les chambres sont modernes et confortables.
Hôtel Kalliste *- 51 cours Napoléon - ✆ 04 95 51 34 45 - www.kalliste-ajaccio.com - 45 ch. 74/114 €- ☕ 10 €.*

Un petit Louvre méditerranéen. L'oncle maternel de Napoléon, Joseph Fesch, mit à profit son passage au Vatican en qualité de cardinal pour se constituer une remarquable collection de peintures italiennes. De retour au pays, il fit don à la ville d'un millier d'œuvres. Ainsi, dans son palais

Fromages corses.

transformé en musée, vous contemplerez des toiles de maîtres de la Renaissance florentine : Botticelli, Bellini, Le Titien, Véronèse… Des œuvres des écoles française, espagnole, flamande et hollandaise complètent ce fonds exceptionnel ainsi que des tableaux évoquant la Corse d'antan. Dans la cour du palais se dresse la chapelle impériale, où reposent des membres de la famille impériale, et la précieuse bibliothèque, bardée du sol au plafond de 40 000 volumes du 15e au 19e s.

Palais-musée Fesch - 50 r. du Cardinal-Fesch - ✆ 04 95 26 26 26 - www.musee-fesch.com - mai-oct. : 9h15-18h; reste de l'année : 9h-17h - 10 €.

À table ! Dans une ruelle en escalier entre le cours Napoléon et la rue Fesch, profitez de la sympathique terrasse de Da Mama, abritée sous un arbre à caoutchouc. De bons plats, comme le magret de canard au miel du maquis ou le filet de loup à la vanille malgache, y sont proposés.

Près de la place Foch qui ouvre sur le port, la brasserie Gilda, joliment décorée, propose des plats simples, on ne peut plus corrects, élaborés avec des produits locaux. Accueil sympathique du patron et des serveurs.

***Da Mama** - passage Guinguetta - ✆ 04 95 21 39 44 - menus 20/35 €.*

***Brasserie Gilda** - 1 bd Roi-Jérôme - ✆ 04 95 27 19 06 - Facebook - tlj - plats 15/26 €.*

Pour le pique-nique. La Corse se retrouve le matin dans ce marché central, autour de l'hôtel de ville, avec ses étals mettant en valeur les charcuteries, fromages, confitures, fruits et légumes de l'île. On y trouve aussi des petits producteurs de miel, d'olives ou d'huile. Et bien sûr, la tarte au *brocciu*. Le samedi et le dimanche, il y a foule. Pour l'ambiance, faites un tour à la halle aux poissons, à deux pas, où une quinzaine de professionnels proposent la pêche du jour en provenance des côtes corses uniquement (tlj sf lun. hors sais.).

Plage St-François. Un petit plongeon en mer ou une sieste sur le sable avant de prendre le train vers le centre de l'île ? La « plage des Ajacciens » se déroule au pied de la citadelle en plein centre d'Ajaccio !

Pause sucrée ou salée. Depuis six générations, les canistrelli (biscuits sablés) de cette boulangerie font le régal des Ajacciens : ils sont parfumés à l'anis, au chocolat, à l'amande, aux raisins, à l'orange, au miel… Laissez-vous aussi tenter par les chaussons aux blettes, la falculelle (galette au brocciu cuite au four sur une feuille de châtaignier) ou la délicieuse fritella au brocciu, à grignoter sur la petite terrasse.

***Galeani** - 3 r. Cardinal-Fesch - ✆ 04 95 21 39 68 - fermé dim.*

Le golfe vu d'en haut. Accessible à tous, le sentier des Crêtes relie les hauteurs d'Ajaccio à la centrale solaire de Vignola en surplomb de la route des Sanguinaires. Il se hisse en pente douce à travers la végétation du maquis et offre une petite leçon de botanique entre figuiers de Barbarie, chênes verts, bruyères arborescentes et cistes. Vous profiterez de superbes points de vue sur le golfe et les Sanguinaires tout au long du chemin, ainsi que sur la belle plage de Marinella, chantée par Tino Rossi et tapissée de sable fin blanc. À l'arrivée à Vignola, contournez l'enceinte de la centrale solaire pour atteindre la plage.

Sentier des Crêtes - dép. du Bois des Anglais sur les hauteurs d'Ajaccio - 3h aller - retour en bus (ligne 2bis - arrêt à la fin du sentier - horaires : mobilite.muvitarra.fr) - possibilité d'écourter la balade (boucle de 1h) : même point de dép. mais, au col de Fortone, suivre à gauche le sentier balisé qui rejoint la mer au niveau du parc Berthault. Retour à Ajaccio par la route.

Approcher les sentinelles en bateau. Cette promenade en vedette permet d'avoir une très belle vue d'ensemble de la ville d'Ajaccio, ainsi que de la faune et la flore aquatique, grâce à la vision sous-marine. Le bateau longe la côte nord du golfe, puis passe au large de la pointe de la Parata, couronnée d'une tour génoise, pour accoster sur la Grande Sanguinaire. C'est le plus éloigné du rivage et le plus important des quatre îlots qui constituent cet archipel. Il fut concédé par Gênes en 1503 à la famille ligure des Ponte « sous la condition qu'elle y plante 800 ceps de vigne et 600 arbres fruitiers ». Sur la Grande Sanguinaire se dressent un phare à éclipses, un ancien sémaphore et la tour carrée de Castellucciu (16e s.), en ruine. Vous gagnerez à pied l'extrémité de l'îlot en longeant le bord de mer et découvrirez une vue splendide sur le golfe d'Ajaccio.

Découvertes Naturelles - port Tino-Rossi - ✆ 04 95 21 06 16 ou 06 03 13 46 80 - www.promenades-en-mer.org - durée 3h -tarif et horaires : se rens. - autres excursions proposées.

2 BUCUGNÀ

➔ La gare de Bocognano se trouve à 10mn à pied du village. Elle est typique du réseau, avec son horloge et sa salle d'attente. Remarquez l'ancienne pompe à eau transformée en lampadaire.

Village aux fontaines. Après avoir quitté Ajaccio et sa zone périurbaine, le train se hisse rapidement dans la vallée de la Gravone qui s'étire des rives du golfe d'Ajaccio au monte d'Oro. Voici la première belle escale sur les versants boisés : Bocognano, charmant et paisible village de moyenne montagne, perché à 640 m d'altitude au milieu d'une superbe forêt de châtaigniers et au pied des sommets granitiques du monte d'Oro. Vous vous arrêtez devant la fontaine de galets (1883) située près de La Poste, et sur la terrasse de la chapelle au campanile rustique, qui déplie une belle vue sur le monte d'Oro. Baladez-vous sur les sentiers alentour.

Pour la nuit. À 10mn à pied de la gare, au milieu des châtaigniers et face à un beau panorama montagneux, une bâtisse de la fin du 19e s. appréciée des randonneurs et autres épris de nature, abrite des chambres simples, certaines avec vue sur le monte d'Oro. Côté restauration, copieuses recettes insulaires.

Hôtel Beau Séjour - ✆ 04 95 27 40 26 - hotelbocognano.com - fermé de mi-oct. à mi-avr. - 17 ch. 76/89 € - ☕ 9 € - ✂.

À table ! Les bons produits qui composent les plats faits maison proviennent de fermes voisines, à l'instar de la charcuterie, du porc, de la farine de châtaigne ou encore des légumes. Au final dans l'assiette, d'excellentes recettes simples et traditionnelles. Et sous vos yeux, la vision sublime du monte d'Oro. Accueil souriant.

Ferme-Auberge A Tanedda - face à la mairie - ✆ 04 95 27 42 44 - tlj - fermé de mi-déc. à mi-mars - plats 14/22 € - menus 27/31 €.

Pour le pique-nique. Vous trouverez tout votre bonheur dans le village : deux boulangeries, une épicerie et deux charcuteries.

Fiera di a castagna. Bocognano est le royaume des châtaigniers. La foire à la châtaigne qui s'y déroule le 1er week-end de décembre est un rendez-vous régional majeur. L'occasion de découvrir ce fruit sous toutes ses formes mais aussi d'autres productions du terroir (miel, fromages, huile d'olive, vin, bière...) ainsi que l'artisanat (travail du bois, coutellerie, poterie).

Infos : www.fieradiacastagna.com.

Célèbre chute d'eau. Petite balade facile en suivant un sentier dans les sous-bois (à 45mn de marche du village). Vous rejoignez le point d'observation de la cascade du Voile de la Mariée en 15mn (10mn de montée, puis petite descente assez raide). Surnommée ainsi de par sa forme particulière, rappelant un voile de mariée, l'impressionnante chute d'eau tombe d'une falaise de plus de 70 m de haut en de vaporeuses gerbes.

Cascade du Voile de la Mariée - dép. à 3,5 km au sud de Bocognano sur la D 27 : env. 300 m avant le pont de Saliciu, suivre à gauche le sentier qui rejoint la rive (panneau).

❸ VIZZAVONA

➔La gare se trouve dans ce minuscule hameau, en contrebas de la T 20 et du col de Vizzavona.

Royaume des pins laricio. Vous voici dans la plus haute gare de Corse (906 m), inaugurée en 1889. Juste avant d'arriver à la gare, le train se faufile sous un tunnel rectiligne de 4 km, l'un des ouvrages les plus extraordinaires du réseau. Située au cœur de la splendide forêt et dominée par la silhouette massive du monte d'Oro, Vizzavona est une agréable petite station climatique, qui offre, en plus du calme, un grand choix de promenades en forêt, de courses en montagne et constitue la traditionnelle étape de mi-parcours du mythique GR 20.

Pour la nuit. La bâtisse du début 20e s., rénovée et entourée de forêt, se situe à deux pas de la gare (50 m exactement !). Elle abrite des chambres charmantes et confortables avec vue sur les arbres majestueux ou sur le monte d'Oro. Bonne cuisine du terroir à tarif raisonnable.
Hôtel-restaurant Le Vizzavona - hameau Vizzavona Gare - ✆ 04 95 47 21 12 - www.hotel-vizzavona.com - fermé de fin sept. à mi-mai - 12 ch. 112/132 € - chalet 4 ch. 77 € - ☕ 13 €.

Pour le pique-nique. Juste à côté, le refuge-bivouac L'Azarella fait également épicerie (charcuterie, fromages, fruits, légumes).
L'Azarella - ✆ 04 95 31 13 19 - www.alzarella.com.

Balades et randos au départ du col de Vizzavona. À 3,5 km au sud de la gare, le col de Vizzavona (foce di Vizzavona, 1163 m d'altitude) marque le passage stratégique entre la Corse-du-Sud et la Haute Corse. On peut rejoindre ce col depuis la gare en coupant à travers la forêt par le GR 20. Pour admirer la vue sur la vallée de la Gravona et le château démantelé se détachant sur la masse imposante du monte d'Oro, empruntez la petite route qui s'élève au sud, à travers les hêtres, vers un relais hertzien (15mn AR). Du col part le sentier vers la fontaine de Vitulo (15mn AR). Cette fontaine donne naissance au ruisseau de Foce, affluent de la Gravona. Juste en dessous du col de Vizzavona, à côté de l'hôtel Monte d'Oro, démarre le sentier qui mène aux Cascades des Anglais, célèbre balade de la région très fréquentée l'été (1h AR). Une belle piste descend vers la rivière, surplombée par un parcours aventure dans les arbres. Continuez tout droit sur un sentier moins large lorsque la piste tourne sur la droite. L'arrivée sur le site est marquée par une passerelle du GR 20 et par une... buvette. Il faut alors remonter la rivière pour trouver les petites cascatelles et les vasques pour se rafraîchir. Ne cherchez pas une cascade géante mais, en vous éloignant un peu, vous en trouverez une un peu plus grande que les autres et connue comme la cascade des Anglais. En été, venez tôt. N'hésitez pas à suivre le GR 20 environ 1h de plus : d'autres splendides vasques vous attendent en amont. Vous pourrez entreprendre des randonnées plus longues comme La Madonuccia (1h30 AR, balisage de points ronds jaunes).
Infos : www.corse-randos.com.

UNE FORÊT DE LÉGENDES

La forêt de Vizzavona, l'une des plus belles de Corse, s'étend entre le monte d'Oro et le col de Palmente. Ses dizaines de kilomètres de sentiers et de routes forestières, serpentant à travers les pins laricio et les hêtres, font la joie des randonneurs. Le pin laricio est l'un des plus grands arbres d'Europe. Son fût parfaitement rectiligne dépasse souvent 40 m de hauteur et atteint parfois 2 m de diamètre. Au 19e s., la dense et sombre forêt de Vizzavona était réputée périlleuse, car de nombreux bandits la fréquentaient : certains vont même jusqu'à prétendre qu'avant de la traverser on écrivait son testament !

À table ! Une bonne adresse à fréquenter après vos randos au col de Vizzanova. Cet établissement familial porte depuis plus d'un siècle la mémoire du col et de la construction du chemin de fer. Généreuse cuisine corse, incluant du bio et n'oubliant pas les végétariens, servie sur la terrasse ou dans la belle salle de restaurant ouverte sur la nature. Chambres et gîte d'étape également.
Hôtel-resto Monte d'Oro - col de Vizzanova - ✆ 04 95 47 21 06 - www.monte-oro.com - fermé de mi-oct. à fin avr. - plats 12/35 €.

❹ VIVARIU

➔La gare de Vivario est à 10mn à pied du village, accessible par un sentier. Elle se dresse sur un terre-plein soutenu par un très long mur en pierre.

Le pont du Vecchio, entre Vivario et Venaco, fut inauguré en 1894.

Vue plongeante sur la vallée du Vecchio. Étagé de part et d'autre de la T 20, ce village de montagne fait face, au sud-ouest, au monte d'Oro. Entouré de châtaigniers et de prairies, c'est un havre de fraîcheur en été. Sur la place centrale, une fontaine surmontée d'une Diane se dresse au-dessus de la vallée du Vecchio, face au cirque montagneux dominé par le monte Cardo. Promenez-vous dans les ruelles pentues, souvent en escaliers, avec leurs hautes maisons anciennes lovées autour de l'église. Entouré de sommets, de forêts, de lacs et de ruisseaux, le village est le point de départ de randonnées variées dans des paysages magnifiques (canyoning et escalade également possible).

À table et au lit ! Au centre du village, à 11mn de la gare, un joli petit hôtel à l'intérieur cosy avec ses murs crépis de blanc, sa cheminée et ses poutres apparentes. Les chambres sont confortables et sobres. La table de Karine sert une cuisine corse maison (beignets de poireaux, *tianu* de veau...), à apprécier en terrasse dans l'agréable jardin ou dans une élégante salle à manger. Une belle halte.

U Campanile *- ✆ 04 95 47 22 00 - www.hotel-restaurant-ucampanile.com - 5 ch. 80/90 € (ch. triple) - ☕ 10 € - ✕ 27 €.*

5 VENACU

→Ouvrez bien les yeux entre Vivario et Venaco : le train franchit le Vecchio par un pont datant de 1894. La gare est à 10mn à pied du village.

Un bourg à flanc de montagne. Adossé au monte Cardo dans un paysage où prédomine le châtaignier, ce bourg au cœur de la Corse est une agréable station climatique d'été (alt. 600 m). De la terrasse de son église baroque, la vue s'étend sur la vallée du Tavignano et sur les monts du Bozio. Dans les environs, on peut se baigner dans les eaux fraîches et translucides de la rivière et entreprendre des randonnées de toute beauté,

La place Gaffory à Corte.

comme celle à la chapelle Sant'Eliseo (2h30 aller - dénivelé 750 m).

Pour la nuit. Cette belle et solide maison du 19e s. en pierres sèches est située le long de l'axe principal du village et à de 10mn à pied de la gare. Le décor, un peu rétro, est relevé de tons rouges, dans les parties communes comme dans les confortables chambres. Spa (bain à remous et hammam). Accueil chaleureux. Assiettes dînatoires composées de succulents produits locaux.
Hôtel U Palazzu - ✆ 04 95 60 01 01 - www.hotel-upalazzu.fr - fermé oct.-mars - 12 ch. 87/105 € - 12 € - planche corse 20 €.

À table ! La terrasse de ce restaurant, bar et glacier est comme une vigie sur l'animation du village. Le menu corse bien fait, ainsi que les pizzas satisferont tout le monde.
Bar-restaurant La Place - pl. du Pont - ✆ 04 95 47 01 30 - fermé lun. matin - 15/25 €.

Pour le pique-nique. L'épicerie du village, tout près de la place centrale, dispose du nécessaire pour le pique-nique, à côté se trouvent un café-bar et une boulangerie.

A Fiera di u Casgiu. Le 1er w.-end de mai, la foire au fromage fermier attire chaque année à Venaco une foule de visiteurs venus goûter les meilleures productions fromagères de l'île. Concours régional, démonstrations de fabrication de fromages, rencontres avec des bergers-producteurs. L'occasion aussi de promouvoir d'autres produits du terroir : pâtisseries à base de *brocciu*, huile d'olive, charcuterie, miel, etc.
Infos : www.foiresdecorse.com.

6 CORTI

➔La gare de Corte est à 15mn à pied du centre.

Capitale de cœur des Corses. Située au carrefour de nombreuses vallées, à mi-chemin entre Bastia et Ajaccio, la ville universitaire de l'île est pleine de charme avec ses ruelles escarpées, pavées de galets et dominées par sa citadelle (15e s. et 18e s.). Capitale de l'État indépendant créé par Pascal Paoli entre 1755 et 1769, la cité porte fièrement une partie de l'histoire de la nation corse. Après une grimpette à travers les ruelles, on débouche sur le belvédère perché à plus de 100 m au-dessus du

Tavignano. C'est l'endroit idéal pour contempler l'éperon rocheux qui supporte la partie haute de la citadelle. Le vaste panorama embrasse le confluent du Tavignano et de la Restonica, un site grandiose. Arpentez aussi la ville basse : la place Paoli qui marque la jonction entre les deux parties de la cité et le cours Paoli. L'office de tourisme propose un itinéraire à pied pour découvrir la ville (sentier de Corte, 2 km, 1h) que l'on peut télécharger sur le site Internet.

Pour la nuit. Le plus vieil hôtel de la ville (19e s.), situé en plein centre, dans la rue principale à 15mn à pied de la gare, propose des chambres sobrement contemporaines, spacieuses, confortables et bien isolées. Accueil prévenant.
Hôtel du Nord - 22 cours Paoli - ✆ 04 95 46 00 68 - www.hoteldunord-corte.com - 15 ch. 102/122 € ☕ - snack-bar.

Toute la Corse dans un musée. Ici, point de nostalgie passéiste ! Ce musée régional d'Anthropologie de la Corse, installé dans l'ancienne caserne Serrurier, présente la vie traditionnelle corse en l'inscrivant dans son temps. La galerie Doazan expose une exceptionnelle collection d'objets, rassemblés par l'abbé Doazan entre 1951 et 1978 : *zucca* (gourde), canne de berger... C'est la Corse rurale qui revit à travers ces objets de la vie quotidienne. La galerie du « Musée en train de se faire » analyse les interactions entre cette vie traditionnelle et la modernité : évocation des débuts de l'industrialisation, de la naissance du tourisme et des questions identitaires.
La Citadelle - ✆ 04 95 45 25 45 - www.musee-corse.com - mai-oct. : 10h-19h ; nov.-avr. : tlj sf dim., lun. et j. fériés 10h-17h - fermé 1re quinz de janv. - 5,50 €.

À table ! Vous tomberez sous le charme de ce restaurant, avec sa terrasse étagée sur la célèbre rampe et sa salle en pierres apparentes. Charcuteries et viande cuite au feu de bois, dans la cheminée : *figatellu* à la braise, côte de veau corse... accompagnés de délicieuses « patatines » maison. Également des plateaux gourmands de produits corses. Excellent rapport qualité/prix.
La Rivière des Vins - 5 rampe Ste-Croix - ✆ 04 95 46 37 04 - Facebook - fermé dim. - menus 24/27 €.

Pour le pique-nique. Un groupe de producteurs du centre Corse se relaient pour tenir la boutique de cette petite coopérative. Ils ne vendent que leur production : fromages, charcuterie, vins, jus de fruits, huile d'olive, pain, noisette, miel, fruits et légumes de saison... Notez aussi que le marché de Corte se tient le vendredi matin place Tuffelli.
A Robba Paisana - 6 av. de la République - ✆ 06 79 55 53 06 - Facebook - fermé dim.-lun.

Pause sucrée. Depuis 1887, la famille Casanova réjouit les papilles des Cortenais. Parmi leurs créations, plusieurs fois primées, le Paoli, une mousse de *brocciu* à la farine de châtaigne et aux marrons confits. Pour déguster une succulente glace artisanale made in Corse, installez-vous dans la salle de la Gelateria ou sur la terrasse, en retrait de la route.
Pâtisserie Cananova - 6 cours Paoli - ✆ 04 95 46 00 79 - www.patisserie-casanova1887.fr - fermé dim.
Gelateria - 23 pl. Paoli - ✆ 04 95 61 01 32.

Randonnées et baignade alentour. Corte constitue une étape parfaite pour explorer les richesses du centre de l'île, partir en randonnées et se baigner dans des piscines naturelles d'eau translucide (demandez conseil sur place). Directement accessibles au départ de Corte : les vasques du Tavignano, marche et baignade (env. 5h AR, dénivelé 1050 m - sans difficulté majeure, mais pour marcheurs confirmés) ; l'arche de Corte - Arcu di Scandulaghju (5h AR, dénivelé 1000 m, sans difficulté majeure, mais pour marcheurs confirmés).
Accès : en juillet-août, une navette dessert les fabuleuses gorges de la Restonica, avec ses vasques et ses magnifiques randonnées vers lacs de Melo (1h30) et de Capitello (1h30 et 45mn suppl. - niveau moyen).

7 BELGUDÈ U POZZATELLU

➔Attention, il faut descendre à cet arrêt, beaucoup plus proche de Belgodère que l'arrêt suivant nommé Belgudè, qui se trouve sur la commune d'Occhiatana. Arrêt facultatif, appuyez sur le bouton. De là, comptez 10mn à pied par la route pour atteindre le village.

Village médiéval en balcon. Bienvenue en Balagne ! Élevé sur un éperon rocheux, entre pâturages et vergers, ce village, dominé par les ruines d'un vieux fort, occupe un séduisant site de terrasses au-dessus de la vallée verdoyante du Regino. Il fait partie du circuit touristique des « villages balcons » de la Balagne. Pour un exceptionnel panorama, suivez la ruelle en escalier qui grimpe entre les deux cafés de la place principale jusqu'aux vestiges du fort du 13e s. En redescendant sur la place, arrêtez-vous à l'église St-Thomas pour admirer dans le chœur un panneau sur bois (16e s.) de la Vierge à

l'Enfant. Un beau retable baroque en bois sculpté orne une chapelle, à droite.
Infos : balagne-corsica.com

À table et au lit ! Ce bâtiment centenaire situé à 5mn au nord du village abrite des chambres calmes au confort douillet avec une vue splendide sur la vallée du Regino jusqu'à la mer; certaines sont dotées d'un balcon ou d'une terrasse. Table réputée pour sa cuisine inspirée des recettes traditionnelles à base de produits locaux. Atmosphère familiale.
Le Niobel - lieu-dit Aghjola - ✆ 04 95 61 34 00 - www.leniobel.com - 11 ch. 161/206 €- ☕ 18,50 €- ✂ le soir.

Pour le pique-nique. Rendez-vous à l'épicerie communale.

8 L'ISULA ROSSA

➔À l'arrivée, le train traverse le centre-ville de L'Île-Rousse et longe la plage.

Un port fondé par Pascal Paoli. Avec ses rues en damier, ses squares fleuris et ses boutiques variées, L'Île-Rousse, principal port de Balagne, est une cité moderne et prospère qui vit au rythme des navires qui exportent les produits de la région. Dans cette station de villégiature attachante, très fréquentée dès le printemps, vous apprécierez la douceur du climat, la vue depuis l'île de la Pietra ainsi que les balades exceptionnelles dans l'arrière-pays (fiches de randonnée en vente à l'office de tourisme). La promenade dans la vieille ville débute naturellement place Paoli, sur laquelle trône le buste du fondateur. Entre la mer et l'église monumentale au fronton classique, cette vaste esplanade ombragée par des platanes centenaires, où se déploient les terrasses de cafés, est le cœur animé de la ville.

Pour la nuit. L'hôtel est aménagé dans une imposante demeure flanquée de palmiers et bénéficie d'une situation idéale : à 5mn à pied de la gare, à deux pas de la plage et de la place Paoli. Plusieurs types de chambres et de tarifs : les moins chères peuvent être petites, mais offrent un bon rapport confort-prix.
Hôtel Le Splendid - av. Comte-Valery - ✆ 04 95 60 00 24 - www.le-splendid-hotel.com - fermé nov.-mars - 🏊 - 51 ch. 80/203 € ☕.

LA BALAGNE À PIED

Amateur de randonnées ? Vous trouverez dans chaque localité un panneau illustré « Sentiers de Balagne » décrivant les sentiers alentour. Ainsi informé et équipé d'une bonne carte ou des fiches fournies par les offices du tourisme, vous pourrez profiter des 250 km de parcours dans la région, en particulier pour explorer les villages nichés à l'intérieur des terres au riche patrimoine tant naturel que culturel.

À table ! Les Îles-Roussiens apprécient cette adresse sans prétention qui propose un seul menu à prix fixe ainsi que quelques plats régionaux ou plus traditionnels, toujours bien maîtrisés. C'est dans une ambiance conviviale que l'on déguste la soupe du jour.

L'Île-Rousse.

A Quadrera - 8 r. Napoléon - ✆ 04 95 60 44 52 - fermé mar. et de nov. à avr. - plats 24/37 €.

Pour le pique-nique. En retrait de la place Paoli, le marché couvert offre une belle architecture du 19e s. à colonnades antiques. On y trouve chaque matin les bons produits de Balagne (charcuteries, miels, fruits et légumes...) et du poisson frais.

Une superbe plage en ville. La plage de sable fin et ses paillotes est seulement séparée de la place Paoli par les rails discrets de la ligne de chemin de fer !

Pause sucrée. La boutique de la biscuiterie familiale artisanale basée à Cateri, en Balagne, pour acheter *canistelli*, *tourtellini* et *olioses* (canistrelli salés), ainsi que des confitures.

Biscuiterie Salvatori - pl. du Canon - ✆ 04 95 60 01 49 - fermé dim. apr.-midi en hiver.

L'heure de l'apéro. Prenez le Grand Large : restaurant, glacier... et surtout une situation privilégiée sur la plage. Idéal pour un apéritif « panoramique », dans un transat. Sinon, A Casa Corsa sert une petite restauration façon bar à vins sur une terrasse agréable de la place centrale. Rien n'est oublié, ni la charcuterie de montagne, ni le fromage, ni les vins et encore moins la fameuse bière de Furiani.

Le Grand Large - *prom. A Marinella - ✆ 04 95 60 02 29 - avr.-oct. : tlj.*
A Casa Corsa - *22 pl. Paoli - ✆ 04 95 60 23 63 - tlj - fermé de mi-oct. à mi-mars.*

Jardin d'exception face à la mer. Aménagé sur 7 ha, ce jardin botanique vous plonge au cœur de la végétation méditerranéenne, corse en particulier. Le parcours se divise en six espaces thématiques (ne manquez pas ceux dédiés au maquis et à l'olivier), à parcourir sur 1 km de sentiers ombragés jalonnés de sculptures ou d'installations, et de panneaux pédagogiques sur la botanique et l'histoire du lieu. Belles collections de lauriers-roses, oliviers, romarins et euphorbes. Restaurant-salon de thé et boutique de produits bio et locaux.

Parc de Saleccia - *à 4 km de L'Île-Rousse, sur la T 30, accessible à pied par le sentier côtier en 1h env. - rte de Bastia - ✆ 04 95 36 88 83 - www.parc-saleccia.fr - juil.-août : 9h30-19h; mars-juin et sept. : tlj sf lun. 9h30-19h (ouv. 10h le dim.); oct. : merc.-dim. 10h-18h - fermé de fin oct. à fin mars - 11 €.*

9 A MARINA DI DAVIA

→La Marine de Davia est un arrêt facultatif, appuyez sur le bouton. Pensez à apporter votre pique-nique.

Trois petites plages au calme. De la gare, on rejoint en quelques minutes à pied les trois belles plages de sable blanc qui composent la Marine de Davia : Fornello (env. 400 m au sud-ouest), Capite (300 m

Le « petit train » dessert les stations balnéaires entre L'Île-Rousse et Calvi.

au nord-ouest) et Vignola (800 m au nord-est). Pour y arriver, vous suivrez des petites routes qui longent les somptueuses villas entourées de végétation faisant partie du vaste espace résidentiel privé de Davia. Baignade non surveillée.

10 AREGNU

➔**Arrêt facultatif à côté de la plage d'Aregno.**

Une plage immense : farniente ou activités ? Cette longue et belle plage de sable d'Aregno-Algajola ménage une vue magnifique sur le village d'Algajola et sa forteresse au sud. Si vous cherchez la tranquillité, installez-vous dans sa partie nord. Dans la zone sud, côté Algajola, vous trouverez diverses activités nautiques (*voir p. 306*).

11 L'ALGAGHJOLA

➔**Appuyez sur le bouton. La gare d'Algajola se trouve dans le village, à 5mn de la plage.**

Un village fortifié. Nichées au creux le plus profond de la baie, une longue plage de sable fin et une photogénique petite citadelle ont fait la popularité de cette agréable et charmante station balnéaire, établie entre les marines de Davia et de Sant'Ambroggio. De son architecture militaire, la ville conserve des maisons blotties à l'intérieur de remparts, quelques ruelles et passages voûtés et une partie de sa citadelle au bout du promontoire. Bars, restaurants et activités nautiques animent le bord de mer. À l'ouest d'Algajola, le quartier San Damiano accueille le port de pêche et une plage abritée.

Plongée sous-marine.

Pour la nuit. Cet hôtel à 2mn de la gare domine une charmante crique. Empruntez son escalier de bois et vous êtes sur les rochers face aux eaux claires de la mer. Deux catégories de chambres (simples, calmes, confortables et modernes, équipées de mini frigo) sont proposées : vue sur mer ou en rez-de-chaussée avec petite terrasse donnant sur le jardin.
Hôtel St-Joseph - 1 chemin de Ronde - ☏ 04 95 60 73 90 - www.hotel-algajola.com - fermé janv.-fév. - 23 ch. 67/115 € - ☕ 8 €.

Le castellu. Construite au 17e s. autour d'un château (dont subsiste la tour fortifiée), la citadelle (ne se visite pas) conserve son bastion triangulaire et ses échauguettes. Ce « château » servit de résidence au lieutenant-gouverneur de Balagne. En 1643, lors de la destruction d'Algajola par les Sarrasins, la garnison génoise s'y retrancha tandis que l'église St-Georges, semi-fortifiée, servait de refuge aux habitants. Voyez l'intérieur de l'édifice : éclairé par de petites fenêtres hautes, il présente une abside à voûte génoise. Les abords de la citadelle, bien aménagés, se composent notamment d'un jardin offrant de belles vues sur la mer.

À table ! À quelques pas de la citadelle, une valeur sûre à Algajola, où l'on déguste une honnête et copieuse cuisine corse et internationale. Au choix, la belle terrasse ombragée ou la cave voûtée.
La Vieille Cave - 9 pl. de l'Olmo - ☏ 04 95 60 70 09 - fermé le midi et de mi-oct. à fin mars - plats 20/31 €.

Pour le pique-nique. Supérette et boulangerie dans le village.

Plage Algajola-Aregno. La baignade peut commencer à Algajola même, au pied du castellu autour de quelques rochers. À côté, la plage, qui se prolonge par celle d'Aregno, déroule 1,5 km de sable fin exposé au vent. Amateurs de stand up paddle ou de plongée en eau profonde ou de surface. Par vent fort, gagnez la petite plage du port de San Damiano (à l'ouest de la citadelle), plus abritée.
Algajola Sport et Nature - sur la plage - ☏ 06 30 60 08 64 - www.algajola-sportetnature.com - fermé nov.-mars.

Petites randos. L'office de tourisme vous renseignera sur les boucles balisées (1h30 à 4h) au départ d'Algajola.

12 A MARINA DI SANT'AMBROSGIU

➔ La Marine de Sant'Ambroggio est un arrêt facultatif, appuyez sur le bouton.

Port de plaisance et plage abritée. En dépit de la multiplicité des lotissements récents et d'un grand village de vacances, le site de la marine de Sant'Ambroggio (sur la commune de Lumio) a conservé un cadre naturel autour d'une belle plage de sable, au fond de la baie, la plupart du temps à l'abri du vent.

Pour le pique-nique. Durant la saison estivale, boulangerie, supérette. Attention ! hors saison, la plupart des commerces sont fermés.

À la découverte des fonds sous-marins. L'un des centres de plongée les mieux équipés de la côte propose des explorations jusqu'à la baie de Calvi, parmi plus de 30 sites répertoriés, dont le célèbre Danger d'Algajola (5-20 m, idéal pour les débutants) et les impressionnants tombants de la Revellata. Randonnée palmée pour ceux qui préfèrent observer la faune en surface. Mais aussi location de paddle et kayak.

Diving Corsica - *06 27 57 18 06/06 23 63 03 31 - www.divingcorsica.com - fermé oct.-mars.*

Chaos granitique et criques sauvages. À 2 km en direction de l'ouest, évoluant le long du littoral à travers de splendides chaos granitiques, vous tomberez sur la magnifique punta di Spano, promontoire sauvage protégé que prolonge l'île de Spano. Vous profiterez de belle vues sur la baie d'Algajola et le golfe de Calvi. Et vous pourrez vous baigner dans des criques.

13 LUMIU - L'ARINELLA

➔L'arrêt dessert Lumio et L'Arinella. Arrêt tout près de la plage. Appuyez sur le bouton.

Plage de L'Arinella : superbe panorama. Plage idéale pour la baignade ou les bains de soleil tout en profitant d'une belle vue sur la baie de Calvi, avec une tour génoise en toile de fond. La zone comprend plusieurs petites plages de sable blanc bordées de rochers doux et caressées par des eaux cristallines. Bondées en été (bien plus tranquilles le reste de l'année), elles sont reliées entre elles par un sentier et équipées d'agréables paillotes-restaurants.

À table ! Les pieds de table dans le sable de la petite plage de l'Arinella, ce Matahari séduit avec ses bons produits de la mer, ses spécialités insulaires et ses préparations aux influences italiennes. Réservation indispensable en soirée pour dîner à la lueur des bougies. Vous pouvez aussi simplement venir y boire un verre.

Le Matahari - plage de l'Arinella - 04 95 60 78 47 - www.lematahari.com - fermé lun. soir et de fin sept. à mi-avr. - plats 20/35 €.

Lumio : un village en balcon sur la mer. Groupé en amphithéâtre, au-dessus de sa grande église baroque flanquée d'un haut campanile ajouré, l'opulent et fleuri bourg de Lumio, patrie de Laetitia Casta, forme un splendide belvédère sur le golfe de Calvi, au milieu des oliviers et des vergers. Typiquement corse, ce village de Balagne aux jolies maisons à arcades, est traversé par des ruelles étroites. On ne peut manquer, avenue Bella-Vista, l'imposante construction carrée décorée d'arcades à son sommet. Il s'agit du Carrubo, construit au 18e s. par un abbé pour accueillir une école et les pauvres du village.

Accès : par la petite route qui grimpe - 3 km - env. 45mn à pied.

LA NAVETTE DES PLAGES

Entre L'Île-Rousse et Calvi (env. 40mn de trajet), ce train, surnommé « le tramway de Balagne » longe au plus près la côte granitique, ponctuée de plages de rêve aux eaux turquoise et au sable fin. Il offre des points de vue splendides et inaccessibles depuis la route : la mer n'est souvent qu'à quelques mètres des rails ! Certains arrêts sont facultatifs, il faut appuyer sur le bouton de demande d'arrêt situé près des portes du train ; vous y ferez halte pour quelques heures ou la journée. Emportez masque et tuba pour l'exploration sous-marine. Et pour les étapes de nuit, L'Île-Rousse, Algajola et Calvi offrent de nombreuses possibilités.

14 CALVI

➔Avant l'arrivée, le train longe la baie de Calvi en suivant au plus près la plage. Sublime ! De la gare, vous êtes à 5mn à pied de la marine et à 10mn de la citadelle.

« Capitale de la Balagne ». Fièrement campée sur sa rade lumineuse dans un cadre de montagnes souvent enneigées, Calvi compte parmi les plus beaux sites maritimes de l'île. La citadelle, plantée sur un promontoire qui fend les eaux turquoise entre sa baie et la pointe de la Revellata, se détache au milieu d'un paysage empli de quiétude. Connue pour la pêche à la langouste et rythmée par une riche vie culturelle, la cité est un centre de villégiature très apprécié, avec sa plage bordée de pins parasols qui s'allonge au fond d'une vaste baie. C'est aussi une escale de choix pour les plaisanciers, assurés d'un mouillage réputé depuis l'Antiquité.

Pour la nuit. Un bel hôtel, moderne et bien conçu, où les chambres épurées et agréables sont toutes climatisées et, pour certaines, prolongées d'une terrasse. Les suites peuvent accueillir jusqu'à 4 personnes. L'établissement se situe à 5mn de la gare à quelques pas du port de plaisance.

Casa Bianca - chemin San Francesco - rte du stade - 04 95 60 08 33 - www.hotel-casa-bianca.com - 15 ch. 102/217 €, 6 suites 140/213 € - 12 €.

***Attention :** en juillet août, les tarifs atteignent des sommets à Calvi et les hôtels font vite le plein. Pensez à réserver bien à l'avance.*

Une puissante citadelle (15e s.). Le quartier de la citadelle a connu six siècles de présence génoise.

Il dresse les murailles ocre de son enceinte puissamment bastionnée au-dessus de la ville basse et du port. Protégée par les remparts, l'attachante vieille ville se compose de ruelles étroites, de placettes en pente ou en escaliers et bordées de maisons progressivement restaurées. Le chemin de ronde offre des panoramas splendides. Voyez en particulier le Teghiale, bastion nord, où se trouve une table d'orientation à l'ombre de vieux genévriers. Édifiée au sommet du rocher au 13e s., la cathédrale St-Jean-Baptiste fut reconstruite au 16e s. Sous une élégante coupole, l'intérieur en forme de croix grecque abrite des œuvres remarquables : bénitier en albâtre (1443), fonts baptismaux de style Renaissance, décorés sur la vasque de gracieuses têtes d'anges et sur le piédestal de sirènes, chaire en chêne sculpté, Christ noir dit des Miracles (15e s.), vêtu d'un pagne d'argent, Vierge du rosaire.

La marine. Avec ses cafés et ses restaurants, et ses quais plantés de palmiers, la ville basse envahie par la foule en été offre un contraste saisissant avec les rues silencieuses de la citadelle. Pavée de grosses pierres et bordée de boutiques et de maisons aux couleurs pastel, la rue Clemenceau en est l'artère principale. Bien protégé des vents d'ouest par la citadelle, offrant un mouillage sûr et facilement accessible, c'est l'un des ports de plaisance les plus recherchés de Corse. Les voiliers venus de toute l'Europe côtoient des yachts parfois impressionnants. Quelques barques de pêche et des bateaux de gros tonnage qui exportent les produits de la Balagne rappellent que l'activité est aussi commerciale.

À table ! La Casa Vinu propose quelques bonnes assiettes de charcuterie et fromages et des petits plats bien faits et généreux. Pour les vins, il suffit de parcourir le magasin pour trouver et se faire conseiller une bonne bouteille.

Casa Vinu - 15 bd Wilson - ✆ 04 95 31 37 09 - fermé le soir et dim.- 9/23 €.

Pour le pique-nique. Le marché couvert, avec ses délicieux produits de Balagne, s'anime tous les matins dans la ville basse. Côté boutique, en passant sous les jambons suspendus à la potence au-dessus de l'entrée d'A Casetta, vous trouverez une belle sélection de fromages, huiles, herbes du maquis, paniers garnis, vins et bières… Terrasse sur le port pour déguster produits artisanaux et plateaux-repas découverte.

A Casetta - 16 r. Georges-Clemenceau - ✆ 04 95 65 32 15 - www.acasetta.net - tlj - fermé de mi-nov. à mars.

Forêt de pins et plage de sable fin. La pinède s'étend sur près de 4 km, de la marine à l'embouchure de la Figarella. Créée à la fin du 19e s. pour assurer le maintien des dunes et l'assainissement des marais, elle compte des pins maritimes, des mûriers et des eucalyptus. Un parcours de santé ombragé permet de s'y défouler. Des infrastructures de tourisme et de loisirs y ont élu domicile. La plage est séparée de la pinède par les rails. Très longue, elle offre de belles vues sur la ville et la citadelle. Pour vous baigner, privilégiez la partie plus proche de la cité de Calvi, mieux équipée et légèrement plus profonde.

Calvi, vue depuis la citadelle.

Calvi Nautique Club - port de plaisance - ✆ 04 95 65 10 65 - www.calvi-nautique-club.com - tlj en juil.-août - l'une des bases nautiques les plus importantes de Corse, location de planches à voile, kayaks, funboard...

Pause glacée. Bien que la concurrence soit rude à Calvi, c'est ici qu'on dégustera sans doute les meilleures glaces, avec un très large choix. Goûtez en particulier la noisette ou le chocolat.

Soléa - 14 r. Clémenceau - ✆ 06 07 66 06 21 - tlj en saison.

Joyau du patrimoine naturel. Autour de Calvi, la côte réserve de belles balades aux panoramas grandioses (descriptifs d'itinéraires à l'office de tourisme). Bordée d'une côte sauvage dentelée, gérée par le Conservatoire du littoral, la péninsule de la Revellata est un formidable bijou de la nature. À l'extrémité du vaste promontoire de 300 ha se dresse un phare. Tout au long de la descente, des vues splendides se révèlent sur les anfractuosités de la côte.

Punta de la Revellata - dép. de la piste à 3 km au nord-ouest de Calvi en longeant la côte (env. 40mn à pied). Après 1,5 km, prendre à droite vers la plage et continuer jusqu'au phare en passant par la station de recherche océanographique Stareso (propriété privée) - 3h AR.

Festivals de musique. Début juillet, Calvi se mue en Ibiza-Coachella version corse lors de « Calvi on the Rocks », festival electro les pieds dans l'eau !

Mi-septembre, les Rencontres polyphoniques résonnent dans la citadelle et dans la cathédrale St-Jean-Baptiste.

Infos : www.calviontherocks.com.

Chemin de fer en Auvergne

AU DÉPART DE LYON

Vous pourrez rejoindre Lyon-Part-Dieu en TGV direct entre autres au départ de Paris-Gare-de-Lyon, Montpellier, Marseille, Dijon, Lille et Strasbourg ou en Intercités depuis Nantes.

CLERMONT-FERRAND - AURILLAC

En route pour le territoire des volcans : de la capitale de l'Auvergne, à l'ombre du majestueux Puy de Dôme, à Aurillac, au cœur des monts du Cantal, cette ligne traverse des paysages grandioses, dont une partie du Parc naturel régional des Volcans d'Auvergne. Entre nature sauvage et cités chargées d'histoire et de culture, chaque escale vous laissera un souvenir fort. Et en hiver, vous pourrez chausser les skis directement à la descente du train au Lioran, à près de 1200 m d'altitude !

DE CLERMONT-FERRAND À AURILLAC - 8 JOURS

- Pour rejoindre Clermont-Ferrand depuis Lyon-Part-Dieu : 8 TER/j direct (2h24)
- Trajet sans escale : 2h35
- Fréquence : 5 TER/j
- Horaires : www.ter.sncf.com/auvergne-rhone-alpes
- Tarif sans escale : 33,40 €
- Services à bord : transport gratuit de vélo
- Pour le retour à Lyon, correspondance à Clermont-Ferrand
- Bon à savoir : en hiver, la neige peut bloquer la circulation des trains au niveau du Lioran et en direction d'Aurillac ; Allo TER : 09 69 32 21 41

Où se placer pour admirer le paysage ? Plutôt à gauche dans le sens de la marche.

Cathédrale gothique de Notre-Dame-de-l'Assomption de Clermont-Ferrand.

1 CLERMONT-FERRAND

➔ De la gare, comptez 10-15mn à pied pour rejoindre le vieux Clermont, ou en bus, ligne B. Vous pourrez prendre le tramway entre la place de Jaude et Montferrand.
Infos - www.t2c.fr.

Capitale de l'Auvergne... et du pneumatique ! Clermont-Ferrand conjugue les attraits d'une ville de caractère à ceux d'un splendide environnement naturel. Le vieux Clermont est bâti sur une légère butte, vestige de l'un des trois cônes volcaniques qui s'étendaient jadis jusqu'à l'entrée de Chamalières. Richesse du patrimoine et rayonnement culturel, dynamisme industriel et universitaire comptent parmi les atouts de cette cité. Le centre historique regorge de trésors : hôtels particuliers, pittoresques courettes intérieures, fontaines baroques, façades ouvragées, tourelles d'escalier... Ne manquez pas de visiter la basilique romane N.-D.-du-Port (12e s.), qui présente une exceptionnelle unité de style. Le chœur et les chapiteaux comptent parmi les plus caractéristiques de l'art roman auvergnat.

Pour la nuit. L'Ibis Styles Clermont-Ferrand Gare, voisin de la gare, possède un hall contemporain et des chambres aux tons vifs dotées de meubles modernes en bois clair. Bonne insonorisation. À 12mn à pied de la gare, au pied du centre historique, tout près de la rue du Port et des petites rues piétonnes, l'Hôtel littéraire Alexandre Vialatte une bonne adresse pour découvrir la ville. Petit-déjeuner servi au dernier étage, avec une belle vue sur Clermont-Ferrand.

***Ibis Styles Clermont-Ferrand Gare** - 53 av. de l'Union-Soviétique - ✆ 04 73 91 82 27 - all.accor.com - 48 ch. 96/119 € ☕.*

***Hôtel littéraire Alexandre Vialatte** - Best Western Plus - 16 pl. Delille - ✆ 04 73 91 92 06 - www.hotelvialatte.com - 62 ch. 124/159 € - ☕ 16 €.*

Cathédrale gothique... noire. La cathédrale N.-D.-de-l'Assomption, construite entre 1248 et 1884 dans le style rayonnant d'Île-de-France, doit sa couleur noire à l'andésite, la pierre volcanique de Volvic. Depuis la tour de la Bayette, vous bénéficiez d'un beau panorama sur Clermont et ses alentours. Admirez les superbes vitraux et le très riche ensemble de fresques. S'ils sont ouverts, visitez la crypte qui renferme notamment un très beau sarcophage du 4e s. et le trésor présentant des collections allant du 12e au 19e s.

La fabuleuse histoire de Michelin. Découvrez la passionnante aventure industrielle des frères Michelin dans une mise en scène originale et interactive. Outre le tout premier pneu automobile, vous verrez L'Éclair, la première voiture sur pneus, une Micheline, la carte routière n° 1, et une foule d'autres innovations. Juste en face, le stade Marcel-Michelin, autre incontournable de la vie clermontoise, accueille un espace dédié à l'histoire de l'ASM.
L'Aventure Michelin - 32 r. du Clos-Four - 04 73 98 60 60 - laventure.michelin.com - juil.-août : 10h-19h; reste de l'année : tlj sf lun. 10h-18h - 12 €.

À table ! Tout près de la cathédrale, la Brasserie Derrière, toujours animée, propose des plats du jour pour le déjeuner (bon onglet), des salades et des pizzas. Le soir, l'endroit devient plutôt bar tendance avec une clientèle jeune et branchée.
Au Comptoir des Saveurs, on peut jouer à la dînette en picorant parmi les propositions du chef – plats servis en mini portions – qui changent chaque jour. Un concept sympa dans un cadre contemporain.
Brasserie Derrière - 12 pl. de la Victoire - 04 73 91 57 14 - formule déj. 14 € - pizzas 9/13 € - carte midi seult, planches apéritives le soir.
Le Comptoir des Saveurs - 5 r. Ste-Claire - 04 73 37 10 31 - www.le-comptoir-des-saveurs.fr - fermé 3 sem. en août - formules déj. 25/48 € - menus 35/48 €.

Pour le pique-nique. Le marché St-Pierre abrite des stands de produits régionaux (fromages, charcuteries), fruits et légumes, etc. Également un espace de restauration au centre.
Marché St-Pierre - pl. du Marché-St-Pierre - www.marche-saint-pierre.com - tous les matins sf dim.

Pause sucrée. La Chaumière, établissement de tradition, a près d'un siècle ! Martial Ray, pâtissier-chocolatier, y élabore des délices comme le nuage du puy de Dôme (une meringue au miel parsemée de noisettes et d'amandes effilées). Côté pâtisserie, les incontournables côtoient les créations, à déguster sans compter au salon de thé. Pour une pause rafraîchissante, rendez-vous chez Les petits glaçons qui confectionne des glaces et sorbets 100 % maison, cornet compris, avec des fruits frais de saison. Un régal ! Agréable petite terrasse pour déguster sur place. Propose également des pâtisseries glacées et des madeleines.

La vie en Bib à l'Aventure Michelin.

La Chaumière - 4 r. St-Dominique - 04 73 37 55 90 - www.martial-ray.com - fermé dim.-lun.
Les petits Glaçons - Halle gourmande (à l'ext. côté r. des Gras) - pl. St-Pierre - 06 95 60 12 89 - tte l'année - fermé dim.-lun.

L'heure de l'apéro. Un bar à vin reconnu pour la qualité de ses crus et la chaleur de son accueil. Plus de cinquante références de vin à la carte. Une tartine, des charcuteries ou des fromages régionaux peuvent avantageusement accompagner votre verre.
Un Singe en hiver - 13 pl. du Mar.-Fayolle - 04 73 36 94 36 - fermé dim.-mar.

Clermont festive. Parmi les nombreuses manifestations et les festivals qui animent Clermont-Ferrand toute l'année, citons l'Europavox, qui met en scène la diversité musicale européenne durant 4 jours fin juin-début juillet, ainsi que le festival international du court-métrage, référence en matière de cinéma, fin janvier.
Infos : www.europavoxfestivals.com; www.clermont-filmfest.com.

2 ISSOIRE

Louer un vélo. À Issoire, tout se fait facilement à pied. Toutefois, si vous voulez faire un tour du centre à vélo, une douzaine de vélos Apilib sont en libre-service.
Apilib' - station à 10mn à pied de la gare (pl. du Chancelier-Duprat) - www.issoire-tourisme.com - gratuit 30mn.

Un beffroi et un trésor d'art roman. Nichée entre les pentes du Livradois, des monts Dore et le Dauphiné d'Auvergne, Issoire conserve son lacis médiéval de ruelles étroites bordées de vieux logis, où l'on peut déambuler à sa guise. Le soir en saison, la vieille ville se pare de lumières mettant en valeur toute sa richesse architecturale. À découvrir : la tour de l'Horloge, ancien beffroi de la cité (15e s.), la place de la République, l'hôtel Bohier, les biefs ou canaux, etc. La ville possède surtout l'une des plus belles églises romanes de toute l'Auvergne, l'abbatiale St-Austremoine. Bâtie au 12e s., elle doit son nom au premier évêque en pays arverne, Austremoine, venu de Rome avec six compagnons pour évangéliser la Gaule. Le chevet est l'exemple accompli de l'art roman auvergnat par l'harmonie des proportions, la pureté des lignes et la richesse de la décoration. Amusez-vous à reconnaître les signes du zodiaque sculptés dans l'arkose blonde, une des pierres volcaniques locales.

Pour la nuit. Cette bâtisse des années 1950, au calme à 10mn de la gare, abrite des chambres rénovées au décor raffiné et coloré.
Hôtel Le Pariou - 18 av. Kennedy - ✆ 04 73 55 90 37 - www.hotel-pariou.com - - 54 ch. 80/115 € .

À table ! Ici on savoure à la bonne franquette des produits de qualité, dans un cadre à la déco vintage. Alors, burger, salade ou menu de la semaine ?
HoBistro - 23 bd Triozon-Bayle - ✆ 09 86 70 51 06 - fermé dim. - plats 16/17 € - menu 19 €.

Pour le pique-nique. Tous les samedis, un important marché regroupe producteurs des environs et commerçants autour de la place de la République.

Pause sucrée. Dans cette boulangerie-pâtisserie artisanale près de la Tour de l'horloge, Christophe Gignac confectionne le Suprême d'Issoire, une fameuse spécialité locale. Il s'agit d'un biscuit à pâte croustillante, meringué-macaroné et fourré avec une crème pralinée légère. Un régal...
La Couronne d'Arthur - 8 r. du Ponteil - ✆ 04 73 54 24 10 - fermé dim. apr.-midi et lun.

Coulée verte. À côté de la gare s'étend le parc René-Cassin, pratique et agréable pour pique-niquer. De là, un chemin piétonnier longe la Couze pavin vers l'est, qui vous mène en 30mn au plan d'eau du Mas (pêche, tables de pique-nique), agréable espace de verdure au bord de l'Allier.

LE PUY DE DÔME EN TRAIN

Quelque 80 volcans s'alignent entre les gorges de la Sioule et la grande Limagne. Avec ses 1 465 m d'altitude, le Puy de Dôme constitue l'un des plus majestueux sommets de la Chaîne des Puys.
En saison, vous pouvez le rejoindre par la navette au départ de la gare de Clermont-Ferrand qui dessert le train à crémaillère. À moins d'entreprendre l'ascension à pied, par le chemin des Muletiers ou celui des Chèvres, moins raide.
Navette de Clermont-Ferrand au Panoramique des Dômes : de déb. avr. à déb. nov. - payant.
Panoramique des Dômes - www.panoramiquedesdomes.fr - juil.-août : 9h-21h, ttes les 20mn ; avr.-juin et sept.-nov. : 9h-19h20, ttes les 40mn ; reste de l'année : µmerc.-dim. 10h-17h30, ttes les h. - 17,20 € AR.

Les Vendred'Issoire. Les vendredis d'été, le centre-ville devient festif et convivial : terrasses de café, concerts, animations, à partir de 19h30.

3 BRASSAC-LES-MINES

➔ La gare est à 5mn à pied du centre-ville, et les deux musées à 3 km au nord-ouest (pas de bus, prévoyez des chaussures confortables). Attention, pas d'hébergement à Brassac-les-Mines en dehors du camping. À prévoir sur une journée, au départ d'Issoire.

Au fil de la mine et de l'Allier. Une voie romaine desservait cette petite cité agricole du val d'Allier. Lieu de passage et d'échanges, Brassac est aussi une étape sur le chemin de St-Jacques-de-Compostelle. Mais elle est surtout connue pour son industrie houillère, qui remonte au 15e s., à laquelle elle doit son nom actuel. Sa position sur l'Allier et, plus encore, l'ouverture du canal de Briare, en 1664, qui permit aux bateliers d'atteindre la Seine, favorisa son développement. Le musée de la Mine témoigne de cet important patrimoine. Il occupe l'ancienne machinerie de l'exploitation du puits Bayard. Une galerie, s'étendant sur 160 m, est aménagée à moins de 5 m sous terre. Vous pourrez aussi vous balader, dans une nature préservée, sur les sentiers du bassin minier qui longent l'Allier et l'Alagnon.
Musée de la Mine - rte de la Combelle, lieu-dit Bayard - ✆ 04 73 54 35 82 - www.brassaclesmines.fr - juil.-août. : mar.-dim. 14h-18h ; sept. : sam. et dim. sur réserv. - 7 €.

Depuis Massiac, grimpez à la chapelle Ste-Madeleine.

Pour le pique-nique. Marché de producteurs le dimanche matin place Raymond-Peynet. Épicerie, boulangeries, snacks et supermarché en ville.

4 MASSIAC-BLESLE

➔La gare de Massiac-Blesle ne dessert en fait que Massiac. Elle est à 10mn à pied du centre du bourg d'où vous pouvez rejoindre les rives de l'Alagnon, à 100 m, en empruntant la passerelle au-dessus de la rivière (agréable sentier, aménagé sur une portion).

Porte d'entrée du Cantal. Massiac se niche au fond d'une vallée verdoyante qui s'étire jusqu'aux monts du Cantal. Encadré par les promontoires rocheux de St-Victor et de Ste-Madeleine, ce vieux bourg garde l'entrée des gorges de l'Alagnon. Il conserve aussi un beau patrimoine : outre l'ancien château (actuelle mairie), on peut voir une belle maison en bois du 17e s. et une grosse tour ronde en pierre, vestige des remparts. L'église St-André abrite quant à elle d'intéressantes statues en bois polychrome (15e-17e s.) et une toile de Guy François, *L'Adoration des bergers* (17e s.).

Pour la nuit. Ce bâtiment moderne, à 15mn à pied au nord de la gare, propose des chambres bien équipées et meublées dans un esprit contemporain. Buffet du petit-déjeuner à base de produits régionaux et, s'il fait beau, vous prendrez celui-ci en terrasse face au parc en bordure de l'Alagnon. Établissement très bien tenu et accueil souriant.
Hôtel La Colombière - 4 rte de Clermont-Ferrand - ☏ 04 71 23 18 50 - www.hotel-lacolombiere.com - fermé fév. - 30 ch. 72/77 € - ☕ 9 €.

À table. Cuisine traditionnelle et goûteuse, pizzas en fin de semaine. Une valeur sûre.
La Calèche - 77 av. du Gén.-de-Gaulle - ☏ 04 71 23 02 63 - fermé dim. soir et lun.-mar. - menus 15/27 €.

Pour le pique-nique. Le marché se tient le mardi matin place de la Gare. Par ailleurs, on trouve boulangerie, cafés, restaurants et autres commerces dans le centre.

Pause sucrée. Le macaron est une spécialité de Massiac. Dégustez ce merveilleux petit gâteau chez un grand maître de fabrication.
Au Macaron de Massiac - 14 r. du Dr.-Mallet - ☏ 04 71 23 10 08 - fermé dim. apr.-midi et lun.

Chapelle du vertige. À la pointe sud-est du plateau de Chalet, accrochée tel un rapace au bord du promontoire (708 m), la chapelle Ste-Madeleine du 11e s. vaut l'ascension pour la vue impressionnante qu'elle délivre sur Massiac et la vallée de l'Alagnon (45 mn). Bâtie en basalte et tuf volcanique, elle est précédée d'un porche à auvent appelé « caqueteuse », doté d'un banc de chaque côté. À l'intérieur, la voûte abrite un Christ en majesté.

5 MURAT

Sur la Via Arverna. Perchée à 980 m d'altitude, Murat la médiévale étage ses maisons grises aux toits de lauzes sur les flancs du neck volcanique de Bonnevie, qui présentent de curieuses colonnades naturelles de basalte, remarquables par leur régularité et la longueur de leurs prismes. De là-haut, vous apprécierez la vue sur les toits de Murat et sur les monts du Cantal. La ville, agréable et commerçante, conserve un joli patrimoine architectural. Des plaques sont apposées sur les principales curiosités. C'est aussi une base idéale pour de splendides excursions à pied dans les monts du Cantal et la vallée de l'Alagnon. En été, la découverte nocturne de Murat, à la lueur des flambeaux, révèle une tout autre dimension.

Pour la nuit. Monique vous accueille dans une maison du 17e s. rénovée (à 11mn de la gare), au cœur de la cité médiévale. Bien équipées, les chambres mêlent charme et authenticité. Les repas sont servis près de la cheminée. Un espace bien-être, avec spa et sauna, est installé dans le jardin japonais. Profitez du sauna à la nuit : il offre une vue exceptionnelle sur les montagnes, le rocher de Bonnevie et le ciel étoilé.

L'Escale de Camille - 20 r. de Lavergne - ✆ 06 10 34 15 96 - www.lescaledecamille.fr - 4 ch. 105/125 €.

À table ! Ce restaurant traditionnel, qui a ses nombreux habitués, sert d'excellentes spécialités auvergnates : viande de salers, pounti, chou farci et truffade maison. En dessert, essayez le cornet de Murat, délicieux. Ambiance chaleureuse et bon enfant.

Tendances et saveurs - 23 r. du Hector-Peschaud - ✆ 04 71 23 94 78 - fermé dim. soir et lun. - plats 14/35 €.

Pour le pique-nique. Françoise est « guide de terroir ». Elle achète directement ses produits frais, confitures et autres spécialités chez les producteurs locaux. Sa boutique est un hymne à l'Auvergne (fromages, charcuteries...). Sinon, vous pouvez aller

faire vos achats au marché de Murat le vendredi matin, place du Balat et place de l'Hôtel-de-Ville.

Fromagerie Caldera - 3 r. Vigier - ✆ 04 71 20 21 84 - fermé dim. apr.-midi et lun. (sf juil.-août).

Pause sucrée. Dans la vitrine s'alignent de savoureuses spécialités comme les croquants d'Auvergne (sablés au beurre), la fouace sucrée, le puy mary (génoise chocolat, crème aux marrons, chantilly, copeaux de chocolat), aux côtés du renommé cornet de Murat.

Aux cornets de Murat - 2 av. des 12-et-24-Juin - ✆ 04 71 60 97 83 - fermé lun.

Festival des Métiers d'art. Une quarantaine d'artisans, souffleurs de verre, calligraphes, ébénistes, céramistes, tapissiers, émailleurs, tailleurs de pierre, couteliers, etc. présentent leur travail durant 3 jours à la mi-août.

La station du Lioran.

6 LE LIORAN

➔La station moderne du Lioran se répartit sur trois sites : Font d'Alagnon où se trouve la gare (à 1 152 m d'altitude), Font-de-Cère et Prairie des Sagnes. C'est ce dernier quartier qui accueille les plus grosses infrastructures (hôtels, commerces, patinoire, téléphérique). On le rejoint en 30mn à pied depuis la gare. En hiver, le domaine skiable est accessible dès le quai de la gare par un téléski (avec retour par une piste verte) et des navettes gratuites circulent.

Cantal Taxi - ✆ 04 71 20 10 20 ; M. Lauzet - ✆ 04 71 47 01 79.

Une station multiactivités. À plus de 1000 m d'altitude, la station du Lioran est encerclée par les sapinières recouvrant les versants de la vallée de l'Alagnon. À la belle saison, les randonnées au sommet du puy Griou ou du Plomb du Cantal, au milieu des herbages, rafraîchissent et dépaysent, et on peut profiter de toutes sortes d'activités (mini-golf, parc aventure, patinoire, tennis, luge sur rail, balnéothérapie, VTT, etc.). L'hiver, les pistes de ski, alpin et nordique, sont idéales pour des vacances en famille.

Pour la nuit. Situé au pied des pistes et des chemins de randonnée, cet établissement est l'endroit rêvé pour profiter à fond de la montagne. Vous vous régalerez de plats typiquement auvergnats à la Table de Félix, et vous pourrez vous délasser au spa.

Le Rocher du Cerf - 4 rte du Rocher-du-Cerf - Prairie des Sagnes - ✆ 04 71 49 50 14 - www.lerocherducerf.com - ouv. de mi-déc. à fin mars et juil.-août - 29 ch. 124 € - ☕ 10 €.

À table ! Restauration traditionnelle auvergnate dans un cadre chaleureux tout en bois. Cuisine maison et de saison, généreuse et à base de produits locaux, avec quelques spécialités dont la truffade ou la côte de veau aux morilles, sans oublier la tarte aux myrtilles.

Le Bufadou - 12 rte du Rocher du Cerf - Prairie des Sagnes - ✆ 04 71 49 55 76 - www.lebufadou.fr - fermé 6 sem. en automne - 7 ch. 95 € en 1/2 P - plats 22/37 € - menus 21/25 €.

Plomb du Cantal. À peine 15mn de téléphérique au départ de Font d'Alagnon, puis 20mn de marche (sentier balisé et escalier) et vous voilà au sommet du point culminant (alt. 1855 m) du massif du Cantal ! De là-haut, le panorama est grandiose (table d'orientation). Des sentiers tracés à partir du sommet permettent de gagner le puy Gros (vue sur la vallée de la Cère à hauteur de Thiézac), le puy du Rocher (vue sur le cirque de Chamalière) ou, par le col de la Tombe-du-Père, le site de Prat-de-Bouc.

Téléphérique - prairie des Sagnes - ✆ 04 71 49 50 09 - www.lelorian.com - juil.-août : 9h30-18h30; 2e quinz. de juin et 1re quinz. de sept. : 9h30-12h20, 13h30-17h30 - dép. en fonction de la météo - 9,20 €, 11,50 € AR.

7 VIC-SUR-CÈRE

Cité d'eau et de lauzes. Cette petite ville de la riante vallée de la Cère a conservé autour de son église de belles demeures de caractère. Vous aurez plaisir à découvrir ses pittoresques maisons aux toits de lauzes, entourées de jardins et de vergers. Les plus gracieuses, avec leurs tourelles d'angle, témoignent du passé opulent de cet ancien bailliage du Carladès. Ne manquez pas non plus d'explorer les vertigineuses gorges du pas de Cère.

À table et au lit. Cette vénérable maison, largement modernisée, à 8mn à pied de la gare, propose de grandes chambres impeccables, ouvertes sur la nature. Service attentionné et cuisine de très bonne tenue. Les clients fidèles sont au rendez-vous, et on les comprend.

Hôtel Le Beauséjour - 4 av. André-Mercier - ✆ 04 70 47 50 27 - www.beausejour-vic.fr - fermé de mi-oct. à de mi-mai - 46 ch. 80/116 € - 13,50 € - menu 33 €.

Pour le pique-nique. Marché de producteurs locaux et autres commerçants place du Carladez, mardi et vendredi matin.

Mystère du Grand Hôtel. Cette balade historique et ludique (1 km - facile), aménagée dans les Gorges du Pas de Cère, permet de se plonger dans le passé Belle Époque de Vic-sur-Cère (photos, explications), lorsque la station thermale était surnommée « la Suisse auvergnate ».

Pas de Cère - dép. du sentier hameau de Salvanhac, à de 20mn à pied de l'office de tourisme de Vic-sur-Cère.

Cascade du Trou de la Conche et rocher de Maisonne. En haut du raidillon, le chemin bifurque : le sentier de gauche mène à la cascade du Trou de la Conche, dans un joli site; celui de droite conduit au sommet du rocher de Maisonne, couronné d'une croix et d'où l'on jouit d'une belle vue sur Vic et sa vallée (1h45 AR).

Accès : dép. derrière l'église de Vic, prenez la rue conduisant à une passerelle sur l'Iraliot. Passé le torrent, chemin en forte montée.

8 AURILLAC

Capitale de la haute Auvergne. Édifiée sur les bords de la Jordanne, sous le regard du puy Courny, Aurillac, réputée pour ses parapluies, est aussi connue pour son Festival international de théâtre de rue qui enflamme la cité au mois d'août. La ville, active en toute saison, invite le passant à déambuler à travers les ruelles tortueuses bordées de maisons à colombages du quartier médiéval. Ici, les nombreuses boutiques de produits de bouche côtoient des vitrines très design.

LA CAPITALE DU PARAPLUIE

Du cuivre, que battaient les Aurillacois dès le Moyen Âge ; de la toile de coton, apportée par les marchands ambulants ; du bois de hêtre, dont les forêts alentour sont pleines : le parapluie est né. Le premier atelier est créé en 1857. En 1900, le Cantal présente ses parapluies à l'Exposition universelle de Paris. En 1928, 250 ouvriers et 500 ouvrières à domicile en fabriquent plus d'un million. Aujourd'hui, il reste deux entreprises qui réalisent 50 % de la production française, soit environ 500 000 parapluies par an.

Parapluies Piganiol - 28 r. des Forgerons - ✆ 04 71 43 05 51 - www.piganiol.fr - 10h-12h, 14h-19h (9h30-12h30 sam.) - fermé dim.-lun.

Aurillac, au bord de la Jordanne.

Pour la nuit. À 15mn de la gare, un bien bel établissement que ce Zadig ouvert en 2020, auquel les murs de brique et de pierre de montagne donnent un aspect très contemporain. Une impression qui se confirme dans les chambres à la personnalité affirmée, décorées de photos ou d'œuvres de street art. Aux beaux jours, on déguste le petit-déjeuner sur l'une des deux terrasses du jardin.
Hôtel Zadig Aurillac - 6 r. Beauclair - 04 15 32 03 09 - www.hotelzadig.com - 20 ch. 83 € - 14 €.

À table ! Dans une des trois jolies salles aux murs de pierres apparentes ou en terrasse aux beaux jours, vous dégusterez salades ou plats plus consistants qui font honneur au terroir. Sans parler des glaces artisanales, délicieuses !
L'Arsène sur cour - 18 r. Arsène-Vermenouze - 04 71 48 48 97 - www.aurillac-restaurant.com - fermé dim.-lun. - déj. sem. 14/17 € - carte le soir plats 16,50/29,50 €.

Pour le pique-nique. Une jolie boutique à l'ancienne où l'on fait le plein de bons fromages d'Auvergne, de salaisons du pays (jambons, saucisses sèches etc.) et aussi biscuits et vins d'Auvergne. Place de l'Hôtel-de-Ville, le marché couvert regroupe producteurs et autres commerçants les mercredi et samedi matin.
Crèmerie Leroux - 15 r. E.-Duclaux - 04 71 48 28 89 - fermé dim.-lun.

Pause sucrée ou salée. En terrasse sur une petite place tranquille ou en salle à la déco originale, venez déguster un vrai chocolat ou un cocktail, accompagné de planches mixtes (à réserver) ou de rillettes pour les petites faims.
Le Café de ma mère - 7 pl. Claude-Érignac - 04 71 48 18 20 - fermé dim.-mar. - planches 8/15 €.

Festival international de théâtre de rue. Près de 500 compagnies de théâtre animent les rues d'Aurillac la 3e semaine d'août.
Infos : www.aurillac.net.

ST-ÉTIENNE - LE PUY-EN-VELAY

En voiture ! Cette ligne suit les méandres de la Loire et donne le sentiment d'avancer au fil de l'eau. Les paysages sauvages des gorges de la Loire commencent à la sortie du bassin industriel et minier de St-Étienne, découvrant falaises rocheuses, boucles sableuses, pentes boisées et, au creux, scintillant et indompté, le fleuve bleu-gris qui a sculpté les reliefs. Sur les hauteurs, tours, châteaux ou Vierges en majesté veillent sur les villages médiévaux en contrebas où se jettent les ruisseaux rejoignant la Loire.

DE ST-ÉTIENNE AU PUY-EN-VELAY - 8 JOURS

- Depuis Lyon, de nombreux TER desservent chaque jour St-Étienne-Châteaucreux (env. 50 mn) ; pour rejoindre la gare de St-Étienne-Bellevue (voir ci-contre)
- Trajet sans escale : 1h25
- Horaires : www.ter.sncf.com/auvergne-rhone-alpes
- Fréquence : 4 TER/j desservent ttes les gares
- Tarif sans escale : 17,90 €
- Services à bord : transport des vélos gratuit
- Pour le retour à Lyon, reprendre la ligne en sens inverse, puis correspondance à St-Étienne-Châteaucreux

Où se placer pour admirer le paysage ? Côté droit dans le sens de la marche pour suivre la Loire.

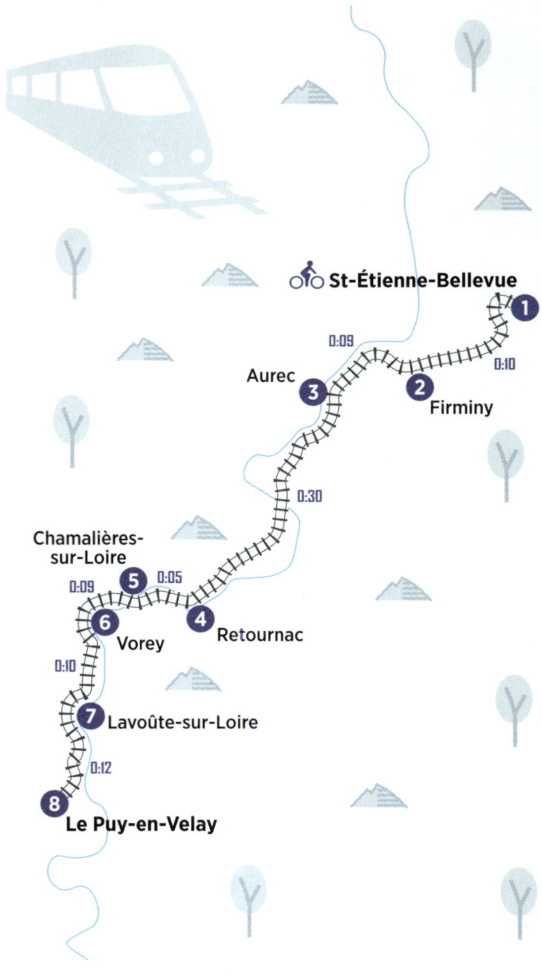

La gare de St-Étienne-Châteaucreux.

❶ ST-ÉTIENNE-BELLEVUE

➔La gare de départ de la ligne TER pour les prochaines étapes est celle de Bellevue, située à 30mn à pied du centre-ville et accessible par le tram 3 (qui dessert aussi la gare de St-Étienne-Châteaucreux, à 15mn à pied du centre-ville).
Infos : www.reseau-stas.fr.

Louer un vélo. Les vélos en libre-service Vélivert sont présents partout dans la ville. Il faut se créer un compte sur l'appli (gratuite).
Infos : www.velivert.fr - 0,50 € les 30 premières minutes, puis 0,10 €/mn.

Ville du design. Sans renier son passé, St-Étienne offre un bel exemple de reconversion réussie : les façades ont été reblanchies, des jardins et des places accueillantes ont été aménagés, les sites industriels ont fait place à des musées d'envergure nationale (musée d'Art moderne et contemporain, musée d'Art et d'Industrie). La cité a remporté son pari de devenir la ville du design, perpétuant ainsi une longue tradition d'innovation et de création. Ce design du quotidien dédié à l'invention d'objets utiles et fonctionnels s'épanouit à travers la nouvelle St-Étienne métropole et se rend visible tout spécialement les années impaires, lors des Biennales du design.

Pour la nuit. Situé à proximité de la gare de Bellevue, à 10mn du centre (tram 3), l'hôtel du Midi, ancien hôtel particulier des années 1930, a du chien ! Dans les chambres, le papier peint donne du peps à la décoration et le confort est irréprochable. Petit-déjeuner buffet et accueil charmant.
Hôtel du Midi - 19 bd Pasteur - ✆ 04 77 57 32 55 - www.hotelmidi.fr - 33 ch. 71/108 € - ☕ 12/14 €.

Aller au charbon. Le puits Couriot, annoncé par l'impressionnante tour de fer de 35 m de haut (1914), est devenu un passionnant musée dédié à l'aventure minière de la région. Au temps de sa pleine activité, le puits, d'une profondeur de 730 m, produisait 3000 t de charbon par jour et employait 1500 mineurs. L'exposition permanente est dédiée à la figure du mineur, héros des temps industriels, l'histoire minière de la région et l'évolution du puits Couriot depuis le 19e s. Ne manquez pas la

Aurec et sa passerelle piétonnière enjambant la Loire.

descente dans les galeries de la mine reconstituées (visite guidée).
Puits Couriot - parc-musée de la Mine - 3 bd du Mar.-Franchet-d'Esperey - ☏ 04 77 43 83 26 - www.musee-mine.saint-etienne.fr - tlj sf lun. 10h-18h - visite guidée sur demande (1h15 - 8,50 €) - 6,50 €.

À table ! Bistrot à la devanture en bois, Corne d'Aurochs offre un intérieur original avec sa collection de fouets à pâtisserie et ses vieilles affiches publicitaires. Les plats servis (pied de cochon grillé, ris de veau, etc.) s'inspirent du style bouchon et de la cuisine traditionnelle.
Décor plus épuré chez Insens, dont le nom évoque à la fois les cinq sens et le goût de l'insensé. Consommé de bœuf et ravioles sur l'idée d'une soupe à l'oignon; tarte fine d'escargots persillés... : le chef signe une cuisine pétillante, colorée et ludique. Sans doute le meilleur rapport plaisir-prix de St-Étienne.
Corne d'Aurochs - 18 r. M.-Servet - ☏ 04 77 32 27 27 - fermé w.-end - menus 15/32 €.
Insens - 10 r. de Lodi - ☏ 04 77 32 34 34 - www.insens-restaurant.fr - fermé dim.-lun. - 25/68 €.

Pause sucrée. Depuis 1882, Weiss est le temple du chocolat stéphanois. Son savoir-faire artisanal est au service du cacao grand cru. Napolitains, nougamandines et nougastelles ont fait sa renommée.
Chocolat Weiss - 8 r. du Gén.-Foy - ☏ 04 77 21 61 09 - www.chocolat-weiss.fr - fermé dim.

L'heure de l'apéro. La place Jean-Jaurès, face à l'église St-Charles, est un lieu de rendez-vous habituel à St-Étienne. En partie ombragée (ce qui la rend d'autant plus prisée l'été), la place est bordée de nombreux cafés qui possèdent de larges terrasses. Le café du cinéma Méliès est particulièrement agréable et propose d'intéressants cocktails.
Le Méliès café - www.lemelies.com - fermé dim. soir et lun. - déj. 21,90 € - soir 29,50 €

2 FIRMINY

➔ **Cette étape à la journée permet de visiter la cité du Corbusier au départ de St-Étienne. Sur présentation du billet de train, vous bénéficiez d'une entrée à tarif réduit ; le bon plan !**

Firmament moderne à Firminy-Vert. L'apparition en pleine campagne du quartier élaboré par l'architecte Le Corbusier (1955-1967) a de quoi surprendre. Extension de la ville minière alors en plein essor, ce quartier tout entier raconte les rêves et le revers des Trente Glorieuses... et l'utopie d'une ville nouvelle, vertueuse et heureuse. Juchée sur les hauteurs de Firminy, entouré de verdure, l'unité d'habitation est un immense paquebot qui comprend 414 logements, dont un appartement-témoin, s'organisant autour de rues intérieures. Autre bâtiment, la Maison de la Culture, construite sur la roche en surplomb du stade, évoque un Parthénon moderne avec ses bandes de couleurs. Dans l'église St-Pierre (achevée en 2006), cône tronqué culminant à 34 m, c'est la constellation d'Orion qui danse en un jeu de lumière unique dans la nef d'une impressionnante sobriété. La partie basse de l'église accueille un centre d'interprétation qui illustre la richesse de l'œuvre du Corbusier.

Firminy Vert/Site Le Corbusier *- ✆ 04 77 61 08 72 - www.sitelecorbusier.com - 10h-12h30, 13h30-18h - fermé mar. (sf juil.-août), reste de l'année se rens. - 8 € - visites guidées uniquement pour l'unité d'habitation sur réserv. : 10h30 et 15h30 - 12,50 €.*

3 AUREC

Au temps des chevaliers. Blottie dans une boucle de la Loire, la bourgade a conservé un bel ensemble médiéval récemment restauré : à partir de l'église, construite sur des bases antérieures à l'an mille, on chemine dans le parc du château (tour Guillaume-de-la-Roue, 1466) et le long des remparts qui dominent le fleuve, avant de passer sous la porte David (à côté de la maison du Bailli). Le château-musée du Moine-Sacristain et sa tour des Bourguignons (16e s.) abritent un musée traditionnel bien fourni.

Château*-musée du Moine-Sacristain - pl. des Marronniers - ✆ 04 77 35 26 55 - de mi-juin à fin sept. : tlj sf lun. 14h-18h - gratuit.*

À table et au lit ! S'ouvrant sur le superbe parc arboré, à 16mn à pied de la gare, les chambres sont réparties dans des pavillons modernes et confortables pour une halte ressourçante. Au restaurant, très lumineux sous la belle véranda, la cuisine de saison met en valeur les produits locaux avec élégance et raffinement.

Les Cèdres Bleus - 23 r. la Rivière - ✆ 04 77 35 48 48 - www.lescedresbleus.com - 15 ch. 80 € - ✕ fermé lun., mar. midi, vend. soir et dim. soir et 2 sem. fin août - menu du jour sem. midi/soir 19/22 € - menus 42/59 €.

Pagayer dans les gorges de la Loire. La base de loisirs propose 3 parcours de 7 à 24 km pour descendre la Loire en canoë et apprécier sa nature sauvage. Autre option : le bateau électrique sans permis. Dans le cadre de verdure de la base de loisirs, vous pourrez aussi profiter de baignade dans le plan d'eau (surveillée l'été) et d'activités nautiques tranquilles (paddle, pédalo).

Base de loisirs des Gorges de la Loire - rte de Nurols - 10mn à pied de la gare ou arrêt du petit train touristique (45mn) le w.-end - ✆ 04 77 75 00 75 - www.gorgesdelaloire-tourisme.fr - de juin à mi-sept. - canoë 17/28 €- bateaux élec. 50 €/h - paddle 16 €/h.

4 RETOURNAC

➔L'arrêt à Retournac permet une étape à la journée depuis Aurec.

Avec l'envie d'y retourner. Joliment situé, le bourg abrite une église, en partie romane, qui se signale extérieurement par sa construction en pierre d'une belle coloration jaune, son clocher massif et sa couverture de lauzes. À l'intérieur, remarquez la coupole sur trompes, la sobre élégance du chœur, une Vierge à l'Enfant, œuvre italienne du 16ᵉ s., l'autel moderne de Philippe Kaeppelin et des vitraux d'Henri Guérin.

Faire dans la dentelle. Sur les lieux mêmes de l'ancienne manufacture Experton Frère et Sœur construite en 1913, ce musée restitue avec charme l'atmosphère d'un atelier et la mémoire des dentellières grâce à une exceptionnelle collection de milliers de pièces de dentelles, de modèles, de cartons, de mobilier (dont des tables de dentellières) et d'archives. Une façon sensible et originale de pénétrer au cœur d'un artisanat d'art qui, aux 19ᵉ et 20ᵉ s., fit l'identité de la Haute-Loire en même temps que sa réputation internationale.

Musée des Manufactures de dentelles - 14 av. de la Gare - ✆ 04 71 59 41 63 - www.musee-dentelles-retournac.fr - de mi-mars à mi-déc. : 14h-18h (19h juil.-août) - 5 €.

À table ! Cette brasserie chaleureuse, toute de bois et de pierre apparentes, ne manque pas d'élégance. À son image, la cuisine propose des plats traditionnels et conviviaux rehaussés d'une pointe de modernité et de beaucoup de générosité.

Le Comptoir de nos pères - 32 r. de l'Hôtel-de-Ville - ✆ 04 71 59 40 57 - fermé lun. - 15/19 €.

5 CHAMALIÈRES-SUR-LOIRE

➔Une étape à la journée depuis ou vers Vorey.

Un havre de paix. Sur la rive droite de la Loire, le bourg s'allonge en terrasses au pied du mont Gerbizon (1064 m), face à la ligne des monts Miaune. Chamalières mérite un arrêt pour sa belle église romane (début du 12ᵉ s., restaurée au début du 20ᵉ s.), située dans un magnifique site au bord de la Loire. Dans le jardin médiéval attenant, face au fleuve, les plantes aromatiques et médicinales côtoient de grands panneaux explicatifs qui racontent l'histoire du prieuré et du village. On quitte à regret ce paradis de verdure et de paix en se promettant, la prochaine fois, de suivre sur plusieurs kilomètres le GR 3 qui longe le fleuve et qui vient d'être réaménagé.

6 VOREY

« Le Petit Nice » ligérien. Carrefour important depuis l'Antiquité, la vivante cité de Vorey était connue pour ses foires au Moyen Âge. Outre les routes reliant les hommes et véhiculant des biens, ce sont aussi les voies d'eau qui convergent à Vorey, qui signifie « eau courante ». Dans cette cuvette dominée par quelques monts boisés serpentent de nombreux ruisseaux tandis que la rivière Arzon se jette dans une boucle de la Loire. Depuis les hauteurs surplombant le village, les points de vue sont grandioses sur les gorges du fleuve. Ne manquez pas la jolie église St-Symphorien, restaurée au 19ᵉ s., qui possède encore un autel de style roman et des retables du 17ᵉ s.

À table et au lit ! À deux pas de la gare, cette auberge des temps modernes possède une belle terrasse surplombant la rivière Arzon qui donne l'impression de manger les pieds dans l'eau. La cuisine familiale met en valeur les produits locaux et les recettes régionales. Chambres simples et bien tenues.

Auberge Les Rives de l'Arzon - av. Pierre-Chabannes - ✆ 04 71 01 13 00 - www.hotel-rives-arzon.fr - 10 ch. 82/92 € - ☕ 11,50 € - ✕ menus 17/24,50 €.

Et on pagaie ! C'est l'occasion de respirer au grand air et de plonger en pleine nature ! À l'école de Pagaie du Velay, vous pourrez aborder les eaux voreysiennes tranquillement en canoë-kayak ou en paddle sur le plan d'eau et de douces rivières ou bien descendre les gorges et leurs eaux vives en canoë ou en raft.

Velay Eaux Vives - rue de la Loire - ✆ 06 79 37 69 90 - www.velay-eaux-vives.fr - canoë (balade sur le plan d'eau) 22 €/2h - paddle 10 €/h - descente canoë ou rafting 25/55 €.

Le château de Lavoûte-Polignac.

7 LAVOÛTE-SUR-LOIRE

Premier château de plaisance de la Loire. Longeant les berges de la Loire, le village possède une petite église romane à nef unique, qui abrite, au-dessus du maître-autel, un remarquable Christ en bois sculpté du 13e s. Plus loin, le remarquable château de Lavoûte-Polignac respire toujours la douceur de vivre. Déjà possession des Polignac au 13e s., il était destiné à servir de manoir de plaisance alors que Polignac était la forteresse. L'unique corps de bâtiment, restauré après la Révolution, vaut surtout pour son superbe site perché, à l'intérieur d'une « voulte » (boucle) de la Loire. Intéressants souvenirs de famille (mobilier, tableaux, tapisseries, correspondance), notamment, de Yolande de Polastron, duchesse de Polignac.

Château de Lavoûte-Polignac - ✆ 04 71 08 50 02 - visite guidée (45mn) juin-sept. : 10h-12h, 14h-18h (17h avr.-mai et oct.) - 9 €.

Un p'tit goûter, à table et au lit ! Dans cet ancien moulin au creux d'un parc arboré en bord de Loire, et à 10mn de la gare, tout respire la détente et le bien-être. L'ambiance cosy de l'établissement conjugue avec élégance l'ancien et le moderne dans les chambres d'hôtes, le restaurant et le salon de thé. Les recettes régionales et les bons produits locaux sont à l'honneur dans l'assiette. La propriétaire est pâtissière, voilà la clé du mystère !

***Les Délices de la voûte** - 6 r. de l'Église - ✆ 06 76 13 31 39 - www.lesdelicesdelavoute.com - 4 ch. 96/135 € ☕ - ✕ 15,90/38 € - salon de thé et pâtisserie : merc.-dim.*

8 LE PUY-EN-VELAY

L'un des sites les plus extraordinaires de France. Vision étrange et splendide que cette ville enserrée entre ses buttes, avec le rocher St-Michel-d'Aiguilhe, surmonté d'une chapelle romane, le rocher Corneille, couronné par une Vierge monumentale, et la déroutante cathédrale Notre-Dame. Car, ici, prend naissance la fameuse Via Podiensis, l'un des chemins les plus fréquentés de St-Jacques-de-Compostelle. La vieille ville regroupe ses hautes maisons aux toits rouges autour du rocher

Corneille : prenez le temps de déambuler dans les ruelles pavées car un nombre incroyable de demeures anciennes, d'époques diverses, s'offrent au regard. Le Puy-en-Velay est aussi le royaume de la lentille, de la verveine et de la dentelle.

Pour la nuit. Dans la ville veillée par ses fameux dykes basaltiques, l'hôtel à 5mn de la gare est doté de petites chambres simples. Bien que toutes insonorisées, celles côté ruelle sont plus calmes. Accueil cordial.
Dyke Hôtel - 37 bd Mar.-Fayolle - ✆ 04 71 09 05 30 - dykehotel.fr - 15 ch. 61/71 € - ☕ 8 €.

La cité épiscopale. Avec ses nombreux bâtiments médiévaux, qui forment pratiquement un quartier, la cité épiscopale, inscrite au Patrimoine mondial de l'Unesco depuis 1998, domine la ville et renferme une grande richesse historique. La cathédrale Notre-Dame présente un large escalier de 134 marches qui conduit à la spectaculaire façade occidentale de cet extraordinaire édifice de style roman, qui doit une partie de son originalité aux influences orientales de son architecture. Sa célèbre Vierge noire fait toujours l'objet d'une grande dévotion. Derrière le chevet, l'hôtel de la Manécanterie (14e s.-18e s.) possède de sublimes décors peints. Le cloître et ses arcades colorées, édifié au cours des 11e et 12e s., arbore une très grande diversité de décors sculptés de l'époque romane, dont un fabuleux bestiaire médiéval. Dans l'angle nord-ouest du cloître, près d'un chapiteau présentant de monstrueux félins de style oriental, un escalier conduit à l'incontournable Trésor d'art religieux, situé au 4e niveau du bâtiment des Mâchicoulis. Cette construction massive des 12e et 13e s., surplombant l'Hôtel-Dieu de ses cinq niveaux, était l'élément central des fortifications de la cathédrale et de la cité des chanoines au Moyen Âge. La rue du Cloître mène au rocher Corneille ou mont d'Anis vestige sans doute du volcan dont le rocher St-Michel représente la cheminée. De la plateforme, vue panoramique sur la ville et le bassin du Puy. Le rocher est surmonté d'une colossale statue de Notre-Dame de France.
Ensemble cathédrale - 3 r. du Cloître - ✆ 04 71 05 45 52 - www.cathedrale-puy-en-velay.fr - fermé lun. sept.-mai - 7 €.
Rocher Corneille - rue du Cloître - ✆ 04 71 04 11 33 - fermé de mi-nov. à fin janv. (sf vac. de Noël) - 4 €.

À table. Les halles célèbrent un nouveau concept, une offre gastronomique variée, entre burgers et huîtres, pizzas et charcuterie locale, etc., sans oublier un bar et une cave à vin. Ambiance jeune et branchée.
Comme à la Maison est un bistrot contemporain niché au pied de la cathédrale. Cuisine du marché pleine d'inspiration, où les produits auvergnats sont bien présents.
Les Halles ponotes - pl. du Marché-Couvert - www.marchecouvertlepuy.fr - fermé dim.
Comme à la Maison - 7 r. Séguret - ✆ 04 71 02 94 73 - Facebook - fermé dim.-lun. - déj. sem. 16 € - menu 55 €.

Le Puy-en-Velay.

Lentilles du Puy et verveine du Velay. Impossible de quitter la ville sans faire le plein de ses spécialités ! Pour la célèbre lentille verte du Puy, première légumineuse AOP, rendez-vous à la boutique Sabarot, située dans une rue piétonne de la ville. L'Espace Pagès, installé dans un ancien cinéma, est quant à lui un hymne à la verveine, dont il présente toutes ses utilisations possibles, même les plus insolites.

Boutique Sabarot - 15 r. Courrerie - ✆ 04 71 00 10 15 - www.sabarot.com - fermé dim.-lun.

Espace Pagès - Maison de la Verveine du Velay - 29 pl. du Breuil - ✆ 04 71 02 46 80 - fermé dim.-lun. (sf juil.-août).

Pause sucrée. La famille Savelon, installée depuis trois générations à cette adresse, n'oublie pas d'honorer sa jolie ville. Nombreuses spécialités dans sa gamme sucrée-salée : le succès ou le cyrano (recettes inchangées depuis 1930)… Quelques tables dans le salon de thé.

Au Cyrano - 1 r. Crozatier - ✆ 04 71 09 04 16 - www.au-cyrano-patisserie.fr - fermé lun. et dim. apr.-midi.

Puy de Lumières. Aux beaux jours, les monuments de la ville s'animent à la tombée de la nuit et se racontent en couleurs et en musique.

www.puydelumieres.fr - de juil. à fin sept.

MONT-BLANC EXPRESS

Construite au début du 20e s., cette ligne a su s'adapter à un territoire difficile. Suivant l'Arve dans la vallée de Chamonix, qui sépare le massif du Mont-Blanc de celui des Aiguilles-Rouges, la ligne passe de viaducs en tunnels, jouant à cache-cache avec les forêts de résineux et les sommets, déchiquetés et enneigés, qui se détachent sur le ciel. Chaque village-station traversé, empreint de sa propre atmosphère, saura combler les amoureux de la montagne !

DE ST-GERVAIS À VALLORCINE - 10 JOURS

- Pour rejoindre St-Gervais depuis Lyon-Part-Dieu : TER avec correspondance à Bellegarde-sur-Valserine (3h40)
- Trajet sans escale : 1h38 jusqu'à Vallorcine
- Fréquence : 14 TER/j
- Horaires : www.ter.sncf.com/auvergne-rhone-alpes
- Tarif sans escale : 21,40 € (St-Gervais-Vallorcine)
- Bon à savoir : à Vallorcine, changement de train pour poursuivre jusqu'à Martigny (réseau Suisse)
- Pour le retour à Lyon, soit faire le trajet inverse, soit prolonger jusqu'à Martigny, puis changer à Genève

Où se placer pour admirer le paysage ? À gauche dans le sens de la marche jusqu'aux Houches pour suivre l'Arve, puis à droite pour avoir une vue sur le Mont-Blanc.

St-Gervais vue depuis la télécabine du Bettex.

1 ST-GERVAIS-LES-BAINS - LE FAYET

➔Située au Fayet, la gare est à 40mn à pied de St-Gervais, mais il existe des navettes : Facilibus (en sais. d'été et d'hiver, navettes gratuites) et Montenbus (service de transport à la demande).
Infos : ✆ 0800 201 374 - www.montenbus.fr.

Prendre les eaux ou la montagne ? Station thermale réputée, St-Gervais-les-Bains attire les alpinistes venus défier le plus haut sommet français par la voie royale. À 850 m d'altitude, St-Gervais domine une faille boisée au fond de laquelle coule le Bon Nant. Concentrées autour de l'église, les jolies rues fleuries sont bordées de chalets-hôtels et de villas commandées par la clientèle fortunée qui venait prendre les eaux au 19e s. et au début du 20e s.

Pour la nuit. Situé au Fayet, l'hôtel des Deux Gares combine deux atouts majeurs : son excellent rapport qualité-prix et, comme son nom l'indique, son emplacement face à la gare St-Gervais-Le Fayet, d'un côté, et celle du fameux tramway du Mont-Blanc, de l'autre ! Possibilité de dîner au restaurant le soir pour les clients.

Hôtel des Deux Gares - 50 imp. des Deux-Gares - Le Fayet - ✆ 04 50 78 24 75 - www.hotel2gares.com - fermé 1 sem. fin avr. et de fin oct. à mi-déc. - 23 ch. 89/105 € - ☕ 14 €.

À table ! Près de l'église, le bistrot de l'étoilé Sérac tient de belles promesses. L'unique formule 3 plats, franche dans les cuissons, goûteuse dans les associations et gourmande avec un dessert à choisir dans la vitrine de la partie « traiteur », se révèle un sans-faute.

Le Bistrot Sérac - 40 av. du Mont-Paccard - ✆ 04 50 98 43 35 - www.3serac.fr - fermé dim.-lun. - formule déj. 36 € - menus 35/62 €.

Pour le pique-nique. Chez Léon d'la Savoie, vous trouverez tous les victuailles nécessaires pour composer un pique-nique savoyard : fromages, charcuterie, biscuits, vins...

Léon d'La Savoie - 517 av. du Mont-d'Arbois - ✆ 04 50 93 58 21 - www.leondesavoie-produits-regionaux.fr - fermé dim. soir, lun. et jeu. hors saison.

Rando des gorges du Bonnant. Un itinéraire balisé d'environ 40mn relie Le Fayet à St-Gervais. Il emprunte différentes passerelles

Marmotte aux aguets.

et escaliers accrochés aux parois rocheuses, dominant ainsi le cours d'eau et plusieurs cascades. Impressionnant ! Il mène au parc thermal de St-Gervais, situé à la sortie des gorges du Bonnant, et agrémenté par une belle cascade. Le parc mérite à lui seul une promenade aux heures chaudes de l'été.
Parc thermal de St-Gervais - 355 allée du Dr-Lépinay - www.saintgervais.com.

Un tramway nommé Mont-Blanc. Le tramway du Mont-Blanc conduit au Nid d'Aigle (2386 m), via le col de Voza (1653 m). Son tracé à flanc de montagne au-dessus de la vallée de Bionnassay réserve déjà des vues grandioses sur son massif. De la station terminus, on atteint la haute montagne et le cadre sauvage du glacier de Bionnassay (1h AR), au pied de l'aiguille du Goûter et des aiguilles de Bionnassay, d'où s'abattent de spectaculaires avalanches.
Tramway du Mont-Blanc - gares : 80 av. de la gare au Fayet et 571 r. du Mont-Lachat à St-Gervais - 04 50 55 84 13 - www.montblancnaturalresort.com - de mi-déc. à mi-avr. et de mi-juin à mi-sept. - 34 € AR.

2 SERVOZ

Un village traditionnel de montagne. Charmant petit village, le vieux Servoz a conservé son bâti traditionnel tandis que le centre commerçant se déploie vers l'église St-Loup (1537) surmontée d'un joli clocher à bulbe. Pour en savoir plus sur l'agriculture de montagne, deux sites proposent des muséographies intéressantes : la Maison de l'alpage, ancienne ferme rénovée, et la maison du Lieutenant, bâtisse historique, accueillant un centre d'interprétation faisant le trait d'union entre la culture alpestre d'antan, le métier aujourd'hui et les enjeux et défis de demain.
Maison du Lieutenant - Hameau du Mont - 07 78 24 96 77 - www.servoz.fr - horaires : se rens. - gratuit.

À table et au lit ! Dans ce joli chalet traditionnel, tout sent le confort et le bel accueil ! Les chambres coquettes et confortables offrent de belles vues sur la montagne, tandis qu'au restaurant les produits de saisons sont à l'honneur dans une cuisine élaborée et joliment présentée. Belle terrasse aux beaux jours.

Hôtel-restaurant des gorges de la Diosaz - 81 rte du Mont - ✆ 06 78 38 57 30 - auberge-des-gorges.com - 6 ch. 98/178 € ☕ - ✕ menus 58/78 € - fermé de mi-nov. à déb. déc.

Aller voir des cascades dans les gorges de la Diosaz. Ce circuit sécurisé (2,6 km - 1h15), à la portée de tous, débute par un sentier accroché à la paroi rocheuse. Plus haut, on rencontre d'abord la cascade des Danses et, après le pont Achillon-Cazin, la tumultueuse cascade de Barme-Rousse. Du pont du Soufflet, on admire les trois rebonds de la cascade de l'Aigle, la plus haute et la plus imposante de cet ensemble de chutes. Au-delà, le sentier se poursuit jusqu'au « pont Naturel », bloc de rocher coincé dans une fissure de la montagne d'où s'échappe la cascade du Soufflet.
Gorges de la Diosaz - 181 allée des Gorges - ✆ 04 50 47 21 13 - www.gorgesdeladiosaz.com - juil.-août : 9h-19h15 ; juin et sept. : 9h30-18h15 (en fonction des conditions météorologiques, se rens.) - 7,50 €.

➔Entre les gares de Servoz et des Houches, le train s'arrête au viaduc Ste-Marie, pont ferroviaire construit en 1900 avec de grandioses arcs en plein cintre que l'on peut admirer depuis les rives de l'Arve.

3 LES HOUCHES

Louer un vélo. Sport Spirit loue des VTT classiques et électriques.
Sport Spirit - 51 pl. de la Mairie - ✆ 04 50 53 43 42 - www.sportspirit.fr - fermé dim.-lun. - à partir de 30/45 € la demi-journée.

Sous l'égide du « géant des Alpes ». À 1 000 m d'altitude, au pied du Mont-Blanc, Les Houches, station-village avec son chapelet de hameaux, s'avère très étendue. Le Christ-Roi, qui domine le flanc droit de la vallée, date de 1934. Colossal (25 m de haut), il est conçu sur le modèle du Corcovado de Rio. Dans une maison de 1750, le Musée montagnard recrée les conditions traditionnelles de la vie rurale en montagne. Ne manquez pas l'église St-Jean-Baptiste, construite en 1766 et dotée d'un clocher à bulbe depuis 1839. L'intérieur, de style baroque savoyard, est remarquable pour son retable du 18e s., réalisé par le Piémontais Jean-Baptiste Bozzo.
Musée montagnard - 2 r. de l'Église - ✆ 07 60 04 14 26 - musee-alpin-chamonix.fr - juil.-août : tlj sf mar. 14h30-18h - autres vac.scol. : merc.-vend. 14h-18h - 4,20 €.

AVIS AU RANDONNEUR PRUDENT ET PRÉPARÉ

Randonner en montagne exige de rester prudent et de vérifier la météo avant de s'élancer sur les chemins.
Météo - ✆ 0 899 71 02 74 - meteofrance.com. Un bulletin quotidien est également affiché aux offices de tourisme.
Secours en montagne - vallée de Chamonix - ✆ 04 50 53 16 89 ou 112.
N'hésitez pas à faire appel aux guides qui encadrent toutes les activités de moyenne et haute montagne : randonnée, escalade, via ferrata, cascade de glace...
Compagnie des guides - 43 r. du Mont-Blanc - ✆ 04 50 47 76 55 - www.guides-mont-blanc.com - de mi-juin à fin sept. et des vac. de Noël à fin avr. : 9h-12h, 15h-19h ; reste de l'année : se rens.

Pour la nuit. De la ferme de 1876 ne subsistent que la porte et quelques poutres : ce sympathique petit chalet où le bois est roi abrite de coquettes chambres à l'esprit montagne. Situé à une trentaine de minutes de marche de la gare, le bus ligne 1 qui relie à Chamonix vous rapprochera de moitié (arrêt Les Houches-Le Pont).
Auberge Le Montagny - 490 rte du Pont - ✆ 04 50 54 57 37 ou 06 65 24 15 34 - www.aubergedumontagny.com - ouv. de fin juin à mi-sept. et de mi-déc. à mi-avr. - 8 ch. 119 € - ☕ 11,50 €.

À table ! Il porte bien son nom ce bar restaurant derrière le téléphérique de Bellevue : le Kitsch Inn est décalé et bonne enfant. Ambiance familiale et cuisine simple centrée sur les burgers et salades. Et pour l'apéro cocktails et tapas.
Kitsch Inn - 77 pl. de la Fruitière - ✆ 04 50 34 41 74 - Facebook - tlj - plats 18,50/23,50 €.

Rando au parc de Merlet. Depuis la gare des Houches, une belle balade permet de rejoindre le parc animalier de Merlet situé sur un éperon d'alpages détaché de l'aiguillette des Houches et merveilleusement situé face au Mont-Blanc (1h30 - 500 m de dénivelée). Dans le parc de Merlet, sept espèces de la faune de montagne (daims, cerfs, mouflons, chamois, lamas, bouquetins, marmottes) gambadent en liberté sur 20 ha escarpés et boisés. En juillet et août, vous pourrez assister au repas des

marmottes. De la terrasse du restaurant du balcon de Merlet ou de la chapelle, à 1534 m d'altitude, une admirable vue s'ouvre sur la chaîne du Mont-Blanc.
Parc de Merlet - 2495 chemin de Merlet - ✆ 07 67 22 82 69 - www.parcdemerlet.com - juil-août : 9h30-19h30 - fermé lun. mai-juin et sept. - 9 €.

La tête dans le guidon. En été, les remontées mécaniques au départ des Houches permettent de rejoindre les pistes de descente dédiées au vélo. À vous de voir si vous préférez foncer sur un vélo de course ou sur un VTT !
Plan gratuit aux offices de tourisme de la vallée.

Bloc ou parois ? Entraînez-vous aux sensations de la grimpette dans la salle de 1250 m², qui comprend une centaine de voies d'escalade (du débutant jusqu'au 9a).
Mont-Blanc escalade - 330 rte du Nant-Jorland - ZA de la Crabets - ✆ 04 50 54 76 48 - www.montblancescalade.com - tlj - 17 €.

4 LES BOSSONS

➔La gare des Bossons est située à 15mn à pied du télésiège ; cette étape ne vaut que pour la découverte du glacier.

À table et au lit ! À deux pas de la gare, vous aimerez les chambres rénovées dans un style montagnard et design de cet hôtel bâti en 1908. Salon panoramique face au glacier des Bossons et piscine chauffée pour se détendre. Restaurant en rotonde, jolie terrasse côté jardin, plats traditionnels et savoyards.
Hôtel-restaurant Aiguille du Midi - 479 ch. Napoléon - ✆ 04 50 53 00 65 - www.hotel-aiguilledumidi.com - mi-mai à mi-sept. et de mi-déc. à déb. avr. - 40 ch. 194 € - 14 € - 19 € (déj.)/53 €.

Arpenter le glacier des Bossons. Le télésiège des Bossons vous conduit à un chalet buvette (1425 m) d'où vous pourrez apprécier la vue sur le glacier

Au sommet de l'Aiguille du Midi.

depuis une terrasse panoramique. Tiens, une roue d'avion ! C'est celle de l'avion d'Air India qui s'est écrasé en 1950 sur le Mont-Blanc avec, à son bord, plus de 140 passagers.

À l'arrivée du télésiège, plusieurs parcours s'offrent à vous. À 15mn de marche, une exposition de plein air (mi-juin à mi-sept.) donne l'occasion d'en savoir plus sur l'évolution du glacier, au fil d'un sentier forestier aménagé en bordure. À 1h30, rejoignez Les Pyramides (alt. 1900 m) où vous pourrez vous rafraîchir devant les pyramides de glace hautes de 40 m (ne pas s'approcher, ces séracs peuvent tomber d'un instant à l'autre). Pour les plus endurants, 4h sont nécessaires pour admirer la jonction des glaciers des Bossons et de Taconnaz. Alors, balade ou randonnée ?

***Télésiège du Glacier-des-Bossons** - rte des Tissières (durée 15mn) - www.montblancnaturalresort.com - accessible de mi-juin à mi-sept. - 15,60 € AR.*

5 AIGUILLE DU MIDI

➔ Très proche du centre-ville de Chamonix, l'arrêt dans cette gare est dédié à l'accès à l'aiguille du Midi, dont le téléphérique est situé à 15mn à pied.

Connaître le vertige des sommets (en téléphérique !). Avant de partir à l'assaut de L'Aiguille du Midi, visitez dans la gare de départ du téléphérique l'Espace Vertical, consacré à l'alpinisme et aux grands noms qui ont fait son histoire. Vous voici projeté en quelques minutes dans l'univers grandiose de la haute montagne. Plan de l'Aiguille (alt. 2317 m) est une station intermédiaire située au pied des arêtes déchiquetées des aiguilles de Chamonix, offrant une vue déjà dégagée sur les régions supérieures du Mont-Blanc. La gare supérieure du Piton nord (alt. 3800 m) est séparée du point culminant – le piton central – par un abîme sur lequel est jetée une passerelle. De la terrasse panoramique, la vue plonge sur la vallée de Chamonix, 2800 m plus bas. L'aiguille Verte, les Grandes Jorasses, l'aiguille du Géant sont les cimes que vous remarquerez en premier. Au Piton central (alt. 3842 m), le clou de la visite est sans aucun doute le Pas dans le vide : une cabine de verre (accessible par ascenseur) d'environ un mètre carré, accrochée à l'extrémité du plancher de la terrasse sommitale, donne la sensation, à qui y pénètre, d'être en suspension... Sous vos pieds, 1000 m de vide, et face à vous, le Mont-Blanc. Frisson garanti ! Avant de regagner la gare du téléphérique, parcourez les galeries forées à la base du piton nord : l'une aboutit à une terrasse aménagée face au Mont-Blanc ; l'autre à la gare de la télécabine de la vallée Blanche.

Téléphérique de l'Aiguille-du-Midi *- 100 pl. de l'Aiguille-du-Midi (durée 20mn) - ✆ 04 50 53 22 75 - www.montblancnaturalresort.com - dép. ttes les 15-30mn - fermé de déb. nov. à mi-déc. - 57,50/78 € AR. Pers. sujettes au vertige, s'abstenir.*

À table ! En haut du téléphérique et après la traversée d'une série de galeries et de passerelles, vous vous attablerez à 3842 m d'altitude... Conditions extrêmes obligent, vous déjeunerez à l'intérieur d'une salle aux fenêtres étroites, mais quel plaisir de côtoyer le toit de l'Europe ! Cuisine maison et produits d'origine locale.

Le 3842 *- au sommet de l'Aiguille-du- Midi - par téléphérique - ✆ 04 50 55 82 23 - maisondesdrus.com/le-3842 - fermé de déb. nov. à mi-déc., lorsque le téléphérique ne circule pas et le soir - formules 45/58 €.*

Rando du plan de l'Aiguille au Montenvers. Depuis la station de téléphérique du Plan de l'Aiguille, vous pouvez vous dégourdir les jambes en faisant une partie du retour à pied jusqu'à Montenvers (2h30), où vous descendrez à Chamonix par le train du Montenvers. Cette randonnée sur le Grand Balcon nord offre un panorama sur l'ensemble de la vallée, des Houches à Argentière, et sur le massif des Aiguilles-Rouges. Sur la fin, vous pouvez prendre le sentier de gauche pour rejoindre la mer de Glace (*voir ci-contre*).

6 CHAMONIX-MONT-BLANC

Reine du Mont-Blanc. Si sa vocation touristique est née au milieu du 18e s. avec les débuts de l'alpinisme, Chamonix a su préserver un esprit de village bien à elle, fait d'amour de la montagne et de sens de l'accueil, mêlés de fierté. Ne vous attendez pas à trouver à Chamonix le cachet typique des villages haut-savoyards. La ville, animée toute l'année, tire au contraire son charme d'une cohabitation architecturale où alternent maisons massives du 19e s., palaces Art déco du début du 20e s. et témoignages de l'architecture des années 1970. Les façades regorgent de détails subtils comme des mosaïques ou de délicats balustres. Construite en 1707, l'église St-Michel comprend, dans l'entrée, deux vitraux de 1925 représentant des skieurs et des lugeurs.

Office de haute montagne *- Maison de la montagne - 190 pl. de l'Église - ✆ 04 50 53 22 08 - www.chamoniarde.com. Informations et conseils pour les activités de pleine nature.*

Pour la nuit. L'atout majeur de l'hôtel Le Faucigny réside dans sa situation centrale, face à l'office de tourisme et à 7mn à pied de la gare. Entièrement rénové avec beaucoup de charme, il propose des chambres avec une jolie vue sur le Mont-Blanc au 1er étage tandis que celles du second sont mansardées.

Hôtel Le Faucigny *- 118 pl. de l'Église - ✆ 04 50 53 01 17 - www.hotelfaucigny-chamonix.com - 28 ch. 145/210 € - ☕ 15 €.*

Espace de cristal des Alpes. Incontournable, le musée des Cristaux, l'un des plus beaux musées minéralogiques nationaux, propose une immersion dans la minéralogie de l'arc alpin, de la France et du monde. Vous y découvrirez la tradition séculaire de la récolte de quartz dans le Mont-Blanc, encore vivace grâce à quelques cristalliers intrépides. À voir absolument, l'exceptionnelle collection de fluorites roses et rouges du Mont-Blanc, ainsi que la riche variété des minéraux alpins. À noter, la présentation de métaux natifs (or, argent), gemmes et pierres taillées.

Espace Tairraz - musée des Cristaux *- 615 allée du Recteur-Payot - ✆ 04 50 54 78 39 - musee-alpin-chamonix.fr - juil.-août : 10h-13h, 14h-18h ; vac. scol. (hors juil.-août) : 10h-12h, 14h-18h ; reste de l'année : 14h-18h - 7,30 €.*

L'incontournable mer de Glace. Pour accéder à la célèbre mer de Glace, prenez le train du Montenvers. Ce train à crémaillère de 1908 rend accessible les glaciers aux non-alpinistes, le long d'un parcours sinueux de 5 km, affichant une dénivelée de 870 m. Du sommet du Montenvers

Le village de Chamonix.

(alt. 1935 m), vous prendrez la mesure du site composé par la mer de Glace, les formidables obélisques du Dru et de la Verte et, en toile de fond, les Grandes Jorasses. Sur place, la galerie des Cristaux, le musée du Grand Hôtel-Restaurant du Montenvers et le Glaciorium permettent de comprendre l'histoire du site et le phénomène des glaciers. Ensuite, montez à la grotte de Glace (accès en télécabine ou par un escalier de 600 marches - env. 20mn). Creusé pour la première fois en 1946, cet ouvrage d'art éphémère est retaillé chaque année en raison des mouvements du glacier. L'appartement improbable se compose d'un salon, d'une salle à manger, d'une chambre et d'une cuisine.
Mer de Glace - gare du train du Montenvers, 35 pl. de la Mer-de-Glace, puis télécabine du Montenvers - ✆ 04 50 53 22 75 - www.montblancnaturalresort.com - horaires variables en fonction de la météo - 38,50/39,50 € AR train + télécabine + visite grotte de glace.

À table ! Le Panier des 4 saisons, chaleureux restaurant d'un passage du centre-ville, s'exprime avec gourmandise dans une cuisine de marché. Traditionnel et bien ficelé ! Dans l'air du temps,
Panier des 4 Saisons - 262 r. du Dr-Paccard - ✆ 04 50 53 98 77 - www.restaurant-panierdes4saisons.com - fermé mar. et à midi déc.-avr. et juin-sept. - plats 23/39 € - menu 44 €.

Pour le pique-nique. Au Refuge Payot, les produits régionaux de toutes sortes agrémenteront vos pique-niques : charcuterie, fromages, confitures, vins de Savoie, confiseries.

Le lac Blanc.

Le Refuge Payot - 255 r. du Dr-Paccard - ✆ 04 50 53 16 86 - www.refugepayot.com - tlj.

Descendre l'Arve et son canyon à toute allure. Découvrez la vallée de Chamonix depuis les eaux fraîches de l'Arve ! Vous vous réchaufferez en prenant de la vitesse et en vous dépensant lors de sorties canyoning, rafting et hydrospeed. Le tout bien encadré.

Cham'Aventure - maison de la montagne - 190 pl. de l'Église - ✆ 04 50 53 00 88 - www.cham-aventure.com - tarifs et horaires : se rens.

Pause sucrée. Dans ce salon de thé, les pâtisseries et les chocolats sont mis en valeur comme dans une bijouterie ! À goûter : le 4810®, un « massif » en chocolat dont on ne fait qu'une bouchée.

Aux Petits Gourmands - 168 r. du Dr-Paccard - ✆ 04 50 53 01 59 - www.petitsgourmands.fr - tlj.

L'heure de l'apéro. Outre les grandes terrasses des bars du centre piéton, très attractives dès que le soleil brille, trois bars, au bout de l'avenue Michel-Croz, face à la gare SNCF, attirent foule à l'heure de l'« après-ski » : le Moö, l'Élévation 1904 et le Chambre Neuf (bar de l'hôtel Gustavia).

7 LES PRAZ

→ Très proche du centre-ville de Chamonix, l'arrêt dans cette gare est dédié à la Flégère, dont le téléphérique est tout proche.

À table et au lit ! Ce plaisant hôtel familial, à 10mn de la gare, abrite des chambres montagnardes, plus au calme côté forêt. Bar-salon, billard et jardin. Salle à manger « tout bois » et agréable terrasse ; la cuisine traditionnelle prend des accents du terroir.

Arveyron - *1650 rte du Bouchet - ✆ 04 50 53 18 29 - www.hotel-arveyron.com - 27 ch. 84/185 € - 15 € - ✕ - 18/58 €.*

Promenade de La Flégère à Planpraz. Cet itinéraire, facile et agréable (2h30), parcourt la partie centrale du Grand Balcon sud reliant le col des Montets aux Houches, sur le massif des Aiguilles-Rouges. Du sentier, bordé de rhododendrons, vous ne vous lasserez pas des vues sur la chaîne du Mont-Blanc.

Accès : via la télécabine de La Flégère (35 rte des Tines - 10mn). Descente sur Chamonix-Mont-Blanc par la télécabine de Planpraz (10mn). Horaires et tarifs : www.montblancnaturalresort.com.

Randonner jusqu'au Lac Blanc. En 1h15, vous atteindrez le magnifique lac situé à 2352 m. Vue exhaustive, de gauche à droite, sur le glacier du Tour, l'aiguille du Chardonnet, l'aiguille et le glacier d'Argentière, les Grands-Montets, l'aiguille Verte, les Drus, la mer de Glace, les Grandes Jorasses, l'aiguille du Géant, l'aiguille du Midi, le Mont-Blanc... Pour contempler les beaux reflets des eaux du lac, la meilleure période est, malgré l'affluence touristique, la fin du mois de juillet. Descente directe sur la Flégère en 1h10.

Accès : prenez la télécabine de la Flégère (35 rte des Tines - durée 10mn), puis le télésiège de l'Index (durée 10mn).

8 ARGENTIÈRE

Au pied du glacier. Le village est composé de maisons anciennes agglutinées autour d'un clocher à bulbe typiquement savoyard. Lieu d'animation, la Maison de village abrite un espace d'exposition dédié au patrimoine naturel et un point information de la Convention alpine, traité signé par huit pays pour la sauvegarde et le développement des Alpes.

Maison de village - 101 rte du Village - ✆ 04 50 54 03 06 - fermé dim.-lun.

Pour la nuit. À 10mn de la gare et face à la station des Montets, l'hôtel le Dahu est typiquement montagnard ! Tout de bois revêtu, l'ambiance est chaleureuse et confortable et la vue sur la montagne superbe.

Hôtel le Dahu - 325 r Charlet-Straton - ✆ 04 50 54 01 55 - www.hotel-argentiere.com - 16 ch. 73/84 € - 12 €.

À table ! On vient dans cette grande cabane en bois, installée à proximité des pistes des Grands-Montets, reprendre des forces et manger des gratins au beaufort, des œufs cocotte ou des croûtes, parmi les meilleures de la région d'après les Chamoniards. Ambiance montagnarde garantie. Terrasse.

La Crèmerie du glacier - 766 ch. de la Glacière - ✆ 04 50 54 07 52 - www.lacremerieduglacier.fr - 13/22 €.

9 VALLORCINE

Dans un coin perdu de montagne. Dans un environnement préservé, grâce à son isolement, Vallorcine semble hors du temps. Son église, protégée des avalanches par sa *turne* ou tourne (sorte de digue en pierre en forme d'étrave) se détache des grands abrupts de l'aiguille de Mesure (extrémité nord du massif des Aiguilles-Rouges et du massif du Mont-Blanc).

Pour la nuit. L'une des dernières maisons avant la Suisse ! Il s'y cache, dans chacune des pièces, des richesses décoratives – boiseries, meubles d'époque, faïences d'Italie – que l'on découvre avec ravissement. Cuisine à disposition.

Chambres d'hôtes L'Anatase - 323 rte des Confins-du-Valais - Les Plans - ✆ 06 23 92 74 82 - lanatase.com - 5 ch. 140/150 €.

À table ! Derrière la gare, qu'il fait bon s'installer sur la reposante terrasse du Café Comptoir ! L'assiette allie fraîcheur des produits et présentation soignée, couronnée par une harmonie des saveurs. Une salle accueillante dans un décor moderne et sobre, en bois. Un très bon rapport qualité-prix.

Le Café Comptoir - 69 rte de la Forêt-Verte - ✆ 04 50 18 72 43 - www.lecafecomptoir.com - fermé mai, nov. et lun.-mar. (sf vac. scol.) - formule déj. 20 € - menu 39 €.

Se balader dans la réserve naturelle des Aiguilles-Rouges. Elle couvre 3300 ha, entre 1200 m et 2965 m d'altitude, dans le massif du même nom, face au Mont-Blanc. Sur 2 km, l'ancien tracé des diligences entre Chamonix et Martigny a été reconverti en sentier botanique qui révèle la flore et la faune d'altitude. Dans le chalet d'accueil au col des Montets (alt. 1461 m), expositions et audiovisuels sur la faune, la flore et la géologie complètent cette initiation au biotope local.

Accès : à 50mn à pied d'Argentière ou par le TER, arrêt Montroc.
Chalet d'accueil - 1506 col des Montets - ✆ 04 50 54 02 24 - www.reserves-aiguilles-rouges.com - de mi-mai aux vac. de Toussaint.

MARTIGNY

➔Par un autre train, on peut continuer jusqu'à Martigny, en Suisse (dép. ttes les heures depuis Vallorcine - env. 50mn). Ayez une pièce d'identité en cours de validité sur vous.

« Le Midi commence à Martigny » ! Cette cité suisse profite d'un ensoleillement qui fait pousser tomates, vignes, abricotiers et autres arbres fruitiers. La ville elle-même cultive un cachet méridional, que les vestiges et monuments romains disséminés dans ses rues viennent encore renforcer. Servie par une situation géographique favorable – au carrefour du Simplon et du Grand-St-Bernard, et près de plusieurs stations de sports d'hiver – la ville s'est également forgé une identité culturelle forte.

Pour la nuit. À 15mn de la gare, un hôtel sans charme, mais correctement tenu et bien situé près de la Fondation Gianadda et d'une grande piscine en plein air.
Motel des Sports - 15 r. du Forum - ✆ (+41) 27 722 20 78 - www.moteldessports.ch - 38 ch. 97/112 CHF - ☕ 16 CHF.

Se cultiver à la fondation Pierre Gianadda. Ce centre culturel bâti autour des vestiges d'un temple gallo-romain abrite un musée de l'Automobile et un Musée gallo-romain. À côté de ce fonds permanent sont présentées des expositions temporaires de grande qualité. Les jardins de la fondation contiennent à la fois des vestiges gallo-romains et des sculptures du 20e s. de première importance.
Fondation Pierre Gianadda - 59 r. du Forum - ✆ (+41) 27 722 39 78 - www.gianadda.ch - juin-nov. : 9 h-18 h; reste de l'année : 10h-18h - 20 CHF.

S'attendrir à Barryland. Ce musée voué aux saint-bernards accueille de véritables chiens, que l'on voit évoluer à travers des vitres, et relate, de façon attractive et ludique, le passé de l'hospice et du col du Grand-St-Bernard. Le vrai Barry (du moins sa dépouille naturalisée) se trouve au musée d'Histoire naturelle de Berne : ce chien, le plus célèbre des chiens de sauvetage du Grand-St-Bernard, est devenu une véritable icône en Suisse.
Barryland - Musée et Chiens du St-Bernard - 34 r. du Levant - ✆ (+41) 27 720 53 53 - www.barryland.ch - 10h-18h - 12 CHF.

À table ! Cette belle demeure historique (17e s.) trône sur une agréable place, près d'une fontaine; c'est la plus ancienne auberge de la ville et son café est très fréquenté ! Côté restaurant – lequel a le charme de la simplicité –, habitués et visiteurs apprécient ses spécialités du Valais : ragoût d'escargots, rognons à l'ail, etc.
Les Trois Couronnes - 8 pl. du Bourg - ✆ (+41) 27 723 21 14 - www.les3couronnes.ch - fermé dim.-lun. - menu du jour 26 CHF - menus 77/89 CHF.

L'heure de l'apéro. Effectivement, elle vole... au plafond ! Mais ne soyons pas vaches, car le lieu est original avec son bar à vins au rez-de-chaussée où l'on déguste des tapas.
La Vache qui Vole - pl. Centrale 2b - ✆ (+41) 27 722 38 33 - fermé dim.-lun.

Sensations fortes à 3 842 m, à l'Aiguille du Midi.

CHAMBÉRY - MODANE

La ligne dite « de la Maurienne » suit un axe de communication majeur entre la France et l'Italie (via le tunnel du Fréjus) et promet de superbes paysages. Après avoir traversé la cluse de Chambéry, où sont produits quelques-uns des meilleurs vins de Savoie, le train s'engage dans la basse vallée industrieuse de la Maurienne, s'élevant progressivement entre les massifs montagneux pour rejoindre Modane à près de 1100 m d'altitude.

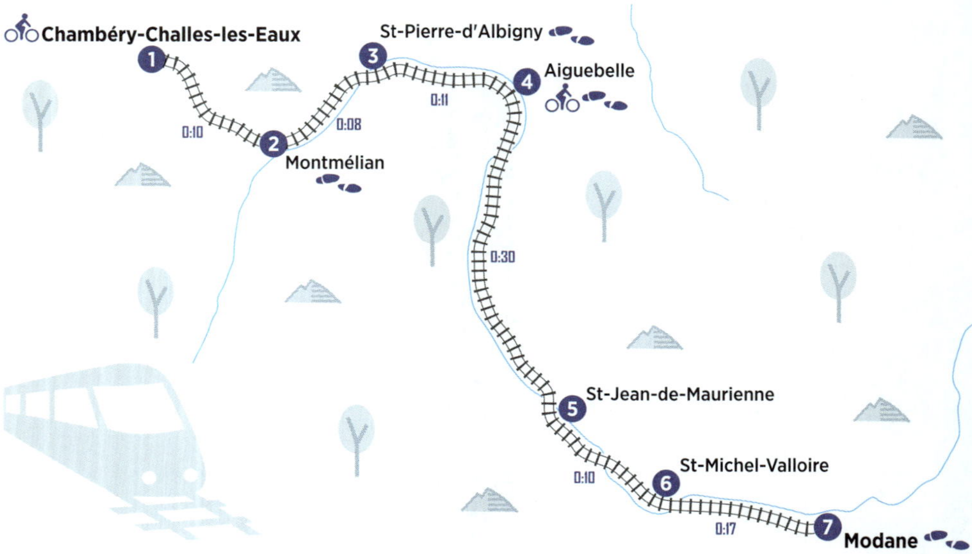

DE CHAMBÉRY À MODANE - 7 JOURS

- Pour rejoindre Chambéry au départ de Lyon-Part-Dieu : une vingtaine de TER directs chaque jour (1h30)
- Trajet sans escale : 1h48
- Fréquence : 6 TER/j
- Horaires : www.ter.sncf.com/auvergne-rhone-alpes
- Tarif sans escale : 20,90 €
- Bon à savoir : suite à l'éboulement du 27 août 2023, le trafic TER est interrompu entre St-Jean-de-Maurienne et Modane, mais un car assure la liaison. Fin de travaux prévue 1er semestre 2025
- Pour le retour à Lyon-Part-Dieu, correspondance à Chambéry-Challes-Les-Eaux

Où se placer pour admirer le paysage ? Côté gauche dans le sens de la marche.

Chambéry.

1 CHAMBÉRY-CHALLES-LES-EAUX

Louer un vélo. Une vélostation, installée place de la Gare, loue des vélos classiques et des vélos à assistance électrique.
Vélostation - 04 79 96 34 13 - www.velostation-chambery.fr - vélo 6 €/j, VAE 14 €/j.

Une ancienne capitale. Le fier passé de la ville, longtemps capitale de la maison de Savoie et lieu de vénération du saint suaire, s'incarne dans la puissante silhouette du château. Alentour s'élèvent de nombreux édifices de toute époque et d'un riche intérêt architectural. Ce patrimoine bien rénové se découvre au fil des ruelles et des passages, en partie piétonniers, de la vieille ville. La promenade révèle également plusieurs fresques en trompe-l'œil dues au « Groupe Miami », fondé au début des années 1980 par des artistes chambériens.

Pour la nuit. Pour passer une nuit au cœur de la ville, choisissez l'hôtel des Princes. Proche de la fontaine des Éléphants et à 10mn de la gare, il abrite des chambres contemporaines décorées avec goût, certaines dans un esprit montagne. Un room service et une épicerie de qualité proposent un large éventail de plats et de gourmandises pour parer aux petits creux et grandes faims. Espace Spa et bien-être. Une aubaine que l'Hôtel Mercure, situé si près de la gare pour poser votre sac sans tarder. Dans le bâtiment à l'architecture résolument moderne, alternant verre et béton, vous profitez d'un salon-bar contemporain et de l'une des chambres spacieuses et bien insonorisées.
Hôtel des Princes *- 4 r. de Boigne - 04 79 33 45 36 - www.hoteldesprinces.com - 45 ch. 79/100 € - 14 €.*
Hôtel Mercure Chambéry Centre *- 183 pl. de la Gare - 04 79 62 10 11 - all.accor.com - 81 ch. 78/105 € - 18,90 €.*

L'emblème du pouvoir. La demeure des seigneurs de Chambéry, des comtes et ducs de Savoie puis des rois de Sardaigne fut bâtie aux 14e et 15e s. Outre une exposition sur le château et la ville, son intérêt réside dans la visite de la Sainte Chapelle qui possède de splendides vitraux du 16e s., des trompe-l'œil de style gothique troubadour et une tapisserie portant les blasons des villes de Savoie. Construit à partir de 1408 dans le style gothique flamboyant, ce sanctuaire abrita de 1502 à 1578 le saint suaire – aujourd'hui à Turin – dont une réplique est toujours

Vignoble autour de Montmélian.

visible. Enfin, un carillon de 70 cloches, réalisé par la fonderie Paccard de Sevrier, a été installé dans la tour Yolande de en 1993. Il est remarquable pour l'homogénéité de son timbre.

Château des ducs de Savoie *- pl. du Château - ✆ 04 79 33 42 47 - www.chamberymontagnes.com - visite guidée sur réserv. : 7 €. - fermé lun.*

Carillon *- concert gratuit -de juil. à mi-sept. tous les sam. 11h , oct.-juin 1er et 3e sam. du mois 11h.*

À table ! Laissez-vous tenter par les tables dressées du café Chabert dans la rue piétonne. On sert ici une cuisine traditionnelle et familiale d'un bon rapport qualité-prix.

Café Chabert *- 41 r. Basse-du-Château - ✆ 04 79 33 20 35 - fermé dim. et le soir - plats 12/25 €.*

Pour le pique-nique. Une belle sélection de produits régionaux, avec en vedette fromages et charcuterie, vous attend le matin au marché couvert, place de Genève, les mardi, vendredi et samedi.

Pause sucrée. Depuis 1832, les années glissent sur cette boutique sans effet apparent : luxueux décor, magnifique comptoir en bois, meubles anciens, boiseries... Dans l'intime salon de thé attenant, vous vous régalez de belles pâtisseries au chocolat ou aux fruits frais.

Au Fidèle Berger *- 15 r. de Boigne - ✆ 04 79 70 22 62 - www.cedric-pernot.fr - fermé dim.*

Du grand spectacle. Pendant deux semaines au mois de juillet, la cour d'honneur du château des ducs de

Savoie offre son cadre majestueux aux spectacles de danse, aux concerts et aux pièces de théâtre des Estivales en Savoie.

Rejoindre le lac du Bourget à vélo. L'avenue Verte Nord, réservée aux cyclistes, permet de rejoindre en 50mn le lac du Bourget, plus grand lac naturel de France. Ses eaux reflètent les pentes arborées des massifs qui l'entourent. Ce cadre et le climat d'une grande douceur séduisirent en son temps Lamartine et, après lui, randonneurs, cyclistes et navigateurs. En effet, des croisières, au départ du Grand Port d'Aix-les-Bains, donnent un aperçu du caractère propre de chacune des rives : eaux claires et bleu d'azur, eaux profondes aux teintes verdoyantes...

Compagnie des bateaux d'Aix-les-Bains Riviera des Alpes - ✆ 04 79 63 45 00 - www.bateaux-aixlesbains.com - croisières à partir de 16 €.

2 MONTMÉLIAN

Un village et des vins. C'est certainement sa position stratégique, à proximité des frontières et au carrefour d'importantes routes marchandes, qui a valu à Montmélian la construction d'une des plus puissantes forteresses d'Europe, démantelée en 1706 par Louis XIV. Montmélian jouit à présent d'une autre renommée. La ville est en effet au cœur de la première région viticole de Savoie : une très bonne raison d'y faire escale. Parmi les édifices de caractère, ne manquez pas le pont Cuénot, du 17e s., qui franchit l'Isère sur ses dix arches. Il fut longtemps l'unique ouvrage permettant la communication entre la capitale savoyarde et la Maurienne. Poussez également la porte du musée de la vigne et du vin de Savoie avant de siroter quelques breuvages locaux.

Musée de la vigne et du vin de Savoie - même adresse que l'office de tourisme - montmelian.com - juil.-sept. : mar.-sam. 10h-13h, 15h-18h; reste de l'année : mar. 14h-18h, merc.-vend. 10h-12h, 14h-18h, sam. 10h-12h30 - fermé dim.-lun. et j. fériés - 5 €.

À table et au lit ! À 18mn de la Gare et 10mn du musée, La Clé des champs dispose de petites chambres simplement meublées mais chaleureuses, dont certaines donnent sur les quais de l'Isère. L'établissement a également misé sur la qualité de son restaurant, Le Cep gourmand, où vous apprécierez la bonne cuisine savoyarde et piémontaise, faite maison, comme les délicieuses pâtes fraîches.

La Clé des champs - Le Cep gourmand - quai de l'Isère - N 6 - ✆ 04 79 84 12 01 - montmelian.lacledeschamps-hotels.com - 40 ch. 89 € - ☕ 12 € - 🍴 - menus 24/30 €.

Pour le pique-nique. La place du Marché s'anime le dimanche matin de quelques étals gourmands. Poulets rôtis, fromages, charcuterie, miel... pour composer un pique-nique goûteux que vous compléterez avec une tarte briochée aux pralines, la spécialité de la boulangerie Aux délices de Montmélian. Celle-ci fabrique aussi des pains au levain, aux lardons et aux fromages, ou encore aux diots. Ça donne envie d'aller marcher !

DES VINS BLANCS RÉPUTÉS

La cluse de Chambéry, qui s'étend au pied des massifs des Bauges et de la Chartreuse, entre Chambéry et Montmélian, est réputée pour ses vins blancs AOC. L'apremont, l'abymes, le chignin ou encore le chignin-bergeron se marient parfaitement avec les fromages locaux.

Aux délices de Montmélian - 40 r. du Dr-Veyrat - ✆ 04 79 84 06 04 -fermé dim. apr.-midi et jeu.

La plus ancienne foire savoyarde. La foire de Qu'ara Bara, qui signifie « Qui aura, donnera », date du Moyen Âge et se déroule le 1er dimanche de septembre. Elle réunit environ 200 exposants. Profitez de cette opportunité pour dénicher de nombreux produits et créateurs locaux.

Vue plongeante. Pour appréhender la ville et la plaine dans toute leur dimension, montez jusqu'au belvédère de la forteresse. Il suffit de suivre la rampe signalée « Montée du fort » et, au gré des vestiges des fortifications, vous atteignez la plateforme sommitale qui donne toute la mesure de ce site stratégique. Avec l'aide d'une table d'orientation, vous parcourez le panorama sur la vallée de l'Isère et les Alpes. Ce rocher est sans doute à l'origine du nom de la ville; *meillan* en celte signifierait « rocher », « forteresse ». D'ailleurs au Moyen Âge, la cité se dénommait Montis Meliani.
Accès : par le 22 r. du Parapet - 10mn de montée.

3 ST-PIERRE-D'ALBIGNY

➔Le centre du village est à 25mn à pied de la gare, l'hôtel à 35mn. Pas de bus mais des taxis pour ceux qui ne veulent pas marcher.
Taxi ALT - ✆ 06 70 53 70 24; Arclusaz Taxi - ✆ 06 07 11 64 83.

De l'authenticité. Situé dans la combe de Savoie, juste sous la dent d'Arclusaz, St-Pierre-d'Albigny et sa vingtaine de hameaux jouissent d'une exposition ensoleillée. Le chef-lieu dégage un charme certain avec ses maisons colorées et son église massive. Sous la mairie, dont la salle du conseil est décorée de papiers peints panoramiques du début du 19e s., furent découvertes quelques sépultures des grandes familles de la région.

Pour la nuit. Cette ancienne maison forte a été rénovée avec beaucoup de goût et présage un séjour enchanteur. L'accueil est agréable et spontané, le cadre rafraîchissant et la vue exceptionnelle. La table, réputée pour son inventivité, s'approvisionne aux 88 acres de son célèbre potager.
Château des Allues - 335 r. Audibert - ✆ 06 75 38 61 56 - www.chateaudesallues.com - 5 ch. 155/180 € - bc le soir sur réserv.

À table ! Dans un décor d'anciennes pompes à essence et de bidons, clin d'œil à l'activité de son mari, Yasmina cuisine des plats épicés et plein de saveurs où la Savoie prend des accents du sud. À déguster en terrasse avec une belle vue sur Belledonne.
L'atelier D'yz - 135 av. de l'Arclusaz - ✆ 06 63 25 38 48 - fermé dim. soir-lun., mar. soir (et merc. ou jeu. soir en hiver) - menus 15,50 € (déj.)/26 €.

Atteindre le Chapeau Mont Benoît. Cette randonnée qui démarre par un sentier un peu raide, traverse plusieurs hameaux de la commune et offre de jolis points de vue sur les massifs de la Lauzière, de Belledonne et de la Chartreuse. À l'automne, les couleurs rougeoyantes de la végétation semblent enflammer les versants des montagnes. Idéal pour quelques photos souvenir!
Accès : dép. du parking du gymnase des Frontailles, au carrefour de la rue des Écoles et de la rue des Aubépines - 2h AR - 260 m de dénivelé.

4 AIGUEBELLE

➔ Une étape à faire sur la journée, en dormant à St-Jean-de-Maurienne.
Louer un vélo. Une borne, installée à côté de l'office de tourisme, est équipée de cinq vélos à assistance électrique en libre-service.
Office de tourisme - 75 Grande-Rue - 55 €/4h, 70 €/8h.

Porte de la Maurienne. Situé au cœur d'un vallon, Aiguebelle constitue un agréable lieu de villégiature estivale préservé. Le paysage alentour garde la trace d'anciennes activités minières et révèle l'importance historique du site. Aujourd'hui, marchés et foires entretiennent la tradition de cette ville d'étape et de commerce qui s'étire le long de la nationale. L'église a conservé son chœur et son clocher du 14e s. et abrite un beau mobilier dont un Christ de pitié en bois polychrome.

Pour le pique-nique. Pour reprendre des forces au cours de votre randonnée au roc de Charbonnière, commandez une pizza chez Pizza Alain ou Joa

Château de Miolans à St-Pierre-d'Albigny.

Pizza, ou choisissez une fougasse salée chez Gil. Ce dernier propose aussi des brioches saucisse, du pain bio et quelques gourmandises sucrées comme d'appétissantes brioches pralines.
Joa Pizza - 30 Grande-Rue -
✆ 04 79 75 63 80 - fermé dim.-mar.
Le Pain de Gil - pl. de la Mairie à Randens (de l'autre côté de l'Arc) - ✆ 06 25 16 46 58 - le matin uniquement - fermé jeu. et sam.

Un kilomètre à pied...! Un sentier pittoresque à travers les sous-bois mène aux ruines du château de la Charbonnière, foyer originel de la maison de Savoie. Il s'élève sur le roc de Charbonnière qui domine la ville. Au sommet, deux tables d'orientation détaillent le beau panorama sur la barrière des Bauges et la vallée de l'Arc.
Accès : dép. de l'office de tourisme, en direction lac du Vivier, puis suivez les indications - 2h - 100 m de dénivelé.

Une plage à la montagne. Même s'il faut pédaler quelques dizaines de minutes, le plan d'eau de St-Alban-d'Hurtières vous promet un parfait moment de détente. Entouré d'une large prairie et d'une plage, ce petit lac bénéficie d'un agréable cadre montagneux. On s'y retrouve volontiers à la belle saison pour un bain de soleil, un match de beach-volley, un pique-nique, une sieste, une baignade (surveillée en juil.-août 12h-18h) ou une partie de pêche (permis à l'office de tourisme). Une guinguette, Le Café gourmand, assure l'animation et sert repas et coupes glacées. N'hésitez plus et glissez un maillot de bain dans votre sac !
Accès : par la rte de la Digue, puis les chemins - 35mn aller - 100 m de dénivelé.
Le Café gourmand - ✆ 06 20 74 82 84 - mai-sept. : tlj sf lun.-mar.

5 ST-JEAN-DE-MAURIENNE

Des atouts forts. À la confluence de l'Arc et de l'Arvan, St-Jean-de-Maurienne est le centre commerçant de la vallée. Si le départ de Péchiney au début des années 2000 l'a profondément meurtrie, la ville manifeste un dynamisme certain et multiplie les initiatives pour gagner en attractivité avec un projet de réhabilitation du centre-ville et un musée Opinel rénové. Sa cathédrale constitue également un atout touristique majeur avec ses exceptionnelles stalles en noyer du 15e s.

St-Jean-de-Maurienne, la ville de l'Opinel.

Pour la nuit. À une dizaine de minutes de la gare et à proximité de la cathédrale, cet ancien relais de poste abrite des chambres à la décoration un peu désuètes mais confortables. Au restaurant, la carte de vins régionaux se conjugue à merveille aux recettes locales actualisées. Service *ad hoc.*
Hôtel du Nord - 64 imp. Jean-Jaurès - ✆ 04 79 64 02 08 - www.hoteldunord.net - 19 ch. 89 € - ☕ 11 € - ✕ plats 17/39 € - menus 37,50/53,50 €.

Tout sur le célèbre couteau savoyard. Ambassadeur de la Savoie, l'Opinel a son musée. On y apprend comment Joseph Opinel, qui concevait des canifs pour ses amis à ses heures perdues, décide de les fabriquer en série et de les décliner en 12 tailles différentes. Le n° 08 deviendra même dans les années 1960 une icône du design, exposée au MoMa de New York. En fin de visite, la boutique propose toutes les gammes de ces couteaux au manche en bois vernis et lame en acier trempé frappé de la célèbre main couronnée, symbole de la marque.
Musée Opinel - 25 r. Jean-Jaurès - ✆ 04 79 64 04 78 - www.opinel.com - 9h-18h30 - fermé dim. sf juil.-août - gratuit.

À table ! Un Gavroche bien sympathique, ce restaurant ! Derrière les fourneaux, le chef signe une cuisine d'esprit créatif et très appréciée. Sa carte des vins met bien en valeur les nectars de Savoie, blancs et rouges, essentiellement travaillés par de jeunes producteurs. L'été, on savoure la fraîcheur de la terrasse ombragée, et, l'hiver, dans la salle sous la véranda, on regarde la neige tomber.
Le Gavroche - 44 pl. du Marché - ✆ 04 79 20 49 30 - www.restaurant-le-gavroche.com - fermé dim.-lun. - menus 25 € (déj.)/49 €.

6 ST-MICHEL-VALLOIRE

Pour la nuit. À 12mn de la gare. Il suffit de descendre la Grand-Rue vers le sud pour rejoindre cet hôtel où une vingtaine de chambres sobres et colorées, avec plancher et têtes de lit en bois, ont été aménagées. Petit-déjeuner buffet.
Le Marintan - 1 r. de la Provalière - ✆ 04 79 59 16 91 - le-marintan.com - 21 ch. 65/81 € - ☕ 10 €.

La Maurienne industrielle. L'aluminium savoyard a aussi son musée qui réussit le tour de force de

rendre passionnante l'histoire métallurgique de la vallée de la Maurienne, où jusqu'à six usines ont fabriqué le précieux métal au début du 20e s. Intéressante collection d'objets, dont d'émouvants bijoux réalisés par les soldats de 1914-1918 à partir de l'aluminium récupéré sur les obus ennemis.
Espace Alu - pl. de l'Église - ✆ 04 79 56 69 59 - espacealu.fr - de déb. juil. à déb. sept. : 10h-13h, 14h-19h; reste de l'année : tlj sf sam.-dim. 14h-18h - fermé de la fin des vac. de Toussaint au déb. des vac. de Noël - 8 €.

À table ! À La Scuderia, on travaille en famille pour proposer des spécialités italiennes et des pizzas, à déguster sur place ou à emporter.
Pizzeria La Scuderia - 58 r. du Gén.-Ferrié - ✆ 04 79 83 06 48 - fermé lun. et merc. - pizzas 9/16 € - plats 10/16 €.

Pour le pique-nique. Voici l'occasion de goûter les fromages de la vallée des Arves et de Maurienne. En premier lieu, craquez pour le beaufort, au lait de vache cru, non écrémé et non pasteurisé, et particulièrement pour le beaufort d'été, élaboré avec le lait produit en estive. Ensuite, testez les tommes fermières de vache et de brebis, le bleu de Bonneval et le bleu de Termignon, fabriqué à la belle saison par uniquement quatre producteurs. Quelques produits régionaux compléteront votre panier.
La Fromagerie Coopérative - 12 r. du Gén.-Ferrié - ✆ 04 79 05 04 83 - www.beaufortdesarves.com- fermé dim. apr.-midi.

7 MODANE

➔ La gare donne sur la route principale, à 20mn à pied du cœur du village. Nos adresses se situent autour de la gare.

Terminus, tout le monde descend ! Oubliez la route principale de la vallée, avec son lot de camions, et consacrez-vous au vieux bourg et à l'église N.-D.-de-l'Assomption, un peu à l'écart. Quantité de lieux racontent l'histoire de cette ville frontière, reliée à l'Italie par le tunnel routier et ferroviaire du Fréjus. Prenez le temps de la découvrir en commençant par sa gare, labellisée « Patrimoine du 20e s. ».

Pour la nuit. Bien pratique cet hôtel, situé presque en face de la gare, pour poser sa valise rapidement. Moquette au sol, murs dans les tons beiges... les chambres restent simples mais correctes. Préférez celles donnant sur la rivière et le fort du Replaton pour plus de tranquillité.
Hôtel Le Commerce - 20 pl. Sommeiller - ✆ 04 79 05 20 98 - www.hotel-le-commerce.net - 18 ch. 76/92 € - ☕ 11 €.

Un peu d'histoire. Au son des pianos mécaniques, le Muséobar conte la naissance d'une ville frontière alpine à la fin du 19e s., époque du rattachement de la Savoie à la France et du percement du premier tunnel ferroviaire dans la montagne. Au gré de vidéos te témoignages audio, vous croisez chasseurs alpins, douaniers, contrebandiers, cheminots, immigrants...
Muséobar - musée de la Frontière - 42 r. de la République - ✆ 04 79 59 64 23 - www.modane.fr - 10h-12h, 15h-19h - fermé dim.-lun. - 4,50 €.

À table ! L'Italie comme si vous y étiez. Ce restaurant familial jouit d'une réputation qui va bien au-delà de la ville. Allez-y les yeux fermés pour vous régaler d'une pizza généreuse ou d'un repas complet dans la tradition gastronomique transalpine.
Pulcinella - rue de la Concorde - Fourneaux - ✆ 04 79 83 42 66 - www.pizzeriapulcinella.fr - fermé jeu. soir et dim. - pâtes et pizza 5/10 € - plats 5/30 €.

À table ou en pique-nique. Le magasin Biocoop de Modane a eu la bonne idée d'ouvrir un espace restauration au 1er étage. Là, Isabelle et Emma concoctent une cuisine à base de produits bio et locaux, adaptée aussi aux vegans. Vous la savourez sur place, dans la salle claire au mobilier en bois où l'on oublie vite le bruit de la rue, ou à l'occasion d'un pique-nique.
Biocoop - 22 av. Jean-Jaurès - ✆ 04 79 05 42 78 - Facebook - fermé dim. - déj. seult - carte 5/26 €.

Échappée en Vanoise. Tracé sur les contreforts du massif de la Vanoise, le sentier découverte de l'Orgère est réputé pour ses marmottes. Il fait le tour du vallon éponyme, jadis dédié à la culture de l'orge, en traversant des milieux naturels très variés (prairies, sous-bois et alpages). Il est en outre jalonné de stations d'interprétation sonores et visuelles.
Accès : dép. du parking du refuge de l'Orgère accessible en juillet-août par navette sur demande au 04 79 05 99 06 : deux liaisons par jour - 1h30 - 200 m de dénivelé.

Le viaduc de Morez, dans le Jura.

AU DÉPART DE DIJON

Vous pourrez rejoindre Dijon-Ville en TGV direct au départ de Paris-Gare-de-Lyon, Lyon, Marseille, Montpellier et Strasbourg.

LA LIGNE DES GRANDS CRUS

À peine assis, vous aurez très certainement envie de descendre ! Au bout de 7 mn, le train s'enivre d'un premier nom évocateur, celui de Gevrey-Chambertin. De l'un des plus célèbres vignobles du monde, votre TER avale les kilomètres et les crus prestigieux. D'abord la Côte de Nuits, avec ses parcelles en pente douce plantées de pinot noir, puis la Côte de Beaune et ses coteaux doucement vallonnés… jusqu'au bourg de Meursault, dont les dernières maisons vigneronnes annoncent l'arrivée à Chalon.

DE DIJON À CHALON-SUR-SAÔNE - 7 JOURS

- Trajet sans escale : 56 mn
- Fréquence : 13 TER/j, 11 trains s'arrêtent dans ttes les gares de notre itinéraire
- Horaires : www.ter.sncf.com/bourgogne-franche-comte
- Tarif sans escale : 12 €
- Services à bord : transport de vélo autorisé
- Bon à savoir : toutes les stations étant bien et fréquemment desservies, vous pouvez prévoir certaines étapes juste pour déjeuner

Où se placer pour admirer le paysage ? Côté droit dans le sens de la marche.

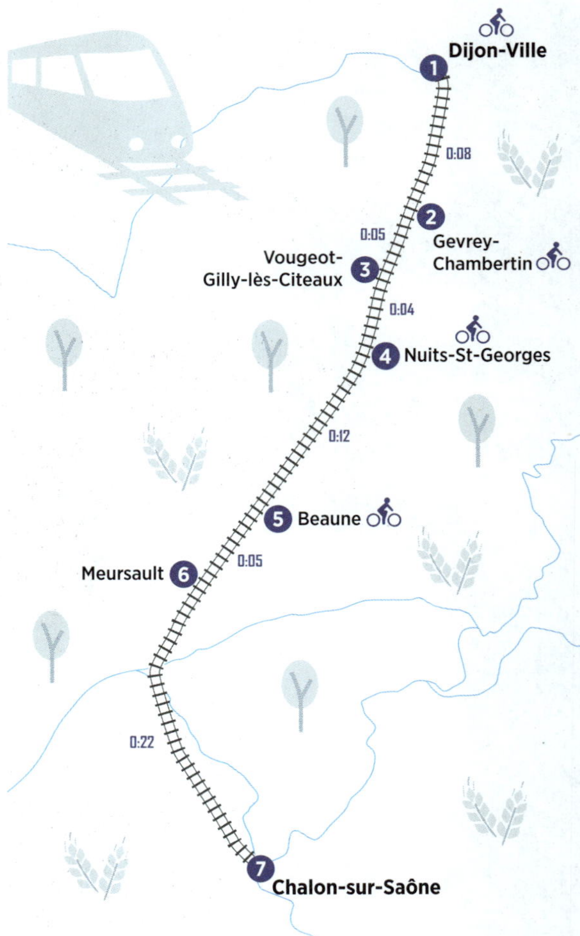

AU DÉPART DE DIJON

La place de la Libération au cœur de Dijon.

Bienvenue sur la Voie des vignes ! Sachez que cet itinéraire œnotouristique suit aussi les étapes de la véloroute « Le Tour de Bourgogne » (V51), entre Dijon et Beaune. Suivre cette véloroute à l'aller ou au retour, ou simplement entre deux étapes, permet d'associer sport, découverte du patrimoine et dégustation. Il est même possible de louer un vélo à Dijon et de le rendre à Beaune... et inversement.

1 DIJON-VILLE

Louer un vélo : à 13mn à pied de la gare.
Bourgogne Évasion - 78 r. Monge - 03 80 26 17 12 - bourgogne-evasion.fr - réserv. en ligne - VTC 20 €/j, VAE 45 €/j (tarifs dégressifs) - possibilité de terminer sa location à Beaune.

Sublime capitale de la Bourgogne. Trop longtemps réduite à quelques clichés culinaires, vinicoles ou provinciaux, Dijon a aujourd'hui tout d'une grande cité culturelle : sa richesse patrimoniale est remarquablement mise en valeur, notamment l'élégant centre historique, rendu en grande partie piétonnier. Le musée des Beaux-Arts s'est métamorphosé grâce à de grands travaux qui le hissent désormais au niveau des plus grands musées d'art européens (*voir p. 354*). Le centre-ville, autour des Halles et de la rue Berbisey, est truffé de restos, bars et boutiques branchés et design, qui offrent une alternative aux plus classiques, néanmoins incontournables, cavistes et vendeurs de moutarde et pain d'épice.

Pour la nuit. Deux établissements à 10mn à pied de la gare. L'hôtel Victor Hugo est une adresse sympathique, où les chambres claires, sobrement décorées et très bien tenues (certaines climatisées), sont plus spacieuses côté cour. Deux agréables petits salons et une grande salle rustique. L'hôtel des Halles propose des chambres fonctionnelles à la tenue irréprochable et bien insonorisées. Plusieurs salons, terrasse extérieure.

Hôtel des Halles *- 8 r. Montigny - 03 80 30 96 86 - www.hoteldeshalles-dijon.com - 37 ch. 100/144 € - 13 €.*

Hôtel Victor Hugo *- 23 r. des Fleurs - 03 80 43 63 45 - www.hotelvictorhugo-dijon.fr - 23 ch. 80 € - 7 €.*

Vignoble de la Côte de Nuits.

Du grand art. Créé en 1799, le musée des Beaux-Arts de Dijon est l'un des plus anciens musées de France, riche de 137000 œuvres. Un nouveau parcours, moderne et accessible à tous, présente plus de 1500 œuvres allant de l'Antiquité au 21e s. La Galerie de Bellegarde (salle 6), notamment, rassemble quelques-unes des pièces maîtresses du musée, dont les petits portraits des quatre ducs de Bourgogne et d'Isabelle du Portugal (femme de Philippe le Bon). Outre quelques peintres impressionnistes (Manet, Degas, Vallotton, Tissot et bien d'autres), les artistes bourguignons sont bien représentés : en sculpture, François Rude, et en peinture, Sophie Rude-Frémiet, Alphonse Legros et Félix Trutat. Sans oublier, pour le 20e s., une belle sélection d'animaux de Pompon.

Musée des Beaux-Arts - ✆ 03 80 74 52 09 - beaux-arts.dijon.fr - juin-sept. : 10h-18h30; reste de l'année : 9h30-18h - fermé mar. - gratuit.

À table ! Le Nid mise sur les produits locaux et de saison pour élaborer quotidiennement une carte quasi végétarienne. La salle, à la déco brocante, est jolie et confortable, et ça donne envie de revenir pour le thé l'après-midi. Installé sur la place des halles, le DZ'Envies s'affiche, lui, résolument bistronomique par sa cuisine française revisitée avec une pointe d'exotisme servie dans une salle épurée.

Le Nid - 61 r. des Gaudrans - ✆ 09 88 39 33 26 - page Facebook - fermé dim.-lun. et le soir - formules 19/25 € - carte 25 €.

Le DZ'Envies - 12 r. Odebert - ✆ 03 80 50 09 26 - www.dzenvies.com - fermé dim.-lun. - plats 19/26 € - menus 26/49 €.

Pour le pique-nique. Le marché couvert, très animé avec toutes les terrasses qui l'entourent, accueille des étals d'excellents produits sous sa belle architecture métallique. Idéal pour se concocter un savoureux pique-nique.

Marché des Halles - mar. et jeu.-sam. matin.

Pause sucrée ou salée. Excellente carte de cafés et de thés dans un cadre chaleureux et sympathique, face à l'église Notre-Dame. Possibilité de grignoter croques du jour et desserts gourmands. Brunch le dimanche. Une belle découverte.

LA CÔTE DE NUITS

De Dijon à Pernand-Vergelesses, la Côte de Nuits égrène au versant des pentes le chapelet de villages dont les noms tintent comme autant d'appels à la fête des sens : Fixin, Gevrey-Chambertin, Chambolle-Musigny, Vougeot, Vosne-Romanée, Nuits-St-Georges... On est bien au cœur d'une région exceptionnelle qui produit, dans un périmètre modeste, certains des vins les plus rares et les plus précieux du monde.
La Côte de Nuits produit presque uniquement de très grands vins rouges, issus du cépage pinot noir. Ses crus les plus fameux sont, du nord au sud : le chambertin, le musigny, le clos-vougeot et la romanée-conti. Très riches et corsés, ses vins demandent huit à dix ans pour acquérir leurs incommensurables qualités de corps et de bouquet. Au sud, sur les versants occidentaux de la côte, le vignoble des Hautes-Côtes de Nuits produit des vins plus simples.

Caffè Guffo - 9 r. de la Chouette - ✆ 03 80 48 26 11 - fermé dim. soir et lun.

L'heure de l'apéro. Sis dans l'historique hôtel Aubriot, ce bar avec espaces cosy et cour intérieure déroule une carte impressionnante de cocktails, vins et spiritueux. Difficile de choisir !
Monsieur Moutarde - 40 r. des Forges - ✆ 03 80 43 48 87 - www.monsieurmoutarde.com - tlj.

Rejoindre Nuits-St-Georges à vélo. Cet itinéraire cyclable de 28 km traverse la Côte de Nuits. On pédale sur de petites routes au milieu de vignes à perte de vue. Arrêt ou haltes possibles à Gevrey-Chambertin ou Vougeot.

2 GEVREY-CHAMBERTIN

➔La gare est à 40mn à pied à l'est du bourg, et ses centres d'intérêt plutôt à l'ouest. Le bus 114 s'arrête à 5 mn du centre (rue Lavaux).
Infos : www.viamobigo.fr.

Pour louer un vélo électrique, contactez à l'office de tourisme.
Office de tourisme - 1 r. Gaston-Roupnel - ✆ 03 80 34 38 40 - www.gevreynuitstourisme.com - 15 €/h ; 30 € la demi-journée - possibilité de circuits avec un guide.

D'un seul trait. C'est ici le type même de l'agglomération viticole. Immortalisé par l'écrivain régionaliste Gaston Roupnel (1872-1946), le bourg s'échelonne au débouché de la combe de Lavaux, à l'ouest, encadré par les coteaux du vignoble. D'abord le château médiéval et l'église, puis un peu plus bas le vieux centre avec ses maisons de tâcherons et ses riches demeures du 17e s., puis encore, vers l'est et la plaine, le quartier plus récent des Baraques... et enfin la gare.

À table et au lit ! Sous le nom de Rôtisserie du Chambertin se cachent un hôtel 4 étoiles et deux restaurants : la table d'hôtes gastronomique et le Bistrot Lucien, qui propose aussi des plats à emporter. Pierres apparentes, banquettes et superbe bar en bois, le décor du bistrot est à l'aune de sa belle cuisine bourguignonne, à base de produits choisis : jambon persillé, escargots en cassolette au beurre persillé, tartes aux fruits... Superbe carte des vins. Exceptionnel !
Bistrot Lucien et Rôtisserie du Chambertin - 6 r. du Chambertin - ✆ 03 80 34 33 20 - www.rotisserie-chambertin.com - 9 ch. 170/260 € - Bistrot : déj. sem. 28/38 € - menus 32/42 €; table d'hôtes : mar.-sam. menus 62 €(midi)/102 € (soir).

3 VOUGEOT-GILLY-LÈS-CÎTEAUX

➔La gare dessert Vougeot ; le fameux château du Clos de Vougeot est à 15mn à pied de la gare. Prenez la passerelle au-dessus des voies pour rejoindre le bourg de Gilly (par l'av. du Recteur-Marcel-Bouchard, plus agréable que la route principale).
➔Tout se passe au château, visite à faire le temps d'un arrêt.

Domaine du cru. Repérable au fin clocher de son abbatiale, le château se voit de loin sur la plaine et les vignes. Fleuron de la propriété, qui a appartenu à l'abbaye de Cîteaux du 12e s. à la Révolution, il fut

LES AOC DE GEVREY-CHAMBERTIN

Neufs grands crus sont produits sur la commune de Gevrey-Chambertin : chambertin (vin préféré de Napoléon Ier !), chambertin-clos de bèze, chapelle-chambertin, charmes-chambertin, mazoyères-chambertin, griotte-chambertin, latricières-chambertin, mazis-chambertin, ruchottes-chambertin. Ce sont les plus fameux des grands vins de la Côte de Nuits. Le territoire de l'AOC gevrey-chambertin couvre près de 400 ha.

achevé à la Renaissance par l'abbé Loisier, et il a été restauré au 19e s.

Autour de la cour d'honneur, on découvre le grand cellier des moines (12e s.) où ont lieu les cérémonies de l'ordre du Tastevin, puis la magnifique cuverie (15e s.) aux quatre gigantesques pressoirs. La cuisine (16e s.) n'est pas en reste avec son immense cheminée et sa voûte nervurée, soutenue par une unique colonne centrale. Quant au dortoir des frères convers, il présente une spectaculaire charpente du 17e s. C'est ici que dormaient les moines venus travailler à l'abbaye.

Les vins de Vougeot sont très appréciés et placés sous l'autorité d'une seigneurie : le Clos de Vougeot, avec ses 51 ha, demeure l'un des crus les plus réputés de Bourgogne.

Château du Clos de Vougeot - rue de la Montagne - ✆ 03 80 62 86 09 - www.closdevougeot.fr - tlj - 9 €.

À table ! Pour prolonger l'expérience et rester dans l'ambiance du terroir bourguignon, n'hésitez pas à manger au château après la visite. Vous y trouverez une belle table régionale avec des formules dégustation à 4 ou 6 vins.

La Table de Léonce - ✆ 03 80 62 86 09 - fermé le soir, lun. d'avr. à oct. et lun.-merc. le reste de l'année - menus 95/145 € - sur réserv.

Fête arrosée. Depuis 1934, la Confrérie des Chevaliers du Tastevin œuvre à mieux faire connaître les grands vins de Bourgogne. Chaque année en octobre, elle organise les Journées mondiales de l'œuf en meurette (!) au château du Clos de Vougeot. *www.meurette.fr.*

Route des Grands Crus, château du Clos de Vougeot.

❹ NUITS-ST-GEORGES

Pour louer un vélo électrique, contactez à l'office de tourisme.
Office de tourisme - 3 r. Sonoys - 03 80 62 11 17 - www.gevreynuitstourisme.com - 15 €/h, 30 € la demi-journée - possibilité de balades avec un guide.

Un cru de roi. Capitale de la Côte à laquelle elle a donné son nom, la coquette petite ville de Nuits a ajouté au sien, en 1892, celui de son cru le plus coté, le saint-georges. Si celui-ci est constitué en vignoble dès l'an 1000, la célébrité des vins de Nuits date de Louis XIV : son médecin, Fagon, ayant conseillé au Roi-Soleil de prendre à chaque repas quelques verres de nuits et de romanée à titre de remède, toute la cour voulut en goûter. Bien qu'aucun de ces vins ne soit classé « grand cru », tous sont mondialement connus, appréciés pour être plus corsés que les autres bourgognes. Nuits produit aussi du cassis et du crémant, du marc de Bourgogne et du jus de raisin.

Pour la nuit. À 13mn à pied de la gare, l'assurance de chambres correctes et bien équipées, et d'une bonne qualité de service. Restaurant.
Hôtel ibis Nuits-St-Georges - 1 av. de Chambolan - 03 80 61 17 17 - all.accor.com - 55 ch. 92/98 €.

À table ! Régalez-vous dans une ancienne maison de village (18e s.). La salle à manger – poutres, vieux meubles et pierres apparentes réveillés par une ambiance contemporaine – donne sur le spectacle des cuisines. Plats gourmands au goût du jour et belle cave raisonnée.

La Cabotte - 24 Grande-Rue - ✆ 03 80 61 20 77 - www.lacabotte.fr - fermé dim.-lun. - plats 19/29 € - menu 25 €.

Pour le pique-nique. La bonne adresse pour des produits 100 % fermiers provenant de circuits courts. En plus des confitures, boissons et condiments aux fruits rouges, vous trouverez liqueurs, confits d'oignon ou de tomate, moutardes, mais aussi terrines, fromages... De quoi sublimer votre pique-nique du jour !

Fruirouge et Cie - 40 Grande-Rue - ✆ 03 80 27 31 59 - www.fruirougeetcompagnie.com - fermé dim.-lun. et janv.-fév.

Pause sucrée. Tiens, un sirop de fruit, pour changer... Guidé par une délicieuse odeur, vous pénétrez dans l'usine Védrenne, où se dévoilent les secrets de fabrication de la liqueur de cassis, cette baie emblématique de la Bourgogne. À la fin de la visite, un bar à sirops propose des dizaines de parfums, des plus classiques aux plus improbables (essayez le concombre !).

Cassissium - 8 pass. des Frères-Montgolfier - ✆ 03 80 62 49 70 - www.cassissium.fr - avr.-oct. : 10h-13h, 14h-19h; reste de l'année : tlj sf dim.-lun. 10h30-13h, 14h30-17h (sam. et vac. scol. 18h) - 10,50 €.

L'heure de la dégustation. C'est une soixantaine de domaines que proposent ici ces passionnés du vin (plus de 3000 références), déclinant de belles appellations villages jusqu'aux plus prestigieuses de Bourgogne. Une large sélection à prix assez raisonnables.

Le Cavon de Bacchus - 19 r. Crébillon - ✆ 03 80 61 15 32 - www.cavon.com - fermé dim.-lun.

5 BEAUNE

Location de vélo à 20mn de la gare.

Bourgogne Évasion - parc de la Bouzaize - ✆ 03 80 26 17 12 - bourgogne-evasion.fr - VTC 20 €/j, VAE 45 €/j (tarifs dégressifs).

Joyau de la Bourgogne. Au cœur du vignoble bourguignon, Beaune est à la fois la capitale viticole de la région et une incomparable ville d'art. Le splendide hôtel-Dieu (*voir ci-contre*), la basilique-collégiale Notre-Dame, les remparts, dont les bastions abritent les caves les plus connues de Bourgogne, constituent l'un des plus beaux ensembles de la région. Dans les ruelles, restées très pittoresques, se côtoient bars à vin, restos tendance et petites boutiques. L'AOC Beaune produit des vins rouges et blancs d'une grande finesse. Les crus les plus fameux sont les grèves, les bressandes et le clos-du-roi.

Pour la nuit. À 8mn à pied de la gare, un ravissant hôtel installé dans une grande et belle demeure 1900. Aménagées avec beaucoup de soin et de goût, les chambres de cette maison familiale respirent la sérénité.

Hôtel La Villa Fleurie - 19 pl. Colbert - ✆ 03 80 22 66 00 - www.lavillafleurie.fr - 10 ch. 102/128 € - ☕ 12 €.

Écrin médiéval. Merveille de l'art burgondo-flamand, l'hôtel-Dieu de Beaune fut fondé en 1443 par le chancelier de Philippe le Bon, Nicolas Rolin. C'est d'ailleurs à la puissante famille Rolin que la ville doit ses plus grands trésors. À l'intérieur de cet ensemble, presque intact, le service hospitalier médiéval est resté en activité jusqu'en 1971. Les ailes de gauche et du fond sont surmontées d'une magnifique toiture de tuiles vernissées. La Grand-Salle ou « chambre des pôvres » (50 m de long, 14 m de large et 16 m de haut) a conservé une magnifique voûte en carène de navire renversée, dont les poutres transversales sont comme « avalées » par des dragons multicolores symbolisant l'enfer. Enfin la Salle du Polyptyque a été spécialement conçue pour accueillir le tableau du Jugement dernier de Rogier van der Weyden, extraordinaire chef-d'œuvre de l'art flamand (15e s.)

LA CÔTE DE BEAUNE

La Côte de Beaune, qui s'étire d'Aloxe-Corton à Santenay, se différencie de celle de Nuits par ses grands terroirs à vins blancs. Les noms des villages sont encore un festival à eux seuls. Et Beaune, qui recèle des trésors d'architecture, est un peu « La Mecque » des amateurs de grands vins. La Côte de Beaune produit de très grands vins rouges issus du pinot noir, et de magnifiques vins blancs dont les cépages sont le chardonnay et le pinot blanc. Ses crus les plus fameux portent le nom d'auxey-duresses, chassagne-montrachet, corton, corton-charlemagne, ladoix, meursault, puligny-montrachet, santenay... Les rouges sont puissants et fruités, tout comme les blancs qui sont d'une fabuleuse richesse tant au nez qu'en bouche.

Les Hospices de Beaune.

Hôtel-Dieu - rue de l'Hôtel-Dieu - ✆ 03 80 24 45 00 - www.hospices-de-beaune.com - de mi-mars à mi-nov. : 9h-19h30; reste de l'année : 9h-12h30, 14h-18h30 - 12 €.

À table ! Soul Kitchen, c'est une petite salle de 12 couverts, un chef qui fait aussi le service et deux menus : l'un, permanent, célèbre le terroir avec tarte à l'époisses, bœuf bourguignon et crème brûlée au cassis; l'autre, versatile, change toutes les semaines au gré des saisons. Régalez-vous !

Soul Kitchen - 1 r. Rousseau-Deslandes - ✆ 03 80 24 15 32 - www.soulkitchen-beaune.fr - fermé w.-end - menu 32 €.

Pour le pique-nique. Sous les saucissons qui pendent au plafond, le jambon persillé, le pâté et l'andouillette maison respirent la fraîcheur, tout comme la noix de jambon sec, la tourte beaunoise, le jambonneau cuit... D'ici peu, on parlera de cette adresse comme d'une institution...

Charcuterie Raillard - 4 r. Monge - ✆ 03 80 22 23 04 - fermé dim.-lun.

Pause sucrée. Chez les Millot, trois domaines de prédilection (et de savoir-faire!) : la chocolaterie, la pâtisserie et la confiserie-glace. Gourmand ou non, n y court !

Passion Millot - 1 pl. Monge - ✆ 03 80 22 10 35 - passionmillot.com - fermé lun.-mar.

L'heure de l'apéro. Mariage heureux du vin et du jazz dans ce sympathique bistrot installé dans une demeure ancienne. On s'y restaure dans de moelleux fauteuils ou sur la terrasse.

Le Bistrot Bourguignon - 8 r. Monge - ✆ 03 80 22 23 24 - fermé dim.-lun. et le soir de mi-déc. à mi-mars.

Le vin des Hospices. Chaque année, à la mi-novembre, sous la halle médiévale, a lieu la célèbre vente aux enchères des vins des Hospices de Beaune. Le bénéfice va toujours à la modernisation de l'hôpital de Beaune.

Les vignes autour de Meursault.

6 MEURSAULT

➔La gare est à 30mn à pied du village. Le bus 20.1 dessert le centre-ville mais il faut quand même marcher 18mn pour rejoindre l'arrêt « Hôpital ». Sinon, commandez un taxi.
Horaires bus : coteetbus.fr ; Taxi Heraud : ✆ 06 09 36 06 44, Taxi Bognon : ✆ 06 09 35 63 12.

➔Visite à faire le temps d'un arrêt.

En vadrouille. Sises à l'emplacement d'un ancien camp romain, la jolie bourgade et son église, avec sa belle flèche gothique en pierre, sont devenues célèbres depuis le tournage de La Grande Vadrouille (1966). Du château fort médiéval (1337), reste une tour couverte de tuiles vernissées en 1870. Ce sont elles qu'on voit dans le film avec Bourvil et Louis de Funès, dans la scène de l'incendie de la Kommandantur... qui n'est autre que l'hôtel de ville ! Bien qu'il existe aussi des meursault rouges, l'appellation est dédiée aux vins blancs de grande qualité, caractérisés par des arômes de noisette et de raisin mûr, qui peuvent vieillir jusqu'à quinze ans. Les lieux-dits les plus réputés sont Perrières, Genevrières et Charmes.

À table ! La façade du Bouchon affiche d'emblée l'esprit de ce petit bistrot. Salle aux grandes baies vitrées tournées vers l'hôtel de ville. Menus traditionnels et plats du terroir.
Le Bouchon - 1 pl. de l'Hôtel-de-Ville - ✆ 03 80 21 29 56 - www.restaurant-le-bouchon.com - fermé dim.-lun. et le soir (sf vend.-sam.) - déj. sem. 16,50/18 € - menus 32/46 €.

L'heure de la dégustation. Le château de Meursault, domaine viticole regroupant 35 appellations sur 65 ha, a la particularité de porter le nom de

l'appellation meursault. Des dégustations sont organisées sur réservation : après avoir visité l'orangerie du 19e s. et les caves, vous pourrez goûter 8 vins (aloxe-corton, beaune, bourgogne, meursault, pommard, puligny-montrachet, savigny-lès-beaune, volnay).
Château de Meursault - rue du Moulin-Foulot - ✆ 03 80 26 22 75 - www.chateau-meursault.com - sur réserv. - mai-sept. : 10h-18h30; oct.-avr. : 10h-12h, 14h-18h; mi-nov.-fin mars fermé dim. après-midi, lun.-mar. - visite-dégustation (1h30) 55 €/pers.

7 CHALON-SUR-SAÔNE

Pour la photo. Ville natale de Nicéphore Niépce, c'est la deuxième agglomération de Bourgogne. Deux circuits permettent de partir sur les traces de l'inventeur de la photographie, en découvrant le riche patrimoine de la cité. Son centre ancien se dévoile au fil des rues piétonnes et des nombreuses places où se retrouve la jeunesse chalonnaise. Débutez la visite au port Villiers. Une rangée de marches offre, depuis 1840, une halte pour admirer la Saône et l'île St-Laurent. Au centre de la place siège la statue de Nicéphore Niépce. À gauche, quai des Messageries, se situe le musée de la photographie portant le nom de l'inventeur. C'est une visite à ne pas manquer. N'hésitez pas à traverser la Saône vers l'île St-Laurent pour apprécier le panorama sur la ville et ses quais accueillants. Ses alentours s'enorgueillissent aussi de vignobles de renom.
Musée Nicéphore-Niépce - 28 quai des Messageries - ✆ 03 85 48 41 98 - www.museeniepce.com - juil.-août : tlj sf mar. 10h-13h, 14h-18h; reste de l'année : tlj sf mar. 9h30-11h45, 14h-17h45 - gratuit.

Pour la nuit. À 15mn à pied de la gare. Cet hôtel, dont les chambres, un brin exiguës, n'offrent qu'un confort sommaire, a le mérite d'être central.
Hôtel Les Jacobines - 10 r. des Jacobines - ✆ 03 85 48 12 24 - www.hotel-lesjacobines.com - 23 ch. 53/72 €.

À table ! Sur l'île St-Laurent, Le Parcours propose une cuisine inventive et colorée, élaborée à partir de produits de terroir. Belle carte des vins. Salle dans la cave voûtée.
Parcours - 32 r. Strasbourg - ✆ 03 85 93 91 38 - www.restaurantparcours.com - fermé lun. midi, merc. et dim. - menu déj. 25 € - menus 37/52 €.

Pour le pique-nique. Depuis 1448, le marché anime la place St-Vincent et la rue aux Fèvres les vendredi et dimanche matin.

L'heure de la dégustation. Cette cave à vin, qui affiche 800 références propose aussi des dégustations thématiques (programme sur le site Internet).
Le Cellier St-Vincent - 14 pl. St-Vincent - ✆ 03 85 48 78 25 - www.celliersaintvincent.fr - fermé lun.

BESANÇON - LONS-LE-SAUNIER

Cette ligne de TER serpente à travers quelques charmantes petites cités de caractère, ponctuées par l'immensité des vignobles aux alentours. Au fur et à mesure du voyage, les grandes étendues verdoyantes et les reliefs montagneux se dévoilent. Il ne vous reste plus qu'à admirer le paysage et à vous imprégner de la nature franc-comtoise. Dépaysement garanti !

DE BESANÇON À LONS-LE-SAUNIER - 5 JOURS

- Pour rejoindre Besançon-Viotte au départ de Dijon-Ville : 1 à 2 TER/h (1h)
- Trajet sans escale : 1h10
- Fréquence : 12 TER/j
- Horaires : www.ter.sncf.com/bourgogne-franche-comte
- Tarif sans escale : 18 €
- Services à bord : transport de vélo autorisé
- Pour le retour à Dijon, TER jusqu'à Dole puis TER (2h15) ou TGV (1h50)

Où se placer pour admirer le paysage ? Côté gauche dans le sens de la marche.

Quai Vauban à Besançon.

❶ BESANÇON-VIOTTE

➔La gare de départ est celle de Viotte, en ville. À ne pas confondre avec Besançon-Franche-Comté, la gare TGV à 11 km du centre (navette TER 15mn entre les deux).

Louer un vélo. Pour pédaler dans Besançon, on peut utiliser le réseau de vélos en libre-service VéloCité. Outre les pistes cyclables aménagées dans le centre-ville, l'EuroVelo 6 passe par Besançon.

VéloCité - 30 stations - vente de ticket courte durée (1 €/j) aux bornes ou sur www.velocite.besancon.fr - 30mn gratuites, puis 1 €/h (4 €/j maxi).

Roule ma poule - ✆ 06 83 21 38 07 - www.agence-roulemapoule.fr/location-de-velos-besancon - fermé nov.-mars - réserv. en ligne - service de livraison et reprise des vélos - location 28 €/2 j.

Lovée dans le Doubs. La capitale de la région historique de la Franche-Comté dévoile au promeneur ses beaux hôtels particuliers à la pierre teintée de bleu, son palais Granvelle, chef-d'œuvre de la Renaissance, et bien d'autres témoins de son riche passé, comme la fière citadelle Vauban (*voir p. 364*). Les nombreux étudiants en font une ville animée et largement tournée vers la culture. Le musée des Beaux-Arts et d'Archéologie est un bel endroit où les collections sont superbement mises en valeur (Cranach l'Ancien, Bellini, Goya, Courbet, Signac, Marquet, etc.).

***Musée des Beaux-Arts** - 1 pl. de la Révolution - ✆ 03 81 87 80 67 - www.mbaa.besancon.fr - avr.-oct. : 10h-12h30, 14h-18h, w.-end 10h-18h; reste de l'année : 14h-18h, w.-end 10h-18h - fermé mar. - 8,60 €.*

Pour la nuit. Situé au cœur de la « Boucle », à 17mn depuis la gare, l'hôtel de Paris, établissement raffiné, possède de nombreuses chambres qui allient confort moderne et classicisme chic. Dans un autre style, la Maison de Verre, ancien atelier de l'usine automobile Schneider (fin 19e s.) a été transformée en chambres d'hôtes design. On apprécie le calme du lieu malgré l'animation du soir rue Bersot. Comptez 18mn de marche depuis la gare.

Saline royale d'Arc-et-Senans.

Hôtel de Paris *- 33 r. des Granges - ✆ 03 81 81 36 56 - www.besanconhoteldeparis.com - 50 ch. 94/103 € - ☕ 15 €.*

La Maison de Verre *- 26 r. Bersot - ✆ 03 81 81 82 27 - www.lamaisondeverre.com - 3 ch. 85 € ☕.*

Belle citadelle. Construite entre 1668 et 1711, la citadelle s'étend sur 11 ha. Après la conquête française de 1674, Vauban, rasant une grande partie des constructions antérieures, édifia la forteresse actuelle qui domine de 118 m le cours du Doubs. Tour à tour caserne, école de cadets sous Louis XIV, prison d'État, forteresse, la citadelle bisontine constitue un site naturel et historique d'un grand intérêt. Plusieurs musées y sont installés : le Musée comtois (art populaire traditionnel et folklore de la Franche-Comté aux 19e et 20e s.), le musée de la Résistance et de la Déportation (nouvelle muséographie) et le Muséum, qui comprend un jardin zoologique.

Citadelle de Besançon *- 99 r. des Fusillés-de-la-Résistance - ✆ 03 81 87 83 33 - www.citadelle.com - juil.-août : 9h-19h; avr.-juin et sept.-oct. : 10h-18h; reste de l'année : 10h-17h - 12,50 €.*

À table ! Le Petit Atelier propose cinq plats au choix à l'ardoise. Cuisine aux multiples influences, à base de produits locaux et bio ou en agriculture raisonnée. Autre ambiance au Bouillon du Commerce. Fondée en 1873, elle a conservé sa décoration d'origine et on vient ici surtout pour le cadre Art nouveau magnifique. La cuisine simple et traditionnelle n'est pas en reste. Petits plats de brasserie à l'excellent rapport qualité-prix.

Le Petit Atelier *- 20 r. Bersot - ✆ 03 81 21 97 49 - www.lepetitatelier-restaurant.fr - fermé sam.-dim. - suggestion du jour 13,50/16,50 € - plats 15/26 €.*

Bouillon du Commerce *- 31 r. des Granges - ✆ 03 81 65 53 05 - lebouillonducommerce.fr - plats 9,50/16,20 €.*

Pour le pique-nique. Le marché couvert des Beaux-Arts réunit toutes les spécialités locales, tous les jours de la semaine (sf lun.).

Pause sucrée. Venez prendre un goûter dans ce chaleureux salon de thé où la gourmandise est reine ! Et super brunch le dimanche.

Marotte et Charlie - 11 r. Victor-Hugo - ✆ 09 81 82 49 72 - www.marotteetcharlie.com - fermé lun. - brunch 22 €.

L'heure de l'apéro. Un bar à vins et cocktails qui propose des en-cas raffinés dans un cadre historique et original.

La buvette du Conservatoire -27 r. des Boucheries - labuvetteduconservatoirer.fr. - fermé dim.-lun.

Au fil de la boucle. La croisière commentée sur la boucle du Doubs, avec franchissement de deux écluses, passage sous la citadelle en empruntant un canal souterrain, offre un autre point de vue sur la ville.

Bateau « Le Vauban » - ✆ 03 81 68 13 25 - www.bateau-besancon.fr - avr.-oct. - 14 € croisières commentées (1h15).

Le long du Doubs. Pédalez en toute tranquillité sur l'EuroVelo 6, le temps de la courte étape Besançon-Deluz (18 km - 1h15). Les plus aguerris rejoindront Arc-et-Senans (56 km - 4h), le long du fleuve jusqu'à St-Vit, puis après Ranchot, en forêt sur une quinzaine de kilomètres.

2 ARC-ET-SENANS

Cité salée. Entre la Loue et la forêt de Chaux voici Arc-et-Senans et sa majestueuse Saline royale. Si le lieu abandonna rapidement sa fonction première, l'ensemble grandiose demeure aujourd'hui l'un des fleurons de l'architecture industrielle en France, inscrit au Patrimoine mondial de l'Unesco, conférant un charme indéniable à ce petit village.

Pour la nuit. Au cœur de la Saline, à 2mn de la gare, dans un cadre somptueux, les chambres confortables ont été aménagées par l'architecte Jean-Michel Wilmotte. Une chance, rare, d'être, soir ou matin, quasiment seul sur le site !

Hôtel de la Saline royale - ✆ 03 81 54 45 17 - www.salineroyale.com - 31 ch. 118 € - ☕ 14 €.

L'or blanc du Doubs. Chef-d'œuvre de Claude-Nicolas Ledoux, architecte du siècle des Lumières, la Saline royale d'Arc-et-Senans était destinée à la production de sel. Véritable petite usine, sa structure en arc de cercle (un cercle complet était initialement prévu) abritait de nombreux bâtiments dédiés à l'habitation et à la production. Abandonné suite à l'apparition des nouvelles technologies et pillé à de nombreuses reprises, l'édifice est finalement récupéré par le département du Doubs en 1927 qui organisera plusieurs campagnes pour sa restauration. Il existe depuis toujours des jardins bordant l'arc de cercle sud, derrière les bâtiments. Ils étaient à l'origine cultivés par les habitants de la saline. Le paysagiste Gilles Clément les a transformés en jardins « en mouvement », avec pour thème principal l'adaptation de la végétation au changement climatique. Deux nouveaux demi-cercles parallèles de jardins ont pris place : les jardins thématiques et pédagogiques à l'intérieur et les jardins éphémères à l'extérieur, qui accueillent tous les ans entre avril et octobre le Festival des jardins. Une foire aux plantes clôt l'événement.

Saline royale - Grande-Rue - ✆ 03 81 54 45 45 - www.salineroyale.com - juil.-août : 9h-19h ; avr.-juin et sept.-oct. : 9h-18h ; reste de l'année : 10h-12h, 14h-17h - 13 €.

À table ! Une auberge familiale où l'on vient goûter les spécialités comtoises du chef. À l'heure du déjeuner, menu du marché, le soir cuisine plus recherchée.

Le Relais d'Arc-et-Senans - 9 pl. de l'Église - ✆ 03 81 57 40 60 - www.relais-arc-et-senans-hotel-restaurant-jura.fr - fermé dim. soir (hors saison) et lun. - menu déj. 18,50 € - menus 43/65 €.

Sur le Chemin des Gabelous. Ce parcours balisé suit à peu près une partie du tracé historique du saumoduc qui, depuis la saline de Salins, acheminait les eaux salées jusqu'à Arc-et-Senans. Ici on le remontera à rebrousse-chemin, au départ d'Arc-et-Senans. À défaut de faire l'itinéraire complet (29,5 km), qui prend une journée, on peut se contenter de marcher jusqu'à Port-Lesney (15 km - 3h).

3 ARBOIS GARE

De sciences et de vins. Cadre de l'enfance de Louis Pasteur, qui contribua par la suite à la renaissance de son vignoble dévasté par le phylloxéra, Arbois occupe un site splendide, au seuil d'une magnifique reculée. La ville, dont le clocher se dresse fièrement au-dessus des vignes, abrite de nombreuses caves viticoles : le classement AOC de ses vins en 1936 a consacré le succès du vignoble jurassien.

Pour la nuit. Situé à 14mn de marche de la gare, sur une artère fréquentée, un vieux relais de poste à la façade recouverte de lierre jouxte un petit café.

LES VINS D'ARBOIS

Capitale du vin jurassien, Arbois possède de prestigieux vignobles qui entretiennent sa réputation. Vins blancs secs, vins rouges qui vieillissent en révélant leur parfum, vins jaunes ou encore vin de paille, ce vin liquoreux issu de la fermentation des raisins séchés. La star reste néanmoins le rosé, très renommé. Fière de son vin, Arbois lui a même dédié son dicton : « Le vin d'Arbois, plus on en boit, plus on va droit ! ». Vous êtes à pied, certes, mais restez cependant raisonnable…

Vous y trouverez des chambres (toutes rénovées) dont celles donnant sur l'arrière sont plus tranquilles.
Hôtel des Messageries - rue de Courcelles - ☎ 03 84 66 15 45 - www.hotel-arbois.com - fermé déc. et janv. - 18 ch. 104/117 € - ☕ 13,50 €.

Chez Pasteur. Voici la maison où Louis Pasteur passa une partie de sa vie. Située au bord de la Cuisance, elle abritait la tannerie de son père. L'illustre savant l'a progressivement agrandie et modernisée pour y aménager son laboratoire et mieux installer ses enfants. La maison a conservé intact le décor intérieur choisi par le maître des lieux. Une visite passionnante !
Maison de Louis Pasteur - 83 r. de Courcelles - ☎ 03 84 66 11 72 - www.terredelouispasteur.fr - juil.-août : 9h45, 10h45, 11h45, 14h, 15h, 16h, 17h (mai-juin et sept. 14h30,15h30, 16h30) ; reste de l'année : 14h-18h - fermé de la fin des vac. de la Toussaint aux vac. de fév. - 7,50 €.

À table ! Adresse sympathique, avec au programme une salle d'été en terrasse donnant sur la rivière, un intérieur de bistrot chaleureux, et surtout un menu très attractif ! Le plat phare de la maison ? La ballottine de truites farcie aux morilles et sauce au vin jaune.
Le Bistronome - 62 r. de Faramand - ☎ 03 84 53 08 51 - www.le-bistronome-arbois.com - fermé dim.-lun. et jeu. soir de nov. à fév. - menus midi 31 €, soir et sam. 39 €.

Pour le pique-nique. Cette crémerie logée dans une magnifique maison du 18e s. propose une belle sélection de fromages du Jura, dont le fameux comté. Pris en sandwich dans une baguette bien croustillante, c'est un régal !
Essencia en Arbois - 44 Grande-Rue - ☎ 03 84 66 09 53 - fermé dim.

Pause sucrée. Il serait impardonnable de traverser Arbois sans rendre une petite visite dans cette maison dont la renommée a dépassé les limites de la Franche-Comté. Il décline avec brio une succulente gamme de chocolats, mais aussi de délicieuses pâtisseries.
Maison Hirsinger - 38 pl. de la Liberté - ☎ 03 84 66 06 97 - www.chocolat-hirsinger.com - fermé merc. et jeu. (sf juil.-août).

Déguster de bons vins. Ce domaine de 65 ha, le deuxième du Jura, vendange exclusivement à la main et produit des crus AOC côtes-du-jura, étoile et arbois, des vins jaunes et de paille, des crémants blancs ou rosés et du marc vieilli en fût de chêne. Les sommeliers du caveau vous renseigneront sur les terroirs jurassiens, le travail de la vigne. Des dégustations, avec ou sans planches de charcuteries et fromages locaux, sont organisées sur demande.
Domaine Rolet Père & Fils - 11 r. de l'Hôtel-de-Ville - ☎ 03 84 66 00 05 - www.domaine-rolet.fr - tlj.

Sur les traces de Pasteur. Au départ de l'office de tourisme, suivez les flèches de bronze au sol sur 2,5 km, dans Arbois et ses proches alentours, pour découvrir les lieux attachés à la vie de Louis Pasteur : ancienne vigne de la famille, maison natale, laboratoire, musée de la Vigne et du Vin, cimetière… Des panneaux explicatifs vous en diront plus sur la vie de ce grand homme.

Les vignobles à vélo. Installée dans le château Béthanie, au cœur du village, la Fruitière vinicole d'Arbois organise une visite des vignobles à vélo (3h30). En compagnie d'un membre de l'équipe d'œnotourisme de la fruitière, découvrez les plantations autour d'Arbois et de Montigny-lès-Arsures. La balade se termine par une dégustation de crémant et une visite des caves.
Fruitière vinicole d'Arbois - ☎ 03 84 66 11 67 - www.fruitiere-vinicole-arbois.fr - mai-sept. : sur réserv. - 20 €/pers. - location vélo classique 20 € ou VAE 30 €.

4 POLIGNY GARE

➔ La gare est à 20mn à pied du centre.

Passion comté. Pour le plus grand plaisir des gastronomes avertis, Poligny associe la production de vins réputés à celle du comté, dont la ville est

Arbois.

devenue la capitale. La richesse de ses terres, au cœur du vignoble jurassien, lui vaut depuis des siècles une réelle prospérité, comme en témoigne encore son important patrimoine.

Pour la nuit. Deux jolies et vastes chambres d'hôtes et un petit appartement de 2 chambres vous attendent à 25mn de la gare : déco et meubles design, petit salon dans chaque logement, belles prestations, vous allez passer une belle nuit !
Juraroom - pl. des Déporté - ✆ 06 70 21 84 45 - juraroom.fr - fermé nov.-fév. - 3 ch. 95/125 € ☕.

Fromage addict ? Rendez-vous dans le nouvel espace composé de trois bâtiments en bois de la Maison du Comté. Ici on vous expliquera les différentes opérations de fabrication du comté, de l'apport du lait à l'affinage, et le lien entre la qualité du foin, aux parfums notablement différents, et celle du fromage. Maquette animée, vidéo, dispositifs interactifs, ambiances sonores et énigmes odorantes... et dégustation en fin de parcours.
Maison du Comté - 10 rte de Lons - ✆ 03 84 37 78 40 - www.maison-du-comte.com - juil.-août : 9h30-19h; nov.-mars : tlj sf lun. 10h-17h; reste de l'année : 10h-18h - 8,90 €.

À table ! Un restaurant élégant à la hauteur de la réputation gastronomique de la ville de Poligny. De bons produits frais et locaux pour une cuisine moderne et inventive agrémentée d'une belle carte des vins du Jura.
La Muse Bouche - 60 Grande-Rue - ✆ 03 84 37 13 88 - la-muse-bouche.fr - fermé dim.-lun. et jeu. soir - plats 27/35 € - menu 21 €.

Pour le pique-nique. En plein centre-ville, marché le lundi et le vendredi matin.

5 LONS-LE-SAUNIER

Une vache chantant la Marseillaise. Capitale du Jura et ville thermale, Lons-le-Saunier est une petite ville de caractère. La mise en valeur de son important patrimoine artistique, historique et même archéologique et sa proximité avec le vignoble ouvrent de belles perspectives. C'est aussi la ville de naissance de Rouget de Lisle et de la Vache qui rit !

Pour la nuit. Cet hôtel à deux pas de la gare (3 mn de marche) retrouve une seconde jeunesse grâce à des travaux de rafraîchissement réussis. Les chambres, insonorisées et climatisées pour certaines, filtrent de façon efficace les nuisances du boulevard et de la gare. Cadre contemporain, coloré et confortable.
Hôtel Gambetta - 4 bd Gambetta - ✆ 03 84 24 41 18 - www.hotel-gambetta-lons.com - 18 ch. 69/86 € - ☕ 9,50 €.

Au pays de la Vache qui rit. Sur le lieu de la première usine de fabrication du célèbre fromage fondu, s'érige un espace muséographique. Dans ce bâtiment original à la pointe de la performance environnementale, sont exposés plus de 600 objets à l'effigie de la Vache qui rit, y compris de nombreux exemplaires de la boîte ronde. La visite commence dans les anciennes caves, où sont retracées l'histoire de la marque et les différentes campagnes publicitaires au fil du temps. À l'étage, une maquette et un film donnent un aperçu du processus de fabrication.

La saveur du comté varie selon son affinage.

Maison de la Vache qui rit - *25 r. Richebourg - ✆ 03 84 43 54 10 - www.lamaisondelavachequirit.com - juil.-août : 10h-19h; mai-juin et sept.-oct. : tlj sf lun. 14h-18h; reste de l'année : se rens. - 9,20 €.*

À table ! Ce grand café construit à la fin du 19e s. est classé à l'Inventaire des monuments historiques. Lédoniens, touristes et curistes fréquentent sa très jolie salle ou, dès les premiers beaux jours, sa terrasse tournée vers le théâtre de la ville. Une carte de brasserie complète celle des boissons.

Le Strasbourg - *4 r. Jean-Jaurès - ✆ 03 84 24 36 92 - formules déj. 15/19 € - menu 32 €.*

Pause sucrée. Cette pâtisserie jouxte la maison natale de Rouget de Lisle. On y trouve bien sûr le fameux macaron portant son nom ainsi que moult douceurs comme les tartes aux fruits, les gâteaux au kirsch, les éclairs et une belle gamme de chocolats.

Pâtisserie Rouget de Lisle - *22 r. du Commerce - ✆ 03 84 24 51 80 - www.mathieupaget.fr - fermé dim. apr.-midi et lun.*

Panorama des vins du Jura. Cette cave, qui s'ouvre en face de la maison de Rouget de Lisle, regroupe la production d'environ 150 viticulteurs. La diversité du vignoble jurassien s'y exprime à travers une riche gamme de crus AOC : côtes-du-jura, arbois, vin jaune, vin de paille... Liqueurs et eaux-de-vie garnissent également les casiers.

Maison du Vigneron - *23 r. du Commerce - ✆ 03 84 24 44 60 - fr.maisonduvigneron.com - fermé dim.-lun.*

LA LIGNE DES HIRONDELLES

Embarquement immédiat sur l'une des plus belles lignes ferroviaires de France ! Sur son trajet, le TER franchit la Loue et le Doubs, traverse les vignobles et grimpe le col de la Savine à 984 m, avant d'atteindre Morbier où débute le tronçon le plus spectaculaire du voyage avec une succession de six viaducs et trois tunnels (dont l'un en fer à cheval) jusqu'à Morez. Tel une hirondelle tutoyant le ciel, vous suivrez ce parcours acrobatique jusqu'à St-Claude, terminus de la ligne.

DE DOLE À ST-CLAUDE - 5 JOURS

- Pour rejoindre Dole depuis Dijon-Ville : 27 TER/j (30mn)
- Trajet sans escale : 2h30
- Fréquence : cette ligne circule 2 fois/j, tôt le matin (vers 6h) et en milieu de matinée (vers 10h) ; le retour se fait l'après-midi
- Horaires : www.ter.sncf.com/bourgogne-franche-comte
- Tarif sans escale : 23 €
- Services à bord : transport de vélo autorisé
- Bon à savoir : des excursions commentées et des journées complètes de visite à bord du train des Hirondelles sont organisées par les offices de tourisme de Dole et de St-Claude

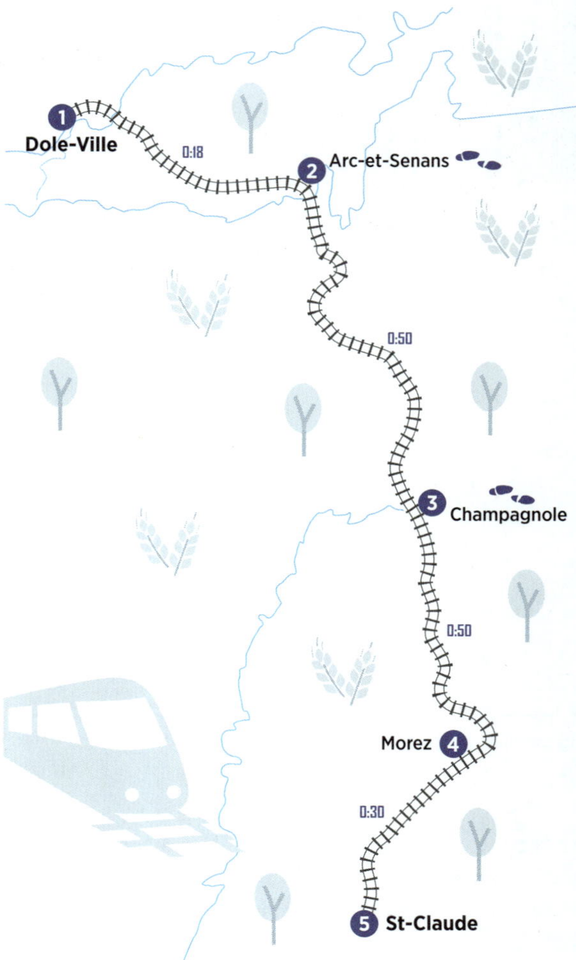

Où se placer pour admirer le paysage ? Côté droit dans le sens de la marche.

Dole vue des rives du Doubs.

1 DOLE-VILLE

Sur les rives du Doubs. Fierté de ses habitants et de la région, Dole se distingue par son passé prestigieux de capitale régionale, dotée d'un parlement et autorisée à battre monnaie. La richesse de son patrimoine témoigne de cette ancienne gloire. Des rives du Doubs et des canaux, s'offrent de belles perspectives, source d'inspiration des artistes. Parcourez à pied la vieille ville, blottie autour de la majestueuse collégiale Notre-Dame, et n'hésitez pas à pousser la porte de la maison natale de Louis Pasteur.

Collégiale Notre-Dame *- pl. Nationale -mar. et vend. 16h-19h, jeu. et sam. 10h-12h - montée au clocher juil.-août- 4 €.*

Musée Louis Pasteur *- 43 r. Louis-Pasteur - ✆ 03 84 72 20 61 - 9h30-12h30, 14h-18h; fév.-avr. et oct. : 14h-18h - 6 €.*

Pour la nuit. Stendhal aurait séjourné dans cette maison voisine du cours St-Mauris, située à 10mn de marche de la gare. Les chambres, de tailles diverses, sont toutes rénovées et climatisées. Accueil sympathique.

Hôtel de la Cloche *- 1 pl. Grévy - ✆ 03 84 82 06 06 - www.la-cloche.fr - 30 ch. 98/125 € - ☕ 7,50/16 €.*

À table ! Ce restaurant gastronomique du vieux Dole occupe une ancienne boucherie fondée en 1717 : salles voûtées et pendoirs accrochés aux murs témoignent du passé artisan des lieux. Aux beaux jours, les bons plats traditionnels se dégustent sur la terrasse bordée d'arbustes.

La Romanée *- 11-13 r. des Vieilles-Boucheries - ✆ 03 84 79 19 05 - www.restaurant-laromanee.fr - fermé dim. soir, mar. soir, merc. - menu 36 €.*

Le train des Hirondelles, entre les deux viaducs de Morez.

Pour le pique-nique. Au marché des Halles, place Charles-de-Gaulle, retrouvez producteurs locaux et commerçants les mardi, jeudi, samedi matins et vendredi après-midi.

Naviguer sur le Doubs. Venez vous amuser à conduire ces petits bateaux électriques sans permis conçus et fabriqués à Dole dans les ateliers de José Vincent, sur les bases des runabouts américains des années 1950.

Une belle aventure - *Av. de Lahr* - *06 82 99 78 99* - *www.unebelleaventure.fr* - *42 €/h.*

2 ARC-ET-SENANS

Voir le voyage précédent (p. 365).

3 CHAMPAGNOLE

En pleine de la nature. Ville-étape stratégique au cœur d'une région touristique particulièrement riche, Champagnole est un point de départ privilégié pour de belles randonnées. Côté patrimoine, Champagnole se trouve à proximité de sites gallo-romain (mont Rivel, St-Germain-en-Montagne)

et mérovingiens (nécropoles de Monnet-la-Ville et Crotenay). Un musée met en scène le fruit des fouilles.
Musée archéologique - 26 r. Baronne-Delort (annexe de la mairie) - ✆ 03 84 53 01 44 - www.champagnole.fr - juil.-août : tlj sf dim.-lun. 10h-12h, 13h30-16h30; dim. 14h-17h - 4 €.

Pour la nuit. Comptez 20mn de marche depuis la gare. Au sein d'un parc arboré, établissement au décor chaleureux et moderne. Chambres fonctionnelles, habillées de bois blond et de tons roses. Grande salle à manger-véranda et paisible terrasse; carte traditionnelle et vins du Jura. Piscine côté jardin.
***Hôtel Le Bois Dormant** - 443 rte de Pontarlier - ✆ 03 84 52 66 66 - www.bois-dormant.com - - 40 ch. 126/390 € - 17 € - plats 22/36 €, menus 35/46 €.*

À table ! Ce joli restaurant propose une cuisine du terroir d'un bon rapport qualité-prix. Le menu renouvelé chaque semaine se base sur des produits issus de circuits courts et de saison.
***Le Sissebisse** - 6 r. Clemenceau - ✆ 09 53 77 08 08 - page Facebook - fermé lun.-mar. - déj. sem. 17,80/21,50 €, menu 46 €.*

Pour le pique-nique. Dans cette fromagerie familiale, on affine le comté, la tomme, le morbier et beaucoup d'autres fromages depuis cinq générations. La boutique compte aussi un large rayon d'épicerie, où vous trouverez toutes sortes d'à-côtés originaux et savoureux (terrines, et friandises). De quoi se concocter un savoureux pique-nique.
***Fromagerie Janin** - 21 av. de la République - ✆ 03 84 52 00 97 - www.fromagerie-janin.com - fermé dim. apr.-midi et lun.*

Sentier du Mont Rivel. Ce sentier permet l'inventaire des activités humaines qui ont investi le mont en longeant fermes, carrière, fours à chaux, cimenteries et passe au sommet par les fondations d'un temple gallo-romain. Il mène aussi à de beaux points de vue sur les forêts alentour et les monts jurassiens (14 km - 3h AR - niveau moyen).
***Accès :** dép. parking du chemin du Mont-Rivel. Une fiche topoguide en vente à l'office de tourisme liste toutes les curiosités de la balade.*

➔Ouvrez les yeux ! Entre Morbier et Morez, la ligne est très impressionnante : c'est la section des viaducs vertigineux !

4 MOREZ

➔Visite à faire le temps d'un arrêt.

Perchée entre les viaducs. Morez (prononcez « moré »), métropole de l'industrie horlogère jusqu'en 1860, est depuis deux siècles le pôle majeur de production de lunettes en France, avec plus de la moitié de la production nationale. Désenclavée par d'audacieux viaducs, la ville s'étire sur 3 km au fond de la vallée de la Bienne, qui a longtemps été pour elle une source d'énergie capitale.

Pour y voir plus clair. Ce grand bâtiment contemporain est consacré à l'industrie de la lunette. On y découvre le patrimoine industriel local, les lunetiers d'hier et d'aujourd'hui et, à travers un film, l'histoire de l'industrie morézienne et les techniques de fabrication des montures métalliques qui sont sa spécialité. Des bésicles utilisées par les moines du 13ᵉ s. aux incroyables lunettes Theo, en passant par le face-à-main de Sarah Bernhardt, la fascinante collection Essilor-Pierre Marly vous invite à un voyage dans l'histoire de cet instrument qui, de prothèse optique, est devenu accessoire de mode.

Musée de la Lunette - pl. Jean-Jaurès - ☏ 03 84 33 39 30 - www.musee-lunette.fr - juil.-août : 10h-12h30, 13h30-18h30; juin-sept. : merc-dim. 14h-18h - 6 €.

Pour le pique-nique. Tous les samedis matin marché de producteurs régionaux, place Jean Jaurès.

5 ST-CLAUDE

Nichée dans les montagnes du Jura. La ville de St-Claude s'adosse sur un site escarpé au confluent de la Bienne et du Tacon. Sa très célèbre abbaye connut quelques siècles de prospérité du 11ᵉ s. au 16ᵉ s. Mais de cette période faste, la ville n'a gardé que la cathédrale. Sa notoriété est liée à ses traditionnelles industries de la pipe et de la taille diamantaire. Aujourd'hui, sa situation privilégiée au cœur du Parc naturel régional du Haut-Jura lui assure un certain dynamisme dans le tourisme vert.

Pour la nuit. Pratiquement en face de la gare, cet hôtel surplombant la rivière compte deux catégories de chambres : les meilleures, plus calmes, ont vue sur la montagne (l'une d'entre elles comporte une terrasse).

HISTOIRE D'UN SUCCÈS

En 1854, Daniel David, maître pipier, utilise pour la première fois de la racine de bruyère pour la fabrication de ses pipes. Le succès est immédiat ! Jusqu'en 1885, St-Claude a détenu le monopole mondial de cette fabrication. Au pic de sa production, du milieu du 19ᵉ s. jusque vers 1950, la ville emploie ainsi jusqu'à 4 000 salariés. Même si les guerres mondiales ont favorisé le développement de la concurrence à l'étranger, cette industrie fait encore la renommée de la cité.

Jura Hôtel - 40 av. de la Gare - ☏ 03 84 45 24 04 - www.jurahotel.com - 35 ch. 62/76 € - ☕ 9,90 €.

Nom d'une pipe ! Écume, terre cuite, cuivre, émail, bruyère, corne, en voilà des matériaux pour fabriquer une pipe ! La collection de pipes des 18ᵉ et 19ᵉ s. est impressionnante de par la décoration et la diversité des tailles et des formes. St-Claude est connue pour ses pipiers, mais également pour ses diamantaires et lapidaires : pierres fines, naturelles et synthétiques, brutes et taillées, vous saurez tout sur l'outillage et la progression du travail de la taille.

Exposition de pipes, diamants et pierres fines - 1 pl. Jacques-Faizant - ☏ 03 84 45 17 00 - www.musee-pipe-diamant.com - juil.-août : 10h-12h, 14h-18h; reste de l'année : tlj sf lun.-mar. 14h-18h - 6 €.

À table ! Vous serez agréablement surpris par la cuisine, fraîche et savoureuse, et la gentillesse du service. La carte est respectueuse du rythme des saisons.

Le Mot de la Faim - 12 r. du Pré - ☏ 03 84 45 52 32 - fermé dim.-lun. - menus 18/36 €.

Pour le pique-nique. Miel, vins du Jura et d'Arbois, apéritifs de St-Claude, bières du Jura, charcuterie, terrines, fromages, chocolats... Vous trouverez de tout et du régional dans cette crémerie qui existe depuis 1920 !

Crémerie Clément - 5 et 7 r. du Pré - ☏ 03 84 45 09 70 - www.cremerie-clement.com - fermé dim. apr.-midi.

Envie de rigoler ? Si vous venez à St-Claude fin mars, vous assisterez à la fête des Soufflaculs. À cette occasion, vous verrez les hommes de la ville, vêtus de blanc et portant masque et soufflet, parcourir les rues en soufflant devant les dames, ou sous leurs jupes ! Cette étrange tradition viendrait du temps des moines qui, le mercredi des Cendres, traversaient la ville avec des soufflets pour en chasser le démon. Le sens de la parodie propre au Moyen Âge en fit une fête populaire qui, en se changeant en carnaval, traversa les siècles. « Plons-plons » et « réguiseurs » font aussi le spectacle !

Sculpture de la plus grosse pipe du monde à St-Claude.

GARE DE STRASBO
VOUS ENTREZ
DANS UN ESPACE
NON-FUMEUR
MERCI D'ETEINDRE
VOTRE CIGARETTE
Hall cent
Soldes

AU DÉPART DE STRASBOURG

Vous pourrez rejoindre Strasbourg en TGV direct au départ de Paris-Est, Bordeaux, Dijon, Nantes, Lyon-Part-Dieu, Montpellier et Marseille.

STRASBOURG - SÉLESTAT

Cette courte ligne, paisible et bucolique à souhait, épouse le tracé de la Véloroute du Vignoble d'Alsace. Filant plein sud entre vignes et vergers, sur le versant oriental des Vosges, on ne lâche pas la grappe des yeux sinon pour faire étape dans l'un des villages viticoles typiques qui se succèdent le long du chemin ou dans une cave pour goûter au savoir-faire des vignerons de la région.

DE STRASBOURG À SÉLESTAT - 8 JOURS

- Trajet sans escale : 1h05mn
- Fréquence : 13 TER/j, s'arrêtent dans ttes les gares de notre itinéraire
- Horaires : www.ter.sncf.com/grand-est
- Tarif sans escale : 10,80 €
- Services à bord : transport de vélo autorisé
- Bon à savoir : prévoyez bien vos nuitées car dans nos villes étapes, le dernier train part souvent à 18h

Où se placer pour admirer le paysage ? Côté droit dans le sens de la marche.

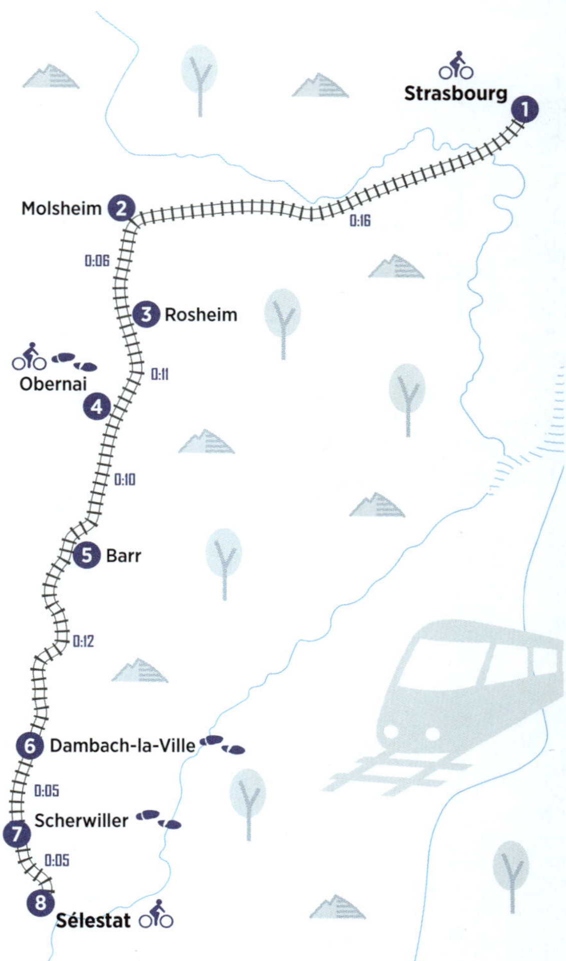

AU DÉPART DE STRASBOURG

Quartier historique de la Petite France à Strasbourg.

🚲 **Et si on pédalait (un peu) ? Sachant que cette ligne épouse la Véloroute du Vignoble d'Alsace, suivant le tracé de l'EuroVelo 5, vous pourrez découvrir certaines étapes à vélo (fr.eurovelo.com/ev5/alsace-vineyards).**

1 STRASBOURG

➔La gare se trouve à l'ouest du centre-ville. Bus et tram desservent la ville.
Infos : www.cts-strasbourg.eu.

🚲 **Louer un vélo. La ville met à disposition un service de location de vélo.**
Vélhop - velhop.strasbourg.eu - location en boutique (à la gare : niveau -1, Grande Verrière) - 7 €/j - cadenas fourni. Attention : il faudra restituer le vélo à cette agence.

Capitale européenne. Siège du Parlement européen et du Conseil de l'Europe, Strasbourg est l'une des deux « capitales » européennes. Une capitale qui a su conserver une taille humaine. Ville d'avant-garde depuis le Moyen Âge, elle a réussi le pari de l'esthétique et de la protection de l'environnement, grâce au choix du tramway et des pistes cyclables. La ville dispose d'un patrimoine architectural exceptionnel, avec la cathédrale Notre-Dame et ses magnifiques fresques bibliques, le quartier médiéval de la Petite France (*voir p. 380*), ou encore la Neustadt, l'étonnant quartier allemand si bien préservé. Elle offre aussi des musées d'une variété et d'une richesse incomparables. Au cœur de l'Alsace, Strasbourg concentre enfin tout ce que la région compte de spécialités gastronomiques réputées : foie gras, vins, chocolat et eaux-de-vie attirent les « fines gueules » du monde entier.

Pour la nuit. Coup de cœur pour l'hôtel Graffa' ... établissement nouvelle génération, à ... gratuit, ... gare : tarifs très honnêtes, vastes ... sonnalisées par des artistes ...

mine d'informations sur la ville, cafétéria sympa, location de vélos, équipe relax mais attentive. Bref, la meilleure adresse de la ville dans sa catégorie.
Les becs sucrés choisiront Le Kleber, qui propose des chambres confortables aux noms gourmands : Macaron, Puits d'Amour, Amaretti, Fraise... Il est situé entre la place de l'Homme-de-Fer et la place Kléber, à 11mn de la gare.

Hôtel Graffalgar *- 17 r. Déserte - ✆ 03 88 24 98 40 - graffalgar-hotel-strasbourg.fr - 38 ch. à partir de 100/120 € - ☕ 12 €.*

Le Kléber *- 29 pl. Kléber - ✆ 03 88 32 09 53 - www.hotel-kleber.com - 45 ch. - 105/134 € - ☕ 11,50 €.*

À table ! Sur les quais de l'Ill, jouxtant le Musée alsacien, Au Pont Corbeau offre un cadre inspiré du style Renaissance régional. Dans cette authentique winstub tenue en famille, la cuisine alsacienne s'appuie sur un réseau de producteurs locaux.
Atmosphère animée Chez Yvonne où l'on mange au coude à coude. La carte de cette winstub respecte la plus pure tradition alsacienne avec quelques suggestions créatives.

Au Pont Corbeau *- 21 quai St-Nicolas - ✆ 03 88 35 60 68 - Facebook - fermé sam. et dim. midi - formule déj. 12,60 € - plats 9,90/15,50 €.*

Chez Yvonne-S'Burjerstuewel *- 10 r. Sanglier - ✆ 03 88 32 84 15 - www.restaurant-chez-yvonne.net - fermé dim.-lun. - plats 23/34 € - menus 29/35 €.*

Pour le pique-nique. Envie d'un pique-nique 100 % local ? Les bretzels de Bretzel Burgard sont bien frais (plusieurs fournées dans la journée), nature, gratinés ou garnis version sandwichs.
Pour confectionner vos propres sandwichs, rendez-vous chez Mon Oncle Malker de Munster. Privilégier les producteurs et les artisans locaux, tel est le parti pris de cette belle boutique qui se veut 100 % Alsace ! Si le produit phare est le munster, on peut également s'approvisionner d'autres fromages, de charcuteries, de terrines...

Bretzel Burgard *- 7 pl. Kléber - ✆ 03 90 29 48 60 - www.bretzelburgard.fr - fermé dim.*

Mon Oncle Malker de Munster *- 4 pl. de la Grande-Boucherie - ✆ 03 69 96 76 28 - tlj.*

Cathédrale star. Le bijou du centre historique, tous … classés par l'Unesco au Patrimoine mondial (11… gothiquité. Sa construction a duré quatre siècles de la meilleu…ble mêlant les styles roman et … Mercière, d'où profiter …onnante façade.
Le tympan du portail central, le plus richement décoré, comprend quatre registres, dont les trois premiers, du 13ᵉ s., sont remarquables par leur réalisme. Le quatrième est moderne. À l'intérieur, admirables vitraux des 12ᵉ, 13ᵉ et 14ᵉ s.

Cathédrale *- pl. de la Cathédrale - www.cathedrale-strasbourg.fr - 8h30-11h15, 12h45-17h45, dim. et j. fériés : 14h00-17h15 - 8 €.*

Grande balade dans la Petite France. Quel bonheur d'explorer l'ancien quartier des pêcheurs, des tanneurs et des meuniers, l'un des mieux conservés du vieux Strasbourg. Le quai longe le canal de navigation, offrant un coup d'œil romantique sur les façades des vieilles maisons médiévales qui se reflètent dans l'eau. Autres curiosités : la place Benjamin-Zix aux belles maisons fleuries et les ponts couverts, enfilade de trois ponts enjambant les bras de l'Ill, gardés chacun par une tour carrée, reste des anciens remparts du 14ᵉ s., et autrefois reliés par des ponts de bois couverts.

Pause sucrée. Des parfums d'orange, de miel, de cannelle et de cardamome embaument la petite boutique Pains d'Épice Mireille Oster, aménagée dans une maison à colombages datant de 1643. Ici, le pain d'épice est roi : tendre ou croquant, sucré, salé et même glacé, il se décline à l'infini.

Pains d'Épice Mireille Oster *- 14 r. des Dentelles - ✆ 03 88 32 33 34 - www.mireilleoster.com - fermé lun.*

L'heure de l'apéro. Cette microbrasserie propose une grande variété de bières blanches, blondes, ambrées et brunes brassées sur place. Ses mousses réputées attirent les Strasbourgeois qui viennent aussi dîner ici.

Au Brasseur *- 22 r. des Veaux - ✆ 03 88 6 12 13 - www.aubrasseur.fr - tlj.*

Noël en fête. On ne présente plus le célèbre marché de Noël (Christkindelsmärik) de Strasbourg ! Rappelons juste qu'il s'accompagne de très nombreuses animations et spectacles en ville : illuminations, grand sapin, expositions, crèche et concerts.

De fin nov. au 31 déc. *- programme à l'office de tourisme - www.visitstrasbourg.fr.*

S'échapper à vélo. Outre les pistes cyclables de la ville, 4 itinéraires de 25 à 32 km sont possibles au départ de Strasbourg, notamment le long du canal de la Bruche.

L'Alsace à vélo *- www.alsaceavelo.fr.*

Molsheim.

2 MOLSHEIM

Ville refuge. Blottie aux pieds des coteaux, cette charmante cité a connu un passé original. Chassés des États protestants aux 16e et 17e s., bénédictins, chartreux, capucins et jésuites ont trouvé refuge à Molsheim et marqué leur passage comme en témoignent l'église des Jésuites, aux dimensions impressionnantes, et la chartreuse, la seule jamais construite au cœur d'une ville. Cette dernière abrite un musée consacré à l'histoire de Molsheim, ainsi que la Fondation Bugatti, dont les usines sont implantées aux portes de la ville, et qui présente des souvenirs de la famille et quelques voitures construites ici dans l'entre-deux-guerres.

Pour la nuit. À 8mn à pied de la gare, l'architecture contemporaine du Bugatti, proche des usines de la marque légendaire, abrite des chambres fonctionnelles, rénovées dans un esprit résolument contemporain.

Le Bugatti - 3 rte Écospace - ✆ 03 88 49 89 00 - www.hotel-le-bugatti.com - 59 ch. 81/90 € - ☕ 13 €.

À table ! Installé au cœur de la vieille ville, sur la jolie place de la Mairie avec une agréable terrasse aux beaux jours, ce restaurant propose une cuisine maison et raffinée à base de produits frais de saison, et de la région pour la plupart.

Le Cheval Blanc - 5 pl. de l'Hôtel-de-Ville - ✆ 03 88 50 00 22 - lechevalblanc-molsheim.fr - fermé dim.-lun.- plats 18/23 €.

L'heure de l'apéro. Bistrot de quartier aménagé dans une ancienne grange rénovée dans un esprit « récup » et une atmosphère chaleureuse. Pour prendre un apéro autour de bières artisanales et locales ou de vins molsheimiens, à déguster avec une planchette (charcuterie, fromage) ou d'autres spécialités de la région. Terrasse en été.

Le Bistrot du Barbu - 5 r. des Remparts - ✆ 03 88 49 80 51 - lebistrotdubarbu.com - fermé dim.-lun.

Des bretzels pour l'apéro.

3 ROSHEIM

Architecture remarquable. Membre de la Décapole en 1354, cette petite ville est une étape incontournable pour les amateurs d'architecture romane. Au milieu des vignes, entre les ruines des remparts, se dissimulent deux remarquables bâtisses. Son église en grès jaune du 12e s., dédiée aux apôtres Pierre et Paul, reste l'édifice le plus complet et le plus typique de l'architecture romane en Alsace. Quelques mètres plus loin, une maison romane en grès rouge de 1152 est peut-être la plus ancienne construction civile d'Alsace. Une exposition retrace l'histoire de cette demeure et la vie quotidienne au Moyen Âge. Un petit jardin médiéval a été créé juste à côté. Un saut dans le passé.

Pour la nuit. À 2mn à pied de la gare, cet hôtel d'inspiration alsacienne borde le ruisseau qui lui a donné son nom. Les chambres sont de facture classique ou plus contemporaine. Ce décor sobre met en valeur la cuisine volontiers inventive d'Hubert Maetz. La carte privilégie des produits d'une extrême fraîcheur, travaillés avec finesse, et la terre d'Alsace.

Hostellerie du Rosenmeer *- 45 av. de la Gare - ☏ 03 88 50 43 29 - le-rosenmeer.fr - 22 ch. 84/137 € - ☕ 12,90 €, ✕ fermé lun.-mar. - menus 24/62 €.*

À table ! Au centre de la cité vigneronne, cette auberge fleurie héberge deux petites salles à manger plaisantes. Et elle affiche une cuisine de saison.

Auberge du Cerf *- 120 r. du Gén.-de-Gaulle - ☏ 03 88 50 40 14 - fermé sam. midi, et le soir dim. lun.-jeu. - formule déj. 14 € - menu 55 €.*

Pour le pique-nique ou une pause sucrée. Côté traiteur, cette adresse propose de merveilleux kougelhopf salés aux lardons et noix, feuilletés salés et autres idéaux pour casser la croûte en balade. Mais vous pouvez aussi vous y poser à l'heure du goûter pour déguster la spécialité locale, le

Ropfkueche, une pâte briochée bien beurrée tartinée d'un mélange de sucre, de cannelle, de noisettes, d'amandes.
Chez Rohmer - 104 r. du Gén.-de-Gaulle - ✆ 03 88 50 41 73 - www.rohmer-rosheim.fr/salon-de-the - tlj.

4 OBERNAI

Louer un vélo. À 8mn à pied de la gare, vous trouverez des vélos à assistance électrique. Sur le site Internet de l'office de tourisme, vous trouverez 5 itinéraires autour Obernai.
Office du tourisme - pl. du Beffroi - ✆ 03 88 95 64 13 - www.tourisme-obernai.fr - 25 € la demi-journée ou 35 €/j - sur réserv. en ligne.

Un concentré d'Alsace. Étape incontournable sur la Route des Vins, Obernai est aussi le pays de la bière puisque les brasseries Kronenbourg y sont installées. Un charme particulier émane de son centre médiéval et Renaissance. Les vieilles maisons aux toits polychromes s'ornent des armoiries des corporations et les petites rues fleuries mènent à un vieux puits ou aux remparts.

Pour la nuit. À 7mn à pied de la gare, cette grosse bâtisse à cheval sur les remparts dispose de jolies chambres modernes et colorées réparties autour d'une cour intérieure. Chacune porte le nom d'une spécialité régionale et leur décor s'inspire des quatre saisons.
Hôtel Le Gouverneur - 13 r. de Sélestat - ✆ 03 88 95 63 72 - www.hotellegouverneur.com - 34 ch. 121/161 € - ☕ 12 €.

À table ! Accueil familial dans cette maison à colombages située près des remparts. Sympathique petite salle alsacienne (banquettes en bois, plafond peint) et cuisine typique de la région.
À l'Agneau d'Or - 99 r. Gén.-Gouraud - ✆ 03 88 95 28 22 - fermé sam. midi, dim. soir et lun. - plats 21,50/24,50 €.

Pause sucrée. Si les salons de thé ne manquent pas, cette adresse, fondée en 1873, demeure une valeur sûre. La 4e génération perpétue la tradition et les métiers (chocolatiers, glaciers, confiseurs et pâtissiers). Merveilleuse tarte aux myrtilles.
Gross - 66 r. Gén.-Gouraud - ✆ 03 88 95 51 13 - www.gross.fr - tlj.

Les Estivales d'Obernai. Chaque été, des concerts gratuits sont donnés en plein air sur la place du Marché le samedi soir.

Sentier viticole du Schenkenberg. Ce circuit de 2 km permet de découvrir le vignoble sur 250 ha. En été, visite guidée hebdomadaire suivie d'une visite de cave (contactez l'office de tourisme).

5 BARR

Un important centre viticole. Ancienne ville industrielle, cette agréable localité produit des vins de choix : sylvaner, riesling et gewurztraminer. Entourée de vignes et d'un harmonieux jardin, la Folie Marco, une maison patricienne du 18e s., abrite un ravissant musée des arts décoratifs présentant notamment des collections d'étains et de faïences.
Musée de la Folie Marco - 30 r. du Dr-Sultzer - ✆ 03 88 08 94 72 - www.musee-foliemarco.com - mai-sept. : 10h-12h, 14h-18h - fermé mar. (sf mai-sept.) - 5 €.

Pour la nuit. À 11mn à pied de la gare, dans un écrin de verdure, des chambres élégantes, décorées dans un style Belle Époque. Certaines ont un balcon avec vue sur les vignes.
Le Manoir - 11 r. St-Marc - ✆ 03 88 08 03 40 - 17 ch. 101/129 € - ☕ 13 €.

À table ! Cette jolie maison à colombages, dont le décor panache ancien et contemporain, propose selon le marché une cuisine dans l'air du temps et des plats régionaux actualisés.
L'Essentiel - 23 r. de la Kirneck - ✆ 03 88 08 12 77 - www.lessentiel-barr.com - fermé sam. midi, dim. soir, lun. - menus 24/58 €- menus dégustation 73/99 €.

L'heure de la dégustation. Propriétaire d'un des domaines les plus importants d'Alsace, la famille Klipfel cultive 40 ha dont 15 réservés aux grands crus et aux vendanges tardives. Cette entreprise produit le clos-zisser et les grands crus kirchberg, kastelberg et wiebelsberg.
Caveau Lorentz Klipfel - 1 r. Rotland - ✆ 03 88 58 59 00 - www.klipfel.com - fermé sam.-lun. - caveau de dégustation sur RV.

6 DAMBACH-LA-VILLE

➔Visite à faire le temps d'un arrêt.

Au pays de l'ours. Nichée au creux des coteaux, cette belle cité, centre d'un vignoble renommé (grands crus classés du Frankstein), est dominée de plus de 500 m par un massif boisé. À l'intérieur des remparts, dont subsistent trois portes avec

Balade dans le vignoble de Barr.

tours, la place du Marché abrite l'hôtel de ville, qui date de 1547. Dans le caveau de l'édifice siège la très réputée Confrérie des Bienheureux du Frankstein. La fontaine Renaissance est surmontée d'un ours, emblème de la cité. Dans le centre ancien, belles maisons du 16e s.

À table ! Face à la fontaine de l'Ours, une winstub avec des plats traditionnels et roboratifs (choucroute, jambonneau, gratin au munster...)..
À la Vignette - 8 pl. du Marché - ✆ 03 88 92 46 09 - www.winstub-alavignette.com - fermé lun., jeu. et dim. soir - plats 18/31 €.

Pause sucrée. Pâtissier, chocolatier, glacier... Cette adresse fait tout, et maison.
Salon de thé Kamm - 85 r. du Maréchal-Foch - ✆ 03 88 92 40 65 - fermé mar.

L'heure de la dégustation. Gilbert Beck, issu de la troisième génération de viticulteurs travaillant sur le domaine, fut l'un des pionniers du crémant d'Alsace. Aujourd'hui, l'exploitation de 10 ha accueille les sept cépages d'Alsace en culture intégrée, proche du « bio ». Son riesling grand cru frankstein et son pinot noir élevés en fût de chêne sont incontournables.

Beck - Domaine du Rempart - 5 r. des Remparts - ✆ 03 88 92 42 43 - www.vins-beck.fr - dim. sur RV.

Reprendre un (petit) train. Tour de la ville et du vignoble à bord d'un petit train : parcours de 30mn, puis visite du domaine de la famille Ruhlmann. Petit détour par les caves pour déguster les trois vins les plus représentatifs de l'exploitation.

Petit Train du Vigneron - 15 pl. du Marché - ✆ 03 88 92 41 86 - www.ruhlmann-schutz.fr - juil.-août : lun., jeu. et sam. à 16h - fermé j. fériés - 8 €.

Randonner avec le Club Vosgien. Le célèbre club de marche a balisé un itinéraire (6,2 km - 2h30) vers le château du Bernstein à partir du parking de la chapelle St-Sébastien à Dambach-la-Ville. Cet édifice du 13e s., situé à 562 m d'altitude, offre un beau panorama.

7 SCHERWILLER

Une petite page d'histoire. C'est au pied des châteaux forts de l'Ortenbourg et du Ramstein que le duc de Lorraine, le 10 mai 1525, mit fin à la guerre des Rustauds (révoltes paysannes qui ont secoué le Saint-Empire romain germanique au 16e s.). Scherwiller conserve un ancien corps de garde à oriel, le Wachtaus, et de belles maisons à colombages du 18e s. D'anciens lavoirs longent des berges de l'Aubach.

À table et au lit ! À 12mn à pied de la gare, priorité à la tradition dans cette maison où l'on travaille en famille ! Les clients se régalent au gré de menus composés selon la saison, et de menus thématiques le week-end (accords mets-vins, truffe etc.), avec toujours l'ambition de réinterpréter le terroir alsacien. Dans l'hôtel, chambres spacieuses et soignées. Piscine et jacuzzi.
Auberge Ramstein - 1 r. du Riesling - ✆ 03 88 82 17 00 - www.hotelramstein.fr - - 21 ch. 107 € - 14 € - ✕ fermé dim.-lun. et le midi - menus 40/64 €.

Pour le pique-nique. Pour joindre le pique-nique à l'agréable, tous les mercredis de juillet, un marché de terroir et des animations en ville.

Pause sucrée ou salée. Au pied du château de l'Ortenbourg, une halte idéale pour le goûter ou pour acheter sandwich ou plat du jour à emporter.
Chez Cathy - 102 A r. de l'Ortenbourg - ✆ 03 88 82 99 63 - www.salondethe-chezcathy.fr - fermé dim.-lun.

Direction le Château de l'Ortenbourg. Une jolie balade (en côte) vous mènera à ce château du 13e s. situé à 443 m d'altitude, en 1h.

8 SÉLESTAT

Louer un vélo. 10 cycles sont disponibles à 14mn à pied de la gare. La bouche verte autour de Sélestat (14 km) traverse la forêt de l'Ill*Wald. Parcours sur www.selestat.fr.
Art of Cycle - 11 r. du Marteau - ✆ 06 04 17 13 56 - 15 €/j.

Trésors de la Renaissance. La ville a la charmante réputation d'être le berceau du sapin de Noël. Certes mais pas seulement. À mi-chemin entre Colmar et Strasbourg, Sélestat est une étape indispensable en Alsace. La Renaissance lui a légué un trésor, la Bibliothèque Humaniste, l'une des plus riches de l'univers, inscrite au registre de la « Mémoire du monde » par l'Unesco. Sélestat possède aussi un remarquable centre historique où se déclinent mille ans d'histoire et qui se parcourt à pied. De plus, son investissement dans l'art contemporain fait d'elle un musée à ciel ouvert.
Bibliothèque Humaniste - 1 pl. Dr-Maurice-Kubler - ✆ 03 88 58 07 20 - www.bibliotheque-humaniste.fr - mai-sept. et déc. : 10h-12h30, 13h30-18h ; fév.-avr. et oct.-nov. : 13h30 - 17h30 - fermé lun. - 6 €.

Pour la nuit. À 7mn à pied de la gare, posez-vous dans une de ces vastes chambres au décor sobre, rénovées en 2019, en bordure d'un parc fleuri. Au restaurant, le Stork, on sert une cuisine bistronomique et un brunch le dimanche. Et on profite de la terrasse aux beaux jours.
Hôtel Vaillant - 7 r. Ignace-Spies, pl. de la République - ✆ 03 88 92 09 46 - www.hotel-vaillant.com - 47 ch. 80/105 € - 18 € - ✕ fermé lun. midi, sam. midi et dim. soir - www.restaurant-stork.com - plats 17/25 €.

À table ! Au Pied de Bœuf propose des plats traditionnels alsaciens comme la choucroute aux cinq viandes ou le jambonneau au coulis de munster. Du gibier en saison ou des bouchées à la reine complètent les menus, tandis que le kougelhopf glacé maison permet de finir le repas en beauté.
Au Pied de Bœuf - 17 r. du Prés.-Poincaré - ✆ 03 88 92 11 29 - www.pieddeboeuf.fr - fermé merc. et le soir mar. et jeu. - plat du jour 11,50 € - formule déj. 17,50 €.

Pour le pique-nique. Faites le plein de fromage et de charcuterie sur les marchés qui animent la ville.
Marché du terroir (pl. Vanolles - sam. 8h-12h) et marché hebdomadaire (centre-ville - mar. matin).

Pause sucrée. La façade en trompe-l'œil, ornée d'un superbe chevalier polychrome, vaut le détour, tout comme l'intérieur. Gâteau du chevalier (aux parfums de cannelle, girofle, gingembre et poire), Triple Choc, et spécialités à base de rhubarbe, sont à déguster sur place ou à emporter.
Pâtisserie-chocolaterie Benoît Wach - 7 r. des Chevaliers - ✆ 03 88 92 12 80 - fermé dim. apr.-midi et lun.

À l'eau ! Grâce à son vaste réseau de rivières, la région du Ried est agréable à découvrir en canoë, plusieurs circuits entre 2h et la journée.
Canoës du Ried - 35 rte de Marckolsheim - ✆ 03 88 82 65 46 - canoes-du-ried.com - fermé de mi-oct. à mi-avr. - horaires et tarifs sur le site.

Fêtes de Noël. Fidèle à la tradition alsacienne de la Nativité, Sélestat, berceau de l'Arbre de Noël, propose de nombreuses animations. La ville fait aussi la part belle aux spécialités culinaires et notamment les fameux Winachtsbredele (petits gâteaux de Noël) de la Maison du Pain d'Alsace.

Pain d'épices.

COLMAR - METZERAL

C'est parti pour un trajet court mais intense ! C'est dans la partie sud de la Route des Vins, à la sortie de Colmar, que l'on rencontre les villages les plus coquets. Ensuite, la ligne s'échappe vers l'ouest, vers les crêtes des Hautes Vosges. Les cimes, enneigées en hiver, rappellent les plus rudes batailles de la Première Guerre mondiale. En bas, les prairies d'alpage annoncent le pays du munster, un fromage de caractère !

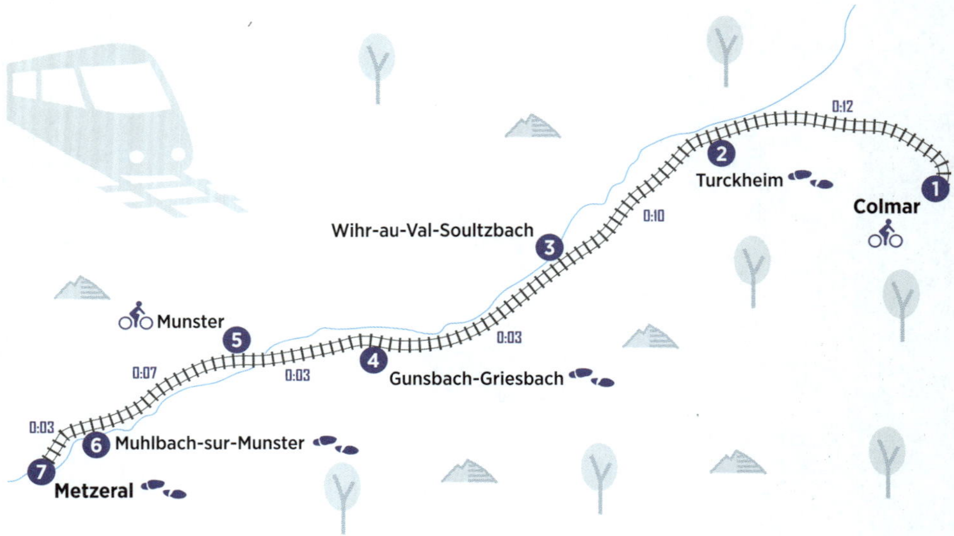

DE COLMAR À METZERAL - 7 JOURS

- Pour rejoindre Colmar depuis Strasbourg : 42 trains par jour, TER (35mn) ou TGV (30mn)
- Trajet sans escale : 38mn
- Fréquence : 12 TER/j
- Horaires : www.ter.sncf.com/grand-est
- Tarif sans escale : 6,30 €
- Services à bord : transport de vélo autorisé
- Pour le retour à Strasbourg, reprendre la ligne en sens inverse

Où se placer pour admirer le paysage ? Côté droit dans le sens de la marche.

La Petite Venise à Colmar.

1 COLMAR

➔ La gare de Colmar (tout court) est celle qui vous intéresse. À ne pas confondre avec Colmar-St-Joseph et Colmar-Mésanges.

Louer un vélo. À 18mn à pied de la gare, en plein centre. Livraison possible.

Alsa Cyclo Tours - 5 r. du Chasseur - ☏ 03 69 45 92 70 - www.alsacyclotours.alsace - boutique fermée nov.-mars, sur réserv. reste de l'année - à partir de la demi-journée VTC 18 € et VAE 30 €/j. (tarifs dégressifs).

Bienvenue dans la « Petite Venise ». Qu'on les découvre à pied ou en barque sur ses canaux (*voir p. 391*), les maisons à colombages sculptées, les géraniums aux balcons, les fontaines évoquent bien l'aspect typiquement alsacien de la ville. Mais Colmar ne saurait se résumer à une carte postale. Avec l'extension en 2016 du musée Unterlinden (*voir p. 390*), elle a valorisé encore un patrimoine culturel déjà considérable. Un autre musée rappelle que c'est aussi la ville natale du sculpteur Auguste Bartholdi, à qui l'on doit, entre autres, la « Statue de la Liberté ». Étape gastronomique, la ville voit passer chaque année des milliers de visiteurs venus apprécier ses diverses saveurs.

Musée Bartholdi *- ☏ 03 89 20 68 95 - www.musee-bartholdi.fr - 10h-12h, 14h-18h - fermé lun. et de janv. à déb. fév. - 5 €.*

Pour la nuit. Installé dans une ancienne malterie du 19e s. dont il subsiste quelques vestiges, l'Ibis Styles, entièrement rénové, se trouve à 11mn à pied de la gare, près du centre-ville. Il propose un accueil charmant et un petit-déjeuner varié. Également bien placé, à 15mn de marche, le Turenne se distingue par son architecture d'inspiration régionale, des chambres rénovées, un copieux buffet de petit-déjeuner et des prix encore sages. C'est une autre adresse pratique, à deux pas de la Petite Venise.

Une maison colorée de Turckheim.

Ibis Styles Colmar Centre - *11 bd du Champ-de-Mars* - *☏ 03 89 23 26 25* - *all.accor.com* - *47 ch. 132/168 €* ☕.
Hôtel Turenne - *10 rte de Bâle* - *☏ 03 89 21 58 58* - *www.turenne.com* - *74 ch. 77/180 €* - ☕ *14 €.*

Chasse aux trésors. Le musée le plus célèbre de Colmar, qui occupait déjà un ancien couvent de dominicaines fondé au 13e s., s'étend désormais jusqu'à l'autre rive du canal de la Sinn. Les anciens bains municipaux d'inspiration Art nouveau (1906) ont été annexés. Et une extension, en forme de nef contemporaine, habillée de briques et de cuivre, a été créée par les architectes bâlois Herzog & de Meuron. Doublant ainsi la surface d'exposition, les très riches collections d'art moderne sont mises en valeur. Parmi les chefs-d'œuvre du musée, la chapelle abrite aujourd'hui dans un décor épuré le merveilleux retable d'Issenheim, polyptique monumental (sept panneaux en bois de tilleul et dix sculptures) peint par Grünewald et sculpté par Nicolas de Haguenau entre 1512 et 1516. Dans la galerie souterraine et la nouvelle aile, des tableaux d'artistes majeurs tels qu'Otto Dix, Dubuffet, Soulages ou Picasso sont présentés.
Musée Unterlinden - *pl. Unterlinden* - *☏ 03 89 20 15 50* - *www.musee-unterlinden.com* - *tlj sf mar. 9h-18h* - *13 €.*

À table ! Côté winstubs – bars-restaurants à vin alsaciens traditionnels – vous serez servis ! Au menu de la Fleur de Sel, au bord de la Lauch, vous trouverez de délicieuses tartes flambées et autres spécialités servies dans la bonne humeur, sur la terrasse le long du canal aux beaux jours. Une agréable façon de découvrir ce ravissant quartier de Colmar. Chez Brenner, une ambiance décontractée et animée est garantie dans une authentique winstub agrandie d'une sympathique terrasse. Cuisine du pays (tête de veau, pieds de porc...) et ardoise de suggestions.

La Fleur de Sel - 19 quai de la Poissonnerie - 03 89 41 09 32 - www.lafleurdeselcolmar.fr - fermé mar.-merc. et le soir - plats 12,50/15 €.
Winstub Brenner - 1 r. Turenne - 03 89 41 42 33 - wistub-brenner.fr - menus 37,90/44,90 €.

Pour le pique-nique. L'ancienne halle marchande rénovée abrite une vingtaine de commerçants et quelques tables où l'on s'arrête volontiers prendre un kougelhopf ou un jus bio, entre autres gourmandises sucrées, sur place ou à emporter.
Marché couvert - rue de l'École - www.marche-couvert-colmar.fr - fermé dim. apr.-midi et lun.

Pause sucrée. Raffinement et déco à l'anglaise sont les maîtres mots de L'Artémise, salon de thé situé face au marché couvert. Créations inventives réalisées par un pâtissier chevronné. Aux beaux jours, on s'installe sur la terrasse en contrebas. Large choix de thés, de cafés ou de chocolats.
L'Artémise - 10 r. des Écoles - 03 89 29 57 35 - fermé mar.-merc. - dim. brunch sur réserv.

Pour la dégustation. Sans hésitation, direction le caveau du domaine viticole Karcher qui occupe une ancienne ferme (1602) située en plein cœur du vieux Colmar. Les crus que l'on y vend proviennent exclusivement du vignoble appelé Harth de Colmar (à 6 km du centre) : vins des sept cépages d'Alsace, souvent récompensés.
Caveau Robert-Karcher - 11 r. de l'Ours - 03 89 41 14 42 - www.vins-karcher.com - fermé dim. apr.-midi (sf juil.-août et marché de Noël).

Embarquement immédiat. Rendez-vous dans la « Petite Venise », au bas du pont St-Pierre, pour voir la ville autrement et se laisser bercer par son histoire au fil de la Lauch.
Promenade en barque - 10 r. de la Herse - 03 89 41 01 94 - www.barques-colmar.fr - visite guidée (25mn) fév.-déc. : 9h45-12h, 13h30-18h15 - 8 €.

Féérie de Noël. Dans un décor de conte de fées, de subtils jeux de lumière mettant en valeur l'architecture, des odeurs d'orange et de cannelle, plongez chaque année à la découverte des six marchés de Noël traditionnels de Colmar.
Noël à Colmar - 26 nov.-29 déc. - www.noel-colmar.com.

S'échapper à vélo. 6 itinéraires cyclables permettent de belles balades à la découverte de Colmar et ses environs (1h30 à 3h30).
Plans à télécharger sur tourisme-colmar.com.

2 TURCKHEIM

Attention les vestiges. L'ancienne ville impériale a beaucoup souffert pendant la bataille de Colmar, durant l'hiver 1944-1945. Elle a perdu près d'une centaine de maisons, avant de recouvrer la liberté. Au fil de la promenade, vous pourrez néanmoins admirer les demeures médiévales épargnées ainsi que les portes fortifiées de son enceinte : Turckheim a conservé sa forme triangulaire. La Porte de Munster est l'une des trois portes de la ville, qui referme les remparts du côté de Munster. Elle a vu passer les condamnés à mort, dont des sorcières, vers le lieu d'exécution situé tout près. Allez aussi jeter un œil au sommet de la porte de France (14e s.), une impressionnante tour quadrangulaire coiffée... d'un nid de cigognes !

Pour la nuit. À 4mn à pied de la gare, cette maison à colombages est bâtie en partie sur les remparts de la vieille ville. Chambres plus calmes sur l'arrière, dans un cadre typiquement alsacien. L'été, petit-déjeuner dans la cour intérieure.
Hôtel Le Berceau du Vigneron - 4 r. du Tir - 03 89 22 32 75 - berceauduvigneron.fr - fermé de déb. janv. à déb. mars - 15 ch. 75/95 € - 11,50 €.

À table et au lit ! Autrement, vous pourrez poser votre valise dans un quartier calme, à 10mn à pied dans un hôtel constitué de deux bâtiments différents rénovés, avec un restaurant. Chambres colorées, toutes différentes. Au menu, des plats alsaciens (choix de tartes flambées) dans une salle d'inspiration winstub.
Hôtel Les Portes de la Vallée - 29 r. Romaine - 03 89 27 95 50 - www.hotelturckheim.com - - 15 ch. 105/145 € - 10 € - plats 11/18,30 €.

Sentier du dragon. Balisé de panneaux explicatifs, il chemine à travers le vignoble (3,5 km - 2h).
Plan à télécharger sur www.turckheim.com.

Ronde du veilleur de nuit. Drapé dans une houppelande et coiffé d'un tricorne, le veilleur de nuit arpente les ruelles de la vieille ville, il s'arrête à chaque carrefour et entonne une mélopée. Le 31 décembre, la ronde se fait à minuit, pour les vœux aux autorités et bourgeois de la ville.
Accès : dép. pl. de Turenne - durée 1h - www.turckheim.com - mai-oct. : tlj à 22h; 1er-23 déc., 26 déc.- 30 déc. : 21h; 31 déc. : minuit.

❸ WIHR-AU-VAL-SOULTZBACH

➔La gare, entre deux villages, dessert à la fois Wihr-au-Val et Soultzbach-les-Bains.
Visite à faire le temps d'un arrêt.

Curiosités. Ancien bourg fortifié, Soultzbach-les-Bains a conservé des vestiges de son enceinte. La chapelle Ste-Catherine, du 17e s., abrite deux tableaux intéressants de F.-G. Hermann (1738). À l'écart du bourg, l'église paroissiale, très restaurée, contient trois superbes autels étincelants de dorures, de vrais joyaux de sculpture sur bois. Excentrée de la Route des Vins, Wihr-au-Val doit surtout sa petite notoriété à ses vignes datant du Moyen Âge. Aujourd'hui, le vignoble Schoenheitz, concentré sur ce terroir granitique, y produit d'excellents rieslings.

À table ! Dans cet établissement, ancien relais de poste rénové, élégant et attachant, les propriétaires jouent un délicieux « double jeu » culinaire ! Gastronomie à l'étage, avec une fine cuisine classique parfaitement maîtrisée par le chef et bistrot alsacien au rez-de-chaussée… et ses savoureuses spécialités régionales.
La Nouvelle Auberge - 9 rte Nationale - Wihr-au-Val - ✆ 03 89 71 07 70 - www.nauberge.com - fermé dim. soir, lun. et mar. - bistrot le midi merc.-sam. : 17,50 € - restaurant merc. midi et jeu.-dim. : menus 65/110 €.

❹ GUNSBACH-GRIESBACH

➔La gare, entre deux villages, dessert à la fois Gunsbach et Griesbach (que nous ne décrivons pas).

Élémentaire, Docteur. Albert Schweitzer passa son enfance dans ce village où son père était pasteur. Plus tard, installé au Gabon où il poursuivait son œuvre, il fit construire à Gunsbach une maison près de celle de son frère, grâce au prix Goethe qu'il reçut en 1928. Elle est aujourd'hui transformée en musée, où l'on retrouve des souvenirs du « French doctor » et des objets lui ayant appartenu.
Maison Albert Schweitzer - ✆ 03 89 77 31 42 - www.schweitzer.org - 25 janv.-23 déc. : mar.-sam. 10h-12h, 14h-17h - ouv. dim. juin-sept. - 7 €.

Pour la nuit. À 10mn à pied de la gare, logez ici dans une ancienne maison de la famille Schweitzer qui propose des chambres confortables. Une cuisine entièrement équipée est mise à disposition.
Ancien Presbytère de Gunsbach - 3 r. du Dr-Albert-Schweitzer - ✆ 06 48 61 75 00 - www.ancien-presbytere.org/fr - 11 ch. 95 € ☕.

À table ou pour le pique nique. Cette ferme complétée d'un vaste espace d'exposition mérite une halte pour la démonstration de la fabrication de munster par le marcaire (l'éleveur de vaches). En fin de visite, dégustation du siaskas, un fromage frais servi avec de la crème, du sucre et du kirsch et possibilité de prolonger dans la stub de la Fecht, c'est-à-dire le restaurant, pour déjeuner. Vente de fromage dans la boutique, mais aussi d'autres produits du terroir.
Maison du fromage - 23 rte de Munster - ✆ 03 89 77 90 00 - www.maisondufromage-munster.com - tlj - fermé janv. - fabrication et dégustation en saison (1h) : 9h30, 10h30, 11h30, 14h15, 15h30, 16h45, 18h - 8,50 € - ✕ fermé le soir - carte 5,50/16 €.

Randonnée culturelle. Un sentier d'un kilomètre à travers Gunsbach constitue une agréable balade sur les traces du médecin et de ses pensées. Jalonné de 16 tableaux, le parcours démarre à l'ancien presbytère et se termine au musée. Parmi les étapes figure au rocher du Kanzrain une statue représentant Albert Schweitzer œuvre de 1969 du sculpteur Fritz Behn, qui fut élève de Rodin.

❺ MUNSTER

Louer un vélo. Un loueur propose différents modèles musculaires ou électriques, livrés à la gare. Sur le site Internet de l'office de tourisme, 4 itinéraires en boucle (1h) au départ de Munster sont téléchargeables.

NAVETTE DES CRÊTES

Si vous êtes dans le secteur entre la mi-juillet et la mi-août, n'oubliez pas vos chaussures de marche ! Au départ de la gare de Munster, la ligne 2 (car) dessert Le Valtin-Col de la Schlucht (30mn de trajet), point de départ de randonnées pour tous les niveaux (de 20mn AR à 2h en boucle), présentées sur un panneau informatif sur le site. Si vous voulez atteindre le point culminant du massif des Vosges (1 424 m), prenez ensuite la ligne 9 (50mn de trajet) qui mène au Grand Ballon, d'où partent deux boucles (30 et 40mn). Infos - www.parc-ballons-vosges.fr/navette-des-cretes.

Fabrication du munster.

Cycle Hop Évasion - ✆ 06 07 16 56 35.
Office de tourisme : www.vallee-munster.eu.

Un goût de terroir. Des moines irlandais, venus au 7e s. pour achever l'évangélisation de l'Alsace, ont fondé une abbaye dans ce lieu sauvage – Munster signifie « monastère ». Nichée entre les vignobles et la route des Crêtes, la ville permet, en hiver, d'accéder aux champs de neige. En été, elle sert de point de départ de circuits pédestres vers les sommets arrondis des Hautes-Vosges, les versants parfois escarpés, les lacs, et surtout les prairies d'alpage : les hautes chaumes. Ces pelouses des sommets sont le repaire des marcaires, paysans détenteurs de la recette du fromage de munster.

À table et au lit ! Cette maison du 18e s. a l'avantage d'être située dans le cœur historique de Munst, à proximité de la gare (7mn) et de la route des Vins. Vous vous poserez ici dans des chambres gaies et chaleureuses. Côté cuisine, des confitures maison au petit-déjeuner et des spécialités de munster (évidemment) à la carte.

La Cigogne - 4 pl. du Marché - ✆ 03 89 77 32 27 - www.cigogne-munster.fr - 16 ch. 76/90 € - ☕ 11 € - ✕ plats 18,50/24,50 € - menus 27,90 €.

L'heure de l'apéro. Ce cocon chaleureux est un lieu très couru à Munster. Bar et petite restauration locale (galette au munster, planchettes de charcuterie), mais aussi des plats plus consistants. Le cadre est exceptionnel : dans une aile de l'ancien palais abbatial, avec terrasse aux beaux jours.

L'Abbaye d'Anny - 1 cour de l'Abbaye - ✆ 03 89 30 58 51 - labbayedanny.fr - fermé merc. et lun. soir.

Pause sucrée. En 1945, le général de Lattre de Tassigny, de passage à Munster, commandait à la déjà célèbre pâtisserie Paul Gilg des vacherins glacés. Aujourd'hui, le petit-fils du maître vous invite à goûter ses délicieuses créations (savoureuses pâtisseries comme le munster aux amandes, parfumé au gewurztraminer).

Pâtisserie Gilg - 11 Grand'Rue - ✆ 03 89 77 37 56 - www.patisserie-gilg.com - fermé dim. apr.-midi et lun.

Pour le pique-nique. Spécialités alsaciennes, fromage (munster AOC, tommes, etc.), charcuterie, épicerie fine…

Maison Dischinger - 2 Grand'Rue - ✆ 03 89 77 36 92 - www.maison-dischinger.com - fermé dim. apr.-midi.

Le lac Schiessrothried dans la Vallée de Munster.

Pédaler jusqu'au Linge. Si vous avez un vélo, une balade à travers la nature et l'histoire s'offre à vous jusqu'au sommet du Linge (1h) et son musée-mémorial du champ de bataille.

Musée-mémorial du Linge - *Collet du Linge - D 11 VI - 03 89 77 29 97 - linge1915.eu - mai-nov. : 9h-12h30, 14h-18h - 6 €.*

6 MUHLBACH-SUR-MUNSTER

Comme à la guerre. Le musée de la Schlitte de Muhlbach, installé en face de la gare, propose une reconstitution thématique autour des schlittes, ces traîneaux à patins, chargés du bois coupé en forêt, qu'on descendait sur des pentes douces. Utilisant

des rondins comme les barreaux d'une échelle, le schlitteur, placé à l'avant, freinait le chargement. Un hommage à une activité courante dans les Vosges au siècle dernier et aujourd'hui disparue.
Musée de la Schlitte et des métiers du bois - ✆ 03 89 77 61 08 - juil.août : 10h-12h, 14h30-18h - 3,50 €.

À table et au lit ! Vous trouverez ici d'agréables et confortables chambres avec une vue exceptionnelle sur la vallée de Munster. Mais surtout profitez du restaurant où la carte renouvelée au fil des saisons met en valeur le terroir.
La Perle des Vosges - 22 rte du Gashney - ✆ 03 89 77 61 34 - www.perledesvosges.net - 40 ch. 82/135 € - ☕ 13 € - ✕ menus 36/56 €.

Marcher avec le club. Vous suivrez ici plusieurs promenades fléchées par le Club Vosgien au départ place de l'église protestante.

7 METZERAL

Renaissance. Notre voyage s'arrête dans le village le plus ancien de la vallée de Munster. Pour la petite histoire ferroviaire, la ligne de Colmar a été prolongée jusqu'à Metzeral en 1868. Pour la grande histoire, durant la Première Guerre mondiale, Metzeral fut le théâtre d'une bataille et d'une victoire française décisive en juin 1915. Le village; en ruine, s'est lentement reconstruit depuis. Au sommet de la colline de l'Emm, montez à l'église de l'Emm, « Monument de Reconnaissance du Souvenir Alsacien ».

À table et au lit ! À 11mn à pied de la gare, ce petit hôtel cosy propose d'agréables chambres. Mais on y vient aussi pour son restaurant, Les Clarines d'Argent, et son cadre. Installé près d'un étang, le chef concocte une bonne cuisine traditionnelle – avec un penchant particulier pour la truite.
Aux Deux clés - 12 r. Altenhof - ✆ 03 89 77 61 48 - www.aux-deux-clefs.com - 13 ch. 90/120 € - ☕ 15 € - ✕ formule déj. 15 € - menus 29/79 € - fermé dim.lun.

Randonner vers les lacs. D'agréables sentiers de randonnées vous mèneront notamment au lac de Fischboedle et au lac de Schiessrothried (1h30).

NANCY - BAR-LE-DUC

À peine sorti de l'élégante capitale des ducs de Lorraine, le train file sur les rives sauvages de la Moselle, le long des collines piquées de mirabelliers. Mais les vignes ne sont jamais loin. La ligne prend un chemin de traverse à flanc de coteaux, là où prend naissance le gris de Toul et son AOC. Place ensuite à la vaste plaine fertile de la Marne, en Champagne, et son breuvage aux bulles d'or.

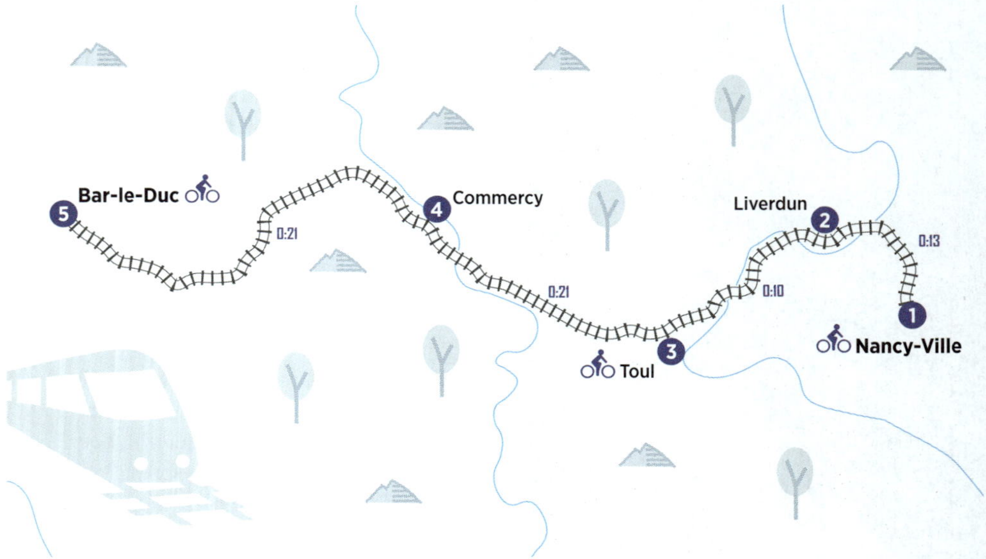

DE NANCY À BAR-LE-DUC - 5 JOURS

- Pour rejoindre Nancy depuis Strasbourg : 12 TER/j (1h30)
- Trajet sans escale : 1h05
- Fréquence : 16 TER/j
- Horaires : www.ter.sncf.com/grand-est
- Tarif sans escale : 21,20 €
- Services à bord : transport de vélo autorisé
- Pour le retour à Strasbourg, TER direct (2h41) ou correspondance à Nancy

Où se placer pour admirer le paysage ? Côté droit dans le sens de la marche.

La place Stanislas et la cathédrale.

1 NANCY

Louer un vélo. À 10mn à pied de la gare.
Maison du Vélo - 6 r. Claude-Charles - 03 83 48 88 20 - maisonduvelo.grandnancy.eu - fermé dim. - vélos classiques (4 €/j), VAE (17 €/j), casque et panier gratuits jusqu'à 2 j.

Ville capitale. Qu'évoque Nancy pour vous ? La majestueuse place Stanislas toute de dorures sur fond de ciel bleu ? Les fameuses bergamotes sagement rangées dans leurs belles boîtes de fer ? Les macarons ? La capitale des ducs de Lorraine ? L'Art nouveau, qui trouve ici une illustration inégalée en France, dans l'architecture comme dans les arts décoratifs ? Le chardon ? Ou la fameuse croix de Lorraine du duc René II ? Nancy, c'est tout cela, mais bien plus. La ville abrite encore les plus belles réalisations urbaines de son prince mécène du 18e s. Vivante et paisible, artiste et distrayante, la ville saura vous charmer.

Pour la nuit. À 5mn de la gare, le Crystal est très bien situé, près des musées ou des magasins. Les chambres, toutes rénovées, sont agréables et bien tenues. Bar rooftop et spa. À 15mn à pied, mais plus près de la place Stanislas, l'Hôtel de Guise vous replace dans l'esprit de l'élégante cité ducale. Ce charmant établissement est situé dans l'hôtel particulier d'un marquis du 18e s., au cœur de la vieille ville.

Best Western Plus Crystal - 5 r. Chanzy - 03 83 17 54 00 - www.bestwestern-hotel-crystal.com - 58 ch. à partir de 160 € - 19,50 €.
Hôtel de Guise - 18 r. de Guise - 03 83 32 24 68 - www.hoteldeguise.com - à partir de 98 € - 17 €.

Le musée fait école. L'École de Nancy, c'est la pépite qui a porté loin le nom de la ville lorraine, un extraordinaire mouvement de rénovation des arts décoratifs qui s'y est épanoui à la fin du 19e s.

Musée de l'Ecole de Nancy, vitrail de la véranda.

Installé dans la villa d'un ancien collectionneur et premier mécène de l'École de Nancy, ce musée intimiste présente des trésors signés Émile Gallé, Louis Majorelle et des frères Daum. Splendide.
Musée de l'École de Nancy *- 36 r. du Serg.-Blandan - ✆ 03 83 85 30 01 - www.ecole-de-nancy.com - 10h-18h - fermé lun.-mar. - 7 €.*

À table ! Près du marché couvert, le restaurant familial Les Pissenlits est niché dans une jolie salle à l'ancienne, inspirée par l'École de Nancy. Mais c'est avant tout la copieuse cuisine régionale à l'ardoise qui séduit. La recette gagnante de Terroirs - Table & Cave? Une carte courte, renouvelée chaque jour, à base de produits frais et sourcés localement. Côté cave, des vins issus majoritairement de l'agriculture biologique et biodynamique et/ou naturels. Ce sympathique bistrot est implanté à deux pas du musée de l'École de Nancy.
Les Pissenlits *- 25 bis r. des Ponts - ✆ 03 83 37 43 97 - www.les-pissenlits.com - fermé dim.-lun.et mar. soir - plats 16/28 € - menu 36 €.*
Terroirs *- Table & Cave - 19 r. Sgt-Blandan - ✆ 03 83 44 01 20 - terroirs-nancy.fr - fermé dim.-lun. et le soir mar.-merc. - plats 14/19 €.*

Pour le pique-nique. Le marché très animé réunit une soixantaine de commerçants. Les grandes maisons nancéiennes sont présentes et certains stands attirent par leur spécificité, comme le marchand de pommes de terre ou l'écailler. Le samedi, de petits

exploitants locaux viennent proposer des fruits et légumes biologiques, du miel, etc.
Marché central - pl. Charles-III - fermé dim. apr.-midi et lun.

Pause sucrée. La Confiserie Lefèvre-Lemoine existe depuis 1840. Ce biscuitier, confiseur et chocolatier (nonnettes, mirabelles, macarons, chardons, croquandines, chocolats, griottes), est aussi un véritable musée de l'art lorrain. Buffets et armoires côtoient de magnifiques vaisseliers garnis de pièces fabriquées à la manufacture de faïences de Lunéville. Autre institution, la Maison des Sœurs Macarons, dont le secret de l'élaboration des célèbres macarons (petits gâteaux ronds à base d'amandes, finement craquelés et très moelleux) se transmet ici depuis le 18e s. D'autres spécialités lorraines, à base de bergamote ou de mirabelle, sont proposées.
***Confiserie Lefèvre-Lemoine** - 47 r. Henri-Poincaré - ✆ 03 83 30 13 83 - www.lefevre-lemoine.fr - fermé dim. apr.-midi.*
***Maison des Sœurs Macarons** - 21 r. Gambetta - ✆ 03 83 32 24 25 - www.macaron-de-nancy.com - fermé dim. et lun. mat.*

L'heure de l'apéro. Les Nancéiens adorent cette adresse qui fait à la fois office de cave et de bar à vins. La boutique compte des centaines de références régulièrement renouvelées et essentiellement sélectionnées chez de petits producteurs. De nombreux crus sont proposés au verre. Le bistrot, décoré à l'ancienne, prépare midi et soir une petite restauration comme son assiette de cochonnailles.
***L'Échanson** - 9 r. de la Primatiale - ✆ 03 83 35 51 58 - fermé dim.-lun.*

Fêter la St-Nicolas. De fin novembre à début janvier, la ville célèbre en grand le saint patron des Lorrains. Un gigantesque sapin est installé place Stanislas. Profitez aussi des marchés de Noël, illuminations, manèges, projection sur la façade de l'hôtel de ville et grand défilé de la St-Nicolas (week-end le plus proche du 6 déc.).

Rejoindre Liverdun à vélo. Un tronçon de la Boucle de la Moselle (26 km sur du plat) permet de rejoindre notre étape suivante, en roulant le long de la Moselle. La route se poursuit jusqu'à Toul (20 km supplémentaires).
Infos : www.boucledelamoselle.fr.

2 LIVERDUN

➔ Visite à faire le temps d'un arrêt.

Pittoresque. La ville occupe un site agréable qui domine un méandre de la Moselle. La place de la Fontaine, derrière l'église, est bordée d'arcades du 16e s. Rue Porte-Haute, la porte sculptée de la maison dite « du Gouverneur » date de la fin du 16e s. Commencée à la fin du 12e s., l'église fut consacrée en 1261. À l'intérieur, tombeau de saint Euchaire (statue du 13e s. dans un encadrement du 16e s.). Sur les remparts, le parc du Château Corbin est une véritable oasis de verdure. Classée station verte et station de pêche, la ville permet d'agréables balades à pied ou à vélo sur les bords de la Moselle.

Pause sucrée. Avant de repartir, ne manquez pas de passer à la boutique en face de la gare faire le plein de « véritables » madeleines de Liverdun artisanales, issues d'une recette familiale centenaire. Elles n'ont rien à envier à celles de Commercy !

Madeleines de Liverdun - 4 pl. de la Gare - ✆ 03 83 24 54 23 - www.madeleinesdeliverdun.com - tlj.

3 TOUL

Louer un vélo. Des modèles classiques ou à assistance électriques à 6mn de la gare.

Vélo Station - 57 av. Victor-Hugo - ✆ 03 72 61 04 25 - fermé dim. - www.velostation.com - à partir de 25 €/j.

Un bon cru. Au cœur du vignoble toulois où prend naissance le gris de Toul, un des vins AOC de Lorraine, la ville est ceinte d'une forteresse tracée par Vauban qui protège les trésors architecturaux de l'époque épiscopale. Car, comme ses voisines Metz et Verdun, la cité gallo-romaine de Toul devint le siège d'un important évêché dès le 4e s. et se développa activement à la Renaissance. Le centre ancien, aujourd'hui très tranquille, plaira aux passionnés d'art et d'histoire car il recèle un riche patrimoine bâti, qui compte la plus belle cathédrale (St-Étienne) de Lorraine avec celle de Metz.

Pour la nuit. À deux pas de la gare, un très bon hôtel aux chambres joliment rétro (parquet d'origine et mobilier Art déco) mais rénovées. Accueil très sympathique.

Hôtel L'Europe - 373 av. V.-Hugo - ✆ 03 83 43 00 10 - hotel-pas-cher.hotel-europe54.com - 21 ch. 97/150 € - ☕ 11,50 €.

À table ! Ce pourrait être un bouchon lyonnais débordant de tripes, de gras-double… Et cela l'est en partie. Mais dans ce cadre de bistro à l'ancienne, la cuisine a des atours de bistronomie. Une échappée papillaire tant par la qualité des produits que par leur présentation.

La table de Victor - 351 av. Victor-Hugo - ✆ 03 83 43 23 71 - fermé dim.-lun. - plats 28/37 €.

Pour la dégustation. Thomas et Rémy vous ouvrent leur cave en plein centre-ville. À découvrir : des vins AOC côtes-de-toul et autres eaux-de-vie de mirabelle produits en agriculture biologique.

Domaine de l'Ambroisie - 45 imp. Victor-Hugo - ✆ 03 83 63 80 53 - fermé dim. et le matin lun.-vend.

4 COMMERCY

Étape sucrée. C'est à Stanislas, le roi de Pologne déchu et exilé en Lorraine, que l'on doit la fameuse madeleine. Il aimait séjourner au château de Commercy, présent de son gendre Louis XV, dont il fit une demeure d'agrément : l'ambiance de fête et de bonne chère plaisait à Voltaire qui fréquentait assidûment sa cour. Aujourd'hui encore, on peut déguster la petite madeleine dans la ville où elle vit le jour.

Pour la nuit. À 7mn à pied de la gare, un grand jardin à la française agrémente cette engageante maison. Chambres spacieuses et soignées aux tons chaleureux.

Côté Jardin - 8 pl. Charles- de-Gaulle - ✆ 03 29 92 09 09 - www.hotelcommercy.com - 13 ch. 80/105 € - ☕ 12 €.

À table ! En face du château, pour déguster une cuisine traditionnelle faite maison, dans un cadre chaleureux ou sur la très agréable terrasse à partir d'avril.

Le Fer à cheval - 4 pl. du Fer-à-cheval - ✆ 03 29 89 08 36- restoccom.wixsite.com/feracheval - lun., mar, jeu et dim. à midi, vend. sam. midi et soir - fermé merc. et le soir lun.-mar. et dim. - déj. sem. 18 € - menu 41 €.

Pause sucrée. Depuis plus d'un siècle ce magasin du centre-ville produit et vend des madeleines, mais aussi une large gamme d'autres savoureuses recettes, de biscuits et de spécialités du terroir lorrain.

À la Cloche Lorraine - 8 pl. Charles- de-Gaulle - ✆ 03 29 91 25 16 - www.madeleine-commercy.com - tlj.

5 BAR-LE-DUC

Louer un vélo. Pile en face de la gare, des vélos (classiques, pliants ou électriques) avec leurs équipements.

Agence TUB - 6 pl. de la République - ✆ 03 29 45 45 45 - www.bus-tub.com/services/velo.php - à partir de 4 €/j sur inscription 6 € - réserv. en ligne 48h av.

Pour sa pierre blonde. En grande partie cachée dans une cuvette traversée par le canal de la Meuse au Rhin et le cours de l'Ornain, la préfecture de la Meuse séduit pourtant dès le premier abord. Ancienne capitale du duché de Bar, elle conserve intacte la trace de sa splendeur à la Renaissance.

Sur la place Saint-Pierre, l'ancien hôtel particulier de Florainville du 16e siècle, à Bar-le-Duc.

La ville haute, rayonnante par ses façades en pierre blonde miraculeusement conservées depuis l'Ancien Régime, montre un visage presque méridional. Ajoutons la très prisée confiture de groseilles épépinées à la plume d'oie, péché mignon d'Alfred Hitchcock, et le « Transi » de Ligier Richier, chef-d'œuvre saisissant de la sculpture de la Renaissance, pour en faire une étape incontournable en Lorraine.

Pour la nuit. En face de la gare, on appréciera le confort sobre et moderne des chambres. Bar de style rustique.
Hôtel de la Gare *- 2 pl. de la République - ☏ 03 29 79 01 45 - www.barleduchotel.com - 25 ch. 68/90 € - ☕ 11 €.*

À table ! Dans une belle demeure du 18e s., sur les fondations du château des ducs de Bar, La Meuse Gourmande offre une superbe vue sur la ville basse. La courte carte affiche des classiques adaptés au goût du jour. Mention spéciale pour les desserts maison. Dans une ancienne épicerie, le Bistro Saint-Jean, contemporain et coloré, est pile dans la tendance. Son chef signe une cuisine de marché fine et bien ficelée, qui respecte joliment les produits.
La Meuse Gourmande *- 1 r. François-de-Guise - ☏ 03 29 79 28 40 - www.meusegourmande.fr - fermé merc., dim. soir et mar. soir - formule déj. 20,90 € - menus 32/53 €.*
Bistro Saint-Jean *- 132 bd de La Rochelle - ☏ 03 29 45 40 40 - bistrostjean.fr - fermé jeu. soir, sam. midi, dim. soir et lun. - menus 37/45 €.*

Pause sucrée. Au salon de thé, vous dégusterez les viennoiseries, macarons et toutes les autres douceurs confectionnées par un jeune couple de boulanger-pâtissier. Plat du jour pour le déjeuner.
Boulevard du Pain *- 27 bd de La Rochelle - ☏ 03 29 79 13 06 - www.dominiquecordel.com - fermé dim. apr.-midi et lun.*

À l'eau ! Accessible à tous, en eaux calmes, cette balade d'1h30 permet de découvrir autrement la vallée de la Saulx. Vous pouvez également découvrir la rivière sur le site d'Ancerville en louant kayak monoplace et canoë biplaces ou encore paddle.
Descente de la Saulx en canoë *- réserv. à de l'office du tourisme - www.canoekayak-ancerville-barleduc.fr - 20 €/pers. (1h).*

Pédaler sur la voie verte de la vallée de l'Ornain. Une jolie escapade sur l'ancien chemin de halage longeant le canal de la Marne au Rhin jusqu'à St-Amand-sur-Ornain en passant par Ligny-en-Barrois
26,5 km - 1h30.

CRÉDITS PHOTOS

p. **4** : Geraldine Revillard/Getty Images Plus
p. **5** : AscentXmedia/Getty Images Plus
p. **6** : andresr/Getty Images Plus
p. **7** : Di_Studio/Getty Images Plus
p. **7** : Laszlo Dora/Getty Images Plus
p. **8** : C. Moirenc/hemis.fr
p. **10** : O. Leclercq/hemis.fr
p. **13** : P. Avenet/hemis.fr
p. **14** : Les. Ladbury/Alamy/hemis.fr
p. **17** : A. de Valroger/Michelin
p. **18** : makasana/Getty Images Plus
p. **21** : Azulillo/Getty Images Plus
p. **22** : Florent Martin/Getty Images Plus
p. **24** : B. Rieger/hemis.fr
p. **27** : O. Leclercq/hemis.fr
p. **29** : D. Thierry/Photononstop
p. **31** : R. Soberka/hemis.fr
p. **32** : F. Guiziou/hemis.fr
p. **35** : thehague/Getty Images Plus
p. **36** : Beata Haliw/Getty Images Plus
p. **39** : F. Guiziou/hemis.fr
p. **40** : Massimo Santi/Getty Images Plus
p. **43** : guy-ozenne/Getty Images Plus
p. **44** : Ph. Enticknap/age fotostock
p. **46** : F. Guiziou/hemis.fr
p. **49** : tekinturkdogan/Getty Images Plus
p. **51** : Gwengoat/Getty Images Plus
p. **52** : Ch. Goupi/ age fotostock
p. **55** : H. Hughes/hemis.fr
p. **57** : Dmitry Malov/Getty Images Plus
p. **58** : ueuaphoto/Getty Images Plus
p. **61** : Jef Wodniack/Getty Images Plus
p. **62** : Sissoupitch/Getty Images Plus
p. **64** : H. Lenain/hemis.fr
p. **67** : Ph. Blanchot/hemis.fr
p. **69** : Karisssa/Getty Images Plus
p. **71** : Elenathewise/Getty Images Plus
p. **73** : R. Mattes/hemis.fr
p. **75** : T. et B. Morandi/hemis.fr
p. **76** : Ch. Boisvieux/age fotostock
p. **79** : guy-ozenne/Getty Images Plus
p. **81** : P. Body/hemis.fr
p. **82** : P. Avenet/hemis.fr
p. **84** : H. Lenain/hemis.fr
p. **87** : L. Lourdel/hemis.fr
p. **89** : HildaWeges/Getty Images Plus
p. **90** : H. Lenain/hemis.fr
p. **93** : L. Maisant/hemis.fr
p. **95** : S. Sonnet/hemis.fr
p. **96** : P. Lopeman/Alamy/hemis.fr
p. **99** : MatteoCozzi/Getty Images Plus
p. **101** : LedLopezHdz/Getty Images Plus
p. **102** : T. & B. Morandi/hemis.fr
p. **105** : L. Maisant/hemis.fr
p. **106** : H. Lenain/hemis.fr
p. **109** : Ch. Guy/hemis.fr
p. **110** : Jon Arnold Images/hemis.fr
p. **113** : MartinM303/Getty Images Plus
p. **114** : ChrisAt/Getty Images Plus
p. **116** : J.-M. Barrere/hemis.fr
p. **119** : Ch. Guy/hemis.fr
p. **120** : Eric Cowez/Getty Images Plus
p. **123** : Eric Cowez/Getty Images Plus
p. **125** : stephen rennie/Getty Images Plus
p. **127** : R. Mattes/hemis.fr
p. **128** : noonika/Getty Images Plus
p. **131** : E. Bouloumie/hemis.fr
p. **133** : F. Guiziou/hemis.fr
p. **134** : jon chica parada/Getty Images Plus
p. **137** : I. Cook/age fotostock
p. **138** : O. Steinbicker/mauritius images/age fotostock
p. **141** : syolacan/Getty Images Plus
p. **143** : Borisb17/Getty Images Plus
p. **145** : photooiasson/Getty Images Plus
p. **146** : mediamasmedia/Getty Images Plus
p. **149** : Sasha64f/Getty Images Plus
p. **151** : Mario E Koufios Fraiz/Getty Images Plus
p. **153** : J.-M. Barrere/hemis.fr
p. **154** : A. Spani/hemis.fr
p. **156** : Willy Mobilo/Getty Images Plus
p. **159** : saiko3p/Getty Images Plus
p. **161** : G. Bertolissio/hemis.fr
p. **162** : H. Lenain/hemis.fr
p. **165** : Simon Biggar/Getty Images Plus
p. **166** : andrea_sosio/Getty Images Plus
p. **169** : PictureReflex/Getty Images Plus
p. **170** : barmalini/Getty Images Plus
p. **173** : Photoprofi30/Getty Images Plus
p. **174** : visuallook/Getty Images Plus
p. **177** : A. Spani/hemis.fr
p. **179** : destillat/Getty Images Plus
p. **181** : davidevison/Getty Images Plus/CEVM Eiffage/ Foster+Partners
p. **182** : glanceofthefox/Getty Images Plus
p. **185** : Louis-Michel DESERT/Getty Images Plus
p. **186** : Sablin/Getty Images Plus
p. **189** : bbsferrari/Getty Images Plus
p. **190** : G. Labriet/Photononstop
p. **193** : kodachrome25/Getty Images Plus
p. **195** : M. Dupont/hemis.fr
p. **197** : H. Lenain/hemis.fr
p. **199** : BrianScantlebury/Getty Images Plus
p. **200** : H. Blossey/imageBROKER/age fotostock
p. **203** : JackF/Getty Images Plus
p. **205** : Adam Smigielski/Getty Images Plus
p. **206** : WinThom/Getty Images Plus

p. **208** : Damocean/Getty Images Plus
p. **211** : MarcoZouvek/Getty Images Plus
p. **213** : stocknshares/Getty Images Plus
p. **215** : Isabel Castane Mata/Getty Images Plus
p. **216** : F. Guiziou/hemis.fr
p. **219** : toos/Getty Images Plus
p. **221** : fabiomax/Getty Images Plus
p. **222** : M. Colin/hemis.fr
p. **225** : Enzojz/Getty Images Plus
p. **226** : ewastudio/Getty Images Plus
p. **228** : Xantana/Getty Images Plus
p. **231** : C. Moirenc/hemis.fr
p. **233** : J. Nicolas/hemis.fr
p. **234** : Xantana/Getty Images Plus
p. **237** : Studio Empreinte/Getty Images Plus
p. **238** : C. Moirenc/hemis.fr
p. **241** : sam74100/Getty Images Plus
p. **243** : EoNaYa/Getty Images Plus
p. **244** : J. Held/Prisma/age fotostock
p. **247** : Etienne Fert/Getty Images Plus
p. **248** : francois-roux/Getty Images Plus
p. **251** : D. Hyniewska/age fotostock
p. **252** : debieux/Getty Images Plus
p. **255** : Xantana/Getty Images Plus
p. **257** : Allard1/Getty Images Plus
p. **259** : RossHelen/Getty Images Plus
p. **260** : SuperStock/age fotostock
p. **263** : Flavio Vallenari/Getty Images Plus
p. **265** : M. Cavalier/hemis.fr
p. **267** : VV Shots/Getty Images Plus
p. **269** : OSTILL/Getty Images Plus
p. **270** : Jon Arnold Images/hemis.fr
p. **272** : Xantana/Getty Images Plus
p. **275** : sphraner/Getty Images Plus
p. **277** : sphraner/Getty Images Plus
p. **278** : Allard1/Getty Images Plus
p. **281** : A. Pisolesi/hemis.fr
p. **283** : AndreasKermann/Getty Images Plus
p. **285** : Aleh Varanishcha/Getty Images Plus
p. **286** : RolfSt/Getty Images Plus
p. **289** : C. Moirenc/hemis.fr
p. **291** : S. VANNINI/De Agostini Editore/age fotostock
p. **293** : B. Rieger/hemis.fr
p. **295** : eugenesergeev/Getty Images Plus
p. **296** : joningall/Getty Images Plus
p. **299** : Allard1/Getty Images Plus
p. **300** : F. Charel/hemis.fr
p. **303** : Naeblys/Getty Images Plus
p. **305** : Geraldine Revillard/Getty Images Plus
p. **306** : G. Antoni/hemis.fr
p. **309** : tane-mahuta/Getty Images Plus
p. **310** : aronaze/Getty Images Plus
p. **313** : Nikola Spasic Photography/Getty Images Plus
p. **314** : Michelin
p. **316** : F. Cormon/hemis.fr
p. **319** : J.-M. Liot/hemis.fr
p. **321** : E. Robert/age fotostock
p. **323** : Ch. Goupi/age fotostock
p. **324** : H. Lenain/hemis.fr
p. **327** : T. & B. Morandi/hemis.fr
p. **329** : Aqua Image/hemis.fr
p. **331** : Godong/robertharding/age fotostock
p. **332** : legna69/Getty Images Plus
p. **334** : fotoVoyager/Getty Images Plus
p. **337** : aletheia97/Getty Images Plus
p. **338** : Hugo TORRES/Getty Images Plus
p. **341** : AlenaPaulus/Getty Images Plus
p. **343** : P. Jacques/hemis.fr
p. **344** : G. Lansard/hemis.fr
p. **347** : X. Fores et J. Roncero/Alamy/hemis.fr
p. **348** : P. Witt/hemis.fr
p. **350** : H. Hugues/hemis.fr
p. **353** : RnDmS/Getty Images Plus
p. **354** : barmalini/Getty Images Plus
p. **357** : S. Lator/hemis.fr
p. **359** : eli77/Getty Images Plus
p. **360** : Brasil2/Getty Images Plus
p. **363** : Bogdan Lazar/Getty Images Plus
p. **364** : Kloeg008/Getty Images Plus
p. **367** : phbcz/Getty Images Plus
p. **369** : AG-ChapelHill/Getty Images Plus
p. **371** : Adrian Popescu/Getty Images Plus
p. **372** : D. Bringard/hemis.fr
p. **375** : Ph. Blanchot/hemis.fr
p. **376** : frantic00/Getty Images Plus
p. **379** : olrat/Getty Images Plus
p. **381** : Leonid Andronov/Getty Images Plus
p. **382** : Neydtstock/Getty Images Plus
p. **384** : oksanaphoto/Getty Images Plus
p. **387** : margouillatphotos/Getty Images Plus
p. **389** : K. Kreder/Arco Images/age fotostock
p. **390** : kdscholzfoto/mauritius images/age fotostock
p. **393** : A. Kauffmann/hemis.fr
p. **394** : pisces2386/Getty Images Plus
p. **397** : olrat/Getty Images Plus
p. **398** : B. Rieger/hemis.fr
p. **401** : F. Guiziou/hemis.fr

NOTES

INDEX

Nous indiquons par son numéro, entre parenthèses, le département auquel appartient chaque ville ou site :

01 - Ain
02 - Aisne
04 : Alpes-de-Haute-Provence
05 : Hautes-Alpes
06 : Alpes-Maritimes
07 : Ardèche
08 : Ardennes
11 : Aude
12 : Aveyron
13 : Bouches-du-Rhône
14 : Calvados
15 : Cantal
16 : Charente
17 : Charente-Maritime
18 : Cher
19 : Corrèze
21 : Côte-d'Or
23 : Creuse
24 : Dordogne
25 : Doubs
27 : Eure
28 : Eure-et-Loir
29 : Finistère
30 : Gard
31 : Haute-Garonne
33 : Gironde
34 : Hérault
36 : Indre
37 : Indre-et-Loire
39 : Jura
41 : Loir-et-Cher
42 : Loire
43 : Haute-Loire
44 : Loire-Atlantique
45 : Loiret
46 : Lot
47 : Lot-et-Garonne
48 : Lozère
50 : Manche
54 : Meurthe-et-Moselle
55 : Meuse
56 : Morbihan
59 : Nord
60 : Oise
61 : Orne
62 : Pas-de-Calais
63 : Puy-de-Dôme
64 : Pyrénées-Atlantiques
66 : Pyrénées-Orientales
67 : Bas-Rhin
68 : Haut-Rhin
71 : Saône-et-Loire
73 : Savoie
74 : Haute-Savoie
80 : Somme
81 : Tarn
82 : Tarn-et-Garonne
83 : Var
85 : Vendée
86 : Vienne
87 : Haute-Vienne
2A : Corse-du-Sud
2B : Haute-Corse

A

B

C

D

E

F

G

H-I-J

L

M

N

O-P-Q

R

S

T

U-V-W

Sous la direction de Philippe Orain

Responsable d'édition : Hélène Payelle

Secrétaire d'édition : Stéphanie Vinet

Rédaction : Céline Chaudeau, Joanna Dunis, Émilie Morin, Hélène Payelle, Florence Picquot, Léonie Piraudeau, Emmanuelle Souty, Aurélie Thépaut

Ont contribué à ce guide : Mihăiță Cristian Constantin, Gabriel Dragu **(Cartographie)**, Véronique Aissani, Carole Diascorn **(Couverture)**, Marion Capera, Marie Simonet, **(Iconographie)**, Bogdan Gheorghiu, Cristian Catona, Hervé Dubois, Pascal Grougon **(Prépresse)**, Dominique Auclair **(Pilotage)**

Cartes : © Michelin 2024

Conception graphique
Benjamin Heuzé/Justeciel, adaptation Michelin Éditions

Direction de la Fabrication : Sandrine Combeau
Fabrication : Renaud Leblanc

Régie publicitaire et partenariats
contact.clients@editions.michelin.com
Le contenu des pages de publicité insérées dans ce guide n'engage que la responsabilité des annonceurs.

Contacts
Vous souhaitez nous contacter ?
Rendez-vous dans la rubrique contact de notre site internet :
editions.michelin.com

Parution 2025

MICHELIN Éditions
Société par actions simplifiée au capital de 487 500 EUR
57 rue Gaston-Tessier – 75019 Paris (France)
R.C.S. Paris 882 639 354

Dépôt légal : 02-2025 – ISSN 0293-9436
Compograveur : Nord Compo, Villeneuve-d'Ascq
Imprimeur : GPS, Ljubljana (Slovénie)
Imprimé en Bosnie-Herzégovine : 03-2025

Sur du papier issu de forêts bien gérées